C000157108

B I B L I O T H E C A
SCRIPTORVM GRAECORVM ET ROMANORVM
T E V B N E R I A N A

1055

APVLEIVS PLATONICVS MADAVRENSIS

OPERA QVAE SVPERSVNT
VOL. I

METAMORPHOSEON
LIBRI XI

EDIDIT

RUDOLF HELM

EDITIO STEREOTYPA
EDITIONIS TERTIAE (MCMXXXI)
CVM ADDENDIS

BEROLINI ET NOVI EBORACI
WALTER DE GRUYTER MMVIII

♾ Gedruckt auf säurefreiem Papier,
das die US-ANSI-Norm über Haltbarkeit erfüllt.

ISBN 978-3-598-71055-1

Bibliografische Information der Deutschen Nationalbibliothek

Die Deutsche Nationalbibliothek verzeichnet diese Publikation in
der Deutschen Nationalbibliografie; detaillierte bibliografische Daten
sind im Internet über http://dnb.d-nb.de abrufbar.

© Copyright 2008 by Walter de Gruyter GmbH & Co. KG, D-10785 Berlin
Dieses Werk einschließlich aller seiner Teile ist urheberrechtlich geschützt. Jede Verwer-
tung außerhalb der engen Grenzen des Urheberrechtsgesetzes ist ohne Zustimmung des
Verlages unzulässig und strafbar. Das gilt insbesondere für Vervielfältigungen, Überset-
zungen, Mikroverfilmungen und die Einspeicherung und Verarbeitung in elektronischen
Systemen.

Printed in Germany
Druck und Bindung: AZ Druck und Datentechnik GmbH, Kempten

MANIBUS

FRIDERICI LEO

S

Mediceus bibl. Laurentianae 68, 2   **F**
(lectiones codicis nota non addita afferuntur)

[Mediceus bibl. Laurentianae 29, 2 ex illo descriptus   φ]
*(huius codicis memoriam non omnibus locis attuli-
mus; ubi lectio affertur, codicis nota anteponitur;
nota (φ) postposita indicat codicem φ testem esse lec-
tionis codicis F, sed tantum eius quae antecedit)*

*Vulgatu quae invenitur in codicibus deterioribus aut in
libris impressis*   *v*

*Quae invito librario cod. F deleta sunt, uncis [ ] inclu-
duntur, quae addita, hamis ⟨ ⟩; quae mutata, litteris
inclinatis significantur praeter vocales e et ae inter se
mutatas et praeter* nihil et mihi, *quae omnibus fere locis
per ch scribi solent*

Praefatio editioni floridorum addita est.

*(Rob) et (Giarr) additum significat lectionem allatam testi-
monio illorum niti.*

    *Admonebuntur, qui hunc librum legent, ut Addenda et
Corrigenda consulant,* □ *laterculo in margine appicto.*

Index virorum doctorum,

quorum coniecturae in apparatu critico commemorantur.

(Quorum commenta Oudendorpius congessit, asterisco significantur.)

*Acidal(ius)

*Ald(us)Apul. op. ed. Venet.1521

Armini Eranos Suec. XXVI (1928) 273 sqq.

Baehrens Catull. rec. Lips.1876 ad c. 34,21 64,100. Miscell. crit. Groning. 1878 p. 194

W A. Baehrens Phil. Suppl. XII 285

*Barth

*Becichem(o)

Beck L. Apul. fab. de Psych. et Cup. Groning. 1902

Becker Stud. Apuleian. Diss. Regiomont. Berol. 1879

Bernhard Stil d. Apul., Stuttgt. 1927

Bernhardy ap. Hildebr.

*Beroald(o) Comment. condit. in asin. aur. Apul. Bonon. 1500

Beyte Quaest. Apuleian., diss. Gotting. (Lips). 1888 Philol. Wochenschr. XLV 637. 748 XLVIII 282

Bintz Psyche u. Cupido. Deutsch Progr. Wesel 1871. Leipzig 1872

Birt Philolog. LXXXIII (1928) 173

Bluemner Herm. XXIX (1894) 294. Phil. LV (1896) 341. Mélanges Nicole. Genève 1905 p. 23. Berl. phil. Wochenschr. XXVIII (1908) 294

Brakman Mnemosyn. XXXIV (1906) 345 XXXV (1907) 83 LVI (1928) 169 LVIII (1930) 428 Revue de l'instruct. publ. en Belgique 1910, 22 Miscell. tertia Lugd. Bat. 1917, 18

*Brant(ius) [Brantz]

*Burmann

Bursian Sitz.-Ber. d. bayr. Ak. d. Wiss. philos.-philol. Klasse 1881 p. 119

*Cannegieter

Cast(iglioni) Mélanges Paul Thomas, Bruges 1930, 99; Ap. met. ed. Giarratano, Aug. Taur. 1929 R. Ist. Lomb. d. scienz. Rendicont. LXIV 475

Christ ad Weyman Sitz.-Ber. 331

*Colv(ius) Apul. op. Lugd. Bat. 1588

Cornelissen Versl. en Meded. d. K. Ak. v. Wetensch. Afd. Letterk. V (1888) 49

Crusius Phil. XLIX (1890) 675 LIV (1895) 142

*Cuper(us) [Cuypers]

Damsté Mnemosyn. XLII (1914) 151 LVI (1928) 1

Dietze Phil. LIX (1900) 136

Dilthey ap. Eyssenh.

*Dousa

Draheim Wochenschr. f. klass. Phil. IV (1887) 469

*Elmenhorst Apul. op. Frkft. 1621

E(yssenhardt) Apul. met. rec. Berol. 1869

*Faber

*Ferrar(ius)

*Florid(us) Apul. op. in usum Delphini ill. cum ind. omnium vocum Paris. 1688

Friedlaender in. ed. Michaelis

*Fulv(ius)

2   At ego tibi sermone isto Milesio uarias fabulas con-   1
3 seram auresque tuas beniuolas lepido susurro permul-
4 ceam — modo si papyrum Aegyptiam argutia Nilotici calami
5 inscriptam non spreueris inspicere —, figuras fortunasque
   hominum in alias imagines conuersas et in se rursum mutuo   5
6 nexu refectas ut mireris. exordior. quis ille? paucis accipe. *Hymettos* Attica et Isth[o]mos Ephyrea et Tae-
7 naros Spartiaca, glebae felices aeternum libris felicioribus
8 conditae, mea uetus prosapia est; ibi linguam At⟨t⟩idem
9 primis pueritiae stipendiis merui. mox in urbe Latia ad-   10
   uena studiorum Quiritium indigenam sermonem aerumnabili
   labore nullo magistro praeeunte aggressus excolui. en
   ecce praefamur ueniam, siquid exotici ac forensi⟨s⟩ ser-

---

fol. 126ᵃ

F 126ᵃ. φ 24ᵇ. APVLEI PLATONICI MADAVREN ‖ SIS.

PROSAE. DEMAGIA LĪB. II. Εxpł Εgo ſaluſtius. emdaui
rome felix φ: APVLEI⁹. META. I⁹ *de prooemio cf. praef.* VI
Leo Herm. XL (1905) 605 *Reitzenstein Arch. f. Religions-*
wiss. 28, 43   1 At ⟨ut⟩ ego *vdVl* En ego *Hild* Ut ego
Oud cf. Phil. suppl. IX 585   fabulaſ (φ) aſ *ead. m.*
inter scribend. ex ſſ *et ne quid erroris relinqueretur, in mg.*
add. aſ   3 papirū *em.* φ   ẹgyptiã *superscr. ead. m.*
φ: egiptiä (*in mg. al. m.* ˙˙ c̊ egiptiam)   4 formaſque *Wower*
cf. 50,11   5 ymagineſ *em.* φ   6 ⟨en⟩ ut *vdVl*
mireris, exordior *interpung. v contra cod.* exordior quis ille?
distinx. Havet quis ille ⟨ego⟩ *vdVl ex vet. coniect.; post* ille
graviter distinx. Elmenhorst   7 ᵏYmettoſ iſthomoſ epyrea &
tenẹroſ (φ, *sed* tenaroſ)   8 Spartiatica *Salm*   linquã *em. v*
9 atidē (φ)   10 me°|rui *ex* mer|bii (φ)   13 exotici . . . . . .
Sittl exotici ⟨sonuero⟩ *vdVl*   forenſi *em* φ   *exoticum, i. e.*
alienum, ac forensem dicit ut homo Graecus sermonem Latinum

Oud.   E

10 monis rudis locutor offendero. iam haec equidem ipsa
uocis immutatio desultoriae scientiae stilo quem acces-
11 simus respondet. fabulam Graecanicam incipimus. lector
intende: laetaberis.

2 5   Thessaliam — nam et illic originis maternae nostrae
fundamenta a Plutarcho illo inclito ac mox Sexto philo-
sopho nepote eius prodita gloria⟨m⟩ nobis faciunt —
eam Thessaliam ex negotio petebam. postquam ardua
12 montium et lubrica uallium et roscida cespitum et glebosa
10 camporum emersim*us*, equo indigena peralbo uehens, iam 2
13 eo quoque admodum fesso, ut ipse etiam fatigationem
sedentariam ince**s**sus uegetatione disc*u*terem, in pedes
desilio, equi sudorem fron|te[m] curiose exfrico, auris re-
mulceo, frenos detra⟨h⟩o, in gradum lenem sensim proueho,
15 quoad lassitudinis incommodum alui solitum ac naturale
14 praesidium eliquaret. ac dum is, ientaculum ambulatorium, prata qu*ae* praeterit ore in latus detorto pronus
15 ad*f*ectat, duobus comitum, qui forte paululum processerant,

---

quo in foro utuntur ac for. *del ut interpretamentum Leo;
sed cf. 2,15* (solitum ac naturale) *10,25* (mutilus ac putris)
90,22 (pigre ac timide) *et ita solet Ap. dicere*
     F 126ᵃ. φ 24ᵇ 25ᵃ.   2 arcessimus *Wower*   3 re*f*pondit
(φ) *em. v*   5 nam—faciunt *del. Oud ut fictum ex II3 cf. 17,17*.
6 philo*f*opho (φ) philo *ex illo eff. ead. m.*   7 g*r*a (φ) *em. v*
8 **ex (*vid. eras. ex antea induct.*)   10 emer*f*i me (φ) *em.
Leo* emensi, me *v* emensa, in *Elmenh*   12 di*f*cotere (φ) *em.
m. rec.*   13 sudorem *del. Leo sed cf. 6,17 233,15 Petron. 8,1
(8,12 B. H.)* sudoram *Haupt*   fronte (φ) fronte *v* fronde *Becichem; an* sudorem fronte ⟨defluentem⟩? *He cf Cic. de nat.
deor. II 57,143* sudore ⟨fumantis⟩ *Plasberg coll. Verg. Aen.*
XII 338   auri*f* (• *add. m. rec.*)   14 detrao (φ, *sed em. al.
m.*)   15 quo—ad, *cibus lassitudinem pellit; non de sordi-*
                                        pterit
bus agitur   16 is ⟨in⟩ *Wower*   17 prataq;   (*add. ead. m.*)
em. Wower ⟨ad⟩ prata *Florid* prataque praeterita *Modius* per
prata atque per iter *Toup* pr. qua pr. *Becichem* prataque ⟨qua⟩
pr. *vdVl*   18 adlectat (φ) *em. v*   duob; (φ) *m. vet. b; in* ⟨2⟩
correx. paululu (φ) *inter scribend. eff. ex* paullum   prae-
cesserant *dett vdVl*

Oud.   E

tertium me facio. ac dum ausculto, quid sermonis agi-
tarent, alte exerto cachinno: 'parce', inqui*t*, 'in uerba
ista haec tam absurda tamque immania mentiendo.'

16 Isto accepto sititor ‖ alioquin nouitatis: 'immo uero',
17 inquam, 'impertite sermon*is* non quidem curiosum, sed 5
qui uelim scire uel cuncta uel certe plurima; simul iugi
quod insurgimus aspritudinem fabularum lepida iucun-
ditas leuiga*b*it.'

At ille qui coeperat: 'ne', inqui*t*, 'istud mendacium 8
tam uerum est quam siqui uelit dicere magico susurra- 10
mine amnes agil[1]es reuerti, mare pigrum conligari, uentos
inanimes exspirare, solem inhiberi, lunam despumari, stellas
euelli, diem tolli, noctem teneri.'

Tunc ego in uerba fidentior: 'heus tu', inquam, 'qui
18 sermonem ieceras priorem, ne pigeat te uel taedeat re- 15
liqua pertexere' et ad alium: 'tu uero crassis auribus et
obstinato corde respuis quae forsitan uere perhibeantur.
minus hercule calles prauissimis opinionibus ea putari mendacia, quae uel auditu noua uel uisu rudia uel certe supra
captum cogitationis ardua uideantur; quae si paulo accuratius 20
exploraris, non modo compertu euidentia, uerum etiam factu
facilia senties. ego denique uespera, dum polentae caseatae 4
19 modico secus *o*ffulam grandiorem in conuiuas aemul*us* con-
20 truncare gestio, mollitie cibi glutinosi faucibus inhaerentis

F 126*. φ 25*   1 aufculto (φ) o *vid. eff. ex* a
2 inqd *em.* φ   8 istaec *aut scribend. aut interpretand. censet
Leo cf. 35,13*   5 fermonef (φ) *quo servato* curiosus sum *Heins*
sermonis *He cf.* 127,23 *Enn. ann.* 235 *Vahleni adnotat. Plaut. Cist.*
165 sermone *v*   curioso *Hild coll.* 197,25 sq.   7 iucundi-
tate (te *inducto add. m. pr.*) φ: iocunditaf   8 leuigauit (φ,
sed vid aliquis emendasse) 9 ceperat φ: occeperat   inqd *em.* φ
10 siq *al. m add* (φ)   11 agillef *em.* φ   pigrŭ (φ) r *inter scribend.
ut vid. ex* n *eff.*   12 exspirari *Bursian*   destinari *Petsch; sed
cf. Luc. Phars. VI 506*   14/15 ⟨ei⟩ qui .... iecerat *rdVl;
sed cf.* 4,13 20,6   18 Hercules *vdVl cf.* 75,16   22 cafeate
23 securius *ed. Ven. pr.; sed cf.* 20,3   ефulā (φ) *em. v*
ёmulof (φ) *em. v*

Oud.   *E*

20 et meacula spiritus distinentis minimo minus interii. et 3
tamen Athenis proxime et ante Poecilen porticum isto ge-
mino obtutu circulatorem aspexi equestrem spatham prae-
21 acutam mucrone infesto deuorasse ac mox eundem inui-
5 tamento exiguae stipis uenatoriam lanceam, qua parte
minatur exitium, in ima uiscera condidisse. et ecce pone
lanceae ferrum, qua baccillum inuersi teli ad occipitium
per ingluuiem subit, puer in mollitiem decorus insurgit
22 inque flexibus tortuosis eneruam et exossam saltationem
10 explicat cum omnium qui | aderamus admiratione: diceres
dei medici baculo, quod ramulis semiamputatis nodosum ||
gerit, serpentem generosum lubricis amplexibus inhaerere.
23 sed iam cedo tu sodes, qui coeperas, fabulam remetire.
ego tibi solus haec pro isto credam et, quod ingressui
15 primum fuerit stabulum, prandio participabo. haec tibi
merce⟨s⟩ deposita est.'

5   At ille: 'istud quidem, quod polliceris, aequi bonique
facio, uerum quod inchoaueram porro exordiar. sed tibi prius
☐ deierabo solem istum ⟨omni⟩uidentem deum me uera com-
20 perta memorare, nec uos ulterius dubitabitis, si Thessa-
24 liam proximam ciuitatem perueneritis, quod ibidem passim

F 126ᵃᵇ. φ 25ᵃ.   1 mea gula (φ) *em. Cornelissen cf. 15,6*
154,11 221,16   2 pximo (φ) *em. Wower cf. 9,18 an* ⟨de⟩ *proximo?*
He cf. 27,13 270,15 285,17   [et] *ante Wower sed et accura-*
tius explicat notionem communem Ath.   poetilen (φ) *em. v*
6 minaṅt *em. ead. m.*   φ: minat (t *ex* n *eff. ead. m.*)   7 lancee
(φ) *poster.* e *ex* a *eff.*   immersi *Flor*   occipitium, *i. e. quod capiti*
lanceae opponitur, extremam partem ferri significat   8 ingruuiē
em. φ inguen *ed. Iunt.*   11 ſemi (φ) i *ex* e *eff.*   12 inerrare *Wower*
13 q (φ) quam *vdVl*   16 mercede posita (φ, *in mg. add.* ab
al. m. c m̄ces d'poita)   17 bonique (*m. rec. eff.* quȩ, *quo in-*
ducto supra lineam add. q)   18 porro] rursus *Kirchhoff ut hiatus*
vitetur   19 degerabo *em.* φ   ⟨cuncta⟩ uidentem *Rohde*
☐ ⟨omni⟩uidentem *Leo cf. de mund. 29 (166,2 Th.)*   uero *Sciopp*
re *Heins* uera ⟨ac⟩ *Plasberg cf. Th.l.L. III 2057,57*   20 nec∗uo∗ſ
(*vid. fuisse ne* tuaſ, *in mg. ead. m. add.* necuoſ]   φ: nec uoſ
Thessaliam *del. vdVl adiectivum putat* Oud Thessaliae *Bluemner*
Thessalicam *Leo; interpretand.: in Thessaliam (quam petunt [2,8])*
atque in prox. civ.   21 pxi|mā (i *mut. al. m. in* y)

Oud.   *E*

per ora populi sermo iactetur, quae palam gesta sunt. sed ut
25 prius noritis, cuiatis sim, qui sim: ⟨*Aristomenes sum,*⟩ Aegien-
sis; audite et quo quaestu me teneam: melle uel caseo et huiusce
26 modi cauponarum mercibus per Thessaliam Aetoliam Boe-
⟨*o*⟩tiam ultro citro discurrens. comperto itaque Hy- 5
patae, quae ciuitas cunctae Thessaliae antepollet, caseum
recens et sciti saporis admodum commodo pretio distrahi,
27 festinus adcucurri id omne praestinaturus. sed ut fieri
adsolet, sinistro pede profectum me spes compendii fru-
strata est; omne enim pridie Lupus negotiator magnarius 10
coemerat. ergo igitur inefficaci celeritate fatigatus commodum uespera oriente ad balneas processeram: ecce So- 6
28 craten contubernalem meum conspicio. humi sedebat scis- 4
⟨*s*⟩ili palliastro semiamictus, paene alius lurore, ad miseram
maciem deformatus, qualia solent fortunae decermina stipes 15
in triuiis erogare. hunc talem, quamquam necessarium
29 et summe cognitum, tamen dubia mente propius accessi.
"hem", inquam, "mi Socrates, quid istud? quae facies?
quod flagitium? at uero domi tuae iam defletus et conclamatus es, liberis tuis tutores iuridici prouincialis de- 20
creto dati, uxor *per*solutis ⟨*in*⟩ferialibus officiis luctu et
maerore diuturno deformata, diffletis paene ad extremam

F 126ᵇ. φ 25ᵃ. 1 iactatur *Haupt cf. 26,15 sq.*   Ī φ: sunt
cf. 14,21 54,12 84,10 128,5 177,2 218,15   2 ḑ ſim. aegienſiſ
(g *paulum corrosa, ut possit videri* r) φ: qꝺ̃ ſim aerienſiſ
qui ſim et cuiatis *v* [q sim] *Rossbach* [q sim] ⟨sum⟩ *vdVl*
quiue, sum *Hild* quippe sum *Luetj* ⟨Aristomenes sum⟩ *Cast
cf. 250,17 Plaut. Poen. 993*   8 queſtũ & ẹneã (φ) *em. v*
4 caupono (φ) cauponarum *v* cauponum *Oud* cauponiorum
Hild cauponor? *Plasberg*   boetiã (φ)   5 uˡtro *em. ead. m.*
hypate (φ)   6 caseụ̈ (φ) *em. v*   7 cõmodo (φ) *extrem. o
ex a eff.*   11 Eṛ'go (r *delev. m. antiq. cf. Andresen In Tac.
hist. stud. crit. Berol. 1889 p. 4*) φ: Ergo   18 ſciſili (φ, *sed
em. al. m.*)   15 deterrima (φ), *in mg. m. vet.* ·l· dĩmina ſtipeſ
in triuiſ   decermina *Lips coll. Fest. 72,7 M. cf. Corp. gloss.
Lat. VI 307* detrimina *Oud* deterrima ⟨ludibria⟩ *vdVl*
20 tutoreſ *vid. eff. ex* tutor eſt φ: tutor-eſ puincialeſ (φ, *sed
supra* e *add. al. m.* ¹)   21 p̄ſolutiſ (φ) *em v*   ferialib; (φ)
em. He cf. 181,25 feralibus v cf. 226,9

captiuitatem oculis suis, domus infortunium nouarum nup-
tiarum gau|diis a suis sibi parentibus hilarare compel-
litur. at tu hic laruale simulacrum cum summo dedecore
nostro uiseris."

5   "Aristomene", inqui*t*, "ne tu fortunarum lubricas ambages et instabiles incursiones et reciprocas uicissitudines
30 ignoras" et cum dic|to sutili centu⟨n⟩culo faciem suam
iam dudum punicantem prae pudore obtexit ita, ut ab
*u*mbilico pube tenus cetera corporis renudaret. nec denique
10 perpessus ego tam miserum aerumnae spectaculum iniecta
manu, ut adsurgat, enitor.

7   At ille, ut erat, capite uelato: "sine, sine", inquit,
"fruatur diutius trop[h]aeo Fortuna, quod fixit ipsa."

31   Effeci, sequatur, et simul unam e duabus laciniis meis
15 exuo eumque propere uestio dicam an contego, et ilico
lauacro trado, quod unctui, quod tersui, ipse praeministro,
sordium enormem eluuiem operose effrico, probe curato,
ad hospitium, lassus ipse, fatigatum aegerrime sustinens
perduco, lectulo refoueo, cibo satio, poculo mitigo, fabulis
20 permulceo. iam adlubentia procliuis est sermonis et ioci
☐*32* et scitum et⟨iam⟩ cauillum, iam dicacitas ⟨in⟩timida, cum
ille imo de pectore cruciabilem suspiritum ducens dextra

F 126ᵇ. φ 25ᵃᵇ.   1 caecitatem *Salm sed cf. Du Cange lex.*
s. v. et Th. l. L. III 368,53   dom; (φ) *m. vet. supra lin. add.*
u*ł* demū *cf. 176,18 226,14 240,12*   **5** inqd *em.* φ   **7** centu-

culo (φ) *al. m. eff.* centū   **9** *i*mbilico (*dubium utrum* un *an*
im*, eras.*¹ *; vid. primum scripsisse librarius* um*, nam* b *supra
ultimam hastam litt.* m *script.*) φ: umbilico *cf. Heraeus Archiv
f. lat. Lex. XI 310*   10 *f*pectacu^{lū} (*ead. m. ut vid. add.* ^{lū},
m. rec. ipsa in linea posuit lū)   **12** erat *ex* arat *ead. m.*
inqd *corr. in* inqt *ead. m.*   13 tropheo   16 t̃fui * (*eras. sign.*
distinction.)   17 illuuiem *Oud*   curatum *v* ⟨quo⟩ probe curato
Haeberlin cf. 5,5   19 mitigo] irrigo *Hild*   20 *dubium* ioci *an*
loci φ: ioci *ex* loci   **21** [et] scitum [et] *E cf. 41,1 45,15 sq.*
[et] scitum et *Scriver*, est scitum et *Petsch* et scitum est cau.
v et (*del.* et *ante* sc*it.*) *vdVl* excitum cau. *Luetj* et sc. *etiam*
cau. *Leo*   timida (φ) *em. He* tumida *v* tinnula *Oud* stimulat
☐   *Petsch*

Oud.   E

saeuiente frontem replaudens: "me miserum", infit, "qui
dum uoluptatem gladiatorii spectaculi satis famigerabilis
33 consector, in has aerumnas incidi. nam ut scis optime, 5
secundum quaestum Macedonia⟨m⟩ profectus, dum mense
decimo ibidem attentus nummatior reuortor, modico prius 6
quam Larissam accederem, per transitum spectaculum
34 obiturus in quadam auia et lacunosa conualli a uastissi-
mis latronibus obsessus atque omnibus priuatus tandem
euado et utpote ultime adfectus ad quandam cauponam
Meroen, anum, sed admodum scitulam, deuorto eique 10
causas et peregrinationis diuturnae et domuitionis anxiae
et spoliationis [diuturnae et dum] miserae refero; quae
35 me nimis quam humane tractare adorta cenae gratae atque gratuitae ac mox urigine percita cubili suo adplicat.
et statim miser, ut cum illa adquieui, ab unico congressu 15
annosam ac pestilentem ⟨*cladem*⟩ [c̄] contraho et   □
36 ipsas etiam lacinias, quas ‖ boni latrones contegendo mihi
concesserant, in eam contuli, operulas etiam, quas adhuc
37 uegetus saccariam faciens merebam, quo⟨a⟩d me ad istam
faciem, quam paulo ante uidisti, bona uxor et mala for- 20
tuna perduxit."

"Pol quidem tu dignus", inquam, "es extrema sustinere, 8

F 126ᵇ 127ᵃ. φ 25ᵇ ·   ꜱ n̊ φ: Nā   ſe iſ (φ) *em. v*   4 ma-
cedonia (φ) Macedoniam *Colv* ⟨in⟩ Macedoniam *Bursian*

7 c̄uallia (φ) *recte distinct. v*   8 puat⁹ (⁹*in ras. al. m.*
*eff., fuit*³) φ: priuat (*in mg. al. m.* c̊ puatuſ)   11 anxie (φ)
al. m. eff. ẹ   12 diutne & dū̆ (φ) *post similem exitum* atio-
nis *falso repetit. del.* E   quẹ em̄ hiſ (h *induct.*) quā φ: que
e̊ iſ quā (*in mg. al. m.* c̊ q̄ me his) *recte distinx. Haupt*

15 tŭ̊ *em. ead. m.* φ: cū   16 annoſā (φ) '*diuturnam*' *Barth*
cf. 33,9 ⟨insaniam⟩ annosam *Brakman* damnosam *Wower*
anus noxam (*del.* ac) *Lindenbrog cf. 8,6 283,5 285,10* saniosam
Heins ⟨cladem⟩ *He*   c̄ φ: c̄ᵒ *dittographiam putat Novák*
cf. 187,22 luem *Heins* consuetudinem *vd Vl*   contraho ⟨adfec-
tionem⟩ *Novák*   18 oper.] sportulas *vd Vl*   19 qᵭ φ: q̨
em. v cf. Lachmann. ad Lucr. V 1033   22 sustinere ⟨uel⟩
Vahlen Op. II 229 sed cf. tamen p. 8,1

si quid est tamen nouissimo extremius, qui uoluptatem
Veneriam et scortum scorteum Lari et liberis praetulisti."
at ille digitum a pollice.| proximum ori suo admouens et
in stuporem attonitus "tace, tace" inquit et circumspiciens
5 tutamenta sermonis: "parce", inquit, "in feminam diuinam,
nequam tibi lingua intemperante noxam contrahas."

"Ain tandem?" inquam, "potens illa et regina caupona
quid mulieris est?"

"Saga", inquit, "et diuini   potens caelum deponere,
10 terram suspendere, fontes durare, montes diluere, manes
38 sublimare, deos infi[r]mare, sider*a* extinguere, Tartarum
ipsum inluminare."

"Oro te", inquam, "aulaeum tragicum dimoueto et si-
parium scaenicum complicato et cedo uerbis communibus."

15   "Vis", inquit, "unum uel alterum, immo plurima eius *6*
audire facta? nam ut se ament efflictim non modo incolae, uerum etiam Indi uel Aethiopes utrique uel ipsi
Anticthones, folia sunt artis et nugae merae. sed quod
in conspectum plurium perpetrauit, audi.

9 *39*   Amatorem suum, quod in aliam temerasse*t*, unico
21 uerbo mutauit in feram castorem, quod ea bestia captiuitati metuens ab insequentibus se praecisione genita-
lium liberat, ut illi quoque simile, quod uenerem habuit
in aliam, proueniret. cauponem quoque uicinum atque ob

F 127ᵃ. φ 25ᵇ.   *6* intĕperante* (*eras. vid.*) φ: intĕperante   *7* caupona✦ (*sign. distinction. eras.*)   *9* diuini (φ)
cf. 225,2 diuina *Colv*   11 infirmare (φ) *em.* v *cf. de deo
Socr. 4 (11,7 Th.)* ſidere (*em. m. rec.*) φ: ſidera   14 communibus ⟨rem narrato⟩ *Novák fort. recte*   18 anticthoneſ
(φ)   nuga|emerę (*ₐadd. m. rec.*)   19 conspectu v   *20* in
falso ex v. 19 repetit. putat Novák ui *Oud cf.* ὑβϱίζειν εἰς
temerasse *em. al. m.* (φ) in alia non temperasset *Bluemner*
   21 captiuitati (φ, *al. m. add.* ♃ᵗᵉᵐ) -tis *Vulcan vel* capti-
uitate⟨m⟩ *Novák cf. 282,26*   *23* ſimile *dubium; cognoscitur*
ſimilj✦, *fort.* ſimilia *vel* ſimiliͅt, *sed vid. litt.* j✦ *mut. in* e φ: fa-
milie (*in mg. al. m. add.* c ſiͅte)   *23/24* quod—aliam *ut interpretament. del. Leo coll. v. 20*

Oud.   E

id aemulum deformauit in ranam et nunc senex ille doho
innatans uini sui aduentores pristinos in faece submissus
officiosis roncis raucus appellat. alium de foro, quod aduersus eam locutus esset, in arietem deformauit et nunc
aries ille causas agit. eadem amatoris sui uxorem, quod 5
40 in eam dicacule probrum dixerat, iam in sarcina praegnationis obsepto utero et repigrato fetu perpetua praegnatione damnauit et, ut cuncti numeran‖t, iam octo
annorum onere misella illa uelut elephantum paritura
distenditur.
                                                                      10
41   Quae cum subinde ac multi nocerentur, publicitus 10
indignatio percrebruit statutumque, ut in eam die
altera seuerissime saxorum iaculationibus uindicaretur.
quod consilium uirtutibus cantionum anteuortit et ut illa
Medea unius dieculae a Creone impetratis indutiis to- 15
tam eius domum filiamque cum ipso sene flammis coro-
nalibus deusserat, sic haec deuotionibus sepulchralibus in
scrobem procuratis, ut mihi temulenta narrauit proxime,
cunctos in suis sibi domibus tacita numinum uiolentia
42 clausit, ut toto biduo non claustra perfringi, non fores 20
euelli, non denique parietes ipsi quiuerint perforari, quoad
mutua hortatione consone | clamitarent quam sanctissime
deierantes sese neque ei manus admolituros et, si quis
aliud cogitarit, salutare laturos subsidium. et sic illa 7
propitiata totam ciuitatem absoluit. at uero coetus illius 25

F 127ᵃ. φ 25ᵇ 26ᵃ.   1 ęmulŭ∗ (*ras., sed nulla fuit litt.*)
doliŭ (φ) *em. He cf. 49,1 116,23*   2 summersus *vd Vl*
3 rontiſ φ : ratiſ *em. v*   5 ⟨*inter arietes*⟩ ar. *Cast* arietibus *Damsté*
7 obſeto   φ : obſᶜeno (*m. rec. add.* ⁱᵐ̄ᵘᵈᵒ) *em. Beroald*   re-
pignato   φ : repugnato *em. v*   8 numeran|tiā   11 subinde
⟨fierent⟩ *vd Vl* ⟨faceret⟩ *He* subinde a multis noscerentur
Hamilton subinde ac multis noceret *E* perinde ac multi
noceretur *Sciopp* quoi cum s. aemuli nocerentur *Rohde*;
ellipsin def. Loefstedt   13 iaculationib; (φ) . *ead. m.*
ex oniſ   15 diecule *posterior* e *in ras.* (φ)   Creonte *v*
cf. Plaut. Amph. 194   18 . Proxime   19 tanta *E cf. 65,15*
24 alius id *vd Vl*

Oud.   E

auctorem nocte intempesta cum tota domo, id est parie-
tibus et ipso solo et omni fundamento, ut erat, clausa
ad centesimum lapidem in aliam ciuitatem summo uertice
montis exasperati sitam et ob id ad aquas sterilem trans-
5 tulit. et quoniam densa inhabitantium aedificia locum
43 nouo hospiti non dabant, ante portam proiecta domo discessit."

11   "Mira", inquam, "nec minus saeua, mi Socrates, memoras. denique mihi quoque non paruam incussisti solli-
10 citudinem, immo uero formidinem, iniecto non scrupulo,
sed lancea, ne quo numinis ministerio similiter usa sermones istos nostros anus illa cognoscat. itaque maturius
quieti nos reponamus et somno leuata lassitudine noctis
antelucio aufugiamus istinc quam pote longissime."

15   Haec adhuc me suadente insolita uinolentia ac diu-
44 turna fatigatione pertentatus bonus Socrates iam sopitus
stertebat altius. ego uero adducta fore pessulisque fir-
matis ‖ grabatulo etiam pone cardine⟨s⟩ supposito et probe
adgesto super eum me recipio. ac primum prae metu
20 aliquantisper uigilo, dein circa tertiam ferme uigiliam
paululum coni[hi]ueo. commo[do]dum quieueram, et repente
impulsu maiore quam ut latrones crederes ianuae rese-
rantur, immo uero fractis et euolsis funditus cardinibus
prosternuntur. grabatulus alioquin breuiculus et uno pede
25 mutilus ac putris impetus tanti uiolentia proste⟨r⟩nitur,

F 127ᵃᵇ. φ 26ᵃ.   8 ⟨in⟩ summo *Bursian*   5 inabi-
tantiũ (ʰ*add. ead. m.*)   6 piecta (φ) *supra a eras.*ᵃ proiectus
inepte Petsch; discedit maga   8 *nec (*eras.* &) φ: et
nec   11 nŏminiſ (*ead. m. em.*) φ: numiniſ   18 re*pona-
muſ (*eras.* p.) noctis] ocius *Gruter*   14 antelucio (io *in ras.;*
vid. fuisse luciſ, *sed* ſ *induct. et*° *superscript.*) φ: anluci *iſtinc
(*eras.* h *antea induct.*) puta (φ) *em.* v *cf. 34,10*   15 ſuadente
refict., sed fuit idem   inſota (¹¹ *add. ead. m.*)   diurna v
cf. 6,18   18 cardine (φ) *em.* v cardines apposito *Petsch*
21 conibibeo φ: coniueo (ueo *in ras. pr. m.*)   cômodo dũ
(*lin.* ‗ *add. al. m.*) φ: cômḍọdũ   25 pſtenit *em.* φ

Oud.
E

me quoque euolutum atque excussum humi recidens in
inuersum coperit ac tegit.

45   Tunc ego sensi naturalitus quosdam affectus in con- 12
trarium prouenire. nam ut lacrimae saepicule de gaudio
prodeunt, ita et in illo nimio pauore risum nequiui con- 5
tinere de Aristomene testudo factus. ac dum in fimum 8
deiectus obliquo aspectu, quid rei sit, grabatuli sollertia
munitus opperior, uideo mulieres duas altioris aetatis;
lucernam lucidam gerebat una, spongiam et nudum gla-
dium altera. hoc habitu | Socratem bene quietum cir- 10
cumstetere. infit illa cum gladio: "hic est, soror Panthia,
carus Endymion, hic Catamitus meus, qui diebus ac noc-
46 tibus inlusit aetatulam meam, hic qui meis amoribus sub-
terhabitis non solum me diffamat probris, uerum etiam
fugam instruit. at ego scilicet Vlixi astu deserta uice 15
Calypsonis aeternam solitudinem flebo."   et porrecta dextera meque Panthiae suae demonstrato: "at hic bonus",
inquit, "consiliator Aristomenes, qui fugae huius auctor
fuit et nunc morti proximus iam humi prostratus grabat-
47 tulo subcubans iacet et haec omnia conspicit, impune se 20
laturum meas contumelias putat. faxo eum sero, immo

F 127ᵇ. φ 26ᵃ.   1/2 in *del. E* in uniuersum *v* uniuersum
Rittershus inuersus *Wower* susum uorsum *Traube cf.* in obli-
quum, in rectum, in diuersum; ἐπὶ κρηνές *interpret. Pric*
2 cŏperit (p *ex al. litt. pr. m. eff.*) φ: comperit (m *punctis del.*
et o *supra* m *add. m. rec.*) cf. 144,9 245,16   3 natu-
rȧt; (*ead. m. add.*)   6 facta *mut. in* factuſ *ead. m.* φ: fact;
infimū (φ) *Oud comparat* sublime raptus *vix recte* ⟨in⟩infi-
mum v in sinum *Lips* in fimum *He coll. Verg. Aen. V 333, 358*
in limum *Leo*   9 luridam *Nolte*   11 panthia (φ) *evan.* n
12 endſmion (d *mut. in* o) φ: enoſmion *em. Beroald cf. 22,15*
apol. 44,17   13 ſupthabi++|tiſ (*eras. vid.* ta) φ: ſupthabitiſ
insuper habitis *Colv cf.* 94,15   15/16 deſertauit. & alipſoniſ
(φ, *sed al. m. eff.* uita & cal —) *post* ta *distinx. et* uite *eff. m.*
vet. ut vid.; em. Iunt. post.   18 inqd *em.* φ   19 grauattulo
(b *ex* u *eff.*)   20/21 relaturū (φ, *sed* se *add. al. m.*) *em. Vulcan*
coll. 175,10

statim, immo uero iam nunc, ut et praecedentis dicacitatis
et instantis curiositatis paeniteat.''

13   Haec ego ut accepi, ‖ sudore frigido miser perfluo, tre-
more uiscera quatior, ut grabattulus etiam succus[sus]su
5 meo inquietus super dorsum meum palpitando saltaret.
at bona Panthia: "quin igitur", inquit, "soror, hunc
primum bacchatim discerpimus uel membris eius destinatis
uirilia desecamus?"

48   Ad haec Meroe — sic enim reabse nomen eius tunc
10 fabulis Socratis conuenire sentiebam —: 'immo", ait,
"supersit hic saltem, qui miselli huius corpus paruo con-
tumulet humo" et capite Socratis in alterum dimoto latus
per iugulum sinistrum capulo tenus gladium totum ei demergit et sanguinis eruptione⟨m⟩ utriculo admoto excipit
15 diligenter, ut nulla stilla compareret usquam. haec ego
meis oculis aspexi. nam etiam, ne quid demutaret, credo, *9*
a uictimae religione, immissa dextera per uulnus illud ad
49 uiscera penitus cor miseri contubernalis mei Meroe bona
scrutata protulit, cum ille inpetu teli praesecata gula
20 uocem, immo stridorem· incertum per uulnus effunderet et
spiritum rebulliret. quod uulnus, qua[m] maxime patebat,
spongia[m] offulciens Panthia: "heus tu", inquit, "spongia,
caue in mari nata per fluuium transeas." his editis
abeun*t* ⟨*et*⟩ remoto grabattulo uaricus. super faciem

127ᵇ. φ 26ᵃ   1 ut *del. Kroll cf. 98,17, sed Plaut. As. 897*
    8 perfluus *vd V l cf. 50,15*   4 grauattuluſ (b *ex* u *eff.*
ead. m.)   ſuccuſſuſ ſŭ eo (φ) ſŭ *induct. et eo mut. in et;*
em. He cf. 68,10 praef. 53   5 φ: inquietius   6 sor. ⟨Meroe⟩ *Kaibel*
propter v. 9, refut. Cast. cf. 7,10   8 distentatis *Hild. cf. Plaut.*
mil. glor. 1407   12 latuſ (φ) *ex* lata *ead. m. em. primo super-*
script. litt.ⁿ, deinde in linea ipsa effecta   18 p (φ) *ex* c *vel*
a *ead. m. eff., ut nunc similis uideatur litterae* q   14 eruptione
(φ, *sed em. al., ut uid., m.*)   a͇ᵈmoto (ᵈ *add. ead. m.*) φ: admoto
    15 ut *ex* & *ead. m. corr.*   17 ēmiſſa (⁷*ead. m.*)   18 penita
Pric   mei (φ) i *in ras.*   19 inpetu   21 quā (φ, *sed*
em. al. m.) *cf. 82,3 sq.*   22 ſpongiā (φ) *em.* v *cf. 82,20*
    28 nata ⟨in mare⟩ *Vollgraff*   p̄ φ: p   24 ab⋆una
φ: abeuna (*al. m. eff.* abeunt)   abeunt atque una *Oud*

Oud.   E

meam residentes uesicam ex[h]onerant, quoad me urinae
spurcissimae madore perluerent.

    Commodum limen euaserant, et fores ad pristinum | 14
statum integrae resurgunt: cardines ad foramina resident,
50 ⟨ad⟩ postes [ad] repagula redeunt, ad claustra pessuli recur- 5
runt. at ego, ut eram, etiam nunc humi proiectus, inanimis,
nudus et frigidus et lotio perlutus, quasi recens utero
matris editus, immo uero semimortuus, uerum etiam ipse
mihi superuiuens et postumus uel certe de⟨sti⟩natae iam
51 cruci candidatus: "quid", inquam, "me fiet, ubi iste iugu- 10
latus mane paruerit? cui uidebor ueri similia dicere proferens uera? «proclamares saltem suppetiatum, si resistere
uir tantus mulieri nequibas; sub oculis tuis ‖ homo iugu-
52 latur, et siles? cur autem te simile latrocinium non
peremit? cur saeua crudelitas uel propter indicium sceleris 15
arbitro pepercit? ergo quoniam euasisti mortem, nunc
illo redi.»"

    Haec identidem mecum replicabam, et nox ibat in
diem. optimum itaque factu uisum est anteluculo furtim
euadere et uiam licet trepido uestigio capessere. sumo 20
sarcinulam meam, subdita claui pessulos reduco; at illae
probae et fideles ianuae, quae sua sponte reseratae nocte
fuerant, uix tandem et aegerrime tunc clauis suae crebra
immissione patefiunt.   24
53   Et "heus tu, ubi es?" inquam; "ualuas stabuli absolue, 15
antelucio uolo ire." ianitor pone stabuli [h]ostium humi 10

---

ambae una *Rohde* ab ianua *Petsch* abiturae *Bursian* abeuntes
antea *Luetj* alterna *Leo* (coll. *250,5:* ciliis alterna coniuens)
⟨antequam⟩ abeunt *Kronenb* abeunt ac *Cast* abe⟨unt et⟩ una
vel abeunt ⟨et⟩ *He*   grauattolo (ᵛ*ead. m.*)
    F 127ᵇ. 128ᵃ. φ 26ᵃᵇ.   1 ex|honerant (φ, *sed eras.* h)
4 resident (φ) *supra* ent *add.*ᵛ residunt *Luetj cf. 276,6:* uenter
residet   5 postef ad (φ) *ord. restituit Bluemner*   7 lutio
em. φ   perlituf (φ) *em. Colv cf. v. 2 et 52,2*   9 denate (φ,
sed al. m. add. ⁿⁱ) *cf. 202,19*   10 me (φ) *m. rec. add.* de *cf.*
Ter. Andr. 614   11 pferens *em.* φ   13 tantus] natus
Brant tacitus *Rossbach*   21 farcinulā (φ) r *ex* c *eff. ead. m.*
25 'Et heus *E*   26 hostiũ (φ)

Oud.   E

cubitans etiam nunc semisomnus: "quid? tu", inquit, "ignoras
latronibus infestari uias, qui hoc noctis iter incipis? nam
etsi tu alicuius facinoris tibi conscius scilicet mori cupis,
nos cucurbitae caput non habemus, ut pro te moriamur."
5 "non longe", inquam, "lux abest. et praeterea quid uiatori
de summa pauperie latrones auferre possunt? an ignoras,
inepte, nudum nec a decem palaestritis despoliari posse?".
54 ad haec ille marcidus et semisopitus in alterum latus
euolutus: "unde autem", inquit, "scio, an conuectore illo
10 tuo, cum quo sero deuorteras, iugulato fugae mandes
praesidium?"

Illud horae memini me terra dehiscente ima Tartara
inque his canem Cerberum prorsus esurientem mei pro-
spexisse. ac recordabar profecto bona⟨m⟩ Meroen non
15 misericordia | iugulo meo pepercisse, sed saeuitia cruci
16 me reseruasse. in cubiculum itaque reuersus de genere
55 tumultuario mortis mecum deliberabam. sed cum nullum
aliud telum mortiferum Fortuna quam solum mihi grabattulum subministraret, "iam iam grabattule", inquam, "animo
20 meo carissime, qui mecum tot aerumnas exanclasti conscius
et arbiter, quae nocte gesta sunt, quem solum in meo
reatu testem innocentiae citare possum, tu mihi ad inferos
festinanti summiministra telum ‖ salutare" et cum dicto restim,
qua erat intextus, adgredior expedire ac tigillo, quod

F 128ᵃ. φ 26ᵇ.   1 & iã(φ) etiam *Oud*   2 *cf. Plaut.*
Amph. 154   Nem (φ) hem v *cf. 5,18 43,23* nam *Scriver cf. Phil.*
suppl. IX· 550,24   nam—moriamur (*v. 4*) *a ianitore dici non*
posse cognovit Leo; vid. ad comitem aut servum referend. et Apu-
leius errasse 3 *ilicet Stewech* 5 et (*m. recent. superscr.* ᵃᵉᵈ)
9 reuolutus *Salm* 10 sero *i. e. heri vesperi cf. 60,25* ⟨te⟩
mandes praesidio *Haupt ceterum cf. Cic. de inv. II 4,14* 12 de-
lifcente *em. ead. m.* φ: dehyfcente   yma *em.* φ   13 prfuᵃ
(*ead. m.* ᵃ) φ : prf; mei (φ) eras. i (*Rob*) *cf. d. d. Socr. 22*
(*33,5 Th*) Woelfflin *Arch. f. lat. Lex. I 411 sq.*   14 bona
al. m. supra a add.ˉ (φ)   15 m̄ia   pepciffe (*fuit p, sed*
lineola _induct.) 19 ⁽ᵃᵇ⁾ministrar& *em. ead. m.*   20 exan*clasti
(φ, c in ras.) c *al. m. loco duar. litt. eff., quarum prior fuit* t
cf. 136,15

Oud.
E

fenestrae subditum altrinsecus prominebat, iniecta atque
obdita parte funiculi et altera firmiter in nodum coacta
ascenso grabattulo ad exitium sublimatus et ⟨im⟩misso
capite laqueum induo. sed dum pede altero fulcimentum,
quo sustinebar, repello, ut ponderis deductu restis ad 5
56 ingluuiem adstricta spiritus officia discluderet, repente
putris alioquin et uetus *funis* dirumpitur atque ego de *11*
alto recidens Socraten — nam iuxta me iacebat — superruo
cumque eo in terram deuoluor. ̄et ecce in ipso momento *17*
ianitor introrumpit exerte clamitans: "ubi es tu, qui alta 10
nocte immodice festinabas et nunc stertis inuolutus?"

Ad haec nescio an casu nostro an illius absono clamore
experrectus Socrates exsurgit prior et "*non*", inquit, "inmerito stabularios hos omnes hospites detestantur. nam
iste curiosus dum inpo⟨r⟩tune irrumpit — credo studio 15
rapiendi aliquid — clamore uasto marcidum alioquin me
altissimo somno excussit."

Emergo laetus atque alacer insperato gaudio perfusus
et: "ecce, ianitor fidelissime, comes [et pater meus] et
frater meus, quem nocte ebrius occisum a me calumnia- 20
57 baris", et cum dicto Socraten deosculabar amplexus. at
ille odore alioquin spurcissimi humoris percussus, quo me
Lamiae illae infecerant, uehementer aspernatur: "apage
te", inquit, "fetorem extremae latrinae" et causas coepit

F 128ª. φ 26ᵇ.   2 obducta *v* cf. *65,13*   8 & miffo (φ)
em. Vulcan demisso *Colv.* cf. *42,10*   6 officio (φ, *sed al. m. em.*)
cf. *4,1 49,2 276,8* officium *Leo*   7 finif *em. al. m. et* φ .
18/14 ne — inmerito (φ, *nec* supra *ne* ut *interpretament. add.*)
nae—merito *v* nec—inmerito *Seyffert* non—inmerito *Rossbach*
cf. *16,13 51,18 Cic. Brut. 31,119:* non, inquam, Brute, sine causa
78,270: non, inquam, ego istuc ignoro   *conicias* ne—n̄imerito;
sed desideratur pronomen post ne cf. *3,9 6,5* nec ne *pro* ne —
quidem *habendum (Heraeus Festschr. f. Vahlen p. 432)*   15 in-
potune *em. m. rec. et* φ   19 [et] ecce? *He*   ecce ⟨aio⟩
vd Vl   inquam *supplend* cf. *13,12 22,23 55,6 148,10*   et
pater meus *ut dittograph. del. Salm* cf. *Hor. epist.* I *6,54*
Petron. 9,4 (8,29 B. H.) 98,8 (70,5) 100,5 (71,16)   22 humorif
(φ) *corr. ex* — ref   perculsus *Nolte*   23 afpernatus *Petsch*
sed cf. *19,10.25.*

Oud.

huius odoris comiter inquirere. at ego miser adficto ex
tempore absurdo ioco in alium sermonem intentionem eius
[denuo] deriuo et iniecta dextra: "quin imus", inquam, "et
itineris matutini gratiam capimus."

5 Sumo | sarcinulam et pretio mansionis stabulario perso-
58 luto capessimus uiam.

18 Aliquantum processeramus, et iam iubaris exortu cuncta
conlustrantur. ‖ et ego curiose sedulo arbitrabar iugulum
comitis, qua parte gladium delapsum uideram, et mecum:
10 "uesane", aio, "qui[n] poculis et uino sepultus extrema
somniasti. ecce Socrates integer, sanus, incolumis. ubi
uulnus, ⟨*ubi*⟩ spongia? ubi postremum cicatrix tam alta, tam
recens?" et ad illum: "*non*", inquam, "immerito medici
59 fidi cibo et crapula distentos saeua et grauia somniare
15 autumant; mihi denique, quod poculis uesperi minus
temperaui, nox acerba diras et truces imagines optulit,
ut adhuc me credam cruore humano aspersum atque
impiatum."

Ad haec ille subridens: "at tu", inquit, "non sanguine, 12
20 sed lotio perfusus es, uerum tamen et ipse per somnium
iugulari uisus sum mihi. nam et iugulum istum dolui et
60 cor ipsum mihi auelli putaui, et nunc etiam spiritu defi-

F 128ᵃ⁻ᵇ. φ 26ᵇ 27ᵃ.   1 obiter *Burm* ociter *Hild* cf. *23,24
222,23*   3 denuo del. *Beyte* cf. *praef. 54*   8 curiose *del.
Havet* cf. *26,23 31,14 155,2* sedulo *del. Novák* cf. *24,24 48,25
155,3; aut scribend.* curiose et *vel* seduloque cf. *109,8 sq. 129,19*
9 me_cū|tū (_cū al. m. ut. vid.) em. φ   10 quin (φ) em.
Bursian cf. *134,23 sq. 144,5*   11/12 ubi uuln; ſpongia./ ubi
(al. m. post ſpongia add. signum distinct., tertia post uuln;)
ubi uulnus? ſpongia ubi? v ubi uulnus? ⟨ubi⟩ ſpongia? ubi
Bursian   13 ne (φ) nec *Seyffert* non *Rossbach* cf. *15,13*
⟨dei⟩ medici filii *Haupt* medicum filii *Sciopp* medici sciti
Hild medius fidius *Rossbach* sed cf. *Hor. epist. I 8,9*: fidis
offendar medicis   16 ymagineſ em. φ   21 nichil nã et (φ)
nihil non v nonnihil etiam vd *Vl* nam et nonnihil *Novák* mihi.
nam et ed. *Bas. I Haupt* cf. *95,18*

Oud.

cior et genua quatior et gradu titubo et aliquid cibatus
refouendo spiritu desidero.''

"En", inquam, "paratum tibi adest ientaculum" et cum
dicto mantica⟨m⟩ mea⟨m⟩ humero exuo, caseum cum
pane propere ei porrigo et "iuxta platanum istam resi- 5
damus" aio.

Quo facto et ipse aliquid indidem sumo eumque auide 19
essitantem aspiciens aliquanto intentiore macie atque pallore buxeo deficientem uideo. sic denique eum uitalis color
61 turbauerat, ut mihi prae metu, nocturnas etiam Furias illas 10
imaginanti, frustulum panis, quod primum sumseram, quamuis admodum modicum mediis fa⟨u⟩cibus inhaereret ac
neque deorsum demeare neque sursum remeare posset.
nam et breuitas ipsa commeantium metum mihi cumu-
labat. quis enim de duobus comitum alterum sine alterius 15
noxa peremtum crederet? uerum ille ut satis detrunca-
uerat cibum, sitire inpatienter coeperat; nam et optimi
casei bonam partem auide deuorauerat; et haud ita longe
radices platani lenis fluuius in speciem placidae paludis
62 ignauus ibat argento uel uitro aemulus in colorem. ‖ 20

F 128ᵇ. φ 27ᵃ   3 tū (φ) *em. v*   4 mantica mea (φ)
em. v cf. praef. 47 *Ov. met.* II 419   humeros *Hild (servat.*
lect. cod.)   3 ef•itantē (*ead. m. add.ᵃ*) φ: efitantē *cf.* 230,21
intentiorē acie (φ, *sed* aciē) *recte distinct. v cf.* 5,15
(*semper erat misera macie, tunc intentiore*) *Liv.* II 23,3: *pallore*
ac macie Iuv. 15,101   9 eum] tum *Stewech* uitalif *Petron.*
42,6 (27,27 *B. H.*) 77,7 (54,15) *Sen. ep.* 99,22 (460,15 *H.*) *cft.*
Prescott letalis *Markland*   10 turpauerat *Markl cf. Gell.*
XIX 1,6 *Plaut. Epid.* 560   prae metu *post imag. transpos.*
vd Vl   11 fūferāt (t *deleta al. m.* ˜ *add. supra* a) *radendo ex*
falsa rectam lection. eff. φ   12 facib; *em.* φ   13 rursum v
14 breuitas (φ) *an paucitas interpretand.? crebritas Wower crebi-*
tas? *Leo* celebritas *Heins sed cf. Cic. de inv.* I 43,80   cōmantiū
(*ras. supra* m,• *add. m. rec.*) φ: cōmeantiū   15 comitum *vid. var.*
lect. ad commeant. *add.; del. He; aliter* 2,18; *an* comitem?
16 ſerētū (ſe *indux*ᵗ, *add. al. m.*) φ: pemtū   17 nam et
cf. 2,5 21,13 60,4 *al.*   19 fluuiuf *ex* fluuif *ead. m.*   ſpeciē
⟨˜ *prorsus evan.*)   19/20 *acc. radic. def. Plasberg coll.* prope;
⟨praeter⟩ibat (*vel* radicum — ibat *cf.* 110,2: longe parentum) *He*

Oud.   *E*

"en", inquam, "explere latice fontis lacteo". adsurgit ille
et oppertus paululum planiorem ripae marginem compli-
citus in genua adpronat se auidus adfectans poculum.
necdum satis extremis labiis summum aquae rorem at-
5 tigerat, | et iugulo eius uulnus de⟨h⟩iscit in profundum
patorem et illa spongia de eo repente deuoluitur eamque
paruus admodum comitatur cruor. denique corpus exani-
63 matum in flumen paene cernuat, nisi ego altero eius pede
retento uix et aegre ad ripam superiorem adtraxi, ubi
10 defletum pro tempore comitem misellum arenosa humo
in amnis uicinia sempiterna contexi. ipse trepidus et
eximie metuens mihi per diuersas et auias solitudines 13
aufugi et quasi conscius mihi caedis humanae relicta
patria et lare ultroneum exilium amplexus nunc Aetolia⟨m⟩
15 nouo contracto matrimonio colo.'

Haec Aristomenes. at ille comes eius, qui statim
20 initio obstinata incredulitate sermonem eius respuebat:
'nihil', inquit, 'hac fabula fabulosius, nihil isto mendacio
64 absurdius' et ad me conuersus: 'tu autem', inquit, 'uir
20 ut habitus et habitudo demonstrat ornatus, accedis huic
fabulae?'.

'Ego uero', inquam, 'nihil impossibile arbitror, sed
utcumque fata decreuerint, ita cuncta mortalibus prouenire:
nam et mihi et tibi et cunctis hominibus multa usu uenire
25 mira et paene infecta, quae tamen ignaro relata fidem
perdant. sed ego huic et credo hercules et gratas gratias
65 memini, quod lepidae fabulae festiuitate nos auocauit,

F 128ᵇ φ 27ᵃ.   1 adfurgit ịḷḷẹ (ille *punctis delet. et linea
induct.*) φ: ille *sed cf. 19,10.* 11 *106,23.* 2 paululum (*pro* lu *scrip-
serat antea* ll, *sed emendav. inter scribend.*)   5 deifcit *em.*
φ   10 arenofe (φ) *em* v   11 contexi∗ (*eras.* t *antea induct.*) contexi. at *Cast*   14 aetolia *em. m. rec. et* φ
17 incredulitate (φ) du *in ras. al. m.*, credu *supra voc add. m.
rec.*   respuerat *Bluemner*   18 inqt nichil *sed lineis ord.
restituit ead. m.* φ: nichil inquit   en, inquit, nihil *Mueller*
20 hornatuf *induct.* h   cordatus *Stewech cf. apol. 101* (*112,8 H.*)
accredis *Petsch cf. 161,24:* accedunt sententiae   24 uenere
Kroll   27 fabulẹ f *ead. m. eff. ex* e

Oud.   E

asperam denique ac prolixam uiam sine labore ac taedio
euasi. quod beneficium etiam illum uectorem meum
credo laetari, sine fatigatione sui me usque ad istam
ciuitatis portam non dorso illius, sed meis auribus per-
uecto.'   5

Is finis nobis et sermonis et itineris communis fuit. 21
nam comites uterque ad uillulam proximam laeuorsum
abierunt. ego uero quod primum ingressui stabulum conspicatus sum, accessi ‖ et de quadam anu caupona ilico
66 percontor: 'estne', inqua⟨m⟩, 'Hypata haec ciuitas?' ad- 10
nuit. 'nostine Milonem quendam e primoribus?' adrisit
et: 'uere', inquit, 'primus istic perhibetur Milo, qui extra
pomerium et urbem totam colit.' 'remoto', inquam, 'ioco,
parens optima, dic oro et cuiatis sit et quibus deuersetur
67 aedibus?' 'uidesne', inquit, 'extremas fenestras, quae foris 15
urbem prospiciunt, et altrinsecus fores proxumum respi-
cientes angiportum? inibi iste Milo deuersatur ampliter
nummatus et longe opulentus, uerum extremae auaritiae et
sordis infimae infamis homo, foenus denique copiosum
sub ar|rabone auri et argenti crebriter exercens, exiguo 20
Lare inclusus et aerugini semper intentus, cum uxore⟨m⟩ 14
etiam calamitatis suae comite⟨m⟩ habeat. neque praeter
unicam pascit ancillulam et habitu mendicant[h]is semper
incedit.'

68   Ad haec ego risum subicio: 'benigne', inqua⟨m⟩, 'et 25

F 128ᵇ 129ᵃ. φ 27ᵃᵇ.   2 etiā (φ) *supra lineam add. pr.*
m.   4 cruribus *Rohde sale non cognito; cf. de deo Socr. 19*
(29,13 Th.)   7 utq; comiteſ *lineis ord. mut.* φ: comiteſ utq;
8 ingreſſuſ (φ) ingressui *Elmenh* ingressu *Colv cf. 4,14 praef. 46*
10 in qua *em. m. recentiss.*   15 extremaˢ (ˢ *evan., scripseritne*
ead. m. dubium) cf. vdVl Arch f. lat. Lex. X 386   18 longe
cf. 133,23   21/22 uxore—comite (φ) *em. m. rec.* habeat (ᵗ ᵐᵃᵇⁱᵗᵃᵗ *add. m. rec.*) φ: habitat   cum uxore .... comite
habitat (*deleto* deuers. *v. 17)? Leo*   23 ancillā *ead. m. add.*
ˡᵘ
     φ: ancillulā   mdico∗∗∗hiſ (*fuit* mendicant hiſ) φ: m̅dicohiſ
(*in mg.* c̄ iſ)   mendicantis *edd. ante Colv* mendico *Colv* mendici
Vulcan mendicabuli *Novák*   25 riſū (φ) *post* ū *eras.* ſ *antea in-*

Oud.   *E*

prospicue Demeas meus in me consuluit, qui peregrina-
tur[c]um tali uiro conciliauit, in cuius hospitio nec fumi
22 nec nidoris nebulam uererer'; et cum dicto modico secus
progressus [h]ostium accedo et ianuam firmiter opp[r]es-
5 sulatam pulsare uocaliter incipio. tandem adulescentula
quaedam procedens: 'heus tu', inquit, 'qui tam fortiter
fores uerberasti, sub qua specie mutuari cupis? an tu
solus ignoras praeter aurum argentumque nullum nos
69 pignus admittere?' 'meliora', inquam, '[n]ominare et
10 potius responde, an intra aedes erum tuum offenderim.'
'plane', inquit, 'sed quae causa quaestionis huius?'
'litteras ei a Corinthio Demea scriptas ad eum reddo.'
'dum annuntio', inquit, 'hic ibidem me op⟨p⟩erimino',
et cum dicto rursum foribus oppessulatis intro capessi*uit*.
15 modico deinde regressa patefactis aedibus: 'rogat te',
inquit.

  Intuli me eumque accubantem exiguo admodum grabat-
70 tulo et commodum cenare incipientem inuenio. assidebat
pedes uxor et mensa uacua‖posita, cuius monstratu 'en' in-
20 quit 'hospitium.' 'bene' ego, et ilico ei litteras Demeae trado.

---

ducta cf. 40,19 risu v cum risu *Koziol cf. 15,23 19,10 90,6*
inqua *em. m. recentiss.*
  F 129ª. φ 27ᵇ.   1/2 peregrinatcū (φ, *sed in mg. m. re-*
centiss. c̓ pegnatu4) *cf. 21,2.24* peregrinantem cum *Colv.*
2 ōcilia*|uit (*quid eras. sit non liquet*)   8 nebulā (φ) *sed* ˉeras.
modicū *em. ead. m.* φ: modico   4 hoſtiū (φ)   oppſſulatā
φ: oppeſulatā (e *in ras.*)   5 uocaliť (l *corr. vid. ex* b)   φ: uoca-
biliť   6 fortiť (φ) fo *corr. ex* fi, *supra voc.* ᶠⁱʳᵐ *add. ead. m.*
9 nominare (φ, *sed prior* n *punctis delet.*)   18 operimino
(φ, *sed m. rec. eff.* — no') *cf. Plaut. Pseud. 859*   14 oppeſſu-
latuſ *em. ead. m. et* φ   capeſſū (φ) facessit *Oud* capessit v
cf. Plaut. Rud. 178 capessiuit (*falso lectum* -ssum) *He* capessit
uiam *Petsch* se intro capessiuit *Hild* introcessit *Novák .coll.*
105,12   15 forib; (edib; *eras.*) (*Rob*) φ: edib;
17 exiguo (φ) xi *in ras.*   grabattulo (φ) b *ex* u *eff.*   20 e)ˢ
() *in ras.,* ˢadd. al. m., fuit ut vid.* ej, *sed lineola in* ꜌ *inducta*)
  φ: e)ˢ

Oud.   E

quibus pro[s]periter lectis: 'amo', inquit, 'meum Demean,
qui mihi tantum conciliauit hospitem' et cum dicto iubet **23**
uxorem decedere utque in eius locum adsidam iubet *15*
meque etiam nunc uerecundia cunctantem adrepta lacinia
detrahens: 'adside', inquit, 'istic. nam prae metu latro- **6**
71 num nulla ⟨*s*⟩es[c]sibula ac ne sufficientem supellectilem
parare nobis licet.' feci. et sic 'ego te', inquit, 'etiam
de ista corporis speciosa habitudine deque hac uirginali
prorsus uerecundia, generosa stirpe proditum et recte
conicerem. sed et meus Demeas eade⟨*m*⟩ litteris pro- *10*
nuntiat. ergo breuitatem gurgustioli nostri ne spernas
peto. erit tibi adiacens et ecce illud cubiculum honestum
receptaculum. fac libenter deuerseris in nostro. nam et
maiorem domum dignatione tua feceris et tibi specimen
gloriosum adrogaris, si contentus lare paruulo Thesei *15*
72 illius cognominis patris tui uirtutes aemulaueris, qui non
est aspernatus ⟨*Hec*⟩ales anus hospitium tenue', et uocata
ancillula: 'Fotis', inquit, 'sarcinulas hospitis susceptas cum
fide conde in illud | cubiculum ac simul ex promptuario
oleum unctui et lintea tersui et cetera hoc eidem usui *20*
profer[s] ociter et hospitem meum produc ad proximas
73 balneas; satis arduo itinere atque prolixo fatigatus est.'
His ego auditis mores atque parsimoniam ratiocinans **24**
Milonis uolensque me artius ei conciliare: 'nihil', inquam,

F 129ᵃ. φ 27ᵇ.   **1** pſperit (φ) *em. v*   **4** aprepta (φ)
em. v cf. 23,3   **6** eſcſibula   φ: eſcibula sessibula *Beroald*
anne (φ) *em. Colv* ac nec *Bursian cf. 56,24*   **7** hic *Burmann*
sic *i. e.* 'eo facto' *cf. 52,11 63,2 al.*   **8** ʰ ac (ʰ *ead. m.*)
9 recte ⟨eruditum⟩ *Damsté*   **10** eade *em. al. m. et* φ   **12** et]
⟨conclaue⟩ et *He* en *Haupt, aut delend. Luetj; aliter 219,17*
17 aleſ (φ) *anteced. lac. trium litt. em. Politian*   **20** *cf. 6,16*
hoc (φ) *i. e. huc; an latet hic pars nominis ex v. 17?* huic *v* haec
Beroald   **21** pferſ (φ) *def. Luetj Sommer Handb.*² 543 *Baehrens
Glott. V 82 cf. 30,1 138,12 sed 104,24 249,16 Val. Flacc. IV 336 Ott
annal. phil. 109 (1874) p. 839 Roensch Itala u. Vulg. 294 ad Plaut.
Asin. 254 revocat Leo* profer *v* proferas *ſett; de ſ falso adiecta
cf. 68,24 praef. 47*   perduc *vdVl*   **28** hiiˢ *corr. in* hiſ
φ: his   ratiocinaſ⁽ⁿ⁾ *ead. m. em.*   **24** ei *supra vers. add. ead. m.*

rerum istarum, quae itineris ubique nos comitantur, indigemus. sed et balneas facile percontabimur. plane
quod est mihi summe praecipuum, equo, qui me strenue
peruexit, faenum atque ordeum acceptis istis nummulis
5 tu, Photis, emito.'
   His actis et rebus meis in illo cubiculo conditis pergens
ipse ad balneas, ut prius aliquid nobis cibatui prospicerem,
forum cupidinis peto inque eo piscatum opiparem ex-
positum uideo et percontato pretio, quod centum ‖ nummis
10 indicaret, aspernatus uiginti denariis praestinaui. inde
74 me commodum egredientem continatur Pythias condiscipulus 16
apud Athenas Atticas meus, qui me post aliquantum multum
temporis amanter agnitum inuadit amplexusque ac comiter
deosculatus: 'mi Luci', ait, 'sat pol diu est, quod inter-
15 uisimus te, at hercules exinde *cum* a *Cly*tio magistro
75 digressi sumus. quae autem tibi causa peregrinationis
huius?' 'crastino die scies', inquam, 'sed quid istud?
uoti gaudeo. nam et lixas et uirgas et habitum prorsus
magistratui congruentem in te uideo.' 'annonam curamus',
20 ait, 'et aedilem gerimus et siquid obsonare cupis, utique
76 commodabimus.' abnuebam, quippe qui iam cenae affatim
piscatum prospexeramus. sed enim Pythias uisa sportula
succussisque in aspectum planiorem piscibus: 'at has quis-

F 129ᵃᵇ φ 27ᵇ.   5 photiſ (φ) *corr. ex* fo —, *in mg. add.*
pho   6 condⁱtiſ (ndⁱ *ex* mi *eff. ead. m.*) φ: conditiſ
8 cupedinis *v cf. 23,4 25,12 Varro de ling. Lat. V 146*
10 indicaret *sc piscarius cf. 23,9*   φ: indicaret²   denarioſ (φ) *em. Oud* denarium *Hild coll. 23,2 35,25*   11 c̄tinat
ᵘ *add. m. recentior* (φ) *cf. 127,26 270,14 142,1 173,17 284,4
Schuchardt Vokal. d. Vulgärlat., Lps. 1867, II 468 Heraeus
Sprache d. Petron, Offenb. 1899, p. 25*   12 aliquam *Colv
cf. 123,12 287,19 apol. 6,4 80,14 108,1 flor. 16 (23,20)*
13 agnitum amanter *vd Vl*   14 quom *Seyffert cf. Quint. X
3,14 Plin. ep. IV 27,1*   15 cū *al. m. add.* ⁻ (φ) adſtio (φ) *em.
Seyffert cf 11,12 52,3 66,7*   18 uoti *cf. Hofmann Syntax 408*
20 ⟨operam⟩ utique *vd Vl*   22 ρiſcatū *em. ead. m.* piscatus
Stewech piscatu *Bluemner cf. 162,6*   23 ad φ: at

Oud.   *E*

quilias quanti parasti?' 'uix', inquam, 'piscatori extorsimus
accipere uiginti denarium.'

Quo audito statim adrepta dextera postliminio me in **25**
forum cupidinis reducens: 'et a quo', inquit, 'istorum
⁷⁷ nugamenta haec comparasti?' demonstro seniculum: in **5**
angulo sedebat. quem confestim pro aedilitatis imperio
uoce asperrima increpans: 'iam iam', inquit, 'nec amicis
quidem nostris uel omnino ullis hospitibus parcitis, quod
⁷⁸ tam magnis pretiis pisces friuolos indicatis et florem
Thessalicae regionis ad instar solitudinis et scopuli edulium **10**
caritate deducitis? sed non | impune. iam enim faxo
scias, quem ad modum sub meo magisterio mali debea⟨nt⟩
⁷⁹ coherceri' — et profusa in medium sportula iubet officialem
suum insuper pisces inscendere ac pedibus suis totos
obterere. qua contentus morum seueritudine meus Pythias **15**
ac mihi, ut [h]abirem, suadens: 'sufficit mihi, o Luci',
inquit, 'seniculi tanta haec contumelia.'

His actis consternatus ac prorsus obstupidus || ad
balneas me refero prudentis condiscipuli ualido consilio
et nummis simul priuatus et cena lautusque ad hospitium **20**
Milonis ac dehinc cubiculum me reporto.

Et ecce Photis ancilla: 'rogat te', inquit, 'hospes.' **26**
at ego iam inde Milonis abstinentiae cognitor excusaui *17*
comiter, quod uiae uexationem non cibo, sed somno cen-
serem diluendam. isto accepto pergit ipse et iniecta **25**
dextera clementer me trahere adoritur. ac dum cunctor,
dum modeste renitor, 'non prius', inquit, 'discedam, quam

F 129ᵇ. φ 27ᵇ28ᵃ.   **2** deneriŭ φ: denarioſ *cf. 35,24*
2 abrepta *em. ead. m. cf. 21,4*   **8** parcitiſ (r *ex* c *ead. m.*)
φ: partiſ (*em. ead. m.*) ᵒⁱ   **9** friuoliſ (i *in* o *mut. et supra litt.* ᵒ
ᵒ *add. ead. m.*) φ: friboloſ   **12** debeo (φ) debēt *eff. al. m.*
em. v   **16** habirem (φ, *sed eras.* h) hauerem *vdVl* sat haberem
Bluemner   o *supra* luci *add. ead. m.*   **21** cubiculo *v*
cf. 4,21 37,9 51,13 al.   **22** photiſ (φ) ph *ex* fo *ead. m. inter*
scribend. eff.   **25** pergit] surgit *Nolte*   **27** poſ ⁱᵛ *em. ead. m.*
φ: priuſ

Oud.

E

30 me sequaris' et dictum iure iurando secutus iam ob-
stinationi[s] suae me ingratis oboedientem perducit ad
illum· suum grabattulum et residenti: 'quam salue agit',
inquit, 'Demeas noster? quid uxor? quid liberi? quid
5 uernaculi?' narro singula. percontatur accuratius causas
etiam peregrinationis meae. quas ubi probe protuli, iam
et de patria nostra et eius primoribus ac denique de ipso
praeside scrupulosissime explorans, ubi me post itineris
tam saeui uexationem sensit fabularum quoque serie
10 fatigatum in uerba media somnolentum desinere ac nec-
31 quicquam, defectum iam, incerta uerborum salebra balbut-
tire, tandem patitur cubitum concederem. euasi aliquando
rancidi senis loquax et famelicum conuiuium somno, non
cibo grauatus, cenatus solis fabulis et in cubiculum reuersus
15 optatae me quieti reddidi.

LIBER II

1 32 Vt primum nocte discussa sol nouus diem fecit et
somno simul emersus et lectulo, anxius alioquin et nimis
cupidus cognoscendi quae rara miraque sunt, reputansque
20 me media Thessaliae loca tenere, qua artis magicae natiua
cantamina totius orbis consono ore celebrentur, fabulam-
que illam optimi comitis Ari|sto||menis de situ ciuitatis
huius exortam, suspensus alioquin et uoto simul et studio,
curiose singula considerabam. nec fuit in illa ciuitate
33 quod aspiciens id esse crederem, quod esset, sed omnia
26 prorsus ferali murmure in aliam effigiem translata, ut et

F 129ᵇ 130ᵃ. φ 28ᵃ.   1 obſtinationiˢ (ˢ *ead. m.*) (φ) *em.*
Wower   6 ptuli (φ) *em. v.*   10 acnecqcquā *cf. 93,4*
108,15 [ac] .... iam ⟨nisi⟩ *vdVl*   11 refectum *Havet cf. 77,10*
129,8 211,25   φ: balbu∗|tire *eras.* t *cf. 244,11*   14 *Plaut.*

Poen. 8 cft. Leo   16 METAMORPHOSEON. LĪB. I. Ɛxpł. |

ĪNCĪP. II. FELICITER   19 miraqūẹ (�q⸍ *m. recent.*)   20 quo
(φ), *def. Baehrens* qua *He cf. 79,11*

lapides, quos offenderem, de homine duratos et aues, quas
audirem, indidem plumatas et arbores, quae pomerium 18
ambirent, similiter foliatas et fontanos latices de corporibus
humanis fluxos crederem; iam statuas et imagines inces-
suras, parietes locuturos, ·boues et id genus pecua dicturas 5
praesagium, de ipso uero caelo et iubaris orbe subito
uenturum oraculum.

Sic attonitus, immo uero cruciabili desiderio stupidus 2
84 nullo quidem initio uel omnino uestigio cupidinis meae
reperto cuncta circumibam tamen. dum in luxu⟨m⟩ nepo- 10
talem similis ⟨otioso⟩ ostiatim singula pererro, repente me
nescius forum cupidinis intuli, et ecce mulierem quampiam
frequenti stipatam famulitione ibidem gradientem ad-
celerato uestigio comprehendo; aurum in gemmis et in
85 tunicis, ibi inflexum, hic intextum, matronam profecto 15
confitebatur; huius adhaerebat lateri senex iam grauis in
annis, qui ut primum me conspexit, 'est', inquit, 'Hercules,
Lucius' et offert osculum et statim incertum quidnam in
aurem mulieris obganniit; 'quin', inquit, 'etiam ipse paren-
86 tem tuam accedis et salutas?' 'uereor', inquam, 'ignotae 20

F 180ᵃ. φ 28ᵃ.   8 ambirent (φ) nt *add. m. recentior*
*eraso ut vid.*ⁿᵗ & *inter scribend. eff. ex* f   cruoribus *Wower*
8 *a voce* stupidus *usque ad* quampiam *v. 12* omnia *al. m. scrips.*
non scriptura Langobardica usa, exstant in φ   9 inicio
10 repŏrto *em. ead. m.*   *ante* tamen *dist. v, post* tamen
graviter distinx. Bursian, leviter He cf. 54,14   10/11 in
luxu nepotalē ſimiꝓ   in luxu nepotali simul *v* in luxu
nepotali esuriens *Rohde* in luxu n. misellus *? Leo* ita lixae
(lixae *Scal*) nepotali similiſ *Bursian* in luxum nepotalem
⟨intentus potulento⟩ similiſ *Luetj* in luxum n. sim. *Rossbach*
coll. 261,19 sq. in luxum nep. (*i. e. luxus causa*) sim. ⟨otioso⟩
He ⟨oscitanti⟩ *Damsté cf. 29,22 154,15 196,23*   12 neſciu'
(*v. adnot. ad. v.* 8) φ: neſciū *cf. 241,4* se festinus immittit *Verg. Aen. I 314 II 388 III 310. 598 al.*   cupidinis
cf. 22,8   13 φ: famulātione *em. ead. m.* famulitio *? He cf. 134,1,
sed 31,16. 194,3* 14 deprehendo *Nolte* comis *Hild* 15 inſleſū
(φ) *em. v* implexum *Lips*   16 adeherebat (*prima e induct.*)
φ: adherebat *cf. 94,23*   19 ipſe (φ) e *corr. ex* a, *supra voc.
al. m. add.* ꞇ ipſe   20 *cf. Non. 496,35 M.*

Oud.   *E*

mihi feminae' et statim rubore suffusus deiecto capite
87 restiti. at illa optutum in me conuersa: 'en', inquit,
'sanctissimae Saluiae matris generosa probitas, sed et
cetera corporis execrabiliter ad [regulam qua diligenter
5 aliquid adfingunt] ⟨*amus*⟩ sim congruentia: inenormis pro-
88 ceritas, suculenta gracilitas, rubor temperatus, ‖ flauum
et inadfectatum capillitium, oculi cae[ci]sii quidem, sed
89 uigiles et in aspectu micantes, prorsus aquilini, os quoquouersum floridum, speciosus et immeditatus incessus.'
3 et adiecit: 'ego te, o Luci, meis istis manibus educaui,
11 quidni? parentis tuae non modo sanguinis, uerum alimoniarum
etiam socia[m]. nam et familia Plutarchi ambae prognatae
sumus et eandem nutricem simul bibimus et in nexu 19
ger|manitatis una coaluimus. nec aliud nos quam dignitas
15 discernit, quod illa clarissimas, ego priuatas nuptias
90 fecerimus. ego sum Byrrena illa, cuius forte saepicule
nomen inter tuos educatores frequentatum retines. accede
itaque hospitium fiducia, immo uero iam tuum proprium
larem.'
20   Ad haec ego, iam sermonis ipsius mora rubore digesto:
'absit', inquam, 'parens. ut Milonem hospitem sine ulla
querela deseram; sed plane, quod officiis integris potest
effici, curabo sedulo. quoties itineris huius ratio nascetur,
numquam erit, ut non apud te deuertar.'
25   Dum hunc et huius modi sermonem altercamur,

F 180ᵃ. φ 28ᵃᵇ.   1 reiecto (φ) *em. Colv cf. 53,3 71,13
102,20*   4 exaequabiliter *v* inexplicabiliter *Gruter* ex(amus)sim
Heraeus   4/5 ad reg. *cf.* adamussim *Vitruv I 6,6 Non. 9,3 M.*
ad reg. — adfing. *ut interpretam. del. Heraeus,* qua — adfing. *Wower,* reg. — adfing. *Plasberg*   5 ſi (φ, *sed al. m.*
add. ſūt) sunt *v*   execr. (*def. E. Thomas*) ad (amus)sim congr.
Plasberg   7 cęci|ſiqdě (φ) caesii *v* scripsitne caesi? *cf. Phil.
suppl. IX 570*   8 aquilinioſ (φ) *recte distinct. v*   10 °luci°
vid. ead. m. add. φ: lŭci (° *m. rec., quae etiam in apol. omnes
vocatiuos notauit*)   12 ſociǎ (φ) *em. v.*   16 fecimus *vd Vl
cf. 5,1*   17 nomen saepicule *Luetj cf. 65,5*   ″frequentatŭ
″educatoros (φ, *sed lineis quib. ordo mutatur omiss.*)   18 ho-
ſpiciŭ   22 *m. rec. et* φ: quotienſ

Oud.

paucis admodum confectis passibus ad domum Byrrenae peruenimus.

Atria longe pulcherrima columnis quadrifariam per 4
91 singulos angulos stantibus *at*tolerabant statuas, palmaris
deae facies, quae pinnis explicitis sine gressu pilae uolubilis 5
instabile uestigium plantis roscidis de*fi*nentes nec ut
maneant inhaerent⟨es⟩ etiam uolare creduntur. ecce lapis
Parius in Dianam factus tenet libratam totius loci medie-
92 tatem, signum perfecte luculentum, ueste reflatum, pro-
cursu uegetum, introeuntibus obuium et maiestate numinis 10
uenerabile; canes utrimquesecus deae latera muniunt, qui
canes et ipsi lapis erant; hi⟨s⟩ oculi minantur, aures
rigent, nares hiant, ora saeuiunt et sicunde de proximo
latratus ingruerit, ‖ eum putabis de faucibus lapidis exire
et, in quo summum specimen *operae* fabrilis egregius ille 15
93 signife*x* prodidit, sublatis canibus in pectus arduis pedes
imi resistunt, currunt priores. pone tergum deae saxum
insurgit in speluncae modum muscis et herbis et foliis
et uirgulis et *a*licubi pampinis et arbusculis alibi de
lapide florentibus. splendet intus umbra signi de nitore 20
lapidis. sub extrema saxi margine poma et uuae faber- 21

F 130ᵃᵇ. φ 28ᵇ.   4 . ac tolerabant (φ, *sed* c *mut. in* t
cf. 64,19) attollebant v *cf. 37,14* statuas *del. Leo*   4/5 stati-
uas—facies quae *Haupt*   5 ⟨in⟩ faciem *Oud*   quẹ φ: q̄ (*in
mg. m. rec.* c q;) utraque *Hild* quattuor *E*   explicitif̣ q (q
induct., om. φ)   s. gr.] ingressu *Hild* in gressu *vdVl* in
degressu *Cast*   6 fastigium *Haupt*   roseis *Haupt cf. 38,19
99,15*   decitantef (φ) delibantes *Colv* deuitantes *Luetj* deti-
nentes *He cf. eund. error. 50,6*   7 inherent etiã (*non* & iam)
(φ) inhaerentes *He*   11 canif (φ, *sed al. m. em.*)   12 hi∗
(*potest eras. esse* f) φ: hij (*in mg.* c hif)   aurif (φ, *sed al.
m. em.*)   14 lapideis *Elmenh*   15 opera (φ, *sed* e *ex* a
eff.)   16 fignifer (φ) *em.* v   sublatis *del. Roald cf. 172,16:*
ardus . . . sublimiter eleuata   17 primores *Oud cf. 166,17
250,2*   18 muftif (φ) *em.* v   19 ficubi (φ) *em He*
21 extrema∗ (*eras.* f, *prima litt. verbi sequent. falso adiecta
cf. 40,19*)

Oud.

94 rime politae dependent, quas ars aemula naturae ueritati
similes explicuit. putes ad cibum inde quaedam, cum
mustulentus autumnus maturum colorem adflauerit, posse
decerpi et, si fonte⟨m⟩, | qui deae uestigio discurrens in
5 lenem uibratur undam, pronus aspexeris, credes illos ut
95 rure pendentes racemos inter cetera ueritatis nec agitationis
officio carere. inter medias frondes lapidis Actaeon
☐ simulacrum curioso optutu in deam [sum] proiectus,
iam in ceruum ferinus et in saxo simul et in fonte
10 loturam Dianam opperiens uisitur.

5 Dum haec identidem rimabundus eximie delector, 'tua
sunt', ait Byrrena, 'cuncta, quae uides' et cum dicto
ceteros omnes sermone[s] secreto decedere praecipit. qui-
96 bus dispulsis omnibus: 'per hanc', inquit, 'deam, o Luci
15 carissime, ut anxie tibi metuo et ut pote pignori meo
longe prouisum cupio, caue tibi, sed caue fortiter a malis
97 artibus et facinorosis illecebris Panphiles illius, quae cum

---

F 130ᵇ. φ 28ᵇ. 2 ceu *Heins.* 4 fonteˢ (ˢ *m. recentior add.*) φ: fonteſ fontem *Luetj cf. v. 9* ⟨sub⟩ deae *vdVl*
(*coll. 284,28*) ⟨de⟩ deae *Bluemner* difcurrent (φ, *al. m.* u
supra e add.) discurrentes v *em. Luetj cf. 32,14* 5 uibra|t
(φ, *sed.* ā *eff. al. m., ut vid.*) n *in confinio versuum add. al. m.*
5/6 ut rure (φ) ut uere *Brant* (*cf. 263,4:* ueros) ut uite *Ald*
superne *Hild* ut rupe *Putsch* interne *Rohde* ut rore *Bluemner*
marmore *vdVl* 7 lapidiſ (φ) *pertinet ad frond. del. Luetj sed*
cf. 27,7,14,20 lapis *?* He *cf. 29,24 64,4; 27,12 de d. Socr.* 5
(*13,9 Th.*) *Cic. ad fam. VII 12,2* lapideus *Oud* lapis Actaeonis
sim. *Plasberg* 8 simulacrum *del. Scriver* optutuˣ eras.⁻
(φ) deā̃ tu (*ead. m.* ˢᵘ *add.*) φ: deā̃/ ſū (*in mg. al. m.* /· ū)
reatum *?* Leo deam deorsum *Rossbach* deam uersum (*ut corr.*
in φ) *Oud* deae uisum *Petsch* curiosum optutum in deam
proiectus *Kirchhoff cf. 4,2 sq.* ſū *vid. irrepsisse ex falsa scrip-*
tione: curioſū *sive in textu sive in mg. effecta, quemadmodum*
tu ad obtutū *adscript. in text. inculcatum est; an legend.* inde-
ūſū*? cf.* undique uersum 78,1 apol. 75 (*84,16*) pone u. 32,13
quoquou. 26,8; *an in* deorsum *? cf. Th. l. L. V 560,47 Thiele*
Lat. Aesop fab. 4 (16,9) 11 identiden *posterior.* n *mut. ın* m
13 ſermonеſ (φ) sermonis *vir doct. ap. Oud* sermoni *Florid*
sermone v 14 inqd *em.* φ °luci *vid. ead. m. addid.* °,
sed al. m. in φ *cf. 26,10*

Oud.   *E*

Milone isto, quem dicis hospitem, nupta est. maga primi
nominis et omnis carminis sepulchralis magistra creditur,
quae surculis et lapillis et id genus friuolis inhalatis
omnem istam lucem mundi sideralis imis Tartari et in
uetustum chaos submergere nouit. nam simul quemque 5
98 conspexerit speciosae formae iuuenem, uenustate eius sumitur
et ilico in eum et oculum et animum detorquet. serit
blanditias, inuadit spiritum, amoris profundi pedicis aeter-
nis alligat. tunc minus ‖ morigeros et uilis fastidio in
saxa et in pecua et quoduis animal puncto reformat, alios 10
99 uero prorsus extinguit. haec tibi trepido et cauenda censeo.
nam et illa urit⟨ur⟩ perpetuum et tu per aetatem et
pulchritudinem capax eius es.' haec mecum Eyrrena satis 21
anxia.

At ego curiosus alioquin, ut primum artis magicae 6
semper optatum nomen audiui, tantum a cautela Pamphiles 16
a[f]fui, ut etiam ultro gestirem tali magisterio me uolens
ampla cum mercede tradere et prorsus in ipsum barat⟨h⟩rum
saltu concito praecipitare. festinus denique et uecors
animi manu eius uelut catena quadam memet expedio et 20
'salue' propere addito ad Milonis hospitium perniciter
100 euolo. ac dum amenti similis celero uestigium, 'age',
inquam, 'o Luci, euigila et tecum esto. habes exoptatam
occasionem: ex uoto diutino poteris fabulis mi[se]ris ex-

F 130ᵇ. φ 28ᵇ.   6 conspexit *Oud; iterativ. cognovit No-*
vák coll. 170,1   9 illigat *Nolte* et] ut *Stewech* uilif (φ) li
ex le *corr. et quo magis liqueret,* ¹¹ *supra voc. add. ead. m.*
11 trepida *Haupt* & cauenda (φ *om.* &) *al. m. eff. ex cf.*
122,9   12 urit (φ) *em. Bluemner* prurit *Purser*   14 anxia
(φ) io *eff. al. m.*   15 at *ead. m. supra lin. addid.*
16 ad cautela* (d *induct.,* ⁻*eras.*) φ: a cautela   17 affui
(φ, *sed* ⁿ *supra* a *add. al. m.*) abfui *v* afui *vd Vl coll. 288,25*
uolenf (φ) uel *vd Vl cf. 66,9 68,16 158,5 215,1 263,23*
18 āpla* (*eras. vid.* ⁻ *antea induct.*) φ: āpla   18 baratrū (φ)

21 addito (o *ex* a *ead. m. corr.*)   22 dǔ *ead. m. add.* ⱽ
23 ᵒluci (ᵒ *pr. m. add.*) φ: luci *cf. 28,14*   24 & (φ) ex
Burman   miferif (φ) *em. Wower* Milesiis *Beroald* mysticis
Rossbach esuriens *Leo*

Oud.

E

plere pectus. aufer[s] formidines pueriles, com⟨*m*⟩mus
101 cum re ipsa nauiter congredere et a nexu quidem uenerio
hospitis tuae tempera et probi Milonis genialem | torum
religios⟨*us*⟩ suspice, uerum enim uero Fotis famula petatur
5 enixe. nam et forma scitula et moribus ludicra et prorsus
argutula est. uesperi quoque cum somno concederes, et
in cubiculum te deduxit comiter et blande lectulo collo-
cauit et satis amanter cooperuit et osculato tuo capite,
quam inuita discederet, uultu prodidit, denique saepe
10 retrorsa respiciens substitit. quod bonum felix et faustum
102 itaque, licet salutare non erit, Photis illa temptetur.'

7   Haec mecum ipse disputans fores Milonis accedo et,
quod aiunt, pedibus in sententiam meam uado. nec tamen
domi Milonem uel uxorem eius offendo, sed tantum caram
15 meam Fotidem: sui⟨*s*⟩ parabat uiscum fartim concisum
103 et pulpam frustatim consectam [ambacu pascuae iurulenta]
104 et, quod naribus iam inde ariolabar, tuccetum perquam
sapidissimum. ipsa linea tunica ‖ mundule amicta et 22
russ[uss]ea fasceola praenitente altiuscule sub ipsas papillas
20 succinctula illud cibarium uasculum floridis palmulis rotabat
105 in circulum et in orbis flexibus crebra succutiens et simul
membra sua leniter inlubricans, lumbis sensim uibrantibus,
spinam mobilem quatiens placide decenter undabat. isto
aspectu defixus obstupui et mirabundus steti, steterunt et

F 130ᵇ 131ᵃ. φ 28ᵇ 29ᵃ.   1 auferſ φ: aufer *cf. 21,21 ſ vid.
orta ex* f *falso ex verbo sequenti adiuncta cf. 27,21 28,13 32,1*
cominuſ (φ) *em.* v *cf. 39,3 112,4*   4 religioſ⁹ (φ)⁹ *al. m.
add.*   ꝓuero *ut nunc vid., sed librar. vid. scripturus fuisse*
fo, *deinde errore cognito recta addidisse* φ: *uero (eras.* p)
cf. tamen apol. 98 (108,13)   5 lubrica *Heins*   10 *cf. 290,26*
15 ſuiˢ (ˢ *al. m. vid. addid.*) φ: ſuiſ   uiſcũ (φ) isi-
cium *Voss* uiscus *Salm*   congestum *vd VI v. Apic. 43 (p. 13)*
G - V.   16 .ambacupa|ſcuę iurulenta (φ) *viror. doct. coniecturas
afferre non tanti est* [ambacti pascua iur.] He *del. ut schol. ad*
tuccetum *addit.*   17 iam ⟨longius⟩ *inde* vd VI *coll. 151,24
refut. Novák cf. 23,23 126,13 apol. 47.56 (54,15 63,17)*
19 rurſuſ ſe a (φ) *em.* v russeola *Spanhem*

Oud.   *E*

membra quae iacebant ante. et tandem ad illam: 'quam
pulchre quamque festiue', inquam, 'Fotis mea, ollulam
istam cum natibus intorques. quam mellitum pulmentum
apparas. felix et ⟨certo⟩ certius beatus, cui permiseris
illuc digitum intingere.'   5

   Tunc illa lepida aliuquin et dicacula puella: 'discede',
inquit, 'miselle, quam procul a meo foculo, discede. nam
106 si te uel modice meus igniculus afflauerit, ureris intime
nec ullus extinguet ardorem tuum nisi ego, quae dulce
condiens et ollam et lectulum suaue quatere noui.'   10

   Haec dicens in me respexit et risit. nec tamen ego 8
prius inde discessi, quam diligenter omnem eius explorassem
habitudinem. uel quid ego de ceteris aio, cum semper
mihi unica cura fuerit caput capillumque sedulo et puplice
prius intueri et domi postea perfrui sitque iudicii huius 15
apud me certa et statuta ratio[ne], uel quod praecipua
pars ista corporis in aperto et perspicuo posita prima
107 nostris luminibus occurrit et quod in ceteris membris
floridae uestis hilaris color, hoc in capite nitor natiuus
operatur; denique pleraeque indolem gratiamque suam 20
probaturae lacinias omnes exuunt, | amicula dimouent,
nudam pulchritudinem suam praebere se gestiunt magis
de cutis roseo rubore quam de uestis aureo colore placi-
turae. at uero — quod nefas dicere, nec quod sit ullum
huius rei tam dirum exemplum! — si cuiuslibet eximiae 25

   F 131ᵃ. φ 29ᵃ.   **2** mea (φ) *super. pars litterae* a *in ras.,*
eras.   **4** certiuſ (φ) ⟨certo⟩ certius *Oud coll. 235,8 259,9*
Plaut. Capt. 644 centies vel ter Pric cf. 278,10 caelitus Rohde
   pmiſeriſ (φ) *prior* ſ *in ras., fort ex* r *eff.*   **7** a me. ofu-
culo (φ, *sed. em. al. m.*)   **13** uel (φ) *sed* v *et Kroll cf. Phil.*
suppl. IX 567   **15** pſtrui φ: pfrui   **16** apud (d *ex* t *ead. m.*)
   ratione (*vid.* n, *non* u) *em.* φ ratione ⟨regula⟩ *Kaibel*   **20** ple-
raq; (φ) pIeraeque v   **21** pbatur∗ (*vid. fuisse* ā, *mut. in* e; *qui*
                                                      e
erasit praetermisit litteram restituere) φ: pbaturā̄   **22** se *del.*
Luetj   **24** nec qđ ſit φ: nec q̃ ſit *coniunctiv. est optantis*
neque sit v *sed* quod ullum *coniungitur ut* nemo quisquam,
nihil quicquam, ulla aliqua *Gell. XIII 24,4 Fronto 18,17 Nab.*
Plaut. Most. 256

E

Oud.

108 pulcherrimaeque feminae caput capillo spoliaueris et faciem *23*
natiua specie nudaueris, licet illa caelo deiecta, mari edita,
fluctibus educata, licet inquam Venus ipsa fuerit, licet
omni Gratiarum choro stipata et toto Cupidinum populo ‖
5 comitata et balteo suo cincta, cinnama fraglans et balsama
rorans, calua processerit, placere non poterit nec Vulcano
9 suo. quid *cum* capillis color gratus et nitor splendidus
inlucet e⟨*t*⟩ contra solis aciem uegetus fulgurat uel placidus renitet a⟨*u*⟩t in contrariam gratiam uariat aspectum
10 et nunc aurum coruscans in lene⟨*m*⟩ mellis deprimitur
109 umbram, nunc coruina nigredine caerulos columbarum ⟨*e*⟩
collis flosculos aemulatur uel cum guttis Arabicis obunctus
110 et pectinis arguti dente tenui discriminatus et pone uersum
coactus amatoris oculis occurrens ad instar speculi reddit
15 imaginem gratiorem? quid cum frequenti subole spissus
cumulat uerticem uel prolixa serie porrectus dorsa per-
111 manat? tanta denique est capillamenti dignitas, ut
quamuis auro ueste gemmis omnique cetero mundo exornata
mulier incedat, tamen, nisi capillum distinxerit, ornata
20 non possit audire.

Sed in mea Foti*de* non operosus, sed inordinatus
112 ornatus addebat gratiam. uberes enim crines leniter
emissos et ceruice dependulos ac dein per colla dispositos

F 131ᵃ. φ 29ᵃ.   1 capillo∗ *eras.* ſ   2 deiecta∗ (*eras.* ?)
deuecta *Bluemner*   5 φ: flagranſ   7 tunc (φ) cum *v*   8 Є
contra (φ) *em. Becichem*   9 renidet *ed. Vic. cf.* 75,12 at (φ) *em.*
Groslot   10 ⟨ut⟩ aurum *edd. vett.*   lene (φ, *sed em. al. m.*)
11 cerul∗uſ (*eras. e antea induct.; in mg. ead. m. add.* cerulu⁹)
φ: cerule⁹ caerulos *v*   ⟨e⟩ *He cf. Plin. n. hist.* XXXVII 72
⟨in⟩ *Bursian*   12 colli *v* collis ⟨dispersos⟩ *Novák*   13 dif-
criminat' φ: diſcriminaṫ discriminatus *v*   14 amatoribus
Salm cf. 122,8   occurrent (φ) *em. v cf.* 28,4   15 ſubole
corr. in ſobole   18 gemmis ueste *vd Vl*   20 ∗adire *corr.*
ex audire φ: uideri abire *Colv* haberi *Sciopp. cf.* 116,4 134,25
266,1   21 fotię φ: fotiᵈ inornatus *post Lips vd Vl coll.*
de mundo 2 (*138,12 Th*)   23 demissos *Pric* remissos *Hild*

Oud.   E

sensimque sinuato patagio residentes paulisper ad finem
conglobatos in summum uerticem nodus adstrinxerat.

Nec diutius quiui tantum cruciatum uoluptatis eximiae 10
sustinere, sed pronus in eam, qua fine summum cacumen
capillus ascendit, mellitissimum illud sauium impressi. 5
113 tum illa ceruicem intorsit et ad me conuersa limis et 24
morsicantibus oculis: 'heus tu, scolastice', ait, 'dulce et
amarum gustulum carpis. caue ne nimia mellis dulcedine
diutinam bilis amaritudinem contrahas.'

114   'Quid istic', inquam, 'est, mea festiuitas, cum sim 10
paratus uel˙ uno sauiolo interim recreatus super istum
ignem porrectus assari' et cum dicto artius eam complexus coepi sauiari. iamque aemula libidine in amoris
parilitatem | congermanescenti mecum, iam patentis oris
inhalatu cinnameo et occursantis linguae inlisu nectareo 15
prona cupidine ‖ adlibescenti: 'pereo', inquam, 'immo iam
dudum perii, nisi tu propitiaris'. ad haec illa rursum
me deosculato: 'bono animo esto', inquit. 'nam ego tibi
mutua uoluntate mancip[i]ata sum nec uoluptas nostra
differetur ulterius, sed prima face cubiculum tuum adero. 20
115 abi ergo ac te compara, tota enim nocte tecum fortiter
et ex animo proeliabor.'

His et talibus obgannitis sermonibus inter nos disces- 11
sum est. commodum meridies accesserat et mittit mihi
Byrrena xeniola porcum op[t]imum et quinque gallinulas 25

F 131ᵃᵇ. φ 29ᵃ.   1 sinuatos *Kronenberg*   2 ădtraxerat
(*in mg.* ădſtrinxerat)   φ: adtraxerat (*supra addito ab al., ut
vid., m.* ỉ adſtrinxat)   4 φ: protinuſ   5 mellitillum *Leo
coll.* 68,26   illuc *Luetj* illico *Plasberg cf.* 205,27   ſabiŭ (b *ex* u
m. rec. eff.)   7 morsitantibus *v cf.* 43,8 71,1 170,8 253,23
   8 *cf. Apic.* IV 181 (*p.* 34 G.-V.)   10 *cf.* 206,21
11 ſabiolo (φ, *sed* b *corr. in* u)   13 ſauiari (u *in* b *corr. al.
m.*)   14 congerminascenti *Jordan ut Salm ad Non.* 90,16 M.
   16 adliueſcente (φ) b *ex* u *corr. m. rec. em. Pric cf.* 162,26
19 mancipiata (φ) *em.* v *cf.* 49,10 67,2 213,23 243,6
   25 p⁹ortŭ (φ, *sed al. m. add.* ᵖᵒʳᶜᵘ) optimŭ (φ) *em. Stewech
cf.* 17,17; 35,17

Oud.   E

et uini cadum in aetate pretiosi. tunc ego uocata Fotide:
'ecce', inquam, 'Veneris hortator et armiger Liber aduenit
ultro. uinum istud hodie sorbamus omne, quod nobis
restinguat pudoris ignauiam et alacrem uigorem libidinis
5 incutiat. hac enim sitarchia nauigium Veneris indiget
116 sola, ut in nocte peruigili et oleo lucerna et uino calix
abundet.'

Diem ceterum lauacro ac dein cenae dedimus. nam
Milonis boni concinnaticiam mensulam rogatus adcubueram,
10 quam pote tutus ab uxoris eius aspectu, Byrrenae moni-
torum memor, et perinde in eius faciem oculos meos ac
si in Auernum lacum formidans deieceram. sed adsidue
respiciens praeministrantem Fotidem inibi recreabar animi,
cum ecce iam uespera lucernam intuens Pamphile: 'quam 25
15 largus', inquit, 'imber aderit crastino' et percontanti marito, qui comperisset istud, respondit sibi lucernam prae-
117 dicere. quod dictum ipsius Milo risu secutus: 'grandem',
inquit, 'istam lucerna⟨m⟩ Sibyllam pascimus, quae cuncta
caeli negotia et solem ipsum de specula candelabri con-
20 tuetur.'

12   Ad haec ego subiciens: 'sunt', aio, 'prima huiusce
diuinationis experimenta; nec mirum, licet modicum istum
118 igniculum et manibus humanis laboratum, memorem tamen
illius maioris et caelestis ignis uelut sui parentis, quid
25 is sit editurus in aetheris uertice, diuino praesagio et

F 131ᵇ. φ 29ᵃᵇ.   1 ī etate   φ: ī ā | etate (ā *al. m.*
add.) cf. 25,16   fotide (de *ex* dif *al. m. corr.*) φ: fotide (de
ex di *corr. m. rec.*)   5 incutiat (φ) cut *iam non comparet*
hẹc φ: ħ *em.* v *cf. Phil. suppl. IX 550,24*   8 *inter* cete|rū *et*
lauacro *lacuna, in qua nihil script. vid.*   12 *Herond. 3,17 cft.*

Prescott latŭ (φ, *sed supra add.* ᶜⁿ *ead.* [?] *m.*)   17 Grandĕ
(φ) *ras.* G *mut. in* g   18 lucerne *posterior.* e *ab al. m. eff.*

ex litt. quae dubium utrum fuerit c *an* o φ: lucernō̄ (*em. al.*
m.) lucernam v *ista in* lucerna *Walter* [lucerna]? *He*
parcim; (φ) *em.* v   21 plurima *Bluemner sed interpretand.*
'eminentia' *cf. 79,18*   22 istud *ex* istū *eff. ead. m., com-*
pend.˜ *eras. al. m.* φ: istū＊ *eras.* d   24 qſ (φ) quid v quid
is *Rohde*   25 esset (φ) is sit *vd Vl*

Oud.   *E*

ipsum scire et nobis enuntiare. nam et Corinthi nunc
apud nos passim Chaldaeus quidam hospes miris ‖ totam
ciuitatem responsis turbulenta⟨*t*⟩ et arc[h]ana fatorum
stipibus emerendis edicit in uulgum, qui dies copulas
nuptiarum adfirmet, qui fundamenta moenium perpetuet, 5
qui negotiatori commodus, qui uiatori celebris, qui na-
uigiis oportunus. mihi denique prouentum huius pere-
grinationis inqui|renti multa respondit et oppido mira et
satis uaria; nunc enim gloriam satis floridam, nunc
119 historiam magnam et incredundam fabulam et libros me 10
futurum.'

Ad haec renidens Milo: 'qua', inquit, 'corporis habi- 13
tudine praeditus quoue nomine nuncupatus hic iste Chaldaeus est?' 'procerus', inquam, 'et suffusculus, Diophanes nomine.' 'ipse est', ait, 'nec ullus alius. nam 15
et hic apud nos multa multis similiter effatus non paruas stipes, immo uero mercedes op[t]imas iam consecutus
fortunam scaeuam an saeuam uerius dixerim miser incidit.

Nam die quadam cum frequentis populi circulo conseptus 20
120 coronae circumstantium fata donaret, Cerdo quidam nomine 20
negotiator accessit eum, diem commodum peregrinationi cupiens. quem cum electum destinasset ille, iam deposita crumina, iam profusis nummulis, iam dinumeratis centum denarium, quos mercedem diuinationis auferret, ecce quidam de 25

F 131ᵇ φ 29ᵇ.   8 tbulenta (φ) *em. v cf. 211,21* archana
4 uulgŭ(φ)*al. m. eff.*-gus 5 nuptialeſ *ead. m. ex* nuptia4 φ: nuptialiſ
   6 salubris *Cornelissen ˙Petsch* celeris *Nolte*   8 anquirenti *v*
9 [satis] flor. *Leo*   11 futurŭ (φ) *in* fatŭrŭ *corr. m. rec.*
14 ſuffulculuſ (φ, *sed* ful) *em. v*   dyophaneſ (φ)   17 opti-
maſ (φ) *em. de Rhoer cf. 33,25*   18 ſeuā (ſ *in ras. al. m.*
scrips., fuit ſ∗euā)   φ: ſeuā (ᶜ*add. ead. m.*)   an ſeuā ueriuſ
dixerī (φ) *induct.*   21 enodaret *Wower* sonaret *Bluemner*
22 cū *induct.* φ: eū (*al. m. add.* ᵉᵒ)   23 crumina i *in* e
mut. m. rec. (φ)   24 ninumeratiſ *ut vid., sed em. ead. m.*
25 auferret (φ) *mut. al. m. in* aff—

E

nobilibus adulescentulus a tergo adrepens eum lacinia ·pre-
121 hendit et conuersum amplexus exosculatur artissime.   at
ille ubi primum consauiatus eum iuxtim se ut adsidat
effecit, attonitus [et] repentinae uisionis stupore et prae-
5 sentis negotii, quod gerebat, oblitus infit ad eum: "quam
olim equidem exoptatus nobis aduenis?".   respondit ad
haec ille alius: "commodum uespera oriente. sed uicissim tu
quoque, frater, mihi memora, quem ad modum exinde, ut de
Euboea insula festinus enauigasti, et maris et uiae confeceris
14 iter." ad haec Diophanes ille Chaldaeus egregius mente uiduus
11 necdum suus: "hostes", inquit, "et omnes inimici nostri
tam diram, immo uero Vlixeam peregrinationem incidant.
122 nam et nauis ipsa, ⟨qua⟩ uehebamur, uariis ‖ turbinibus
procellarum quassata, utroque regimine amisso aegre ad
15 ulterioris ripae marginem detrusa praeceps demersa est et
nos omnibus amissis uix enatauimus. quodcumque uel
ignotorum miseratione uel amicorum beniuolentia contraxi-
mus, id omne latrocinalis inuasit manus, quorum audaciae
repugnans etiam Arignotus unicus frater meus sub istis
123 oculis miser iugulatus est."   haec eo adhuc narrante
21 maesto Cerdo ille n̥egotiator correptis nummulis suis,
quos diuinationis mercedi destinauerat, protinus aufugit.
ac dehinc tunc demum Diofanes expergitus sensit·im-
p⟨r⟩uden|tiae suae labem, cum etiam nos omnis circum-
25 secus adstantes in clarum cachinnum uideret effusos.

Sed tibi plane, Luci domine, soli omnium Chal- 27
daeus ille uera dixerit, sisque felix et iter dexterum
porrigas.'

F 131ᵇ 132ᵃ. φ 29ᵇ 30ᵃ.   **3** o͡fauit; (ᵃ *add. ead. m., al.*
☐ *mut.* u *in* b) φ: c͡fauiat⁹   **4** et *del. Luetj cf. 68,18* ex
Petsch   **5** negotii (φ) *post* ii *ras.*   **13** ipfa φ: ipfaq (q *add.*
al. m.) in qua *Bursian* ipsa in qua *v* ipsa ubi *Beyte*
19 arifnotuf (φ, *sed in mg. al. m.* Trisnot⁹) *em. Jungermann*
23 impudentię (φ) *em.* v *cf. 182,19*   **24** lauĕ *em. m. rec.*
et φ   **28** peragas *Nolte cf. 130,26*

Oud.   *E*

124   Haec Milone diutine sermocinante tacitus ingemescebam 15
mihique non mediocriter suscensebam, quod ultro inducta
serie inoportunarum fabularum partem bonam uespera⟨e⟩
eiusque gratissimum fructum amitterem. et tandem denique deuorato pudore ad Milonem aio: 'ferat sua⟨m⟩ Dio- 5
phanes ille fortunam et spolia populorum rursum conferat
mari pariter ac terrae; mihi uero fatigationis hesternae
etiam nunc saucio da ueniam, maturius concedam cubitum'; et cum dicto facesso et cubiculum meum contendo
atque illic deprehendo epularum dispositiones satis con- 10
cinnas. nam et pueris extra limen, credo ut arbitrio
nocturni gannitus ablegarentur, humi quam procul distra-
125 tum fuerat et grabattulum meum adstitit mensula cenae
totius honestas reliquias tolerans et calices boni iam in-
fuso latice semipleni solam temperiem sustinentes et la- 15
goena iuxta orificio caesim deasceato patescens facilis
126 ⟨h⟩auritu, prorsus gladiatoriae Veneris antecenia.

Commodum cubueram et ecce Fotis mea, iam domina 16
cubitum reddita, laeta proximat rosa serta et rosa soluta
127 in sinu tuberante. ac me pressim deosculato et corollis 20
reuincto ac flore persperso adripit poculum ac desuper ‖
aqua calida iniecta porrigit bibam, idque modico prius,
quam totum exsorberem, clementer inuadit ac relictum

F 132ª. φ 30ª.   2 ultra (φ) *em. v*   3 uefpera (φ) *em. v*
4 ej q (φ) *em. v*   5 fuā ⁻ *add. al. m. et* φ   6 cōferat *sed littera* f
per compend.⁻ ducta   φ: cōferat   12 diftra⁕⁕⁕⁻ (*vid. fuisse*
diftrato, o *in* ū *mutat. et quia non satis liquidum erat, supra*
voc. add. ˅; *virgulam⁻ certe add. m. pr.*)   φ: diftractū *cf. 265,12*
13 grabattulū b *ex* u *corr. al. m.* (φ)   m̄fulę (φ) *em. v*
14 totius] lotioris *Leo cf. 45,3 92,1*   bini *Lips*   15 soli-
tam . . . sustinente *Leo*   laguena   16 deafcento (n *refict.,*
                                    d
fort. fuit a)   φ: deafcento *em. Luetj*   facili *Luetj*   17 auritu
(φ, *m. rec. add.* h)   18 *cf. 61,21* Λούκ. 8: ἡ δὲ ἐπειδὴ κατ-
έκλινε τὴν δέσποιναν   19 lacta (φ) *em. Haupt cf. 61,22 del.*
E tacita Schikerad lecto Hild   rofę (φ) *em. v* rosa et s. et [rosa]
                                                 l   l
s. *Leo fort. recte cf. 98,2 263,10*   21 fore (˘ *add. ead. m.*)
      22 modicū (φ) *em. Brant cf. 7,5 apol. 20,8 flor. 26,15*   ☐
23 clementer *ex* ⁻tif *corr. ead. m.*

Oud.   *E*

128 p⟨a⟩ullulatim labellis minuens meque respiciens sorbilla⟨t⟩
dulciter. sequens et tertium inter nos uicissim et frequens
alternat poculum, cum ego iam uino madens nec animo
tantum, uerum etiam corpore ipso ⟨*pronus*⟩ ad libidinem,
5 inquie[n]s alioquin et petulans et iam saucius paulisper, *28*
inguinum fine lacinia remota inpatientiam ueneris Fotidi
meae monstrans: 'miserere', inquam, 'et subueni maturius.
nam, ut uides, proelio, quod nobis sine fetiali oftcio in-
129 dixeras, iam proximante uehementer intentus, ubi primam
10 sagittam saeui Cupidinis in ima praecordia mea delapsam
excepi, arcum meum et ipse uigorat⟨e⟩ tetendi[t] et oppido
formido, ne neruus rigoris | nimietate rumpatur. sed ut
mihi morem plenius gesseris, in effusum laxa crinem et
14 capillo fluente[r] undanter ede complexus amabiles.'
17   Nec mora, cum omnibus illis cibariis uasculis raptim
130 remotis laciniis cunctis suis renu[n]data crinibusque dis-
solutis ad hilarem lasciuiam in speciem Veneris, quae
marinos fluctus subit, pulchre reformata, paulisper etiam
glabellum feminal rosea palmula potius obumbrans de

F 132ª. φ 30ª. 1 pullulati (φ) *em. v cf. 118,20* forbilla (φ)
b *corr. ex* u *em. v cf. 62,23; 35,3 40,1*   **2** dulciter, sequens
v dulciter. Sequens *Bursian* sequensque *Oud*   **3** alternarat
vd Vl .cũ (φ), cum *Bursian* tum *Petsch cf. 42,16 67,15*
4/5 ⟨pronus⟩ *Leo* ad libid. — *pet. ante* iam uino (*v. 3*) *transp.*
Bursian inquienſ (φ) *cf. Heraeus Arch. f. l. Lex. X 512 Roensch
Ital. u. Vulg. 458 sq.;* inquietus *Beroald* inquies *Oud* inhians *Colv*
5 etiã (*non* &iã) (φ) *ut falso repetit. ex v. 4 del. vd Vl* et iam *Bluemner*
iam *Bursian ante* paulisper *interpunx. Bursian, post* fine *v,
post* paulisper *Petsch cf. Luc. conv. 16*: παρεγύμνου ἑαυτὸν . . .
ἄχρι πρὸς τὸ αἴσχιστον   **6** fine] sanie *Lips cf. Sall. hist.
fr. 52*   **9** proximanti *vd Vl*   **11** uigor attetendit (φ) uigore
tetendi *Ald em. Bursian cf. 219,10*: uigorati   **13** effuſṽ (ṽ *in
ras., fuit* a) φ: effuſũ   **14** fluent̄ undant̄ (φ, *in mg. add.*
c̊ fluēte) fluente undanter *Ald cf. 268,9 Verg. Aen. IV 147*
fluenter undante *Colv* fluente [undante] *Novák* fluenter undante redde *Wiman cf. Th. l. L. III 2103,52*   **16** renundata
em. φ quã (φ) *em. v; aliter loci se habent quales 31,7 34,10 37,12
55,23 cf. Becker Stud. Apul. diss. Regiom. 1879 p. 29*   **18** ſubit*
eras. a (φ)   **19** glauellũ femina uṫ φ: glabellũ femina +
em. Lips cf. apol. 33 (39,20) obũbraſ em. ead. m.

131 industria quam tegens uerecundia: 'proeliare', inquit, 'et
fortiter proeliare, nec enim tibi cedam uec terga uortam;
comminus in aspectum, si uir es, derige et grassare nauiter et occide moriturus. hodierna pugna non habet
missionem.' haec simul dicens inscenso grabattulo super 5
132 me sessim residens ac crebra subsiliens lubricisque gestibus mobilem spinam quatiens pendulae Veneris fructu me
satiauit, usque dum lassis animis et marcidis artibus
defatigati simul ambo corruimus inter mutuos amplexus
animas [h]an*h*elantes. his et huius modi conluctationibus 10
ad confinia lucis usque peruigiles egimus poculis interdum
133 lassitudinem refouentes et libidinem incitantes et uolup- 29
tatem integrantes. ad cuius noctis exemplar similes ad-
struximus alias pluscu‖las.

Forte quadam die de me magno opere Byrrhena con- 18
tendit, apud eam cenulae ⟨*festi*⟩uae interessem, et cum 16
impendio excusarem, negauit ueniam. ergo igitur Fotis
erat adeunda deque nutu eius consilium uelut auspicium
petendum. quae quamquam inuita, quod a se ungue
latius digrederer, tamen comiter amatoriae militiae breuem 20
commeatum indulsit. sed 'heus tu', inquit, 'caue regre-
diare cena maturius. nam uesana factio nobilissimorum

F 132*ᵃᵇ*. φ 30*ᵃ*.   *8* in aspectum *interpretament. putat Colv*
in os spatham *Elmenh   verb.* derige *ex sermone militari sumpt.*
cf. *Woelfflin Arch. f. lat. Lex.* X4   6 ſenſĭ (φ) *def. Weyman
Arch.* II 266 *falso coll. Plin. n. hist.* XXXVI 96 *em. Bursian*
cf. *107,24*   crebra (φ) *a mut. in o cf. 30,21 59,19 73,7, sed
156,21 apol. 15 (17,15)*   *7 cf. 30,23*   8 φ: artib;
(ᵛ *al. m.) cf. Neue-Wagener Lat. Formenl.* Iᵌ *p. 553*   *9* defeti-
gati *em. ead. m.*   10 hanelanteſ   13 refouenteſ (φ) fou *ex*
ou *corr. pr. m.*   incitᵃteſ *em. ead. m. ex* incitatā   φ: inci-
tanteſ   15 qūdᵃ *add. ead. m.*   16 cenulᵉue   φ: ceŭleue
ⁿ al. m. add.   cenulae eius *v* cenulae suae *E* cenulae ut
Rohde cenae lautae *Bluemner* cenulae[ue] *Novák* cenulae
⟨*festi*⟩uae *He de coniunctiv. cf. 37,22 46,15 al.*   17 ⟨me⟩
impedimento *Bluemner*   18 uelut ex uelud *em. ead. m.*
19 quae] q; φ: q̄   21 caue *i. e. cura cf. 43,31*

Oud.   E

    iuuenum pacem publicam infesta⟨t⟩; passim trucidatos per
134 medias plateas uidebis iacere, nec praesidis auxilia longin-
    qua leuare ciuitatem tanta clade possunt. tibi uero for-
    tunae splendor insidias, contemptus etiam peregrinationis
5 poterit adferre.'
    'Fac sine cura', inquam, 'sis, Fotis mea. nam praeter
    quod epulis alienis uoluptates meas anteferrem, metum
    etiam istum tibi demam maturata regressione. nec tamen
    incomitatus ibo. nam gladiolo solito cinctus altrinsecus
10 ipse salutis meae praesidia gestabo.'
    Sic paratus | cenae me committo.

19   Frequens ibi numerus epulonum et utpote apud prima-
135 tem feminam flos ipse ciuitatis. ⟨mens⟩ae opipares citro
    et ebore nitentes, lecti aureis uestibus intecti, ampli
15 calices uariae quidem gratiae, sed pretiositatis unius.
136 hic uitrum fabre sigillatum, ibi crustallum inpunctum,
    argentum alibi clarum et aurum fulgurans et sucinum
137 mire cauatum et lapides ut bibas et quicquid fieri non
    potest ibi est. diribitores plusculi splendide amicti fer-
20 cula copiosa scitule subministrare, pueri calamistrati
138 pulchre indusiati gemma⟨s⟩ formatas [s]in pocula uini 30
    uetusti frequenter offerre. iam inlatis luminibus epularis

---

    F 182ᵇ. φ 30ᵇ.   1 infecta (φ) *em. Oud cf. 35,3 38,1*
infecit Beroald cf. 14,2 188,27   4/5 contemptum — pere-
grinatio *Pric* peregrinationis ⟨fama⟩ *Luetj* ⟨periculum⟩ poterit *vd Vl* contemptus per. etiam ⟨uitae periculum⟩ *Novdk*
                            ta
malim: splendor, contemptus e. peregr. insidias   8 maturante
(**ᵗᵃ** *ead. m. superscr.*) φ: maturata (a *in ras. ex* ɪ *litt. prima*
voc. sequentis) maturante *def. Petsch*   13 ciuitatiſę (ę *vid.*
eras.) φ: ciuitatiſ ⟨mens⟩ae *Rohde et v*   opipare *Oud*
citro] cibi *v*   18 et lap.] in lap. *v* in capides *Gruter*
bibas ⟨inuitantes⟩ *Brakman* ⟨paene⟩ non *Kirchhoff* ⟨potest et⟩
non *vd Vl* [non] *Seyffert cf. Luc. Phars. VI 437*   19 ibi est] .ibi et
Kirchhoff cf. 104,17 sq.   diriuitores (φ) *em. v*   plusculi* (*eras.*
ſ; *librar. primo voces falso distinxerat ut saepe*)   20 copioſa*
ſcitule* (*eras.* ſ)   21 gĕmaſ (ſ *al. m. add.*) formataſ* (*eras.*
ſ)in φ: gĕma formata* ſinpocula (n *ex* m *corr. al. m.*)

Oud.   *E*

sermo percrebuit, iam risus adfluens et ioci liberales et
cauillus hinc inde.

Tum infit ad me Byrrhena: 'quam commode uersaris in
nostra patria? quod sciam, templis et lauacris et ceteris ope-
ribus longe cunctas ciuitates antecellimus, utensilium prae- 5
139 terea pollemus ‖ adfatim. certe libertas otiosa, et negotioso
quidem aduenae Romana frequentia, modesto uero hospiti quies
uillatica: omni denique prouinciae uoluptarii secessus sumus.'

Ad haec ego subiciens: 'uera memoras nec usquam 20
gentium magis me liberum quam hic fuisse credidi. sed 10
oppido formido caecas et ineuitabiles latebras magicae
disciplinae. nam ne mortuorum quidem sepulchra tuta
140 dicuntur, sed *ex* bustis et rogis reliquiae quaedam et
cadauerum praesegmina ad exitiabiles uiuentium fortunas
petuntur. et cantatrices anus in ipso momento chor[o]agi 15
fune⟨*b*⟩ris praepeti celeritate alienam sepulturam ante-
uortunt.'

His meis addidit alius: 'immo uero istic nec uiuen-
tibus quidem ullis parcitur. et nescio qui simile passus
ore undique omnifariam deformato truncatus est.'   20

Inter haec conuiuium totum in licentiosos cachinnos
141 effunditur omniumque ora et optutus in unum quempiam
angulo secubantem conferuntur. qui cunctorum obstinatione confusus indigna murmurabund*us* cum uellet

---

F 132ᵇ. φ 30ᵇ.   1 φ: percrĕbuit (ʳ *al. m. add.*)   affluenſ
ᵈ *ead. m. add.* φ: affluenſ   2 cabilluſ *em. al. m. et* φ
8 *cum Kronenb*   5 ciuitates ⟨Thessaliae⟩ *Rohde*   uten-
silibus *v*   6 otioſa (φ) otioso *Beroald* copiosa *Haupt*
speciosa *He*   negotioso ⟨pariter et pecunioso⟩ *vd Vl*
9 memoraⁿ, ⟨inquam⟩ *vd Vl coll. 34,21*   12 me (*prima
hasta eras. n eff.*)   13 & (φ) ex *vir doct. apud Oud*
et ⟨a⟩ *Pric*   15 choroagi (φ) *em. v*   16 funeriſ
(φ) *em. Wower an ut interpretam. delend.? He cf. Fulgent.
serm. ant. p. 121,10 H. cf. 16,8 42,13*   20 truncato deformatus
Bluemner   21 inlicentiofuſ cachinn; (φ) *em. Iunt. post.*
cf. 36,25   23 angulofe cubantĕ   c̄ſerunt (φ) *em. v*
24 'indignum!' *Rohde*   murmurabundaſ (φ, *sed. in mg. add.*
duſ)

Oud.   *E*

exsurgere, 'immo mi Thel*y*⟨*ph*⟩ron', Byrrhena inquit, 'et
subsiste paulisper et more tuae urbanitatis fabulam illam *31*
tuam remetire, ut et filius meus iste Lucius | lepidi[s]
sermonis tui perfruatur c͏̈omitate.'

5   At ille: 'tu quidem, domina', ait, 'in officio manes
sanctae tuae bonitatis, sed ferenda non est quorundam
insolentia.' sic ille commotus. sed instanti⟨a⟩ Byrrhenae,
quae eum adiuratione suae salutis ingratis cogebat effari,
9 perfecit, ut uellet.

21   Ac sic aggeratis in cumulum stragulis et effult*us* in
142 cubitum suberectusque in torum porrigit dexteram et ad
instar orator[i]um conformat articulum duobusque infimis
conclusis digitis ceteros eminens [porrigens] et infesto
143 pollice clementer subrigens infit Th*elyph*ron:

15   'Pupillus ego Mileto profectus ad spectaculum Olym-
picum cum haec etia⟨m⟩ loca prouinciae famigerabilis
adire cuperem, peragrata cuncta Thessalia fuscis auibus
Larissam accessi. ac dum singula pererrans tenuato admodum uiatico pauperta‖ti meae fomenta conquiro, con-

---

F 132ᵇ 133ᵃ φ 30ᵇ   1 ex͏̈urgere (*ead. m. add.* ͏̂)
theliron (φ) *cf. v.* 14 *50,20*   8 lepidiſ (φ, *sed* ſ) *cf. 40,19.20*
4 comitare (φ, *sed em. ead. m.*)   5 moneſ (φ) *em. Ald*
cf. 117,18   7 inſtanti (φ) *em. v cf.* 163,11   10 et
ante effult. *del. Bluemner; sed cf.* 48, 1: que 53,7: et 100,15:
et 204,4: mutuoque 259,11: et populi; *Madvig Cic. de fin.*
804   effultiſ (φ) *def. Oud. coll.* 252,8: cubitum praestruunt *et Sil. XIII* 814 effultus *Fulv; Verg. Aen. VII* 94
VIII 368 *Mart. III* 82, 7 *cft. vdVl*   effultus subereotusque
in cubitum [in torum] *vdVl* suffultus — in toro *Nolte*
12 oratoriŭ (φ) *em. v cf.* 82,19 121,3   18 eminenſ (en *in ras.*)
φ: eminenſ (*in mg.* eminˢ *m. rec.*) *def. Leo coll. Koziol Stil d.*
Apul. 312 eminentes *v* eminulos *Oud* eminans? (*cf.* 162,13
223,11 *Corp. gloss. IV* 48,42) *an* emicans? (*cf.* 228,22 268,13)
He   porrigit (*poster.* i *mut. in* e, *supra* ıt *ras., in qua*
nescio an fuerit ⁿᶠ; t *puncto infra posito delet. erat*) φ: por-
rigenſ *del. Leo*   infesto] iniecto *Volkmann cf. Quint.*
XI 3,119   14 subridens *Pric*   thleſron (φ) *em. v*
16 cŭ *ex* Tŭ φ Tŭ (*sed vid.* T *mutat. esse in* C)   etia *em.*

al. m.   19 pa̬pertati *em. ead. m.*

Oud.   B

spicor medio foro procerum quendam senem. insistebat
lapidem claraque uoce praedicabat, siqui mort⟨u⟩um ser-
uare uellet, de pretio liceretur. et ad quempiam prae-
tereuntium: "quid hoc", inquam, "comperior? hicine mortui
solent aufugere?".   5

144   "Tace" respondit ille. "nam oppido puer et satis pere-
grinus es meritoque ignoras Thessaliae te consistere, ubi
sagae mulieres ora mortuorum passim demorsicant, eaque
sunt illis artis magicae supplementa."

Contra ego: "et quae, tu", inquam, "dic sodes, custo- 22
dela ista feralis?". "iam primum", respondit ille, "perpetem 11
noctem eximie uigilandum est exertis et inconiuis oculis
semper in cadauer intentis nec acies usquam deuertenda,
immo ne obliquanda quidem, quippe cum deterrimae
uersipelles in quoduis animal ore conuerso latenter adre- 15
145 pant, ut ipsos etiam oculos Solis et Iustitiae facile fru- 32
strentur; nam et aues et rursum canes et mures, immo
uero etiam muscas induunt. tunc diris cantaminibus
somno custodes obruunt. nec satis quisquam definire
poterit, quantas latebras nequissimae mulieres pro libidine 20
sua comminiscuntur. nec tamen huius tam exitiabilis
operae merces amplior quam quaterni uel seni ferme offe-
runtur aurei. ehem, et, quod paene praeterieram, siqui
non integrum corpus máne restituerit, quidquid inde de-
cerptum deminutumque | fuerit, id omne de facie sua 25
desecto sarcire compellitur."

146   His cognitis animum meum conmasculo et ilico acce- 23
dens praeconem: "clamare", inquam, "iam desine. adest
custos paratus, cedo praemium."

„Mille", inquit, "nummum deponentur tibi. sed heus 30
iuuenis, caue diligenter principum ciuitatis filii cadauer a
malis Harpyis probe custodias."

F 133ª. φ 30ᵇ 31ª.   2 mortũ *em.* φ   3 diceret *Oud*
se pretio locaret *Hild*   6 *cf. Hom. Od. IX* 273   7 medio-
que *Pric cf.* 21,20   8 *cf.* 33,7   9 illiſ (φ) j *ex* e *ut vid.*
14 deterrinę *em.* φ taeterrimae *Kroll*   23 et *del. Leo coll.*
Plaut. Poen. 118   31 *cf.* 39,21   cadauera maliſ harpyiſ

Oud.   *E*

"Ineptias", inquam, "mihi narras et nugas meras. uides
hominem ferreum et insomnem, certe perspicaciorem ipso
Lynceo uel Argo et oculeum totum."

Vix finieram, et ilico me perducit ad domum quam-
5 piam, cuius ipsis foribus obseptis per quandam ‖ breuem
posticulam intro uocat me et conclaue quoddam obseratis
147 luminibus umbrosum ⟨*aperiens*⟩ demonstrat matronam flebi-
lem fusca ueste contectam, quam prop⟨*t*⟩er adsistens: "hic",
inquit, "auctoratus ad custodiam mariti tui fidenter acces-
10 sit." at illa crinibus antependulis hinc inde dimotis etiam
in maerore luculentam proferens faciem meque respec-
148 tans: "uide oro", inquit, "quam expergite munus obeas."

"Sine cura sis", inquam, "modo corollarium idoneum
compara."

24   Sic placito [o]consurrexit et ad aliud me cubiculum
16 inducit. ibi corpus splendentibus linteis coopertum intro- 33
ductis quibusdam septem testibus manu revelat et diutine
149 [u]super fleto obtestata fidem praesentium singula demonstrat anxie, uerba concepta de industria quodam tabulis
20 praenotante. "ecce", inquit, "nasus integer, incolumes
oculi, saluae aures, inlibatae labiae, mentum solidum.
uos in hanc rem, boni Quirites, testimonium perhibetote",
et cum dicto consignatis illis tabulis facessit.

At ego: "iube", inquam, "domina, cuncta, quae sunt usui
25 necessaria nobis exhiberi."

F 133ᵃ. φ 30ᵇ 31ᵃ. 2 pſpiciorẽ *em. ead. m.* 3 uel] uigi-
liorem *Leo* cf. *Plaut. Aul.* 555 6 me & (φ) me ad *Gruter*
6/7 et — umbrosum ⟨intrans⟩ *vdVl* ⟨aperiens⟩ *Leo* 6 lu-
minaribus *Bluemner* matronamque *Florid* 8 pper
φ: ppe *em. v cf. 125,11 Fulgent. p. 8,16 H.* hinc (φ) n *induct.*
10 demotis (φ) *em. v* 11 reſpetaſ (eta *corros., pr. m. add.*
ⁿ) φ: reſpicienſ cf. *30,10 31,11 34,13 38,1 45,9 sed 59,14*
14/5 cõparaſ Ic φ: cõparaſ Ic compara *Scal* compares *Oud*
sic *Iunt. post.* 15 ocin ſurrexit (φ, *sed* n *corr. in* ú *ead. m.*)
ocius surr. *v* consurrexit *Leo* 17/8 diutine uſu perfleto (φ)
insuper *vel* superfleto *Heins* 17 fidẽ (φ)˜ *eras.*

Oud.

E

"At quae", inquit, "ista sunt?"

"Lucerna", aio, "praegrandis et oleum ad lucem luci
150 sufficiens et calida cum oenophoris et calice cenarumque
reliquiis discus ornatus."

Tunc illa capite quassanti: "abi", inquit, "fatue, qui in 5
domo funesta cenas et partes requiris, in qua totiugis
iam diebus ne fumus quidem uisus est ullus. an istic
comisatum te uenisse credis? quin sumis potius loco con-
151 gruentes luctus et lacrimas?" haec simul dicens respexit
ancillulam et: "Myrrhine", inquit, "lucernam et | oleum 10
trade confestim et incluso custode cubiculo protinus
facesse."

Sic desolatus ad cadaueris solacium perfrictis ⟨o⟩culis 25
et obarmatis ad uigilias animum meum permulcebam
cantationibus, cum ecce crepusculum -et nox prouecta et 15
nox altior et dein concubia altiora et iam nox intempesta. mihique oppido formido cumulatior quidem, cum
repente introrepens mustela contra me constitit optutum-
152 que acerrimum in me destituit, ut tan‖tillula animalis
prae nimia sui fiducia mihi turbarit animum. denique 20
sic ad illam: "quin abis", inquam, "inpurata bestia, teque
ad tuos similes in hortulos recondis, antequam nostri uim
praesentariam experiaris? quin abis?".

F 133^{ab}. φ 31^a.   2/3 luci sufficiens *a librario add. putat*
Faber ad lucem *aut* luci *del. Nolte*   8 oenophoro *Leo*
5 quaſſato (φ) ato *eras.; in mg.* ſanti *ead. m. adscrips.* cf. 71,13
98,6 192,3   6 *cf.* vdVl *Arch. f. lat. Lex.* X 388
7 iſtic (φ) istuc *Oud*   8 comiſatū* (*vid. eras.* ſ)   φ: come-
ſatū   10 myrrhene (φ) *em. Beroald*   13 ſit (φ) *em. v*
pſrictiſculi. ſed (φ, *sed in mg.* c̊ pſricatiſ oculiſ) *em. v*
15 *ante* cum *graviter distinct.* v, *leviter dist. He*   cum] iam
Seyffert cf. 34,14 65,20   16 altiora *del. Novák*   etiā (φ)
et iam *v* iam *del.* vdVl   17 ⟨iam⟩ oppido ⟨formidanti⟩
formido *vdVl* oppido forti cumulatior qu. ⟨constantia⟩ *Novák*
cf. 138,6 cumulatur *Elmenh* oppido . . . cumulatior *coniungit*
Leo (v. 65,5)   *cf.* 17,14   17/18 tum repente *Luetj*
22 ac (φ) ad *v*   maculoſ *mut. ead. m. in* moſculoſ φ: maſ-   ▯

153　　　Terga uortit et cubiculo protinus exterminatur. nec *24*
mora, cum me somnus profundus in imum barathrum
repente demergit, ut ne deus quidem Delficus ipse facile
discerneret duobus nobis iacentibus, quis esset magis mor-
5 tuus. sic inanimis et indigens alio custode paene ibi non
eram.

26　　　Commodum noctis indutias cantus perstrepebat cristatae
cohortis. tandem expergitus et nimio pauore perterritus
cadauer accur⟨r⟩o et a⟨m⟩moto lumine reuelataque eius
10 facie rimabar singula, quae cuncta conuenerant: ecce uxor
154 misella flens cum ⟨h⟩esternis testibus introrumpit anxia
et statim corpori superruens multumque ac diu deosculata
sub arbitrio luminis recognoscit omnia. et conuersa Philo-
despotum requirit actorem, ei praecipit, bono custodi
15 redderet sine mora praemium. et oblato statim: "summas", inquit, "tibi, iuuenis, gratias agimus et hercules
ob sedulum istud ministerium inter ceteros familiares
dehinc numerabimus."

Ad haec ego insperato lucro diffusus in gaudium et
20 in aureos refulgentes, quos identidem manu mea uentila-
bam, attonitus: "immo", inquam, "domina, de famulis tuis
unum putato, et quotiens operam nostram desiderabis,
fidenter impera."

Vix effatum me statim familiares omnes nefarium
25 exsecrati raptis cuiusque modi telis insecuntur; pugnis ille
155 malas offendere, scapulas alius cubitis inpingere, palmis

---

culof　　　musculos *v* in hortulos *He cf. 73,22　74,19　75,4*
al. l.
　　　F 133ᵇ. φ 31ᵃᵇ　　**8** φ: nec　　**4** ⟨e⟩ duobus *Lips* ⟨de⟩ d.
vdVl　　9 accuro (φ, sed ʳ *add. ead. m.*)　　amoto (φ, sed ᵈ
supra a *ead. ut vid. m. add.*) ammoto *vdVl*　　10 quae cuncta]
quaecumque *Cornelissen*　　⟨ut⟩ conuenerant ⟨comparebant⟩
vdVl　　11 extnif (φ, *sed in mg. al. m.* c̊ hefternif) *cf. apol. 64*
(72,13)　　12 ac (φ) *corr. ex* ad　　14 requiri cactorē (φ) *em. v*
18 ⟨te⟩ dehinc? *He*　numerauim; *em. al. ut vid. m. et* φ　24 oēs (φ)
omen *(scil. quod in extremis verbis inest) Gruter* ominis *Walter*
　　25 exfecrati (φ) *post i eras.* f　　26 scapulis — cubitos *Nolte*

Oud.   E

infestis hic latera suffodere, calcibus insultare, capillo⟨s⟩
distrahere, uestem discindere. sic in modum superbi
iuuenis A[d]oni uel Musici uatis Piplei[is] laceratus atque
156 ·discerptus domo proturbor.

  Ac dum in proxima platea refouens animum | infausti 27
atque inprouidi sermonis mei sero reminiscor dignumque 6
me ‖ pluribus etiam uerberibus fuisse merito consentio, 35
ecce iam ultimum defletus atque conclamatus processerat
mortuus rituque patrio, utpote unus de optimatibus,
157 pompa funeris publici ductabat⟨ur⟩ per forum. occurrit 10
atratus quidam maestus in lacrimis genialem canitiem
reuellens senex et manibus ambabus inuadens torum uoce
contenta quidem, sed adsiduis singuitibus impedita: "per
fidem uestram", inquit, "Quirites, per pietatem puplicam
perempto ciui subsistite et extremum facinus in nefariam 15
scelestamque istam feminam seueriter uindicate. haec
158 enim nec ullus alius miserum adulescentem, sororis meae
filium, in adulteri gratiam et ob praedam hereditariam
extinxit ueneno."

  Sic ille senior lamentabiles questus singulis instrepe- 20
bat. saeuire uulgus interdum et facti uerisimilitudine
ad criminis credulitatem impelli. conclamant ignem, re-
quirunt saxa, parent lor⟨a⟩ ad exitium mulieris hortantur. □

  F·138ᵇ. φ 31ᵇ.   1 infeſtiſ *ex* infetiſ *corr. ead. m.*   capillo
(φ) *em. v*   8 adoni uł muſtejuatiſ pipletiſ (φ) Adonei *Colv*
Edoni *Markland* Adonis *Oud* Aonii (*sc. Penthei*) *Heins* (*cf. 108,4*)
Actaeonis *Plasberg*   Musaei *Beroald interpretat.* 'Musicus'
musici *Oud cf. Hieron. chron. 42ᵗ Helm* Piplei dislac. *Purser*
Pimpleidos *Beroald* Pimplei *vd Vl* Pipleii *Leo*   10 ductabat *em.
m. recentiss. et* φ   11 adhſatuſ (φ) adanxius *edd. vett.* atratus *Hild
cf. 57,18* ad ·latus *v* adgnatus? *E* anhelus *Haupt*   14 puplicā
(φ) *sed al. m. eff.* publ   16 ŕeueriŕ (φ, *em. fort. ead. m.*) ŕm.
recentiss. superscr.*   20 singulis ⟨cunctis⟩ *vd Vl coll. 54,5 sq.*
⟨uniuersis⟩ *Novák* singultim *Sciopp fort. recte an* ⟨suppli-
cans⟩ singulis? *He* singultibus interstr. *Stewech*   22 crude-
litatē (φ) *em. v*   28 paruuloſ (φ) parent lora (*vel* loros) *He
cf. 76,18sqq. Bernhard 52* populos *Petsch* pars mutuo *Cast*
famulos *Giarr*

Oud.   E

emeditatis ad haec illa fletibus quamque sanctissime poterat adiurans cuncta numina tantum scelus abnuebat.

28   Ergo igitur senex ille: "ueritatis arbitrium in diuinam
prouidentiam reponamus. Zatchlas adest Aegyptius pro-
5 pheta primarius, qui mecum iam dudum grandi praemio
159 pepigit reducere paulisper ab inferis spiritum corpusque
istud postliminio mortis animare", et cum dicto iuuenem
quempiam linteis amiculis iniectum pedesque palmeis
baxeis inductum et adusque deraso capite producit in
10 medium. huius diu manus deosculatus et ipsa genua
160 contingens: "miserere", ait, "sacerdos, miserere per caelestia
sidera, per inferna numina, per naturalia elementa, per
nocturna silentia et adoperta Coptitica et per incrementa
161 Nilotica et arcana Memfitica et sistra Fariaca. da breuem
15 solis usuram et in aeternum conditis oculis modica⟨m⟩ 36
lucem infunde. non obnitimur nec terrae rem suam dene-
gamus, sed ad ultionis solacium exiguum uitae spatium
deprecamur."

Propheta sic propitiatus herbulam quampiam ob os
20 corporis ‖ et aliam pectori eius imponit. tunc orientem
162 obuersus incrementa solis augusti tacitus imprecatus uenerabilis scaenae facie[s] studia praesentium ad miraculum
tantum certatim adrexit.

29   Immitto me turbae socium et pone ipsum lectulum
25 editiorem quendam lapidem insistens cuncta curiosis ocu-
lis | arbitrabar. iam tumore pectus extolli, iam salubris
uena pulsari, iam spiritu corpus impleri: et adsurgit cadauer et profatur adulescens: "Quid, oro, me post Lethaea

F 133ᵇ. φ 31ᵇ.   4 φ: Zacha⁸ Calchas *Gruter* Tachos *Salm*
Zachthalias *vel* Zalachthes *Rohde cf. Plin. n. hist.* XXXVII 169
□ *Alexand. Trall. I* 15 (I 567 *Puschm.*)   ppĥa   8 intectum
Beroald cf. 198,14 212,5 274,1 288,15 *sed* 218,6: intectis
9 adusque ⟨ad cutem⟩ *Elmenh* a. ⟨cutem⟩ *vd Vl coll. Plaut.
Bacch.* 242, *sed cf. Plaut Bacch.* 1125   18 adepaco-
oeptitica (φ) *prior p vid. eff. ex t uut a*   operta *v* adoperta *Roald* adyta *Scal*   Coptica *vel* Coptitica *v*   15 *cf.
apol.* 18 (22,24)   modica *em.* φ   16 obnitimur ⟨fato⟩
vel ⟨neci⟩ *Rohde*   22 facief (φ) *em. Colv*   26 salebris *Prescott*

Oud.   E

pocula iam S*tygiis* paludibus innatantem ad momentariae
uitae reducitis o⟨*f*⟩ficia? desine iam, precor, desine ac
me in meam quietem permitte."

163   Haec audita uox de corpore, sed aliquanto propheta
commotior: "quin refers", ait, "populo singula tuaeque 5
mortis illuminas arcana? an non putas deuotionibus meis
posse Diras inuocari, posse tibi membra lassa torqueri?"

Suscipit ille de lectulo et imo *cum gemitu* populum sic adorat: "malis nouae nuptae peremptus artibus
et addictus noxio poculo torum tepente⟨*m*⟩ adultero man- 10
cipaui."

164   Tunc uxor egregia capit praesentem audaciam et
mente sacrilega coarguenti marito resistens altercat. po-
pul*us* aestuat, diuersa tendentes, hi[i] pessimam feminam
uiuentem statim cum corpore mariti sepeliendam, alii 15
mendacio cadaueris fidem non habendam.

Sed hanc cunctationem sequens adulescentis sermo 30
distinxit; nam rursus altius ingemescens: "dabo", inquit,
"dabo uobis intemeratae ueritatis documenta perlucid*a et*
quod prorsus alius nemo cogno*u*erit indicabo". tunc digito 37
me demonstrans: "nam cum corporis mei custos hic saga- 21
cissimus exertam mihi teneret uigiliam, cantatrices anus
exu*u*iis meis inminentes atque ob id reformatae frustra
saepius cum industriam sedulam eius fallere nequiuissent,
postremum iniecta somni nebula eoque in profundam 25
quietem sepulto me nomine ciere non prius desierunt,
165 quam dum hebetes artus et membra frigida pigris conatibus ad artis magicae nituntur obsequia. hic utpote

---

F 133ᵇ134ᵃ. φ 31ᵇ.   1 ſcigiiſ *em. al. m. et* φ   2 oficia
em. φ   6 illumina'* (*eras.* ſ)   φ: illuminaſ   8 c̄ gestu (φ)
cum gemitu *Schikerad cf. v. 18* cum questu *Hild* congemitu?
He cf. 101,15: congemebat   10 *cf. 254,20:* bestiis addicta, *255,22*   tepente *em.* φ   18 poptoſ (φ, *sed poster.*
o *in ras.*) *em. v*   14 aestuant *Oud*   tendens *Novák*
hij   19 plucide* *eras.* t (φ) *em. v*   20 cognominarit
(φ) cognouerit *v* cognorit *Novák*   21 mei (φ) *post* i *eras.* ſ
22 exubiiſ (φ, *sed corr.*)   27 hebeteſ h *vid. ex* n *em.
ead. m.*

Oud.   *E*

uiuus quidem, sed tantum sopore mortuus, quod eodem
mecum uocabulo nuncupatur, ‖ ad suum nomen ignarus
exsurgit et in exanimis umbrae modum ultroneus gradiens,
quamquam foribus cubiculi diligenter obclusis, per quod-
5 dam foramen prosectis naso priu*s* ac mox auribus uica-
riam pro me lanienam sus*ti*nuit. utque fallaciae reliqua
conuenissent, ceram in modum prosectarum formatam
aurium ei adplicant examussim nasoque ipsius similem
comparant. et nunc adsistit miser hic praemium non
10 industriae, sed debilitationis consecutus."
166   His dictis perterritus temptare formam adgredior.
iniecta manu nasum prehendo: sequitur; aures per|tracto:
deruunt. ac dum directis digitis et detortis nutibus praesentium denotor, dum risus ebullit, inter pedes circum-
15 stantium frigido sudore defluens euado. nec postea debilis
ac sic ridiculus Lari me patrio reddere potui, sed capillis
hinc inde laterum deiectis aurium uulnera celaui, nasi
uero dedecus linteolo isto pressim adglutinato decenter
obtexi.'
31   Cum primum Thel*y*phron hanc fabulam posuit, con-
21 potores uino madidi rursum cachinnum integrant. dum-
167 que bibere solitarias postulant, sic ad me Byrrhena:
    'Sollemnis', inquit, 'dies a primis cunabulis huius
urbis conditus crastinus aduenit, quo die soli mortalium
25 sanctissimum deum Risum hilaro atque gaudiali ritu pro-   *38*
pitiamus. hunc tua praesentia nobis efficies gratiorem.

F 134ᵃ. φ 31ᵇ32ᵃ.   1 et tantum *Wasse* sed tamen *vdVl*
2. tantum ⟨non⟩ *Oud* tanto? *He*   3 e̅xurgit *em. ead. ut
vid. m. et* φ   5 praesectis *Oud*   6 ſuſcitauit (φ) suscepta-
uit *Ald* sustentauit *Wower* sustinuit *He cf. 98,11 sq. simil. error 27,5 290,7*   7 c̅ueniſſent (φ) *corr. in* c̅uenirent *cf. apol.*
61 (69,23)   praesectarum *vdVl*   8 nasumque *vdVl*
11 te̅tare *em. ead. m.*   fortuna̅ (φ) *em. Gruter*   14 ebullit
b *ex* u *corr.* (φ)   15 defluenſ (φ) *cf. 12,3* diffluens *Heins*
20 theliphron   22 bibereſ (ſ *erad. conati ſuꞥt*) φ: bibere
ſolitariaſ (φ) *def. Heraeus cf. Festschr. f. Vahlen 433* solita
Risui *Lips*   24 conditae *v*

atque utinam aliquid de proprio lepore laetificum hono-
rando deo comminiscaris, quo magis pleniusque tanto
numini litemus.'

'Bene', inquam, 'et fiet, ut iubes. et uellem hercules
materiam repperire aliquam, quam deus tantus affluenter 5
168 indueret.' post haec monitu famuli mei, qui noctis ad-
monebat, iam et ipse crapula distentus, protinus exsurgo
et appellata pro[s]pere Byrrena titubante uestigio domuitionem capesso.

Sed cum primam plateam uadimus, uento repentino 32
lumen, quo nitebamur, extinguitur, ut uix inprouidae 11
169 noctis caligine liberati digitis pedum detunsis ob lapides
hospitium defessi rediremus. dumque iam iunctim proximamus, ecce tres quidam uegetes et ‖ uastulis corporibus
fores nostras *ex* summis uiribus inruentes ac ne praesentia 15
170 quidem nostra tantillum conterriti, sed magis cum aemulatione uirium crebrius insultantes, ut nobis ac mihi
potissimum non immerito latrones esse et quidem saeuis-
simi uiderentur. statim denique gladium, quem ueste mea
contectum ad hos usus extuleram, sinu liberatum adripio. 20
nec cunctatus medios latrones inuolo ac singulis, ut quem-
171 que conluctantem offenderam, altissime demergo, quoad
tandem ante ipsa uestigia mea uastis et crebris perforati
uulneribus spiritus efflauerint. sic proeliatus, iam tumultu

F 134ᵃᵇ. φ 32ᵃ.   6 inbueret *Haupt*   8 pſpere (φ, *sed in mg.*
c propere)   10 uadim; (φ) *def. Loefstedt Syntact. I 187*   12 li-
berati] turbati *Cornelissen* librati *Sciopp cf. v. 8:* titubante uestigio, *de deo Socr. 10 (17,20 Th.)*   13 iunctim] ianuam *Scriver*
14 uegeteſ (φ) *cf. Corp. gloss. VII 396* uegetis *v* uegentes *Hild*
uegetos *E*   15 ex] & *om.* φ *em. Colv cf. apol. 74 (83,4)*
16 magiſ** (*eras. vid.* q;) φ: magiſq' (*al. m. eff.* magiſ magiſq' *cf. 58,18 121,6 178,11 217,27*)   cumulatione *cod.*
Bertin   20 hoc (φ) *corr.* hoſ *cf. 127,1*   21 latroneſ (φ) *priores
quinque litt. ab ead. m. emendando eff.*   φ: īuado   inuolo
ac] inuolans *vd Vl*   ſinguliſ (φ) *posterior i in ras.*   22 quoat
(φ, *sed* t *corr. in* d)   24 efflauerint (φ) *m. recentior vid.
efficere voluisse* rūt   tumul! ū eo (‾ *delet. est*) φ: tumultu eo

Oud.　　　　　　　　　　　　　　　　　　　　　　　　　　　　*E*

eo Fotide suscitata, patefactis aedibus anhelans et sudore
perlutus inrepo meque statim utpote pugna ⟨*i*⟩rium latronum in uicem Geryoneae caedis fatigatum, lecto simul et
somno tradidi. |

5　　　　　　　　　　LIBER III

1 *172*　Commodum punicantibus phaleris Aurora roseum qua- *39*
tiens lacertum caelum inequitabat, et me securae quieti
reuulsum nox diei reddidit. aestus inuadit animum uesper-
173 ⟨*ti*⟩ni recordatione facinoris; complic⟨*i*⟩tis denique pedi-
10 bus ac palmulis in alternas digitorum uicissitudines super
genua conexis sic grabattum cossim insidens ubertim
flebam, iam forum et iudicia, iam sententiam, ipsum denique carnificem imaginabundus. 'an mihi quisquam tam
mitis tamque beniuolus iudex obtinget, qui me trinae
15 caedis cruore perlitum et tot ciuium sanguine delibutum
innocentem pronuntiare poterit? hanc illam mihi glorio-
sa⟨*m*⟩ peregrinationem fore Chaldaeus Diophanes obstinate
praedicabat.'
174　haec identidem mecum replicans fortunas meas heiu-
20 labam. quati fores interdum et frequenti clamore ianuae
2 nostrae perstrepi; nec mora, cum magna inruptione patefactis aedibus magistratibus eorumque ministris et turbae miscellaneae ⟨*frequentia*⟩ cuncta completa statimque ‖
lictores duo de iussu magistratuum immissa manu trahere
25 me sane non renitentem occipiunt. ac dum primum

　　F 134ᵇ. φ 32ᵃ. 1 eo] mea *Petsch* 2 pugnariũ (φ) *em.*
Salm pugnacium *Lips* 2 gerſoneę (φ) *em.* v cf. 22,15　Ego
faluſtiuſ legi & emdaui rome felix. | METAMORPHOSEON ·
LĪB · II · EXPLĪC | INCIPIT LIBER · III · 6 punicantibuſ (φ)
corr. al. m. ex poni contibuſ 8 ueſperni (φ, em. al. m.), sed
ras. supra vocem cf. 266,8 9 cõplictiſ (φ, *sed. em. ead. m.*) *cf.*
Th. l. L. III 2104 11 cõnexiſ (*lineolam al. m. add.*) 13 quis-
quam] inquam *cod. Dorv cf. 13,12* 16 glorioſā (φ) *lineolam al.*
m. add. 18 praedicebat v *cf. 96,14* 19 *cf. 13,18* 22/23 turba
— nea *Vulcan* ⟨frequentia⟩ *He cf. 89,5* ⟨conuentu⟩ *Cast*
25 renitentẽ (φ) *in ras. eff. al. m. ex* retinentẽ, *sed antea supra*
tin *addit.* erat ⁿⁱᵗ *quod nunc eras.*

Oud.   *E*

angiportum insistimus, statim ciuitas omnis in publicum
effusa mira densitate nos insequitur. et quamquam capite
175 in terram, immo ad ipsos inferos iam deiecto maestus
incederem, obliquato tamen aspectu rem admirationis
maximae conspicio: nam inter tot milia populi circum- 5 □
se⟨cus ua⟩dentis nemo prorsum, qui non risu dirumperetur,
aderat. tandem pererratis plateis omnibus et in modum
eorum, quibus lustralibus piamentis minas portentorum
hostiis circumforaneis expiant, circumductus angulatim, 40
176 forum eiusque tribunal adstituor. iamque sublimo 10
suggestu magistratibus residentibus, iam praecone publico
silentium clamante repente cuncti consona uoce flagitant,
propter coetus multitudinem, quae pressurae nimia densitate periclitaretur, iudicium tantum theatro redderetur.
nec mora, cum passim populus procurrens caueae con- 15
septum mira celeritate conpleuit; aditus etiam et tectum
omne fartim stipauerant, plerique columnis implexi, alii
statuis dependuli, nonnulli per fenestras et lacunaria
177 semiconspicui, miro tamen omnes studio uisendi pericula
salut[ar]is neclegebant. tunc me per proscaenium medium 20
uelut quandam uictimam publica ministeria producunt et
orchestrae mediae sistunt. sic rursum praeconis amplo 3
boatu citatus | accusator quidam senior exsurgit et ad
dicendi spatium uasculo quodam in uicem coli graciliter

F 134ᵇ135ᵃ. φ 32ᵃᵇ.   1 popłm (φ) publicum *Gruter*
5 circũfedentiſ (φ) circumstrepentis *Hild* -fluentis *Pric* -ſe-
pientis *Kronenb em. He cf. 36,24 116,21 278,18*   7 pererratiſ □
(φ) rr *in ras ead. m. ex* ri *em.*   8 qb; (φ) qui *v*   9 [hostiis]
Leo post angul. distinx. *He*   10 eiuſque (φ) usque *Stewech*
et usque *Sciopp* reusque (*lac. post* forum *statuta*) *vdVl* denique
Bluemner mediumque *E* iuxta *Leo cf. apol. 99* (109,10)
φ: ſublimi   11 ſuggeſtu* (*prior* g *ex* b *corr., eras.*⁻)   15 cum]
cŏ (φ) *em. v*   16 celebritate *Kronenb*   18 lacubaria *em.*
ead. m. et φ   19 ŏſ   20 ſalutariſ (φ) *em. v*   pſceniũ (*vid.*

fuisse ę)   21 pducunt (*sed ras. supra et infra* p, *ut videatur·*
fuisse p) φ: pducunt   22 medio *Kroll cf. 102,11*   24 spatium ⟨dimetiendum⟩ *vdVl*   uaſculo (φ) u *mut. in* b *et* ſ *in-*
dux m. rec.   quoidam *Leo cf. 87,13 156,3 183,14*

Oud.   *E*

fistulato ac per hoc guttatim defluo infusa aqua populum sic adorat:

'Neque parua res ac praecipue pacem ciuitatis cunctae
178 respiciens et exemplo serio profutura tractatur, Quirites
5 sanctissimi. quare magis congruit sedulo singulos atque uniuersos uos pro dignitate publica prouidere, ne nefarius homicida tot caedium lanienam, quam cruenter exercuit, inpune commisserit. nec me putetis priuatis simultatibus instinctum odio proprio saeuire. sum namque
10 nocturnae custodiae praefectus nec in hodiernum credo quemquam peruigilem ‖ diligentiam meam culpare posse. rem denique ipsam et quae nocte gesta sunt cum fide proferam. nam cum fere iam tertia uigilia scrupulosa diligentia cunctae ciuitatis ostiatim singula considerans
15 circumirem, conspicio istum crudelissimum iuuenem mu-
179 crone destricto passim caedibus operantem iamque tris 41 numero saeuitia eius interemptos ante pedes ipsius spirantes adhuc, corporibus in multo sanguine palpitantes. et ipse quidem conscientia tanti facinoris merito permotus
20 statim profugit et in domum quandam praesidio tenebrarum elapsus perpetem noctem delituit. sed prouidentia deum, quae nihil impunitum nocentibus permittit, priusquam iste clandestinis itineribus elaberetur, mane praestolatus ad grauissimum iudicii uestri sacramentum eum
25 curaui perducere. habetis itaque reum tot caedibus impiatum, reum coram deprensum, reum peregrinum. constanter itaque in hominem alienum ferte sententias de eo crimine, quod etiam in uestrum civem seueriter uindi-
29 caretis.'

4   Sic profatus accusator a[c]cerrimus immanem uocem

F 135ᵃ φ 32ᵇ.   7 totā (⁻ *al. m. vid. addid.*) ẹdiũ (φ) *em. v*
8 *cf. Neue Lat. Formenl.*³ *III 407*   13 pferā   φ: pferā *cf.*
13,11 242,24   15 mucrone (c *corr. ex* ſ *aut* r)   16 diſtricto *mut. pr. m. in* de, *etiam in mg. addito* de   φ: deſtricto
17 spirantibus *vdVl*   18 palpitantibus *Florid*   22 *post* permittit ⟨inueni hominis latibulum⟩ *vel sim. intercidisse putat Leo*   26 constanter *cf. 64,10*   30 ᵣphat; *em* φ   accef- ſim; (φ) *em. al. m.*

Oud.   E

180 repressit. ac me statim praeco, si quid ad ea respondere
uellem, iubebat incipere. at ego nihil tunc temporis
amplius quam flere poteram, non tam hercules trucu-
lentam accusationem intuens quam meam miseram conscientiam. sed tamen oborta diuinitus audacia sic ad illa: 5
'Nec ipse ignoro, quam sit arduum trinis ciuium corporibus expositis eum, qui caedis arguatur, quamuis uera
dicat et de facto confiteatur ultro, tamen tantae multitu-
dini, quod si*t* innocens, persuadere. se*t* si paulisper
audientiam publica[m] mihi tribuerit humanitas, faci|le 10
uos edocebo me discrimen capitis non meo merito, sed
rationabilis indignationis euentu fortuito tantam criminis
inuidiam frustra sustinere.

Nam cum a cena me serius aliquanto reciperem, potu- 5
lentus alioquin, quod plane uerum crimen meum non 15
diffitebor, ante ipsas fores hospitii — ad bonum autem
Milonem ciuem uestrum deuorto — uideo quosdam sae-
181 uissimos || latrones aditum temptantes et domus ianuas
cardinibus obtortis euellere gestientes claustrisque omnibus, quae accuratissime adfixa fuerant, uiolenter euulsis 20
secum iam de inhabitantium exitio deliberantes. unus
denique et manu promptior et corpore uastior his adfatibus et ceteros incitabat: "heus pueri, quam maribus 42
animis et uiribus alacribus dormientes adgrediamur. omnis
182 cunctatio, ignauia omnis facessat e pectore: stricto mucrone 25
per totam domum caedes ambulet. qui sopitus iacebit,
trucidetur; qui repugnare temptauerit, feriatur. sic salui

F 135ᵃ. 32ʰ.   1 re∫pondere (*vid. fuisse rē, sed ˜ eras.*)
8 *cf. 190,19*   **6** ⟨inquam⟩ quam *vdVl.*   7/8 quamuis
uera dicat *post* ultro *transpos.* *vdVl*   **9** ∫ic (φ) *em. v*
p∫uadere∫ ea ∫i (φ) sed *v* set *He*   **10** publicā (φ) *em. Gruter*
cf. 57,4   humanitas ⟨uestra⟩ *ed. Bas.*   **11** ⟨mereri⟩
merito *Purser* merito∗ (o *ex* a *aut* o∫ [*Giarr*] *corr.*) φ: merito ⟨subire⟩ sed *Rohde*   **12** euentu (φ) *post* u *eras.* ∫
tanti *Rohde coll. 54,19*   **23** ⟨se⟩ et *Hild*   pueri quā
em. ex puer Inquā, *sed olim in mg. lectio emendata addit.*
erat, cuius nihil iam apparet   φ: pueri inquit maiorib: quin
Wower cf. 77,1 116,6 118,24   **25** face∫∫et (φ) *em. v cf. praef. 43*

Oud.   *E*

recedemus, si saluum in domo neminem reliquerimus."
fateor, Quirites, extremos latrones — boni ciuis officium
arbitratus, simul et eximie metuens et hospitibus meis et
mihi — gladiolo, qui me propter huius modi pericula comi-
5 tabatur, armatus fugare atque proterrere eos adgressus
sum. at illi barbari prorsus et immanes homines neque
fugam capessunt et, cum me uiderent in ferro, tamen
audaciter resistunt.

6   Dirigitur proeliaris acies. ipse denique dux et signifer
10 ceterorum ualidis me uiribus adgressus ilico manibus am-
183 babus capillo adreptum ac retro reflexum effligere lapide
gestit. quem dum sibi porrigi flagitat, certa manu percussum feliciter prosterno. ac mox alium pedibus meis
mordicus inhaerentem per scapulas ictu temperato tertium-
15 que inprouide occurrentem pectore offenso peremo. sic
pace uindicata domoque hospitum ac salute communi
protecta non tam impunem me, uerum etiam lauda-
bilem publice credebam fore, qui ne tantillo quidem umquam crimine postulatus, sed probe spectatus apud meos
20 semper innocentiam commodis cunctis antetuleram. nec
184 possum repperire, cur iustae ultionis, qua contra latrones
deterrimos commotus sum, nunc istum reatum sustineam,
cum nemo possit monstrare uel proprias inter nos inimi-
citias | praecessisse ac ne omnino mihi notos illos latrones

F 135ᵇ. φ 32ᵇ 33ᵃ.   1 fi faluum *in ras. ead. m.*   φ: sic
faluū   2 extremof (φ) *cf. 77,5 79,17 99,8 122,2 al.* exterminare *Hild* extremos ⟨exterminare⟩ *Luetj* (*sed v. 46,1 116,1 229,22*)
⟨extirpare⟩ extremos *vdVl*   latrones ⟨arcere⟩ *Novák; cf. pro-*
nomen repetit. 59,22   ciuis] uiri? *Leo*   3 arbitrat; (*ead.*
ut vid. m. add. ;) φ: arbitrat' (*corr. ex.*² *ead. m.*)   *cf. 18,12*
6 prfuf *ead. m. supra lin. add.*   7 in⟨ferri⟩, ferro *Luetj*
11 abrectū* (*litt. eras. antea induct.*) φ: abreptū *em. v cf. 21,4*
⟨caput⟩ effligere *vdVl*   14 fcapulaf (φ) af *ex* ā *corr. ead.*
m.   17 tā (φ) *def. Kronenb coll. 251,13 sq. d. d. Socr.* 20 (31,4)
tantum *ed. Basil cf. 151,20 iam Stewech*   24 ac nec *Bursian*
cf. 21,6 60,5   ullos *vdVl falso coll. Cic. pro Roscio Amerin. 94*
[latrones]? *Leo*

Oud.   E

usquam fuisse; uel certe ulla praeda monstretur, ‖ cuius
cupidine tantum flagitium credatur admissum.'

    Haec profatus rursum lacrimis obortis porrectisque in 7
preces manibus per publicam misericordiam, per pignorum 43
caritatem maestus tunc hos, tunc illos deprecabar. cum- 5
que iam humanitate commotos, misericordia fletuum adfectos o⟨m⟩nis satis crederem, Solis et Iustitiae testatus
oculum casumque praesentem meum commendans deum
prouidentiae, paulo altius aspectu relato ⟨laetum⟩ conspicio
185 prorsus totum populum — risu cachinnabili diffluebant — 10
nec secus illum bonum hospitem parentemque meum Milonem risu maximo dissolutum. at tunc sic tacitus mecum:
'en fides', inquam, 'en conscientia; ego quidem pro hospitis
salute et homicida sum et reus capitis inducor, at ille
non contentus, quod mihi nec adsistendi solacium per- 15
hibuit, insuper exitium meum cachinnat.'

    Inter haec quaedam mulier per medium theatrum 8
lacrimosa et flebilis atra ueste contecta paruulum quen-
186 dam sinu tolerans decurrit ac pone eam anus alia pannis
horridis obsita paribusque maesta fletibus, ramos olea- 20
gineos utraeque quatientes, quae circumfusae lectulum,
quo peremptorum cadauera contecta fuerant, plang[u]ore
sublato se lugubriter eiulantes: 'per publicam misericordiam, per commune ius humanitatis', aiunt, 'miseremini
indigne caesorum iuuenum nostraeque uiduitati ac solitu- 25
dini de uindicta solacium date. certe paruuli huius in
primis annis destituti fortunis succur⟨r⟩ite et de latronis
187 huius sanguine legibus uestris et disciplinae publicae litate.'

    F 135ᵇ. 33ᵃ·   4 publicū *em. ead. m. supra add.* ᵃ, *deinde
al. m. ex* u *corr.* a φ: puplicā   6/7 adfecto ſonis *corr. al.
m. in* adfectos oñiſ *em.* φ   8 oculuſ *corr. ead. m. in* lum
φ: oculu'   9 elato *Rohde, refut. Novák coll. 110,13*   ⟨laetum⟩
He   10 *parenthesin effec. He* diffluentem *Vulcan*   18 constantia *vd Vl fort. recte*   19 decuſſit (φ) *em.* v   21 cir-
cūfūſẹ̮ (u *quia non liquida erat, librar.* ˇ *add.; in mg.* ſu (*sic*))
     22 coniecta *vd Vl*   *planguore* (*pro* p *scripturus erat* l
vel b, *post* e *eras.* ſ) φ: plāgore   27 ſuccurite *em.* φ

Oud.   *E*

Post haec magistratus, qui natu maior, adsurgit et
ad populum talia: 'de scelere quidem, quod serio uindi-
candum est, nec ipse, qui commisit, potest diffiteri; sed
una tantum subsiciua sol⟨*l*⟩icitudo nobis relicta est, ut
5 ceteros socios tanti facinoris requiramus. nec enim ueri
simile est hominem solitarium tres tam ualidos enitasse
188 iuuenes. prohinc tormentis ueritas eruenda. nam et qui
comitabatur eum puer clanculo profugit ‖ et res ad hoc
deducta est, ut per quaestionem sceleris sui participes *44*
10 indicet, ut tam dirae factionis funditus formido perematur.'
9 Nec mora, cum ritu Graeciensi ignis et rota, cum
omne flagrorum | genus inferuntur. augetur oppido,
immo duplicatur mihi maestitia, quod integro saltim mori
non licuerit. sed anus illa, quae fletibus cuncta turba-
15 uerat: 'prius', inquit, 'optimi ciues, quam latronem istum
miserorum pignorum meorum peremptorem cruci adfigatis,
189 permittite corpora necatorum reuelari, ut et formae simul
et aetatis contemplatione magis magisque ad iustam indignationem ar⟨*r*⟩ecti pro modo facinoris saeuiatis.'
20 His dictis adplauditur et ilico me magistratus ipsum
iubet corpora, quae lectulo fuerant posita, mea manu
detegere. luctantem me ac diu rennuentem praecedens
facinus instaurare noua ostensióne lictores iussu magistratuum quam instantissimè compellunt, manum denique ipsam
25 e regione lateris *tru*dentes in exitium suum super ipsa
190 cadauera porrigunt. euictus tandem necessitate succumbo

F 135ᵇ. φ 38ᵃ. 4 folicitudo *em.* φ   11/12 tum omne *v*
12 flagicorū (ⁱ *vid. ead. m. add., in mg.* ·l· *cf. praef. 34)*
φ: flagitio꜀ꜜ *cf. 105,6* flagrorum *Beroald* flagellorum *Oud*
Hild flagitorium *He cf. Corp. gloss. VI 454 s. v.* flagitor
Leumann Lat. Laut- u. Formenl. 179 Cyprian. ad Demetr.
12 (I 359,23 Hartel) Usener Mus. Rhen. LVI (1901) p. 15
geñ; *(al. m. add.* ⁱ; *quid sibi velit nescio)*   16 cruci adfigatif
(φ) *in mg. ead. m. vel certe vetustiss.* cruciatui datif *add.*
19 arecti *em. m. recentiss. et* φ   21 lectulo (φ) *posterior* l
ex c *aut* o *corr.*   22 reluctantem *vd Vl* φ: renitentĕ *cf.*
133,3 169,24 203,12 Corp. Gloss. Lat. VII 198   25 tun-
dentef (φ) *em. He* tendentes *Gruter*

Oud.   E

et, ingratis licet, abrepto pallio retexi corpora. dii boni,
quae facies rei? quod monstrum? quae fortunarum mearum repentina mutatio? quamquam enim iam in peculio
Proserpinae et Orci familia numeratus, subito in contrariam faciem obstupefactus haesi nec possum nouae illius 5
imaginis rationem idoneis uerbis expedire. nam cadauera
illa iugulatorum hominum erant tres utres inflati uariisque secti foraminibus et, ut uespertinum proelium meum
recordabar, his locis hiantes, quibus latrones illos uulnera-
ueram.   10

Tunc ille quorundam astu paulisper cohibitus risus 10
libere iam exarsit in plebem. hi[i] gaudii nimietate graculari, illi dolorem uentris manuum compressione sedare.
191 et certe laetitia delibuti meque respectantes cuncti theatro
facessunt. at ego ut primum illam laciniam prenderam, 15
fixus in lapide⟨m⟩ steti gelidus nihil secus quam una[m] 45
de ceteris theatri statuis uel columnis. nec prius ab inferis emersi, quam ‖ Milon hospes accessit et iniecta manu
me renitentem lacrimisque rursum promicantibus crebra
singultientem clementi uiolentia secum adtraxit et obser- 20
uatis ui⟨ae⟩ solitudinibus per quosdam amfra⟨c⟩tus domum
192 suam perduxit, maestumque me atque etiam tunc trepidum
uariis solatur affatibus. nec tamen indignationem iniuriae, quae inhaeserat altius meo pectori, ullo modo per-
mulcere quiuit.   25

F 135ᵇ. 33ᵃ.   1 adrepto *vd Vl coll. 56,11 121,20* boniq;
(; *vid. delet., supra* q *add. ead. m.* °) em. φ   3 quā^{quā} em.
ead. m.   4 ʃferpinee torci (*supra add.* & orci *m. vetustiss.*)
12 hii (φ)   gratulari (φ) gracillare *Brakman* graculari *Armini*
crapulari *He cf.* delibuti *v. 14*   13 dolere *em. al. m. et* ꝗ
16 lapide (φ) *em. Stewech cf. 28,9 139,7*   unā (φ, *sed
postea em.*)   18 Milon (n *atramento recentiore, sed
dubium an fuerit ante*) φ: milo *cf. 61,4.8*   19 retinentē
(φ) *em. v cf. 23,27*   20 ʃingultientē✳ *eras.* ʃ, *sed virgul.¨ pr. m.
add.* (φ, *sed al. m. em.*)   obʃeruati‿ʃuie✳ (*eras.* ʃo, *al. m.
recte distinx. et* e *add.*) φ: obʃeruatiʃui   21 āfrat; φ: am-
fract⁹ (m *mut. in* n)   22 me *del. Elmenh cf. 150,16 172,24*

11   Ecce ilico etiam ipsi magistratus cum suis insignibus
domum nostram ingressi | talibus me monitis delenire
gestiunt: 'Neque tuae dignitatis uel etiam prosapiae tuorum ignari sumus, Luci domine; nam et prouinciam totam
5 inclitae uestrae familiae nobilitas conplectitur. ac ne
istud, quod uehementer ingemescis, contumeliae causa perpessus es. omnem itaque de tuo pectore praesentem
193 tristitudinem mitte et angorem animi depelle. nam lusus
iste, quem publice gratissimo deo Risui per annua reuerti-
10 cula sollemniter celebramus, semper commenti nouitate
florescit. ´iste deus auctorem et ⟨ac⟩torem suum propitius
ubique comitabitur amanter nec umquam patietur, ut ex
animo doleas, sed frontem tuam serena uenustate laetabit
adsidue. at tibi ciuitas omnis pro ista gratia honores
15 egregios obtulit; nam et patronum scribsit et ut in aere
stet imago tua decreuit.'
    Ad haec dicta sermonis uicem refero: 'tibi quidem',
inquam, 'splendidissima et unica Thessaliae ciuitas, hono-
19 rum talium parem gratiam memini, uerum statuas et
194 imagines dignioribus mei[s]que maioribus reseruare suadeo.'
12   Sic pudenter allocutus et paulisper hilaro uultu renidens quantumque poteram laetiorem me refingens comiter
abeuntes magistratus appello. et ecce quidam intro cur-
rens famulus: 'rogat te', ait, 'tua parens Byrrhena et *16*
25 conuiuii, cui te sero desponderas, iam adpropinquantis

    F 135ᵇ136ᵃ. φ 33ᵃᵇ.   4 et ⟨nostram⟩ *Bluemner*   5 ac
nec *Bursian cf. 21,6 56,24 78,1*   9 do̊ rifui (̊ *add. ead. m.
et in mg. adscrips.* deo risui) φ: děrifui (̊ *eras.*)   11 auctorē &
(& *induct.*) | torē fuū (torē *induct.*) φ: auctorē & tutorē aucto-
rem suum *v* auctorem et actorem s. *Vollgraff cf. Cic. pro
Sest. 28,61*   14 at (φ) ac *v*   15 φ: fcribit   15/6 ✱ere (*ni
fallor, fuit* a) st✱st& (*postquam scribere coepit* ft& [*Ita Giarr.*],
librar. induxit et add. ft& φ: e✱re (*eras.* a?) ft✱✱& (*vid. fuisse*
ft&ft& [ftaf& *in* F *et* φ *Rob*]) staret *vd Vl*   20 meifq; (φ)
meique *Beroald (cf. 199,8* sui meliores *232,8:* sui molliorem)
meritisque *vd Vl*   24 parenf (φ) *vid. pr. m. emend. ex* potenf
v. 26,21   25 *cf. 14,10*

Oud.   *E*

admonet.' ad haec ego formidans et procul perhorrescens
etiam ipsam domum eius: 'quam uellem', inquam, 'parens,
iussis tuis obse‖quium commodare, si per fidem liceret id
facere. hospes enim meus Milon per hodierni diei prae-
sentissimum numen adiurans effecit, ut eius hodiernae 5
195 cenae pignerarer, nec ipse discedit nec me digredi patitur.
prohinc epulare uadimonium differamus.'

Haec adhuc me loquente manu firmiter iniecta Milon
iussis balnearibus adsequi producit ad lauacrum proximum.
at ego uitans oculos omnium et, quem ipse fabricaueram, 10
risum obuiorum declinans lateri eius adambulabam ob-
tectus. nec qui lauerim, qui terserim, qui domum rursum reuerterim, prae rubore memini; sic omnium oculis,
nutibus ac denique manibus denotatus inpos animi stu-
pebam. 15

196   Raptim denique paupertina Milonis cenula perfunctus 18
causatusque capitis acrem dolorem, quem mihi lacrima-
rum adsiduitas incusserat, concedo cubitum uenia facile
tributa et abiectus in lectu‖lo meo, quae gesta fuerant,
singula maestus recordabar, quoad tandem Fotis mea 20
dominae suae cubitu procurato sui longe dissimilis aduenit; non en*im* laeta facie nec sermone dicaculo, sed
uultuosam frontem rugis insurgentibus adseuer*a*bat. cunctanter ac timide denique sermone prolato: 'ego', inquit, 'ipsa,
197 confiteor ultro, ego tibi huius molestiae ⟨*causa*⟩ fui', et 25
cum dicto lorum quempiam sinu suo depromit mihique

F 186ᵃ. φ 33ᵇ.   2/8 parens *del. E* 'obtemperans' *interpr.*
Seyffert praesens *Luetj*   tuis]istius *Seyffert* parentis iussis
piis *Oud* vid. *Apul.* vertisse Graeca qualia ἀπεκριυάμην
αὐτῇ scil. per nuntium   6 *nec me (fuit* m pro n)   8 milon
(φ) *sed* n *eras. cf* v. *4 et* 59,18   9 perducit *vd* Vl   14·*cf.*
50,13   18 "cubitū uenia facile tributa "c̄cedo (φ, sed ord.
non mutato)   22 nonenſ lęta (*in* mg. ·l· *cf. praef.* 34)
φ: nōleta (‾ et ᵉⁿˢ *add. m. recentior) em. cod. Dorv cf. praef. 46*
non nitens laeta *Colv* nolens nec l. *E*   28 adſeuerebat (φ,
sed emend.)   24 *ego (nulla litt. vid. eras.)*   25 ego ⟨origo⟩
Walter coll. 238,20 causa *add.* v

Oud.   *E*

porrigens: 'cape', inquit, 'oro te, et ⟨de⟩ perfida muliere
uindictam, immo uero licet maius quoduis supplicium
sume. nec tamen me putes, oro, sponte angorem istum
tibi concinnasse. dii mihi melius, quam ut mei causa uel *47*
5 tantillum scrupulum patiare. ac si quid aduersi tuum
caput respicit, id omne protinus meo luatur sanguine.
sed quod alterius rei causa facere iussa sum, mala qua-
198 dam mea sorte in tuam reccidit iniuriam.'

14   Tunc ego familiaris curiositatis admonitus factique
10 causam delitiscentem nudari gestiens suscipio: 'omnium
quidem nequissimus audacissimusque lorus iste, quem tibi
uerberandae destinasti, prius a me concisus atque laceratus interibit ipse, quam tuam plumeam lacteamque con-
tingat cutem. sed mihi cum fide memora: quod tuum factum ‖
15 ⟨fortunae⟩ scaeuitas consecuta in meum conuertit exitium?
adiuro enim tuum mihi carissimum caput nulli me prorsus
ac ne tibi quidem ipsi adseueranti posse credere, quod tu
quicquam in meam cogitaueris perniciem. porro medita-
tus innoxios casus incertus uel etiam aduersus culpae non
20 potest ad⟨d⟩icere.'

199   Cum isto fine sermonis oculos Fotidis meae udos ac
tremulos et prona libidine marcidos iamiamque semiado-
pertulos adnixis et sorbil⟨l⟩antibus sauiis sitienter hauriebam.

15   Sic illa laetitia recreata: 'patere', inquit, 'oro, prius
26 fores cubiculi diligenter obcludam, ne sermonis elapsi

F 136ᵃ˙ᵇ. φ 38ᵇ34ᵃ.   1 & (φ, *sed. ras. corr. in* e) de v ex
Petsch et ⟨de⟩ *ed. Iunt. post.* et ⟨ex⟩ *Beyte* et perfida ⟨a⟩
Haeberlin sed cf. Novák České mus. filol. X 36   4 dū (*lineol.
add. al. m.*)   7 ausa *Seyffert*   10 φ: delitefc̄ntē fufpicio
(φ) *em. v*   14 memora *ut vid. refictis litt. al. m. corr. in* mea
ora φ: mea ora   memora v *cf. 36,8* memora oro *Colv*
15 fcebitaf b *corr. in* u   ⟨fortunae⟩ *vd Vl cf. 75,19 156,15*
⟨fati⟩ *Rohde*   20 adicere (φ) *em. Scriver*   22 *cf. 14,19
201,1*   23 forbilantib; *cf. 38,1 Funck Arch. f. lat. Lex. IV
224 sqq.* fabiif (φ) *em. v* labiis *cod. Dorv*   28 ʰauriebā (ri
ex di *corr. m. ead.*)

Oud.   *E*

profana petulantia committam grande flagitium', et cum
dicto pessulis iniectis et uncino firmiter immisso sic ad
me reuersa colloque meo manibus ambabus inplexa uoce
tenui et admodum m[e]inuta: 'paueo', inquit, 'et formido
solide domus huius operta detegere et arcana dominae 5
200 meae reuelare secreta. sed melius de te doctrinaque tua
praesumo, qui praeter generosam natalium dignitatem,
praeter sublime ingenium sacris pluribus initiatus profecto
nosti sanctam silentii fidem. quaecumque itaque commi-
sero huius religiosi pectoris tui penetralibus, semper haec 10
intra | conseptum clausa custodias, oro, et simplicitatem
relationis meae tenacitate taciturnitatis tuae remunerare.
nam me, quae sola mortalium noui, amor is, quo tibi
201 teneor, indicare compellit. iam scies omnem domus nostrae *48*
statum, iam scies erae meae miranda secreta, quibus 15
obaudiunt manes, turbantur sidera, coguntur numina,
seruiunt elementa. nec umquam magis artis huius uiolentia nititur, quam cum scitulae formulae iuuenem quempiam libenter aspexit, quod quidem ei solet crebriter
euenire. 20

    Nunc etiam adulescentem quendam Boeotium summe 16
decorum efflictim deperit totasque artis manus, machinas
omnes ardenter exercet. audiui uesperi, meis *his*, inquam,
auribus audiui, quod non celerius sol caelo ruisset noctique
202 ad exercendas inlecebras magiae maturius cessisset, ipsi 25

F 136ᵇ. φ 34ᵃ.   1 pphana (φ)   4 me Inuta *vid. fuisse*
(*in mg. add.* d *cf. praef. 34*), m. *recentior corr.* diminuta *refict.*
primis litt. φ: meinuta minuta *Oud cf. 85,24* diminuta v
6 *cf. 283,18*   8 *cf. apol.* 55 (62,20)   10 hoc *Seibel*
11 ⟨cordis⟩ conseptum *vd Vl*   13 amorif (φ, *in mg. add.*
c̣ amor ꝉ amoris ꝉ amoris uis) if *indux. al. m.*   ⟨uis⟩ amoris v
amor is *He cf. Cic. de nat. deor. II* 55,137: sucus is quo alimur
de div. II 66,135: draco is, quem mater Olympias alebat *de
div. II* 1,3: liber is   15 *ere (*non* h *eras.*) φ: here
18 nitiṭ (φ) *litt. refict., sed fuerunt* utitur *ed. pr.*   19 crḃriṭ
(*omnia ab ead. m. script.*)   22 manus ⟨strenue exserit⟩ *vd Vl*
23 meifiif (φ, *in* mei°hif *corr. m. rec.*) meis istis *Koch*

Oud.   *E*

Soli nubilam ‖ caliginem et perpetuas tenebras comminan-
tem. hunc iuuenem, cum e *b*alneis rediret ipsa, tonstrinae
residentem hesterna die forte conspexit ac me capillos
eius, qui iam caede cultrorum desecti· humi[di]iacebant,
5 clanculo praecepit au[i]ferre. quos me sedulo furtimque
colligentem tonsor inuenit et quod alioquin publicitus
maleficae disciplinae perinfames sumus, adreptam inclementer increpat: 'tune, ultima, non cessas subinde lecto-
203 rum iuuenum capillamenta surripere? quod scelus nisi
10 tandem desines, magistratibus te constanter obiciam.' et
uerbum facto secutus immi⟨s⟩sa manu scrutatus e medi⟨i⟩s
papillis meis iam capillos absconditos iratus abripit. quo
gesto grauiter adfecta mecumque reputans dominae meae
mores, quod huius ⟨mo⟩di repulsa satis acriter commoueri
15 meque uerberare saeuissime consueuit, iam de fuga consilium tenebam, sed istud quidem tui[tui] contemplatione
abieci statim.

17   Verum cum tristis inde discederem, ne prorsus uacuis
manibus redirem, conspico⟨r⟩ quendam forficulis adton-
20 dentem caprinos utres; quos cum probe constrictos inflatos-
que et iam pendentis cernerem, capillos eorum humi iacentes
204 flauos ac per hoc illi Boeotio iuueni consimiles plusculos
aufero eosque dominae meae dissimulata ueritate trado.
25 sic noctis initio, priusquam cena te reciperes, Pamphile
mea iam uecors animi tectum scandulare conscendit,

F 136ᵇ. φ 34ᵃ.   2 eualneiſ *em. m. rec. et* φ   4 humi/di
iacebant (*distinx. m. rec.*)   φ: humi iacebant *cf. 64,21* humi
di⟨spersi⟩ iac. *vd Vl*   5 p̄cipitaui✻ ferre (ᵗ *add. m. rec., in*
ras. fuisse vid. f)   φ: p̄cipitauit ferre *em. Sciopp cf. 28,13*
8 ultima *cf. 215,15*   10 ōſtant (φ) *cf. 54,26*   11 immiſa
em. m. rec. et φ   mediſ *em. m. rec. et* φ   12 arripuit (φ)
in mg. m. vetust. abripit   13 adfecta (φ) d *vid. ex r corr.*
esse ab ead. m.   14 hui;ᵐᵒdi (ᵐᵒ *add. m. vet.*) φ: h⁹di
16 tui | tui (φ, *sed alt.* tui *del.*)   18/19 ne — redirem *post*
cernerem (v. 21) *transpos. vd Vl sed pendet a* tristis *cf. Th. l. Lat.*
II 203,2   19 c̄ſpico φ: c̄ōſpicio conspicor *He cf. 43,1 87,28*
adtondentē (φ) *prior* d *ex* c *al. m. ut vid. corr.*   23 ✻✻aufero
25 Pamphile *del. vd Vl*

Oud.

quod altrinsecus aedium patore perflabili nudatum, ad om-
nes, orientales ceterosque, aspectus peruium, maxime | his
205 artibus suis commodatum secreto colit. priusque apparatu solito instruit feralem officinam, omne genus aromatis et ignorabiliter lamminis litteratis et infelicium   5
206 nauium durantibus damnis, defletorum, sepultorum etiam,
cadauerum expositis multis admodum membris; hic nares
et digiti, illic carnosi claui pendentium, alibi trucidatorum
seruatus cruor et extorta dentibus ferarum trunca cal-
uaria. tunc decanta‖tis spirantibus fibris litat uario latice, 18
nunc rore fontano, nunc lacte uaccino, nunc melle mon- 11
tano, libat et mulsa. sic illos capillos *in* mutuos nexus
obditos atque nodatos cum multis odoribus dat uiuis car-
207 bonibus adolendos. tunc protinus inexpugnabili magicae
disciplinae potestate et caeca numinum coactorum uio- 15
lentia illa corpora, quorum fumabant stridentes capilli,
spirit*um* mutuantur humanum et sentiunt et audiunt et
ambulant et, qua nidor suarum ducebat exu*u*iarum, ueniunt et pro illo iuuene Boeotio aditum gestientes fores insiliunt: cum ecce crapula madens et inprouidae noctis de- 10
ceptus caligine audacter mucrone destricto in insani modum
Aiacis armatus, non ut ille uiuis pecoribus infestus
tota laniauit armenta, sed longe fortius qui⟨dem⟩ tres   □

F 136^b 137^a. φ 34^a. 1 perflabili b *corr. ex* u *ut vid.* φ: pfla-
tili o͞eſ φ: o͞miſ oras *Colv* 1/2 orient. omnesque ceteros
transponendo eff. Pric et ceterosque omnes *Florid* orient. ceterosque *del. Luetj* ⟨ad⟩aspectus imperuium *vdVl* (*supra
Floridum secut.*)   5 lamminis litteratis (φ) *sc. litteris Ephesiis
completis quas nemo intellegit cf. 131,1* lamminis ignorab.
transpos. *Luetj sed cf. 45,17 49,4 66,14 72,16 79,26*   6 auium
Passerat cf. apol. 58, sed Abt Apol. d. Ap. 222 post durant.
et deflet. *distinx. Leo dur. interpretatus ossa vel rostra, damn.*
defl. *membra prosecta in custodela ferali* (43,8 50,5), sepult. membra cadauer. *partes ex sepulcris petit.* (41,12) damnis ⟨et⟩ *?
Prescott*   10 post litat *dist. Leo, ne referatur ad laticem; sed
cf. Flor. I 39 (III 4) 2*   12 mulſa (φ) *post* a *eras.* t immu-
tuoſ (φ) *em.* v   15 numi|numinŭ φ: numinŭ   16 capilli∗
(*eras.* ſ)   17 ſp̅uŭ (*vid. eras.* ˜, *m. recentior corr.* ſp̅um)
φ: ſp̅uŭ   18 exubiarŭ (φ, *sed* b *mut. in* u)   22 Aiacis ⟨saeuis⟩
Leo   28 q ∙(φ) *em. Kronenb*

inflatos caprinos utres exanimasti, ut ego te prostratis 50
hostibus sine macula sanguinis non homicidam nunc, sed
utricidam amplecterer[es].'

19   At ⟨*ego plau*⟩si lepido sermone Fotidis et in uicem.
5 cauillatus: 'ergo igitur iam et ipse possum', inquam, 'mihi
208 primam istam uirtutis adoriam ad exemplum duodeni laboris Herculei numerare uel trigemino corpori Geryonis
uel triplici formae Cerberi totidem peremptos utres coae-
quando. sed ut ex animo tibi uolens omne delictum,
10 quo me tantis angoribus inplicasti, remittam, praesta
quod summis uotis expostulo, et dominam tuam, cum
aliquid huius diuinae disciplinae molitur, ostende, cum
deos inuocat, certe cum res ornat, u⟨t⟩ uideam; sum
209 namque coram magiae noscendae ardentissimus cupitor.
15 quamquam mihi nec ipsa tu uideare rerum rudis uel
expers. scio istud et plane sentio, cum semper alioquin spretorem matronalium amplexuum sic tuis istis
micantibus oculis et rubentibus bucculis et renidentibus

F 137ᵃ. φ 34ᵃ.   1 ut *significat fati voluntatem cf. 122,6 sqq.*
3/4 āplecte|rereſ atſi (φ, *sed eras.* eſ) *coniunx. librar. lection.*
fals. et emendat. er—eſ *cf. praef. 54*   sic v   amplectar.
recreatus *Leo coll. 62,24* amplecterer. Exarsi *Petsch* .at risi
Damsté .adrisi *Walter* .erectus satis *Cast* .at ⟨ego ri⟩si
Giarr ⟨ego plau⟩si *He cf. 112,18 d. d. Socr. 4 (10,15 Th.)*
5 michi (*ut semper*), *sed una hasta litt.* m. evan.   6 adorſā (φ)
adoream *v* adoriam *He cf. 166,5 Corp. gloss. VI 27*   7 gerſoniſ
em. v   8 triplici (φ) *in mg.* m. vet. tricipiti *cf. Cic. Tusc. I 5,10,*
sed Ov. met. IX 185 praef. 36   coēquando (ēqua *prorsus evan.*)
12 ostende *post* inuocat *transp. Cast,* ostende ⟨et⟩ *vd VI* ostende. cum
Luetj   13 ⟨uel⟩ certe *Luetj* cū reſ ortatu *litt. refict.* φ: cū
reſ ornatu   cum reformatur *Elmenh (cf. 68,16 et Λούκ. 11:*
μαγγανεύουσαν ῆ μεταμορφουμένην) *quem secut.* ⟨fac⟩ uideam
vdVl eam reformatam *v* cum res ornat, ut *Leo cf. 65,4* cum
sese ornatu ⟨induit, patere⟩ (*cf. 62,25 68,23*) *He*   14 coram
del. *Elmenh, sed ad nosc. referend. cf. 65,5*   ādentiſſim; *em.*
ead. m.   15 ⟨earum⟩ rerum *Cornelissen*   18 rēnidentib;
(*quid sibi velit lineola, nescio*)

Oud.

210 crinibus et hiantibus osculis et fraglantibus papillis in
ser|uilem modum addictum atque mancipatum teneas uo-
lentem. iꙛm denique ‖ nec larem requiro nec domuitionem
paro et nocte ista nihil antepono.'

'Quam uellem,' [inquit] respondit illa, 'praestare, tibi, **20**
Luci, quod cupis, sed praeter inuidos mores in solitu- **6**
dinem semper abstrusa et omnium praesentia uiduata
solet huius modi secreta perficere. sed tuum postulatum
praeponam periculo meo idque obseruatis opportunis temporibus sedulo perficiam, modo, ut initio praefata sum, rei **10**
tantae fidem silentiumque tribue.'

Sic nobis garrientibus libido mutua et animo⟨s⟩ si-
211 mul et membra suscitat. omnibus abiectis amiculis ⟨h⟩ac-
tenus denique intecti atque nudati bacchamur in Vene- **51**
rem, cum quidem mihi iam fatigato de propria liberalitate **15**
Fotis puerile obtulit corollarium; iamque luminibus nostris
uigilia marcidis infusus sopor etiam in al/um diem nos
attinuit.

Ad hunc modum transactis uoluptarie paucis noctibus **21**
quadam die percita Fotis ac satis trepida me accurrit in- **20**
dicatque dominam suam, quod nihil etiam tunc in suos
212 amores ceteris artibus promoueret, nocte proxima in auem
sese plumaturam atque ad suum cupitum sic deuolaturam;
proin memet a⟨d⟩ rei tantae speculam caute praepara-

F 137ᵃ. φ 34ᵃᵇ.   1 φ: flagrantib; (r *corr. ex* l)
2 necdū uitionē (doᵐ *ex* dū *corr. al. m.*) *em.* φ   4 nocti
istae *Oud*   **5** inqt reſpondit φ: inquit (*in mg.* reſpondit
quod al. m. expunx.) resp. illa *ante* quam *transpos.* Giarr   **6** p̄t̃ (φ)
propter *v cf. 63,7 sq.*   1**2** *vid. fuisse* gabientib; *ab al. m. corr. in*
gānientib; φ: garrientib; *cf. 184,12, sed 253,22* animoˢ *em. al. m.*
et φ   1**8/14** acten; (φ) hactenus *i. e. prorsus, scil. gestu significatum*
v cf. 141,22; Corp. Gloss. Lat. IV 303,27: in totum *cft.* Wiman ac
taeniis *Petsch cf. 252,16* ac tandem *He cf. 37,4; 42,10*   **15** cū
(φ) *cf. Kuehner-St. Lat. Gr. II 2, 341/2*   1**6** puerilif (φ, *sed*
if *inducto post* l *add.* ') *cf. Mart. IX 67,3*   1**7** aliū (φ) *em.*
Sciopp cf. 39,11   2**4** a rei *em. al. m. in* φ   speculā (φ)
def. Petsch coll. 132,9 speculamen *Oud cf.* spectamen *89,24 163,25;*
apol. 59 (68,2) spectaculum *v*

Oud.

E

rem. iamque circa primam noctis uigiliam ad illud superius cubiculum suspenso et insono uestigio me perducit
ipsa perque rimam [h]ostiorum quampiam iubet arbitrari,
quae sic gesta sunt. iam primum omnibus laciniis se
5 deuestit Pamphile et arcula quadam reclusa pyxides plusculas inde depromit, de quis unius operculo remoto atque
indidem egesta unguedine diuque palmulis suis adfricta
213 ab imis unguibus sese totam adusque summos capillos
perlinit multumque cum lucerna secreto conlocuta membra
10 tremulo succussu quatit. quis leniter fluctuantibus pro-
micant molles plumulae, crescunt et fortes pinnulae, duratur nasus incuruus, coguntur ungues adunci. fit bubo
Pamphile. sic edito stridore querulo iam sui periclitabunda paulatim terra resultat, mox in altum sublimata
15 forinsecus totis alis euolat.

22 Et illa quidem magicis suis artibus uolens ‖ refor-
214 matur, at ego nullo decantatus carmine, praesentis tan-
tum facti stupore defixus | quiduis aliud magis uidebar
215 esse quam Lucius: sic exterminatus animi, attonitus in
20 amentiam uigilans somniabar; defrictis adeo diu pupulis,
an uigilarem, scire quaerebam. tandem denique reuersus
ad sensum praesentium adrepta manu Fotidis et admota
meis luminibus: 'patere, oro te', inquam, 'dum dictat occasio, magno et singulari[s] me adfectionis tuae fructu
25 perfrui et impertire nobis unctulum indidem per istas
tuas papillas, mea mellitula, tuumque mancipium inremu- *52*
216 nerabili beneficio sic tibi perpetuo pignera ac iam per-
fice, ut meae Veneri Cupido pinnatus adsistam tibi.'

F 187ᵃᵇ φ 34ᵇ. **3** ipsaque per *v* hoſtiorū **7** un-
guidine (φ) *litt. refict., sed idem fuit* **10** *cf. 30,21 sqq.*
14 reſultat r *corr. ex* ſ **15** motis *Nolte cf. Stat. Theb.
II 209* **16** magniſ (φ) *def. Pric Oud coll. 81,18 em. v*
ualens *Petsch* **18** quiſ ᵈ *ead. m. add.* ᵈ **19** externatus *Colv
cf. apol. 43 (50,8)* **24** ſingulariſ φ: ſingulaʳⁱ (aʳⁱ *m. rec.
scrips., post* ⁱ *nescio an* ˢ *deletu sit)* **26** *cf. 113,22* pupillas
Fulv pupulas *Bluemner* **28** pinnatuſ (φ) *prior* n *in ras.*
tibi *del. vdVl*

Oud.

'Ain', inquit, 'uulpınaris, amasio, meque sponte asceam
217 cruribus meis inlidere compellis? sic inermem uix a lupulis
conseruo Thessalis; hunc alitem factum ubi quaeram,
uidebo quando?'

'A[u]t mihi scelus istud depellant caelites', inquam, 23
'ut ego, quamuis ipsius aquilae sublimis uolatibus toto 6
caelo peruius et su[p]premi Iouis certus nuntius uel laetus
armiger, tamen non ad meum nidulum post illam pinnarum dignitatem subinde deuolem. adiuro per du⟨l⟩cem
istum capilli tui nodulum, quo meum uinxisti spiritum, 10
218 me nullam aliam meae Fotidi malle. tunc etiam istud
meis cogitationibus occurrit, cum semel auem talem per-
unctus induero, domus omnis procul me uitare debere.
quam pulchro enim quamque festiuo matronae perfruentur
amatore bubone? quid, quod istas nocturnas aues, cum 15
penetrauerint larem quempiam, sollicite prehensas foribus
uidemus adfigi, ut, quod infaustis uolatibus familiae minantur exitium, suis luant cruciatibus. sed, quod sciscitari
paene praeteriui, quo dicto factoue rursum exutis pinnulis
illis ad meum redibo Lucium?'   20

'Bono animo es, quod ad huius rei curam pertinet',
ait. 'nam mihi domina singula monstrauit, quae possunt
rursus in facies hominum tales figuras reformare. nec
istud factum putes ulla beniuolentia, sed ut ei redeunti
219 medela salubri possem subsistere. ‖ specta denique, quam 25
paruis quamque futtilibus tanta res procuretur herbulis:

F 137ᵇ. φ 34ᵇ.   1 inqd (d *ex* t *corr.*)   uulp.] *Non.*
46,23 M. cft. Florid.   2 ſiciner me* (*eras.⁻*)   φ: sic me∗mḛ̈
(*vid. eras.* r *et* ⁻) *locum varie temptarunt* ⟨quem⟩ sic inermem
Luetj Goldb inermem *scil. immunitum* (*cf. 179,16*) *contra magas*
8 tunc *Beyte*   4 quando uidebo *Elmenh*   5 aut (φ) *nulla*
interpunctione antecedente em. Ald   7 suppmi *em.* φ
8 pignarū (g *induct.* ᵃ *add. ead. m.*)   9 ducḛ (φ, *sed al.*
m. em.)   11 meę fotidi (φ) *cf. Woelfflin Arch. f. lat. Lex.*
VII 117 (*apol. 73 p. 82,10*) iſtud∗∗ (*vid. eras.* m)   15 notnaſ
em. ead. m. et φ   26 φ: futilib;   herculiſ (φ) *em. Lips.*   □

Oud.   *E*

anethi modicum cum lauri foliis immissum rore fontano
datur lauacrum et poculum.'

24   Haec identidem adseuerans summa cum trepidatione
inrepit cubiculum et pyxidem depromit arcula. quam ego
5 amplexus | ac deosculatus prius utque mihi prosperis fa-
ueret uolatibus deprecatus abiectis propere laciniis totis *53*
auide manus immersi et haurito plusculo uncto corporis
mei membra perfricui. iamque alternis conatibus libratis
220 brachiis in auem similem gestiebam: nec ullae plumulae
10 nec usquam pinnulae, sed plane pili mei crassantur in
setas *et* cutis tenella duratur in corium et in extimis
palmulis perdito numero toti digiti coguntur in singulas
ungulas et de spinae meae termino grandis cauda procedit. iam facies enormis et os prolixum et nares hiantes
15 et labiae pendulae; sic et aures inmodicis horripilant
auctibus. nec ullum miserae reformationis uideo solacium,
nisi quod mihi iam nequ[e]eunti tenere Fotidem natura
25 crescebat. ac dum salutis inopia cuncta corporis mei
considerans non auem me, sed asinum uideo, querens de
20 facto Fotidis, sed iam humano gestu simul et uoce priuatus, quod solum poteram, postrema deiecta labia, umi-
221 dis tamen oculis oblicum respiciens ad illam tacitus expostulabam. quae ubi primum me talem aspexit, percussit
faciem suam manibus infestis et: 'occisa sum misera',
25 clamauit; 'me trepidatio simul et festinatio fefellit et pyxi-
dum similitudo decepit. sed bene, quod facilior reformationis hui⟨u⟩s medela suppeditat. nam rosis tantum

---

F 137ᵇ. φ 35ᵃ.   1 immiſſũ (φ) immistum *Wower* cf. 80,1
□   rori *He*   fontaano *altera a induct.*   5 utquę (ᵠⁱ *al. m. add.*)
7 *cf. 138,12*   uncto (φ) o *ex a corr.*   cuncta *vdVl*   9 si-
milē (φ) *scil.* bubonem *cf. 69,15; 80,11 161,16* simulari *Bursian* simul *Scriver* similem ⟨plumari⟩ (*cf. 25,2 67,23*)? *He* similem ⟨reformari⟩ *Vollgraff*   11 ſęta ſed (φ) *em. v*
16 miſere (φ) *poster. e ex a aut & corr. ead. m.* miser *Wower*
17 neq; eunti (φ, *sed em. m. rec.*)   19 ōſideranſ (φ) consi-
dero *v*   19/20 querens — Fotidis *del. vdVl*   26 refor-
mationiſ (re *corr. ex* fre *ead. m.*)   27 huis   φ: h'

Oud.   E

demorsicatis exibis asinum statimque in meum Lucium
postliminio redibis. atque utinam uesperi de more nobis
parassem corollas aliquas, ne moram talem patereris uel
222 noctis unius. sed primo diluculo remedium festinabitur
tibi.'   5

Sic illa maerebat, ego uero quamquam perfectus asi- 26
nus et pro Lucio iumentum sensum tamen retine‖bam
humanum. diu denique ac multum mecum ipse deliberaui,
an nequissimam facinerosissimamque illam feminam spissis
calcibus feriens et mordicus adpetens necare deberem. 10
223 sed ab incepto temerario melior me sententia reuocauit,
ne morte multata Fotide salutares mihi suppetias rursus
extinguerem. deiecto itaque et quassanti capite ac de-
mussata temporali contumelia durissimo casui meo ser-
uiens ad equum illum uectorem meum probissimum in 15
stabulum concedo, ubi alium etiam Milonis quondam hos- 54
pitis mei asinum stabulantem inueni. atque ego rebar,
si quod inesset mutis animalibus tacitum ac naturale sa-
cramentum, | agnitione ac miseratione quadam inductum
equum illum meum hospitium ac loca laut⟨i⟩a mihi prae- 20
224 biturum. sed pro Iuppiter hospitalis et Fidei secreta
numina! praeclarus ille uector meus cum asino capita
conferunt in meamque perniciem ilico consentiunt et
uerentes scilicet cibariis suis uix me praesepio uidere
proximantem: deiectis auribus iam furentes infestis cal- 25
cibus insecuntur. et abigor quam procul ab ordeo, quod
adposueram uesperi meis manibus illi g⟨r⟩atissimo famulo.
225 sic adfectus atque in solitudinem relegatus angulo stabuli 27
concesseram. dumque· de insolentia collegarum meorum

F 137ᵇ 188ª. φ 85ª.   1 demorsicatis *cf. 33,7 43,8*
8 *cf. Hom. Od. IX 299 sqq.*   12 prorsus *Beyte*   16 ·aliū ☐
(φ) u *in ras. scrips. al. m.*, *sed litt. erasa antea inducta aut
emendata erat*   17 mei (φ) *post* i *eras.* ſ   20 lauta (φ)
em. v. cf. 211,2   21 *in mg. m. vet.:* & fideſ & secreta   sacrata
Brant   24 uix] ut *v*   25 reiectis *Oud* Λούχ. *15:* τὰ ὦτα
χαταχλίναντες ⟨et⟩ deiectis *Wasse cf. 44,4, sed 81,14 124,11*
27 illigatiſſimo (φ) *em. v*

Oud. E

mecum cogito atque in alterum diem auxilio rosario Lucius denuo futurus equi perfidi uindictam meditor, respicio
pilae *mediae*, quae stabuli trabes sustinebat, in ipso fere
226 meditullio Eponae deae simulacrum residens aediculae,
5 quod accurate corollis roseis equidem recentibus fuerat
ornatum. denique adgnito salutari praesidio pronus spei,
quantum extensis prioribus pedibus adniti poteram, insurgo
ualide et ceruice prolixa nimiumque porrectis labiis,
227 quanto maxime nisu poteram, corollas adpetebam. quod
10 me pessima scilicet sorte conantem seryulus meus, cui
semper equi cura mandata fuerat, repente conspiciens indignatus exurgit et: 'quo usque tandem', inquit, 'cantherium patiemur istum paulo ante cibariis iu‖mentorum,
nunc etiam simulacris deorum infestum? quin iam ego
15 istum sacrilegum debilem claudumque reddam'; et statim
telum aliquod quaeritans ⟨t⟩emere fascem lignorum po-
228 situm offendit rimatusque frondosum fustem cunctis ua-
stiorem non prius miserum me tundere desiit, quam sonitu
uehementi et largo st⟨r⟩epitu percussis ianuis, trepido
20 etiam rumore uicin⟨i⟩ae conclama[n]tis latronibus pro-
28 fugit territus. nec mora, cum ui patefactis aedibus globus 55
latronum inuadit omnia et singula domus membra cingit
armata factio et auxiliis hinc inde conuolantibus obsistit
229 discursus hostilis. cuncti gladiis et facibus instructi noctem
25 illuminant, coruscat in modum ortiui solis ignis et mucro.
túnc horreum quoddam satis ualidis claustris obseptum
obseratumque, quod mediis aedibus constitutum gazis |
Milonis fuerat refertum, securibus ualidis adgressi diffin-
dunt. quo passim recluso totas opes uehunt raptimque

☐   F 138ᵃ. φ 35ᵃᵇ.   5 et quidem *Gruter*   14 qn iā (φ)
paene evan.   16 querit anſ emere φ: q̄ritanſ temere (anſ t
in lac. m. rec. scrips.)   temere ⟨propter⟩ *ante* positum *trans-*
pos. vdVl cf. 65,5   farcĕ (φ, *sed in mg. add.* c̄ faſcem)
17 frond. *cf. 165,19 (152,4)*   19 ſtepitu *em.* φ   20 uicinę̆
(φ) *em. v*   c̄clamantiſ (φ) *em. Colv*   25 orti biſoliſ (φ)
em v   26 obſeptū∗   29 caesim *Bluemner*   euehunt
vdVl

Oud.   E

constrictis sarcinis singuli partiuntur. sed gestaminum
modus numerum gerulorum excedit. tunc opulentiae nimiae
230 nimio ad extremas incitas deducti nos duos asinos et
equum meum productos e stabulo, quantum potest, grauioribus sarcinis onerant et domo iam uacua minantes 5
baculis exigunt unoque de sociis ad speculandum, qui de
facinoris inquisitione nuntiaret, reli⟨c⟩to nos crebra tundentes per auia montium ducunt concitos.

    Iamque rerum tantarum pondere et montis ardui uer- 29
tice et prolixo satis itinere nihil a mortuo differebam. 10
231 sed mihi sero quidem, serio tamen subuenit ad auxilium
ciuile decurrere et interposito uenerabili principis nomine
tot aerumnis me liberare. cum denique iam luce claris-
sima uicum quempiam frequentem et nundinis celebrem
praeteriremus, inter ipsas turbelas Graecorum genuino ser- 15
mone nomen augustum Caesaris inuocare temptaui; et O
quidem tantum disertum ac ualidum clamitaui, reliquum
autem Caesaris nomen enuntiare ‖ non potui. aspernati
232 latrones clamorem absonum meum, caedentes hinc inde
miserum corium nec cribris iam idoneum relinquunt. sed 20
tandem mihi inopinatam salutem Iuppiter ille tribuit. nam
cum multas uillulas et casas amplas praeterimus, hortulum quendam prospexi satis amoenum, in quo praeter
ceteras gratas herbulas rosae uirgines matutino rore flore- 24
bant. his inhians et spe salutis alacer ac laetus prop[r]ius 56

F 188ᵃ⁻ᵇ. φ 35ʰ.   1 pātiuntur *em. ead. m. et* φ
2 gerulonū *em. v cf. 86,28 142,1 200,6 al.*   3 metaſ
(*sed* me *m. rec. scrips. supra litt. evanidas; spatium aptissimum voci* incitaſ) φ: incitaſ   6 ſpeculandū (*in mg. ead.
m. vel vet.* ſpectandū) φ: ſpectandū   7 relito *em.* φ
crebra (φ) *sed ras. a in o mut. cf. 30,21 39,6*   11 ſerio (*in
mg. ead. vel vet. man.* ſedulo) φ: ſedulo   12 cubile (φ)
em. v   17 tantum *del. vdVl cf. 200,25*   18 cerariſ
em. φ   22 p̄terimus (φ) *def. Cast coll. Hofmann Lat. Synt.* 748/9
praeteriremus *Oud cf. v. 15*   24 herbulaſ (φ) *corr. ead. m. ut
vid. ex* herbaſ   uigentes *Cornelissen; sed cf. Bernhard Stil d.
Ap. 190; Novák affert Perv. Ven. 22:* ut uirgines nubant rosae
          25 ppriuſ *em.* φ   *versus 25— p.* 74,7 *magnopere evanidi
nisi ductu calami cognosci iam nequeunt*

E

Oud.

accessi, dumque iam labiis undantibus adfecto, consilium
me subit longe salubrius, ne, si rursum asino remoto pro-
dire⟨*m*⟩ in Luci[li]um, euidens exitium inter manus latronum offenderem uel artis magicae suspectione uel indicii
5 futuri criminatione. tunc igitur a rosis et quidem necessario temperaui et casum praesentem tolerans in asini
233 faciem faena rodebam.

LIBER IIII

1 *235* Diem ferme circa medium, cum iam flagrantia solis
10 caleretur, in pago quodam apud notos ac familiares latro-
nibus senes de|uertimus. sic enim primus aditus et sermo
prolixus et oscula mutua quamuis asino sentire praesta-
bant. nam et rebus eos quibusdam dorso meo depromptis
munerabantur et secretis gannitibus, quod essent latro-
15 cinio partae. uidebantur indicare. iamque nos omni sar-
236 cina leuigatos in pratum proximum passim libero pastui
tradidere nec me cum asino uel equo meo conpascuus
coetus attinere potuit adhuc insolitum alioquin prandere
faenum. sed plane pone stabulum prospectum hortulum

F 138ᵇ. φ 35ᵇ.   1 dumque ⟨eas⟩ *Novák*   **2** p̲dire
(φ) *supra e lineolam aut add. aut redintegr. m. rec*   **8** lu-
ciliũ⁕ (⁻ *m. recent., eras.* m)   φ: luciliũ (*in mg.* c̊ p̲direm ī
luciũ)   4 fuſpectione⁕ (*eras.* ⁻, *antea induct.*)   4/5 sus-
pect. *et* criminatione *locum inter se mutare iubet Rohde*
5 furti *v*   [et] quidem *Elmenh* equidem *He cf. 72,5 76,1
104,10*   **7** foena (φ) frena *Gruter cf. v. 18* rodebam; *em.* φ
'*me rodere simulabam*' *recte interpretat. Leo*   **8** Ego ſalu-

ſtiuſ legi et em̄daui romę felix M̲E̲T̲A̲M̲O̲R̲P̲I̲O̲S̲E̲O̲N̲. L̲ĪB.
III. EXPL̲ĪC. INC̲ĪP. L̲ĪB. IIII   10 *cf. Plaut. Capt. 80 Truc. 65*
11 primoſ (φ) *sed litt. refict., fuit* primuſ   **18** eoⁱ4 (4 *eras.,*
ⁱ *supra voc. add., sed ea quoque eras.; omisit certe librar. eras.
litt. locum emendare*) φ: eoſ   14 qd̄ φ: quod (*cf. 62,17*)
quo *E*   **16** leuigatoſ (φ) uig *punctis del., in mg. m. vet.* ua-
toſ *cf. 3,8 praef. 37*   **18** [adhuc]? *Leo*

iam fame perditus fidenter inuado et quamuis crudis ho-
leribus, adfatim tamen uentrem sagino deosque compre-
catus omnes cuncta prospectabam loca, sicubi forte con-
237 terminis in ⟨h⟩ortulis candens repperirem rosarium. nam
et ipsa solitudo iam mihi bonam fiduciam tribuebat, si 5
deuius et *frutectis* absconditus sumpto remedio de iumenti quadripedis incuruo ‖ gradu rursum erectus in hominem inspectante nullo resurgerem.

Ergo igitur cum in isto cogitationis salo fluctuarem, 2
238 aliquanto longius uideo frondosi nemoris conuallem um- 57
brosam, cuius inter uarias herbulas et laetissima uirecta 11
fulgentium rosarum mineus color renidebat. iamque apud
mea non usquequaque ferina praecordia Veneris et Gratiarum lucum illum arbitrabar, cuius inter opaca secreta
floris genialis regius nitor relucebat. tunc inuocato hilaro 15
atque prospero Euentu cursu me concito proripio, ut hercule ipse sentirem non asinum me, uerum etiam equum
239 currulem nimio uelocitati*s* e⟨f⟩fectum. sed agilis atque
praeclarus ille conatus fortunae me⟨ae⟩ scaeuitatem anteire
non potuit. iam enim loco proximus non illas rosas te- 20
neras et amoenas, madidas diuini roris et nectaris, quas
rubi felices ⟨et⟩ beatae spinae generant, ac ne conuallem
quidem usquam nisi tantum ripae fluuialis marginem densis
arboribus septam uideo. hae arbores in lauri faciem prolixe foliatae pariunt in modum floris [in] odori porrectos 25

F 188ᵇ. φ 35ᵇ.   **8** loca (φ) *post* a *vid. eras.*▪   **4** ortulif (φ)
*candenf (*vid. eras.* f)   **6** ptectuf (φ) 216,20 *cft. Kronenb*
frutectis *Elmenh; an delend.? He cf.* 95,19   **7** quadripedif
(quadri *evan., sed ductus litt. cognoscuntur*)   **12** rofarū (φ)
fa *in ras.; in mg. add. m. vet.* fa   φ: niueuf̌   **16** euentŏ
em. ead. m. et φ   ṗprio   φ: ṗpo *em.* v   **17** etiam] iam
vdVl   **18** nimio uelocitati refectŭ (φ) *al. m. corr. in* nimia
uelocitate   uelocitatis *Petsch cf.* 73,2 *sq.* 171,16: nimio libidinis *cf. praef.* 45   effectum *Rohde*   **19** me (φ)ᶜ *add.*
m. rec.   **20** proximans *Pric*   ullas vdVl   **22** felicis
Koziol   ⟨et⟩ v *cf.* 31,4 87,5 278,9 *sq.*   beatae spinae
genet. a felices *pendent. putat Bluemner*   at (φ) ac v
25 inodori (φ) *em.* v

Oud. *E*

240 caliculos modice punicantes, quos equidem fraglantis minime rurest⟨r⟩i uocabulo uulgus indoctum rosas laureas
3 appellant quarumque cuncto pecori cibus letalis est. talibus fatis implicitus etiam ipsam salutem recusans sponte
5 illud ue|nenum rosarium sumere gestiebam. sed dum cunc-
tanter accedo decerpere, iuuenis quidam, ut mihi uidebe-
tur, hortulanus, cuius omnia prorsus holera uastaueram,
tanto damno cognito cum grandi baculo furens decurrit
adreptumque me totum plagis obtundit adusque uitae
10 ipsius periculum, nisi tandem sapienter alioquin ipse mihi
tulissem auxilium. nam lumbis eleuatis in altum, pedum
posteriorum calcibus iactatis in eum crebriter, iam mul-
241 cato grauiter atque iacente contra procliue montis attigui
fuga me liberaui. sed ilico mulier quaepiam, uxor eius
15 scilicet, simul eum prostratum et semianimem ex edito
despexit, ululabili cum plangore ad eum statim prosilit,
ut sui uidelicet miseratione mihi praesens crearet exitium. *58*
cuncti enim ‖ pagani fletibus eius exciti statim conclamant
canes atque, ad me laniandum rabie perciti ferrent im-
20 petum, passim cohortantur. tunc igitur procul dubio iam
morti proximus, cum uiderem canes et modo magnos et
numero multos et ursis ac leonibus ad conpugnandum
idoneos in me conuocatos exasperari, e re nata capto con-
242 silio fugam desino ac me retrorsus celeri gradu rursum in
25 stabulum, quo deuerteramus, recipio. at illi canibus iam

F 138ᵇ 139ᵃ. φ 35ᵇ 36ᵃ   1 punicanteſ (φ) e *ex* i *corr.*
□   *ead. m.*   fragl. min. *ante* quos *transpos.* vdVl   2 ruresti
em. φ   uocabulo∗ (*vid. eras.* ſ *antea induct.*)   4 fatiſ
ſ *in ras., sed fuit* ſ, *nisi quod coniunct. erat cum verbo seq.* (φ)
7 ∗cui; (*vid. eras* ſ)   8 baculo b *ex* u. *corr. ead. m.*
9 abreptūq; (φ) *em.* v *cf.* 21,4   10 nisi n *vid. ex* m *eff.*
12 poſteriorib; (φ) *em. Oud cf.* 149,10   12 mulcato (φ)
m. recentiss. c *mut. in* t   13 iacentĕ (φ) ˜ *eras. antea, ut*
vid., induct.   16 ululabili (φ) *litt. refict. eff.* eiulab (*Rob*)
19 utque v atque ⟨ut⟩ *Cast. cf.* 46,15 53,12 *sqq.* 81,22. *al. l.*
ferrent (φ) *sed* nt *scissura aliqua evan.*   21 modo] mole
Rohde 73,2 *cft. Novák*   23 cū filio (φ) *al. m. corr. in*
cōſilio   24 deſino (φ, *sed al. m. mut. in* deſtino)

Oud.   *E*

aegre cohibitis adreptum me loro quam ualido ad an-
sulam quandam destinatum rursum caedendo confecissent
profecto, nisi dolore plagarum al*u*us artata crudisque illis
oleribus abundans et lubrico fluxu saucia fimo fistulatim
excusso quosdam extremi liquoris aspergine, alios putore ₅
nidoris faetidi a meis iam quassis scapulis abegisset.

243   Ne⟨c⟩ mora, cum iam in meridiem prono iubare rur-   4 □
sum nos ac praecipue me longe grauius onustum producunt illi latrones stabulo. iamque confecta bona parte
itineris et uiae spatio defectus et sarcinae pondere de- ₁₀
pressus ictibusque fustium fatigatus atque etiam ungulis
extritis iam claudus et titubans riuulum quendam serpentis leniter aquae propter insistens subtilem occasionem
244 feliciter nactus cogitabam totum memet flexis scite cruribus pronum abicere, certus atque obstinatus nullis uer- ₁₅
beribus ad ingradi*u*ndum exsurgere, immo etiam paratus
non fusti tantum, sed machaera perfossus occumbere. rebar
enim iam me prorsus exanimatum ac debilem | mereri
causariam missionem, certe latrones partim inpatientia
morae, partim studio festinatae fugae dorsi mei sarcinam ₂₀
duobus ceteris iumentis distributuros meque in altioris
245 uindictae uicem lupis et uulturiis praedam relicturos. sed ₅
tam *b*ellum consilium meum praeuertit sors deterrima.
namque ille alius asinus diuinato et antecapto meo cogi- ₅₉
tatu statim se mentita lassitudine cum rebus totis ‖ offu- ₂₅
dit[ur] iacensque in ⟨modum⟩ mortui non fustibus, non

    F 139ᵃ. φ 36ᵃ   1 *cf. 275,9*   ⅜ alu⁹ (u⁹ *in ras. al. m.*
scrips., vid. fuisse b) φ: · alb;   6 abegiſſē (φ) *em. v*   7 Neᵒ   □
em. al. m. et φ   16 ingradiandŭ (φ) *em. v*   immo∗∗∗ etiā
(*eras.* etiā).   17 tantum ⟨resistere⟩ sed ⟨ne⟩ *vd Vl*

pſ̃oſſuſ (*eras.* ᵒᵘ) φ: pcuſſ;   17/18 occumbere—iam *paulo di-
verso atramento scrips. ead. m. ceteris perfectis*   19 cauſari
āmiſſionem *recte distinx. al. m.* (φ)   28 uellŭ (φ, *sed* u *corr.
in* b)   ⅖ ſe m̄tita (φ) *cf. 123,20 181,22 211,13 240,28 258,9*

scilicet mentita *Oud.* ⟨e⟩ re m. *Petsch*   offudiẗ φ: offundiẗ
offudit *Bursian* effudit *He cf. 181,9 sq.*   26 mortui nō (φ)
m. recentior eff. mortuŭ n̄   inmotus *Bursian*   in ⟨modum⟩
mortui *Colv cf. 79,3*

Oud.

stimulis ac ne cauda et auribus cruribusque undique
246 uersum eleuatis temptauit exsurgere, quoad tandem
postumae spei fatigati secumque conlocuti, ne tam
diu mortuo, immo uero lapideo asino seruientes fugam
5 morarentur, sarcinis eius mihi equoque distributis districto
gladio poplites eius totos amputant ac paululum a uia
retractum per altissimum praeceps in uallem proximam
etiam nunc spirantem praecipitant. tunc ego miseri com-
militonis fortunam cogitans statui iam dolis abiectis et
10 fraudibus asinum me bonae frugi dominis exhibere. nam
et secum eos animaduerteram conloquentes, quod in proximo nobis esset habenda mansio et totius uiae finis quieta
eorumque esset sedes illa et habitatio. clementi denique
transmisso cliuulo peruenimus ad locum destinatum, ubi
15 rebus totis exsolutis atque intus conditis iam pondere
liberatus lassitudinem uice lauacri puluer⟨e⟩is uolutatibus
digerebam.

6 247 Res ac tempus ipsum locorum speluncaeque illius,
⟨quam⟩ latrones inhabita⟨ba⟩nt, descriptionem exponere
20 flagitat. nam et meum simul periclitabor ingenium, et
faxo uos quoque, an mente etiam sensuque fuerim asinus,
sedulo sentiatis. mons horridus siluestribusque frondibus
umbrosus et in primis altus fuit. huius per obliqua deuexa, qua saxis asperrimis et ob id inaccessis cingitur,
25 conualles lacunosae cauaeque nimium spinetis aggeratae
et quaqua uersus repositae naturalem tutelam praebentes
ambiebant. de summo uertice fons afluens bullis in-

F 189ª. φ 36ª.   1 ⟨mulcatus⟩ ac *Leo sed cf. ablativ. 73,9*
ne *cf. 60,5*   2 sursum eleuatus *vdVl cf. apol. 75 (84,16)*
exurgere em. ead. m.   5 *farcinif   6 totaf (φ) m. recentiss.*
superscr. ᵗᵒᵗᵃf em. v *cf. 120,9 172,15 180,5 201,13*   7 pximŭ
(φ) em. v   13 clemti *sed* c *mut. al. m. in* C, *ut videatur*
Elemti   φ: Clemti   15 puluerif (φ) em. *Pric. cf. Tert.*
de pall. 4   19 quam *supra lin. add. m. recentior, nescio*
an fuerit quid in mg.   φ: in mg. c quā *al. m. add.*   in-
habitant (φ) em. v   20 flagitant v *cf. Cic. ad. Att.*
II 25,2 ad fam. XIV 21 Sall. Cat. 5,9 Iug. 19,2   26 obsitae
vdVl   27 afluenf (*punct. utrum casu an consilio fact. sit,*

Oud.

gentibus scaturribat perque prona delapsus euomebat un-
das argenteas iamque riuulis pluribus dispersus ac ualles
248 illas agminibus stagnantibus inrigans in modum stipati
maris uel ignaui fluminis cuncta cohibebat. insurgit spe-
luncae, qua margines montanae desinunt, | turris ardua; 60
249 caulae firmae solidis cratibus, || ouili stabulationi com- 6
modae, porrectis undique lateribus ante fores exigui
tramitis uice structi parietis attenduntur. ea tu bono
certe meo periculo latronum dixeris atriu. nec iuxta
quicquam quam parua casula cannulis temere contecta, 10
qua speculatores e numero latronum, ut postea comperi,
sorte ducti noctibus excubabant.

250   Ibi cum singuli derepsissent stipatis artubus, nobis 7
ante ipsas fores loro ualido destinatis anum quandam
curuatam graui senio, cui soli salus atque tutela tot nu- 15
mero iuuenum commissa uidebatur, sic infesti compellant:
'etiamne tu, busti cadauer extremum et uitae dedecus
primum et Orci fastidium solum, sic nobis otiosa domi
residens lusitabis nec nostris tam magnis tamque pericu-
251 losis laboribus solacium de tam sera refectione tribues? 20
quae diebus ac noctibus nil quicquam rei quam merum
saeu⟨i⟩enti uentri tuo soles auditer ingurgitare.'

Tremens ad haec et stridenti uocula pauida sic anus:
'at uobis, fortissimi fidelissimique mei hospitatores iuuenes,
adfatim cuncta suaui sapore percocta pulmenta praesto 25
sunt, panis numerosus, uinum probe calicibus exfricatis

---

nescio) φ: affluenſ   afluens *def. Dombart ann. Fleckeisenian.*
115 (1877) 343 cf. Thes. l. Lat I 1250   effluens *Nolte*
F 139ᵃᵇ. φ 36ᵃᵇ.   6 caule firmaſ (φ) *em. Luetj*   caula
firma *v*   ſtabulatione (φ) *em. Oud*   7 cōmoda (φ) *em. He*
    8 tramiteſ (φ) *em. Luetj* parietes *Leo*   9 me *evan.* o
φ: meo   *cf. apol. 28.57. 72 (32,21 65,1 80,20)*   11 quo
(φ)   qua *Oud. cf. 24,20*   *e (*eras.* ſ ?)   φ: e   13 direpſiſ-
ſent (φ) *em. Pric*   stip. art. dir. *transpos. vdVl*   17 cadauer
(φ) *post* r *del.* ſ *antea induct.*   19 Inſitab (*litt. refict., dub.*
fueritne lu *an* In) φ: luſitabiſ   22 ſęuenti *em. m. rec. et* φ
24 Ad   φ: At   fędeliſſimiq; *em. m. rec. et* φ   mei*
(*eras.* h)   hoſpitatoreſ (φ) *al. m. vid. correx. in* ſo   h⟨ospites
et s⟩ospitatores *vdVl*   26 cal. probe exfr. *Luetj cf. 65,5*

Oud.   E

affluenter immissum et ex more calida tumultuario lauacro uestro praeparata.'

In fine sermonis huius statim sese deuestiunt nuda-
tique et flammae largissimae uapore recreati calidaque
5 perfusi et oleo peruncti mensas dapibus largiter instructas
8 accumbunt. commodum *cubuerant* et ecce quidam longe
plures numero iuuenes adueniunt alii, quos incunctanter
252 adaeque latrones arbitrarere. nam et ipsi praedas aureorum argentariorum⟨*que*⟩ nummorum ac uasculorum ue-
10 stisque sericae et intextae filis aureis inuehebant. hi[i] 61
simili lauacro refoti inter toros sociorum sese reponunt,
tunc *s*orte ducti ministerium faciunt. estur ac potatur
incondite, pulmentis aceruatim, panibus aggeratim, poculis
agminatim ingestis. clamore ludunt, strepitu cantilant,‖
15 conuiciis iocantur, ac iam cetera semiferis Lapithis ce-
253 *nan*⟨*t*⟩*ibus* Centaurisque similia. tunc inter eos unus, qui
robore ceteros antistabat: 'nos quidem', inquit, | 'Milonis
254 Hypatini domum fortiter expugnauimus. praeter tantam
fortunae copiam, quam nostra uirtute nacti sumus, et in-
20 columi numero castra nostra petiuimus et, si quid ad rem
facit, octo pedibus auctiores remeauimus. at uos, qui
Boeotias urbes adpetistis, ipso duce uestro fortissimo Lamacho deminuti debilem numerum reduxistis, cuius salutem
merito sarcinis istis, quas aduexistis, omnibus antetulerim.

F 139ᵇ. φ 36ᵇ.   1 immistum *de Rooy cf. 70,1*
6 cobuerant *em.* φ   qdē (φ) *em.* v *cf. 44,17 51,11 246,5*
9 ⟨que⟩ v   10 hij   12 forte (φ,*sed* f *corr. in* f) *cf. 79,12*
208,12   13 incōdite *sed induct.* φ: eſtur ac p. īcōdite
in mg. al. m. add.   14 cantilant (φ) *cf. Funck Arch. f. lat.*
Lex. IV 226 n.   15/16 *ebanib; ***taurifq; (*litt. fere*
evanidae) φ: tebaịnib; (a *m. rec. effect. ex* o *aut* c) centaurifq'
                                                                     ⊥
[Thebanibus] C. *Novák* euantibus C. *Heins* (euanịb; *in*
archetypo script. putat Loefstedt) cenantibus *He; sed nihil*
desideratur cf. Iul. Val. I 13 (24,18 K.) Lucian. conv. 45 Oic.
in Pis. 10,22   19/20 ju| columinū ero *em. ead. m.*   φ: in-
columeſ numero   20 repetiuimus *Heins* ꙍd (φ, *sed corr.*
ex at *aut* ac)   22 lamatho (φ)   24 ante antetulerī (*prius*
ante *induct. et fere eras.*)

Oud.   E

sed illum quidem utcumque nimia uirtus sua peremit;
inter inclitos reges ac duces proeliorum tanti uiri memoria celebrabitur. enim *uos* bonae frugi latrones inter
255 furta parua atque seruilia timidule per balneas et aniles
cellulas reptantes scrutariam facitis.'   5

   Suscipit unus ex illo posteriore numero: 'tune solus 9
ignoras longe faciliores ad expugnandum domus esse
maiores? quippe quod, licet numerosa familia latis deuersetur aedibus, tamen quisque magis suae saluti quam
domini consulat opibus. frugi autem et solitarii homines 10
fortunam paruam uel certe satis amplam dissimulanter ob-
tectam protegunt acrius et sanguinis sui periculo muniunt.
res ipsa denique fidem sermoni meo dabit. uix enim
256 Thebas ⟨h⟩eptapylos accessimus: quod est huic disciplinae 62
primarium studium, [sed dum] sedulo fortunas inquire- 15
257 bamus populari⟨s⟩; nec nos denique latuit Chryseros
quidam nummularius copiosae pecuniae dominus, qui metu
officiorum ac munerum publicorum magnis artibus magnam
dissimulabat opulentiam. denique solus ac solitarius
parua, se⟨d⟩ satis munita domuncula contentus, pannosus 20
alioquin ac sordidus, aureos folles incubabat. ergo placuit,
ad hunc primum ferremus aditum, ut contempta pugna
258 manus unicae nullo negotio cunctis opibus otiose potire-
mur. nec mora, cum noctis initio foribus eius praesto- 10
lamur, quas neque subleuare neque dimouere ac ne per- 25
fringere ‖ quidem nobis uidebatur, ne ualuarum sonus

   F 139ᵇ. φ 86ᵇ.   1 peremit (φ) *in mg. m. vet.* p̄mitt&
(*legerat certe* peremit &)   8 enim ⟨uero⟩ *v Luetj cf.* 91,12
Phil. suppl. IX 573 Hẹy Arch. f. lat. Lex. XIV 270 sqq.
bof *em. m. rec. et* φ   18 fermoni * (*eras.* f)   14 theba
feptapilof *rectẹ dist. m. rec.   ante* quod *gravius distinx. He*
15 fed dū (φ) *del. Salm cf. praef.* 51 sectim *Gruter*   16 po-
pulari (φ, *sed* ī) *em. v*   popularium *Pric*   20 fe (φ, *sed*
in mg. c̊ sed)   domūcula (*vid. ead. m.* ˉ *corr. in* ⁿ)
22 c̄tēpta (φ) concepta *Beroald* confecta ? *He*   23 potiretur (φ) *em. .v*   24 preftolatif (φ) tif *al. m. supra litt. vet.*
eff., quae nescio an fuerint m̄; mur *supra lin. add. m. rec.*

Oud. *E*

cunctam uiciniam nostro suscitaret exitio. tunc itaque
sublimis ille uexillarius noster Lamachus specta[ta]tae
259 uirtutis suae fiducia, qua claui immittendae foramen
patebat, sensim inmissa manu | claustrum euellere gestie-
5 bat. sed dudum scilicet omnium bipedum nequissimus
Chryseros uigilans et singula rerum sentiens, lenem gradum et obnixum silentium tolerans paulatim adrepit
grandique clauo manum ducis nostri repente nisu fortissimo ad [h]ostii tabulam offigit et exitiabili nexu pati-
10 bul⟨at⟩um relinquens gurgustioli sui tectum ascendit
atque inde contentissima uoce clamitans rogansque uicinos
et unum quemque proprio nomine ciens et salutis communis admonens diffamat incendio repentino domum suam
14 possideri. sic unus quisque proximi periculi confinio
11 territus suppetiatum decurrunt anxii. tunc nos in anci-
260 piti periculo constituti uel opprimendi nostri uel deserendi
socii remedium e re nata ualidum eo uolente comminisci-
mus. antesignani nostri partem, qua manus umerum
subit, ictu per articulum medium tem⟨p⟩erato prorsus
261 abscidimus atque ibi brachio relicto, multis laciniis offulto
21 uulnere, ne stillae sanguinis uestigium proderent, ceterum 63
Lamachum raptim reportamus. ac dum trepidi re[li]-
gionis urguemur graui tumultu et instantis periculi metu
terremur ad fugam nec uel sequi propere uel remanere
25 tuto potest uir sublimis animi uirtutisque praecipuus,
multis nos adfatibus multisque precibus querens adhorta-
tur per dexteram Martis, per fidem sacramenti, bonum
262 commilitonem cruciatu simul et captiuitate liberaremus.
cur enim manui, quae rapere et iu⟨gu⟩lare sola posset,
30 fortem latronem superuiuere? sat se beatum, qui manu

F 139ᵇ 140ᵃ. φ 36ᵇ 37ᵃ. **2** lamathuſ (φ) *em. v* **3** claui
(φ) *corr. ex* -is (*Rob*) ſpectata ∗ ∗ (*eras.* te) ⟨p⟩: ſpecta|tatae
9 hoſtii *em.* φ patibulū (φ) *em. Vulc coll. Plaut. Most 56*
17 comminiscimur *Beroald* **19** temerato (φ) *em. v cf. 56,14*
22 lamathū (φ) trepidae *Pric* relig. *latron. in Lamachum*
officium interpret. Leo regioniſ *v cf. 92,18* **29** manu
litt. refict. in spatio nimis magno; fuit sine dubio manui
φ: manui iulare (v *ex* l *corr. m. recentior*) φ: iugulare

Oud.　　　　　　　　　　　　　　　　　　　　　　　　　　　　　*E*

socia uolens occumberet. cumque nulli nostrum spontale
parricidium suadens persuadere posset, manu reliqua
sumptum gladium suum diuque deosculatum per medium ‖
pectus ictu fortissimo transadigit. tunc nos magnanimi
263 ducis uigore uenerato corpus reliquum ues[ti]te lintea 5
diligenter conuolutum mari celandum commisimus. et
nunc iacet noster Lamachus elemento toto sepultus.

Et ille quidem dignum uirtutibus suis uitae terminum 12
posuit. enim uero Alcimus sollertibus coeptis *tamen* saeuum
Fortunae nutum non potuit adducere. qui cum dormientis 10
anus perfracto tuguriolo conscendisset cubiculum superius
264 iamque protinus oblisis faucibus interstinguere eam de-
buisset, prius maluit rerum singula | per latiorem fene-
stram forinsecus nobis scilicet rapienda dispergere. cumque iam cuncta rerum nauiter emolitus nec toro quidem 15
aniculae quiescentis parcere uellet eaque lectulo suo de-
uoluta uestem stragulam subductam scilicet iactare similiter destinaret, genibus eius profusa sic nequissima illa
deprecatur: "quid, oro, fili, paupertinas pannosasque rescu-
265 las miserrimae anus donas uicinis diuitibus, quorum haec 20
fenestra domum prospicit?" quo sermone callido deceptus
astu et uera quae dicta sunt credens Alcimus, uerens
scilicet, ne et ea, quae prius miserat, quaeque postea
mi⟨s⟩surus foret, non sociis suis, sed in alienos lares *64*

F 140ᵃ. φ 37ᵃ　　5 ueſtitū (ū *m. recentior, vid. fuisse* e)
φ: ueſt̬ite *cf. praef. 54* ueste *v* uesti *Kronenb*　　　liⁿtea *em.*
ead. m. uestitum linteo *Hild* uestitu linteo *Haupt*　　6 *mare*
fingit ad Thebas situm ut Plaut. Amph. ᵤ　　7 tuto *Petsch*
8/9 *cf. 81,1 sqq.*　　9 eū ſ̢ęuū (φ *sed* ſe̢c̲ū) uu *refict., sed vid. id.*
fuisse　　tamen (= tñ) scaeuum *v* eum secutus *Rohde* minus
saeuum *Bluemner* eum ⟨secutus minus⟩ saeuum *Novák*
secundum *Leo* consonum *He cf. 76,23* consecuum *Heraeus*
cf. 140,11 169,9 255,18　　10 abducere *v*　　11 tuguriolo (φ) *extrem.* o *vid. ex* a *corr.*　　12 obliſiſ (φ) ſiſ
al. m. scrips., fuit ſiˣ　　13 altiorem *Pric*　　15 [rerum] *Leo*
cf. 88,19　　19 reculas *v cf. Salv. ad eccl. I 26 IV 44 de gub.*
d. V 38.42 domuscula *94,25*　　22 astu *post* quae *transpon. Leo*
ficta *Bluemner*　　24 miſuruſ *em. al. m.*　　alie͞oſ (e͞oſ *al.*
m. ref.) φ: alienoſ

Oud.

iam certus erroris abiceret, suspendit se fenestra sagaciter
perspecturus omnia, praesertim domus attigu*ac, quam* dixerat
illa, fortunas arbitraturus. quod eum strenue quidem, ⟨*s*⟩et
satis inprouide conantem senile illud facinus, quanquam
5 inualido, repentino tamen et inopinato pulsu nutantem ac
pendulum et in prospectu alioquin attonitum praeceps
inegit. qui praeter altitudinem nimiam super quendam
266 etiam uastissimum lapidem pro*p*ter iacentem decidens per-
fracta diffusaque crate costarum riuos sanguinis uomens
10 imitus narratisque nobis, quae gesta sunt, non diu cruciatus uitam euasit. quem prioris exemplo sepulturae
traditum bonum secutorem Lamacho dedimus. ‖

13 Tunc orbitati⟨*s*⟩ duplici plaga petiti iamque Thẹbanis
conatibus abnuentes Plataeas proximam conscendimus ciui-
15 tatem. ibi famam celebrem super quo[n]dam Demochare
munus edituro gladiatorium deprehendimus. nam uir et
267 genere primarius et opibus plur*i*mus et liberalitate praecipuus digno fortunae suae splendore publicas uoluptates
instruebat. quis tantus ingenii, qui⟨*s*⟩ facundia*e*, qui
20 singulas species apparatus multiiugi uerbis idoneis posset
explicare? gladiatores isti famosae manus, uenatores illi
probatae pernicitatis, alibi noxii perdita securitate suis
268 epulis bestiarum sagmas instruentes; confixil*es* machinae,
□ sublic⟨*i*⟩ae turres s⟨*tructae*⟩ tabularum nexibus ad instar cir-
25 cumforaneae domus, floridae picturae, decora futurae uenationis receptacula. qui praeterea numerus, ǀ quae facies

---

F 140ᵃᵇ. 37ᵃᵇ. 1 certuſ (ce *refict., sed vid. id. fuisse*)
φ: uirtuſ abiceret *ante* iam certus erroris *transp. Bluemner*
2 attiguant *litt. refict.,* nt *in ras.* φ: attinget quā dixerat
em. v 3 et (φ) ſet *Oud* 8 p̄t (φ) *em. Iunt* decidenſ
(φ) *m. refingentis eff.* rec 9 diffissa *Beroald* 13 orbitati
(φ, *sed in mg.* c̊ tis) *infra* petiti — plateaſ *linea ducta*
15 quondā (φ) *em. v* 17 plurib; (φ, *sed em. rec. m. in mg.) em.*
Rohde 19 q (φ) quis *v* 21 istic — illic *Florid*
23 confixiliſ (φ) *em. Leo* 24 ſublicae (φ) sublimes *Pric*
subliciae *Iunt Ald* ſublicae ⟨tolerantes⟩ turres s⟨tructas⟩
He ſtabularū (φ, *sed* ſ *puncto del.*) s⟨tructae⟩ *Leo*, tabularum nexibus *ante* confix. *transpos. vd Vl*

Oud.   *E*

269 ferarum! nam praecipuo studio for*insecus* etiam aduexerat
generosa illa damnatorum capitum funera. sed prae⟨*ter*⟩
ceteram speciosi muneris sup[p]ellectilem totis utcumque
patrimonii uiribus immanis ursae comparabat numerum
copiosum. nam praeter domesticis uenationibus captas,   5
praeter largis emptionibus partas amicorum etiam dona-
tionibus uariis certatim oblata⟨*s*⟩ tutela sumptuosa sollicite nutrieba[n]t. nec ille tam clarus tamque splendidus 14
270 publicae uoluptatis apparatus Inuidiae noxios effugit 65
oculos. nam diutina captiuitate fatigatae simul et aestiua 10
flagrantia maceratae, pigra etiam sessione languidae, repentina correptae pestilentia paene ad nullum rediuere
numerum. passim per plateas plurimas cerneres iacere
semiuiuorum corporum ferina naufragia. tunc uulgus
ignobile, quos inculta pauperies sine delectu ciborum 15
tenuato uentri cogit sordentia supplementa et dapes gra-
271 tuitas conquirere, passim iacentes epulas accurrunt. tunc
e re nata suptile consilium ego et iste Babulus tale comminiscimur. unam, quae ceteris sarcina corporis ⟨*p*⟩rae‖
ualebat, quasi cibo parandam portamus ad nostrum re- 20
ceptaculum eiusque probe nudatum carnibus corium seruatis sollerter totis *u*nguibus, ipso etiam bestiae capite
272 adusque confinium ceruicis solido relicto tergus omne
rasura studiosa tenuamus et minuto cinere perspersum
soli siccandum tradimus. ac dum caelestis uaporis flam- 25
mis examurgatur, nos interdum pulpis eius ualenter sagi-

F 140^b. φ 37^b.   1 forenſiſ (φ) *em. Heins*   2 γῦπες
ἔμψυχοι τάφοι (*Longin. de subl. 3,2*) *cft. Leo*   p̄ (φ) *em. v*
8 ſuppelleˊctilē *cf. 226,21 sed 21,6 126,25 apol. 22 (25,19)*
4 compararat *Bluemner*   7 oblata (φ) *em. v*   8 nutrie-
bant (φ) *em. v*   10 captiuitate (tate *paene eras., al. m.*
add.^tate)   11 flagrᵃtia *em. ead. m.*   12 ⟨bestiae⟩ paene
vd Vl   18 plurimaſ (φ) plurima *Oud coll. Verg. Aen.*
II 364   18 Eubulus *Bursian Rohde* Diabulus *Rohde cf.*
Sonny Arch. f. lat. Lex. VIII 494 Kauer Stud. Vindob. XXIV
(1902) 537 sqq.   19 reualebat (φ) *em. v*   21 nudato —
corio *vd Vl*   22 *ūguib; (ū *al. m. scrips., fuit* in)
φ: inguib; (*in mg.* c unguib;)   26 examurgat; (φ) *em. v*

Oud.   I

nantes sic instanti militiae disponimus sacramentum, ut
unus e numero nostro, non qui corporis adeo, sed animi
robore ceteris antistaret, atque is in primis uoluntarius,
pelle illa contectus ursae subiret effigiem domumque
5 Democharis inlatus per opportuna noctis silentia nobis
15 ianuae faciles praestaret aditus.   nec paucos fortissimi
273 collegii sollers species ad munus obe[di]undum adrexerat.
quorum prae ceteris Thrasyleon factionis optione delectus
ancipitis machinae subiuit aleam.   iamque habili corio et
10 mollitie tractabili uultu sereno sese recondit.   tunc te|nui
sarcimine summas oras eius adaequamus et iuncturae
rimam, licet gracilem, setae circumfluentis densitate sae- 66
pimus, ad ipsum confinium gulae, qua ceruix bestiae
fuerat execta, Thrasyleonis caput subire cogimus paruisque
15 respiratui circa nares et oculos datis foraminibus fortissimum socium nostrum prorsus bestiam factum inmittimus
274 caueae modico prae[de]stinatae pretio, quam constanti
uigore festinus inrepsit ipse.   ad hunc modum prioribus
16 inchoatis sic ad reliqua fallaciae pergimus.   sciscitati
20 nomen cuiusdam Nicanoris, qui genere Thracio proditus
ius amicitiae summum cum illo Demochare colebat, litteras
adfi⟨n⟩gimus, ut uenationis suae primitias bonus amicus
uideretur ornando muneri[s] dedicasse.   iamque prouecta
uespera abusi praesidio tenebrarum Thrasyleonis caueam
25 Demochari cum litteris illis adulterinis offerimus; qui
miratus bestiae magnitudinem suique contubernalis opportuna liberalitate laetatus iubet nobis protinus gaudii sui
gerulis decem aureos, ut ipse habebat, e suis loculis ‖

F 140ᵇ. φ 87ᵇ.   5 inlat; *corr. m. rec. in* ill nŏtiſ *em.*
ead. m.   7 obediendū (φ) *em. v*   8 thraſileon   9 ſubibit (φ,
in mg. m. recentiss. add. o̊ subiuit)   15 ⟨et obtutui⟩ *circa*
Leo   16 p̄ſuſ *em. ead. m.*   17 p̄deſtinatae (φ) *em. Beroald*
cf. 246,12   22 adfigim; (φ) *em. v*   28 muneriſ φ: mu-
nere *em. v.*   24 thraſileoniſ   26 oppŏtuna *em. ead. m.*
27 prot. nob. *transpos. vd Vl*   28 ut ipse habebat (φ) *indux. al.*
ut vid. m., scil. ὥσπερ εἶχεν; interpretand. potius: 'qua erat liberalitate' quam 'sine mora' (cf. Thuc. II 4,6 III 30,1)

Oud.   E
275 adnumerari. tunc, ut nouitas consueuit ad repentinas
uisiones animos hominum pellere, multi numero mirabundi
bestiam confluebant, quorum satis callenter curiosos aspectus
Thrasyleon noster impetu minaci frequenter inhibebat;
consonaque ciuium uoce satis felix ac beatus Demochares 5
ille saepe celebratus, quod post tantam cladem ferarum
nouo prouentu quoquo modo fortunae resisteret, iubet
276 noualibus suis confestim bestiam [iret iubet] summa cum
diligentia reportari. sed suscipiens ego:

"Caueas", inquam, "domine, fraglantia solis et itineris 17
spatio fatigatam coetui multarum et, ut audio, non recte 11
ualentium committere ferarum. quin potius domus tuae
patulum ac perflabilem locum, immo et lacu aliquo con-
terminum refrigerantemque prospicis? an ignoras hoc genus
277 bestiae lucos consitos et specus roridos et fontes amoenos 15
semper incubare?"

Talibus monitis Demochares perterritus numerumque
perditorum secum recensens non difficulter adsensus, ut 67
ex arbitrio nostro caueam locaremus, facile permisit. "sed
et nos", inquam, "ipsi parati sumus hic ibidem pro cauea 20
ista excubare noctes, ut aestus et uexationis incommodo
bestiae fatigatae et cibum tempestiuum et potum solitum
accuratius offeramus."

"Nihil indigemus labore isto uestro", respondit ille,
"iam paene tota familia per diutinam consuetudinem nu- 25
triendis ursis exercitata est."

Post haec ualefacto discessimus et portam ciuitatis 18
egressi monumentum quoddam conspicamur procul a uia
remoto et abdito loco positum. ibi capulos carie et uetu-

F 141ᵃ. φ 37ᵇ 38ᵃ.   4 thrafileon n̄r̄✱ φ: n̄r̄   6 cele-
bratur *vd Vl*   8 ire✱ (*eras. vid.* t) φ: ar& (ⁱ *al. m. add., in*
mg. al. ut vid. m. ire) inmitterent *vd Vl* iret iubet *ex v.* 7
falso repetit. del. Luetj cf. praef. 51   8/9 iubet—reportari *del.*
Oud   9 reportari (φ) deportari *vdVl*   10 fraglantia
cf. 99,7 109,20 137,10 *Woelfflin Arch. f. lat. Lex.* IV 9
13 aliquoi *Oud cf.* 156,3   contermino (*del.* que) *Leo*
18 perditarum *v*   secum ⟨animalium⟩ *vd Vl*   24 ℞ (φ) *i. e.*
respondit   27 ✱hec φ: h̄   29 pofito̅ *em. ead. m.* φ: pofitū

Oud.

278 state semitectos, quis inhabitabant puluerei et iam cine-
rosi mortui, passim ad futurae praedae receptacula rese-
ramus et ex disciplina sectae seruato noctis inluuio tempore, quo somnus obuius impetu primo corda mortalium
5 ualidius inuadit ac premit, cohortem nostram gladiis armatam ante ipsas fores Democharis uelut expilationis
uadimonium sistimus. nec setius Thrasyleon examus⟨s⟩im
capto ‖ noctis latrocinali momento prorepit cauea statimque custodes, qui propter sopiti quiescebant, omnes ad
10 unum, mox etiam ianitorem ipsum gladio conficit clauique
subtracta fores ianuae repandit nobisque prompte conuolantibus et domus alueo receptis demonstrat horreum,
ubi uespera sagaciter argentum copiosum recondi uiderat.
279 quo protinus perfracto confertae manus uiolentia, iubeo
15 singulos commilitonum asportare, quantum quisque poterat
auri uel argenti, et in illis aedibus fidelissimorum mortuorum occultare propere rursumque concito gradu recur-
renti⟨s⟩ sarcinas iterare; quod enim ex usu foret omnium,
me solum resistentem pro domus limine cuncta rerum
20 exploraturum sollicite, dum redirent.   nam et facies ursae
280 mediis aedibus discurren*tis* ad proterrendos, siqui de familia forte ⟨e⟩uigilassent, uidebatur opportuna.   quis 68
enim, quamuis fortis et intrepidus, immani forma tant*ae*
bestiae, noctu praesertim uisitata non se ad fugam statim
25 concitaret, non obdito cellae pessulo pauens et trepidus
19 sese cohiberet?   his omnibus salubri consilio recte dispositis occurrit scaeuus euentus.   namque dum reduces socios
nostros suspensus opperior, quidam seruulum st⟨r⟩epitu[s]

F 141ª. φ 38ª.   1 semiconfectos *vd Vl* semiretectos *Plas-*
berg   4 quo* (*eras.* ſ) φ : qua   6 uelut *lit. redintegr. m. rec.*
mut. in uelud   7 thraſileon   examuſim (φ) *em. v*   12 albeo
(b *corr. in* u *cad.*[?] *m.*)   14 cfarte (φ)   16 sedibus *Brant*
17 recurrenti   φ : recurrenteſ *mut. in* ti recurrentes *v* -tis *Hild*

21 diſcurrendiſ (φ, *in mg. al. m. add.* c̊ tiſ)   ſiqd e   φ : ſiqſe
(ſ *al. m. corr. in* d)   22 uigilaſſent (φ) *em. Stewech*
23 tanta (φ) *em. m. rec.*   28 ſeruulũ (φ) seruulus *Novák*
fort. recte coll. 229,10 231,22   ſtẽpit; ſcilic& (ᵐ *et linea*

Oud.   *E*

281 scilicet ⟨*ucl*⟩ diuinitus inquietus proserpit leniter uisaque
bestia, quae libere discurrens totis aedibus commeabat,
premens obnixum silentium uestigium suum replicat et
utcumque cunc|tis in domo uisa pronuntiat.   nec mora,
cum numerosae familiae frequentia domus tota completur. 5
taedis, lucernis, cereis, sebaciis et ceteris nocturni luminis
instrumentis clarescunt tenebrae.   nec inermis quisquam
de tanta copia processit, sed singuli fustibus, lanceis, destrictis denique gladiis armati muniunt adit*us*.   nec secus
canes etiam uenaticos auritos illos et horricomes ad com- 10
primendam bestiam cohortantur.   tunc ego sensim gliscente 20
adhuc illo tumultu retrogradi fuga domo facesso, sed plane
Thras*y*leonem mire canibus repugnantem, latens pone
ianuam ipse, prospicio.   quamquam enim uitae metas
ultimas obiret, non ‖ tamen sui nostrique uel pristinae 15
uirtutis oblitus iam fa⟨*u*⟩cibus ipsis hiantis Cerberi re-
luctabat.   scaenam denique, quam sponte sumpserat, cum
282 anima retinens nunc fugiens, nunc resistens uariis corporis sui schemis ac motibus tandem domo prolapsus est.
nec tamen, quamuis publica potitus libertate, salutem 20
fuga quaerere potuit.   quippe cuncti canes de proximo
angiportu satis feri satisque copiosi uenaticis illis, qui
commodum domo similiter insequentes processerant, se
ommisce[u]nt agmǐnatim.   miserum funestumque spectamen

---

infra add. alio atramento)   φ: ſtrepit⁹ ſcit̃ *em. v* ⟨uel⟩ *He*
cf. 72,19 190,7 ⟨an⟩ *Voss* ⟨cognito uel⟩ *Giarr coll. 218,5 235,23*
strepitu .scil. diutino *Stewech* strep. scil. *del. Wower   cf. Hom.*
Od. IX 329

      F 141ᵃᵇ   φ 38ᵃ   8 *cf. 82,7*   9 aditiſ (φ, *add.* c̊ tuſ
ab al. m.)   ſecuſ (φ) *c corr. in* ti *al. m.*   10 & a (a
induct.) φ: &   11 gliſcente∗ (ſ *ex* c *ead. m. eff., eras. vid.*⁻)
φ: gliſcn̄te   12 domo (φ) *pro* m *scripturus fuisse vid.* 1
18 thraſileonĕ   16 facib; (φ) *em. v*   17/8 *c.* anima *i. e. dum*
spirat cf. 90,14   23 ciuiliť (*in mg. m. vet.* ſimiliť, *quod. m.*
recentior etiam in textu reposuit) φ: ſimiliť   process. *post*
domo *transpos. vdⅤl*   23/24 ſe∗ ommiſceunt (*eras.* d)   φ: ſeſe
ommiſcent (ᵘ *al. ᵐ. add., in mg. al. m.* c̊ 9miſcent) se obmis-

Oud.

E

aspexi, Thrasyleonem nostrum cateruis canum saeuientium
cinctum atque obsessum multisque numero morsibus lania-
tum. denique tanti doloris impatiens populi circumfluentis *69*
turbelis immisceor et in quo solo poteram celatum auxi-
283 lium bono ferre commilitoni, sic indaginis principes
dehortabar: "o grande", inquam, "et extremum flagitium,
21 magnam et uere pretiosam perdimus bestiam." nec tamen
nostri sermonis artes infelicissimo profuerunt iuueni; quippe
quidam procurrens e domo procerus et ualidus incunctanter
10 lanceam mediis iniecit ursae praecordiis nec secus alius
et ecce plurimi, iam timore discusso, certatim gladios
etiam de proximo congerunt. enimuero Thrasyleon egre-
gium decus nostrae factionis tandem immortalitate digno
illo spiritu expugnato magis quam patientia neque cla-
15 more ac ne ululatu quidem fidem sacramenti | prodidit,
sed iam morsibus laceratus ferroque laniatus obnixo
mugitu et ferino fremitu praesentem casu⟨m⟩ generoso
uigore tolerans gloriam sibi reseruauit, uitam fato reddidit.
tanto tamen terrore tantaque formidine coetum illum tur-
20 bauerat, ut usque diluculum, immo et in multum diem
nemo quisquam fuerit ausus, quamuis iacentem, bestiam
284 uel digito contingere, nisi tandem pigre ac timide quidam
lanius paulo fidentior utero bestiae resecto ursae magni-
ficum despoliauit latronem. sic etiam Thrasyleon nobis

---

cent *aut* commiscent *v cf. Weyman Arch. f. lat. Lex. IX 138
apol. 40,1 113,22.*
   F 141ᵇ. φ 38ᵃ .   1 thraſileonē   2 morſib; (r *ex* ſ, b
ut vid. ex u *corr. ead. m., post* b *eras.*⁹)   4 in *del. vdVl*
celatim *Lips*   11 gladi∗ſ (*erasa* i *em. ead. m.*)   φ: gladioſ
12 c̄gerūt | rit (ıt *in priore versu vid. postea addit.*, rit *induct.*)
φ: cōgerunt ingerunt *vdVl*   14 *spiritus potius quam patientia desinit cf. 168,24 sq.*   neque . . . ac ne *cf. 96,20 sq.*
15 ululatu (φ) *altera* u *in ras.*   17 caſū (φ) *virgulam vid. al. m.
addidisse*   23 laniⁱ⁹ (φ) iⁱ⁹ *al. m. scr., sed vid. fuisse* iuſ
ursae *scil. ad* bestiae *addit. del. Roald* ursa *Pric* ursae magni-
fico corio *Luetj dativ. defend. Petsch coll 52,7 sq., 276,26 cft.
Prescott festivitate cognita*   23 magnificū (φ) ū *ex* o *fort.
ead. m. corr., sed refict. vid.*   ursae magn. ⟨mimum⟩ *Plasberg*

Oud.   *E*

periuit, sed a gloria non periuit. confestim itaque constrictis ‖ sarcinis illis, quas nobis seruauerant fideles mortui, Plataeae terminos concito gradu deserentes istud apud
nostros animos identidem reputabamus merito nullam
fidem in uita nostra repperiri, quod ad manis iam et 5
mortuos odio perfidiae nostrae demigrarit. sic onere
285 uecturae simul et asper⟨*itat*⟩e uiae toti fatigati tribus comitum desideratis istas, quas uidetis, praedas adueximus.' 70

    Post istum sermonis terminum poculis aureis memo- 22
riae defunctorum commilitonum uino mero libant, dehinc 10
canticis quibusdam Marti deo blanditi paululum con-
quiescunt. enim nobis anus illa recens ordeum adfatim
et sine ulla mensura largita est, ut equus quidem meus
tanta copia et quidem solus potitus sali⟨*ar*⟩‖es se cenas ⟨*cenare*⟩ crederet. ego uero, numquam alias hordeo *crudo* 15
286 cibatus, ⟨*sed tu*⟩sum minutatim et diutina co*q*uitatione iuru-
lentum semper esse ⟨*solitus, inte*⟩rim rimatus angulum, quo

<hr/>

F 141ᵇ. φ 38ᵇ.   1 perimitur, sed *v*   6/7 one reuecturae
(φ)*recte distinx. al. m.*   7 aspere(φ)*em.Vulc*   8 defi|deratif (defi
indux. al. m., quae refingendis litteris in altero versu eff. defertif)

φ: defideratif (*in mg. add.* c̊ defertif) *v. Caes. b. Gall. VII51,4 b. civ.*
I 51,6 III 71,1 al.   12 *et m. rec.; quid fuerit, non dispicio*

φ: ēṅi ₊₊ enimvero *Luetj cf. 81,3*   13 largia ē *em. ead. m.*
14/5 falief fe cenaf∗∗∗∗∗crederet (*in lac. quattuor vel sex litterar.*
capaci m. rec. add. fe)   φ: falief fe cenaffe ∗ crederet (*in mg.*
falief)   Saliares *v cf. 162,9 219,23*   cenas se cenasse
Luetj se cenasse cenas *vdVl* cenas se ⟨habere⟩ *Novák* se
cenas ⟨cenare⟩ *He*   15 mero *Hild*   nũquã (nũ *in lac.*
add. m. rec.) (φ) *cf. 74,18* quamquam *Colv* quum numquam *Oud*
qui numquam *Novák*   15/16 hordeo (o *ref.*) cibatuffũ (ciba
m. rec. in lac.) minutatī &   φ: ordeum (*corr. al. m. ex*
-deo) tüffum minutatī & *suppl. He*   hordeo ⟨crudo pransus,
cum adhuc⟩ tunsum . . . semper essem *Luetj* hordeum
⟨nisi⟩ tunsum *Oud vdVl* ⟨cum⟩ minutatum *Salm* numquam a. hordeum nisi t. m. e. d. c. i. expertus, sero *Leo* hordeo
cibatus sum ⟨integro, sed tunsum⟩ minutatim . . . esse ⟨con-
sueram⟩ *Novák*   16 tunsum *v cf. Neue Lat. Formenl.*³
III 552 cf. 173,15 209,7 232,4   cogitatione (φ) *em. Salm*
17 efferī   φ: effe   essem *Oud* esse ⟨solitus⟩ *vdVl* ⟨solitus
inte⟩rim *He*

Oud.   *E*

287 panes reliquiae totius multitud⟨*in*⟩is congestae fuerant,
  fauces diutina fame saucias et araneantes ualenter exerceo.
  et ecce nocte promota latrones expergiti castra commouent
  instructique uarie, partim gladiis arma⟨*ti, par*⟩tim in
5 Lemures reformat⟨*i*⟩ concito se gradu proripiunt. nec
  me tamen instanter ac fortiter manducantem uel somnus
  imminens impedire potuit. et quamquam prius, cum
  essem Lucius, unico uel secundo pane contentus mensa
  decederem, tunc uentri tam profundo seruiens | iam ferme
10 tertium qualum rumigabam. huic me operi attonitum
23 clara lux oppressit. tandem itaque asinali uerecundia
288 ductus, aegerrime tamen digrediens riuulo proximo sitim
  lenio. nec mora, cum latrones ultra ⟨*modum*⟩ anxii atque
  solliciti remeant, nullam quidem prorsus sarcinam uel
15 omnino, licet uilem, laciniam ferentes, sed tantum gladiis
  ⟨*totis*⟩, totis manibus, immo factionis suae cunctis uiribus
289 unicam uirginem fil[i]o liberalem et, ut matronatus eius
  indicabat, summatem re[li]gionis, puellam mehercules et
  asino tali concupiscendam, maerentem et crines cum ueste
20 sua lacerantem aduehebant. eam simul intra speluncam
  ⟨*ducunt*⟩ uerbisque quae dolebat minora fa‖cientes sic
  adloquuntur: 'tu quidem salutis et pudicitiae secura breuem 71
  patientiam nostro compendio tribue, quos ad istam sectam
  paupertatis necessitas adegit. parentes autem tui de

F 141ᵇ 142ᵃ. φ 88ʰ.   1 paneſ φ: paniſ panes *def. Petsch
coll. Draeger Hist. Synt. I 167 sq. cf. 79,26*   multitudiſ *em.* φ
4 armatī (φ) ˉ *eras.*   arm. ⟨partim⟩ *Elmenh.* ⟨alii⟩ *Rossbach*
4/5 *in* lemureſ reformat (φ) *al. m. indux.*   5 ⁱᵉ *ead. m. supra*
lin. add. φ.: ſe   7 & quā (*em. ead. m.*)   10 attentum *Colv
cf. 166,1 206,22, sed Thes. l. Lat. II 1157*   18 ultra *def. Stangl
interpret.* 'satis' ultro v *retro Wasse* uultu *Petsch* ultra ⟨modum⟩
Haupt ⟨solitum⟩ *vdVl* ⟨morem⟩ *He*   15/16 tantum] tantis
Kronenb ⟨totis⟩ gladiis *vir doct. in mg. Iunt.* gl. ⟨totis⟩ *Löfstedt
cinctam hic intercidisse putat Oud*   17 filio (φ) *em. ed. Basil*
18 religioniſ (φ) *em.* v   19 tali *del. Bursian*   20 i. sp.
⟨ducunt⟩ *Haupt* i. sp. ⟨intrauerunt, deponunt⟩ *Luetj* ⟨con-
dunt⟩ *Walter* ⟨claudunt⟩ *Brakman; ellipsin def. Kronenb*

Oud.   *E*

tanto suarum diuitiarum cumulo, quamquam satis cupidi,
tamen sine mora parabunt scilicet idoneam sui sanguinis
redemptionem.'

290   His et his similibus blateratis necquicquam dolor se- 24
datur puellae. quidni? quae inter genua sua deposito 5
capite sine modo flebat. at illi intro uocatae anui prae-
cipiunt, adsidens eam blando, quantum posset, solaretur
alloquio, seque ad sectae sueta conferunt. nec tamen
puella quiuit ullis aniculae sermonibus ab inceptis fletibus
auocari, sed a⟨l⟩tius eiulans sese et assiduis singultibus 10
ilia quatiens mihi etiam lacrimas excussit. ac sic: 'an
ego', inquit, 'misera, tali domo, tanta familia, tam cari⟨s⟩
uernulis, tam sanctis parentibus desolata et infelicis rapinae praeda et mancipium effecta inque isto saxeo carcere seruiliter clausa et omnibus deliciis, quis innata atque 15
innutrita sum, priuata sub incerto salutis et carnificinae lani[g]ena inter tot ac tales latrones et horrendum
291 gladiatorum populum uel fletum desinere uel omnino
uiuere potero?'

Lamentata sic et animi dolore et faucium tundore et 20
corporis lassitudine iam fatigata marcentes oculos demisit
ad soporem. at commodum coniuerat nec diu, cum re- 25

F 142ᵃ. φ 38ᵇ.   2 ilicet *Colv*   idoneā (a *ab al. m.*
script., vid. fuisse u)   φ: idoneū (*in mg. m. recentiss.* eam)
4 necᵒqᵘqā   φ: neqquā *cf. 24,10* nequaquam *Haupt; sed co-*
nantur frustra sedare dol.   5 puellæ *ut vid.* (*m. rec. eff.* puelle)
6 intro (φ) o *corr. ex* a *ead. m.*   10 aciuſ (c *vid. corr. ex* l)
φ: aͦutiuſ (ᶜ *add. m. recentiss., al. m. in mg.* auctiᵉ) altius *v*
cf. 49,18 94,5 98,7   heiulanſ (φ) *sed* h *eras.*   11 ilia (φ)
ex illia *corr. ead. m.*   12 cariſ (φ) ſ *postea add.*   15 quiſ (φ) ſ
al. m. corr. in b;   16 ſï em. *v*   incerta (φ) *em. Beroald* s. incerta s.
⟨spe⟩ *Walter* sub *ante* carn. *transpos. vd Vl*   17 lanigena *delet.* g
ab al. m. (φ)   20 sic lamentata *Kirchhoff*   tundore (t *in*
ras. al. m., sed fuit) tumore *Bluemner*   21 dimiſit (φ) *em.*

Pric   22 . an (φ, *al. m. in mg. add.* c̊ iam) *del. vdVl*
iam *v* at *He cf. eund. errorem 175,11 praef. 42*

E

Oud.

pente lymphatico ritu so|mno recussa . . . . . . longeque
uehementius adflictare sese et pectus etiam palmis infestis
tundere et faciem illam luculentam uerberare incipit et
aniculae, quanquam instantissime causas noui et instaurati
5 maeroris requirenti, sic adsuspirans altius infit: 'em nunc
certe, nunc maxime funditus perii, nunc spei salutiferae
renuntiaui. laqueus aut gladius aut certe praecipitium
procul dubio capessendum est.'

Ad haec anus iratior dicere eam saeuiore iam uultu
292 iubebat, quid, malum, || fleret uel quid repente postliminio 72
11 pressae quietis lamentationes licentiosas refricaret. 'nimirum', inquit, 'tanto compendio tuae redemptionis de-
fraudare iuuenes meos destinas? quod si pergis ulterius,
iam faxo lacrimis istis, quas parui pendere latrones con-
15 suerunt, insuper habitis uiua exurare.'

26   Tali puella sermone deterrita manu⟨s⟩que eius exosculata: 'parce', inquit, 'mi parens, et durissimo casui meo
pietatis humanae memor subsiste paululum. nec enim,
293 ut reor, aeuo longiore maturatae tibi in ista sancta canitie
20 miseratio prorsus exaruit. specta denique scaenam meae
calamitatis. speciosus adolescens inter suos principalis,
quem filium publicum omnis sibi ciuitas cooptauit, meus
alioquin consobrinus, tantulo triennio maior in aetate, qui
mecum primis ab annis nutritus et adultus indiuiduo con-
25 tubernio domusculae, immo uero cubiculi torique, sanctae
caritatis adfectione mutuo mihi pigneratus uotisque nuptia-

F 142ª. φ 38ᵇ 89ª.   1 lĭphatico (φ) *ante* l *eras. vid.* l
recussa ⟨denuo plorare⟩ *vdVl* ⟨d. pl. puella⟩ *Vollgraff* ⟨est⟩
Luetj ⟨lumina circumferre⟩ *He* ⟨longe⟩ *Kronenb* longe [que]
Kroll   8 truculenter *Petsch*   5 ⟨nihil respondens⟩ sic *vdVl*
10 *cf. apol. 8 (9,13)*   11 replicar& (pli *al. m. in ras. scrips.,*
vid. fuisse fri [*Rob*])   φ: refricaret   15 ✱✱|ĭſup (*eras.*
in) φ: ĭſup   16 manūq; (⁻, *ut forma docet, al. m. add.*)
φ: manuq; *em. He cf. 48,10, aliter 270,16*   19 matate (*praeter*
ma *litt. refict. aut script. ab al. m.*) φ: mature   21 princi-
paleſ (φ) *em. v*   28 *cf. 25,16*   22 cooptauit (φ) *em. v*
26 mutua *Pric*

Oud.

E

libus pacto iugali pridem destinatus, consensu parentum
tabulis etiam maritus nuncupatus, ad nuptias officio fre-
294 quenti cognatorum et adfinium stipatus templis et aedibus
publicis uictimas immolabat; domus tota lauris obsita,
taedis lucida constrepebat hymenaeum; tunc me gremio **5**
suo mater infelix tolerans mundo nuptiali decenter orna-
bat mellitisque sauiis crebriter ingestis iam spe⟨m⟩ futu-
295 ra⟨m⟩ liberorum uotis anxiis propagabat, cum inruptionis
subitae gladiatorum ⟨fit⟩ impetus ad belli faciem saeuiens,
nudis et infestis mucronibus coruscans: non caedi, non **10**
rapinae manus adferunt, | sed denso conglobatoque cuneo
cubiculum nostrum inuadunt protinus. nec ullo de fami-
liaribus nostris repugnante ac ne tantillum quidem resi-
stente misera⟨m⟩, exanimem saeuo pauore, trepido de **14**
medio matris gremio rapuere. sic ad instar Attidis uel **73**
296 Protesilai dispectae disturbataeque nuptiae. sed ecce sae- **27**
uissimo somnio mihi nunc etiam redintegratur, immo uero
cumulatur ‖ infortunium meum; nam uisa sum mihi de
domo, de thalamo, de cubiculo, de toro denique ipso
297 uiolenter extracta per solitudines auias infortunatissimi **20**
mariti nomen inuocare eumque, ut primum meis ample-
xibus uiduatus est, adhuc ungentis madidum, coronis
floridum consequi uestigio me pedibus fugientem alienis.
utque clamore percito formonsae raptum uxoris conquerens
populi testatur auxilium, quidam de latronibus importunae **25**

F 142^{ab}. φ 39^{a}.   1 ⟨erat⟩ destinatus *vdVl*   **5** hime-
neū (φ)   **7** fabiif (b *in* v *mut. ead. m.*)   **7** fpe futura
φ: fpē fu†a *al. m. a corr. in* ā   9 ⟨fit⟩ *He*   10 infertif (φ)
insertis *Beroald* infestis *Sciopp*   *post* coruscans *distinx.*
He   11 conglobatoq; b *ex* u *corr. al. m.* (φ)   14 misera
(φ) *al. m. corr.* ā   miseram ⟨me⟩ *Bluemner* ⟨me⟩ miseram
vdVl   trepido (φ, *sed* str-) trepidam *Oud* trepidae *Wower*
⟨et⟩ trepidam? *He*   15 attidif (φ) *def. Bursian coll. Paus.*
VII 17,9 sqq. Arnob. V 5 sqq. Atracidis *Beroald* Atyis *Kiess-*
ling   16 difpectę (φ) *def. Leo Anal. Plaut. II 33* dispe-
stae *v*   feuiffimo *post* o *eras.* f   19 de cubiculo *del.*
Weyman cf. 94,25   **22** ungentif   φ: unguenti°   **22** consequi uest. *post* alienis *transpos. vdVl*

Oud.

persecutionis indignatione permotus saxo grandi pro pedibus adrepto misellum iuuenem maritum meum percussum
interemit. talis aspectus atrocitate perterrita somno fu-
nesto pauens excussa sum.'

5   Tunc fletibus eius adsuspirans anus sic incipit: 'bono
animo esto, mi erilis, nec uanis somniorum figmentis
298 terreare. nam praeter quod diurnae quietis imagines
falsae perhibentur, tunc etiam nocturnae uisiones contra-
rios euentus nonnumquam pronuntiant. denique flere et
10 uapulare et nonnumquam iugulari lucrosum prosperum-
que prouentum nuntiant, contra ridere et mellitis dulciolis
uentrem saginare uel in uoluptatem ueneriam conuenire
299 tristitiae animi, languori corporis damni⟨s⟩que ceteris
14 uiam datum iri praedicabant. sed ego te narrationibus
300 lepidis anilibusque fabulis protinus auocabo', et incipit:
28   'Erant in quadam ciuitate rex et regina. hi[i] tres
numero filias forma conspicuas habuere, sed maiores quidem natu, quamuis gratissima specie, idonee tamen celebrari posse laudibus humanis credebantur, at uero puellae
20 iunioris tam praecipua, tam praeclara pulchritudo nec
exprimi ac ne sufficienter quidem laudari sermonis hu|mani
penuria poterat. multi denique ciuium et aduenae co- *74*
piosi, quos eximii spectaculi rumor studiosa celebritate
congregabat, inaccessae formonsitatis admiratione stupidi

F 142^b. φ 39^{ab}.   1 indignatione (φ) e *ex* if *em. ead. m.*
2 abrepto (φ) *cf. 21,4 56,11*   5 an; (φ) *post* ; *litt. eras.*
antea induct.   6 *cf. 214,22*   7 tṛẹ are|nã *al. m. recte*
distinx.   10 nonnumquam *del. Salm*   13 triſtitiẹ
triſtitie *v*   languori φ: langori   languore *Colv* languoris —
damnique ceteri *Hild ut genet. ab* anxiat. *pendeat*   dãniq;
em. *v*   14 uɪ̃ axatũ iri (φ, *sed* ɪ̃ *pro* uɪ̃) *al. m. corr.* ãxu
delassatum *Lips* uel anxiatum *aut* (te *Leo*) uexatum *Beroald*
taxatum *Rohde* uiam datum *He cf. 273,17*   praedicabant
φ: praedicant *cf. 52,18* praedicunt *cod. Dorv.* praedicarent
Leo praedicabunt *He cf. Blase Hist. Gramm. d. lat. Sp. III 1,121*
    14 tener rationib; (φ, *sed em. in mg. m. rec.*) *m. rec. mut.*
in te∗et r.   15 fabuliſ (φ) b *ex* u *corr.*   16 hii
20/21 *cf. 90,14 sq.*

et admouentes oribus suis dexteram pri⟨*m*⟩ore digito in
erectum pollicem residente ⟨*ea*⟩m ut ipsam prorsus deam
301 Venerem religiosis ⟨*uenerabantur*⟩ ‖ adorationibus. iamque
proximas ciuitates et attiguas regiones fama peruaserat
deam, quam caerulum profundum pelagi peperit et ros 5
spumantium fluctuum educauit, iam numinis sui passim
tributa uenia in mediis conuersari populi coetibus, uel
certe rursum nouo caelestium stillarum germine non maria,
sed terras Venerem aliam uirginali flore praeditam pullu-
lasse. sic immensum procedit in dies opinio, sic insulas 29
iam proxumas et terrae plusculum prouinciasque plurimas 11
302 fama porrecta peruagatur. iam multi mortalium longis
itineribus atque altissimis maris meatibus ad saeculi specimen gloriosum confluebant. Paphon nemo, Cnidon nemo
ac ne ipsa quidem Cythera ad conspectum deae Veneris 15
nauigabant; sacra dif[prae]feruntur, templa deformant⟨*ur*⟩,
puluinaria proferuntur, caerimoniae negleguntur; in-
coronata simulacra et arae uiduae frigido cinere foedatae.
303 puellae supplicatur et in humanis uultibus deae tantae numina
placantur, et in matutino progressu uirginis uictimis et 20

F 142ᵇ. φ 39ᵇ.   1 p̣ore (φ) primore *Colv*   2 reſidentē
(φ, *sed lineol. eras.*)   residente eam *He*   3 uenerē* (*lineol. in
credēnt
ras. al. m. add.*)   φ: uenerē   uenerare *Petsch*   adorationib;
(*m. recentiss. superscrips.*)   ⟨uenerabantur⟩ *post* Venerem *add.*
Crusius, post ador. *v, post* religios. *ut in confinio column. omiss.*
He cf. Fulg. 67,2 sq. H. Plaut. Poen. 278   ⟨adorabant⟩ adorationibus *Rossbach* .ad. ⟨percolebant⟩ ? *He cf. 123,8 131,9*
139,15 270,1   6 ⟨uisui⟩ passim *Beck*   8 nouo (*poster.* o
in ras. fort. ex a *corr.*) φ: noua   ſtellarŭ (φ) em. *Jahn*
10 Imm̄ſŭ (*al. m. corr.* Inīm̄ſŭ)   φ: īm̄ſŭ   11 per extimas
Rohde cf. Tac. ann. XII 36,4   proxumas *et* prou. plur. *del.*
Leo   12 ⟨late⟩ *vel* ⟨latius⟩ porrecta *Weyman cf. 106,9*
prouecta *Draheim*   13 latissimiis *Oud*   14 *cf. 245,13 sq.*
15 cithera   16 die p̄feruntur (φ) dia *hoc uno loco ap. Apul.*
legeretur deae *v* differuntur *He* deseruntur *Colv* praetereuntur *Hild*
                                                                                              2
praetermeantur *Weyman*   deformant (φ) *em. v*   17 pferunt̂
(φ) perteruntur *Hild* proteruntur *Salm* deseruntur *Ald* spernun-
tur *vd Vl* puluerantur *Friedländer* perforantur *Thom* proferuntur
i. e. procrastinantur He prosternuntur *Wissowa*

Oud.   *E*

epulis Veneris absentis nomen propitiatur, iamque per
plateas commeantem populi frequenter floribus sertis et
solutis adprecantur.

Haec honorum caelestium ad puellae mortalis cultum
5 inmodica translatio uerae Veneris uehementer incendit
animos et inpatiens indignationis capite quassanti fremens
30 altius sic secum disserit: "en rerum naturae prisca parens,
en elementorum origo initialis, en orbis totius alma Venus,
quae cum mortali puella partiario maiestatis honore tractor
10 et nomen meum caelo conditum terrenis sordibus profa- 75
natur! nimirum communi numinis piamento uicariae
uenerationis incertum sustinebo et imaginem meam circum-
304 fer[r]et puella moritura. frustra me pastor | ille, cuius
iustitiam fidemque magnus comprobauit Iuppiter, ob exi-
15 miam speciem tantis praetulit deabus. sed non adeo
gaudens ista, quaecumque est, meos honores usurpabit:
iam faxo ⟨eam⟩ huius ‖ etiam ipsius inlicitae formonsitatis
paeniteat."

Et uocat confestim puerum suum pinnatum illum et
20 satis temerarium, qui malis suis moribus contempta disciplina publica, flammis et sagittis armatus, per alienas
domos nocte discurrens et omnium matrimonia corrumpens
impune committit tanta flagitia et nihil prorsus boni facit.
hunc, quanquam genuina licentia procacem, uerbis quoque
25 insuper stimulat et perducit ad illam ciuitatem et Psy-
305 chen — hoc enim nomine puella nuncupabatur — coram

F 142ᵇ 143ᵃ. φ 39ᵇ.   1 numen *Colv*   2 frequentes
Iunt   8 totius ⟨domina⟩ *vd Vl*   9 quae *del. Oud cf. 134,24*
144,5   11 communi ⟨cum homine⟩ *Traube*   12 incestum
Haupt fuſtibo *em. ead. m. et* φ   circūferre* *corr. ex* -ferr&
φ: circūferre   circumferet *v*   13 puellā moriturā (φ) *virgulas*
add. al. m.   16 horeſ *em. ead. m. et* φ   uſurpauit (φ)
usurpauerit (*Thom coll. Verg. A. IX 785 Iuv. I 3*) *vel* usurparit
Oud usurpabit *v*   17 ⟨eam⟩ *He cf. 11,21 78,21 127,9; ipse
etiam 7,17 61,2 76,4; hic ipse 127,13 191,13; scil. non modo
honorum, sed etiam pulchritudinis* etiā (φ) eam *Jahn* etiam
ipsam *Rossbach* inclitae *Crusius*   24 quāquā (*prius compend.* del. et ⁿ add. ead. ut vid. m.*)

Oud.

E

ostendit et tota illa perlata de formonsitatis aemulatione
fabula gemens ac fremens indignatione: "per ego te", in- 81
quit, "maternae caritatis foedera deprecor, per tuae sagittae dulcia uulnera, per flammae istius mellitas uredines,
306 uindictam tuae parenti, sed plenam tribue et in pulchri- 5
tudinem contumacem *seueriter* uindica idque unum et pro
omnibus unicum uolens effic*e*: uirgo ista amore fraglan-
tissimo teneatur hominis extremi, quem et dignitatis et
patrimonii simul et incolumitatis ipsius Fortun*a* damnauit, tamque infi[r]mi, ut per totum orbem non inueniat 10
miseriae suae comparem."

Sic effata et o⟨s⟩culis hiantibus filium diu ac pressule
307 sauiata proximas oras reflui litoris petit plantisque roseis
uibrantium fluctuum summo rore calcat*o* ecce iam pro- 76
fund*um* maris sudo resedit uertice, et ipsum quod incipit 15
uelle; et statim, quasi pridem praeceperit, non moratur
marinum obsequium: adsunt Nerei filiae chorum canentes
308 et Portunus caerulis barbis hispidus et grauis piscoso sinu
Salacia et auriga paruulus delfini Palaemon; iam passim
309 maria persultantes Tritonum cateruae hic concha sonaci 20
leniter bucinat, ille serico tegmine flagrantiae solis obsistit inimici, alius sub oculis dominae speculum progerit,

---

F 143ª. φ 39ᵇ.   1 prolata *Wower*   8 deprecor *del.*
Stewech sed cf. 130,7   6 reuerent̃ (φ) *em. Brant coll. Fulg.
67,5 H. cf. 47,16 54,28* seueriter et saeuienter *Plasberg coll.
Plaut. Trin. 825*   prae *v cf. Verg. Aen. III 435*   7 effici (φ)
em. v   φ: flagrantiffimo *cf. 87,10*   9 fortuna (a *al. m. ut vid. corr.*
ex ę)   φ: fortunę (*corr. al. m.*)   10 infirmi (φ) *em. v cf. 122,2 sq.
Suet. Cal. 35,3*   12 oculif (φ) *em. v cf. 67,1 121,17*   18 fabiata
(b *ex* u *al. m. corr.*)   licoris *Rohde cf. 54,1; Verg. georg. II 44
Aen. III 396 Tac. ann. II 78*   14 calcatũ (φ) *corr. in* —to
ecce *prior* e *in ras.*   calcato en ecce *He cf. 197,16 244,3 277,24*
profundi (φ) *em. Koehler cf. 97,5*   15 fudore fedit *recte
distinx. al. m.* (φ) *cf. Verg. Aen. V 820 sqq.*   16 *graviter distinx.
He* &] ei *Jahn cf. 105,2* en *Oud* id *Cast del. Rossbach* statim et *Korompay*   17 mar. ⟨uulgus⟩ *Wissowa cf. 238,7
nerei corr. ex* medei (φ)   18 pifcofo (φ) fo *ex* fu *corr. ead. m.*
19 falaciᵃ *em. ead. m.*   parfĩ (φ) *em. v*   20 persulcantes *v*
22 inimici (φ) *indux. al. m.*

curru biiuges alii subnatant. talis ad Oceanum pergentem
Venerem comitatur exercitus.

32 Interea ‖ Psyche cum | sua sibi perspicua pulchritudine
nullum decoris sui fructum percipit. spectatur ab omni-
5 bus, laudatur ab omnibus, nec quisquam, non rex, non
regius, nec de plebe saltem cupiens eius nuptiarum petitor
accedit. mirantur quidem diuinam speciem, sed ut simulacrum fabre politum mirantur omnes. olim duae maio-
310 res sorores, quarum temperatam formonsitatem nulli diffa-
10 marant populi, procis regibus desponsae iam beatas nuptias adeptae, sed Psyche uirgo uidua domi residens deflet
desertam suam solitudinem aegra corporis, animi sau[da]cia
et quamuis gentibus totis complacitam odit in se suam
formonsitatem. sic infortunatissimae filiae miserrimus
15 pater suspectatis caelestibus odiis et irae superum metuens dei Mile[s]sii uetustissimum percontatur oraculum
et ⟨a⟩ tanto numine precibus et uictimis ingratae uirgini
311 petit nuptias et maritum. sed Apollo, quanquam Graecus
et Ionicus, propter Milesiae conditorem sic Latina sorte
20 respondit:

33 "montis in excelsi scopulo, rex, siste puellam 77
ornatam mundo funerei thalami.

nec speres generum mortali stirpe creatum,
sed saeuum atque ferum uipereumque malum,

F 143ᵃ. φ 39ᵇ 40ᵃ. 1 *vid. fuisse* currū, *sed compendio
del.; al. m. corr.* curruſ φ: curru *cf. Verg. Aen. III 541 Sil.
It. XIV 482* 6 ⟨filius⟩ regius *vd Vl cf. Ev. Ioh. 4,46* regulus
Damsté 11 ⟨sunt⟩ adeptae *Sciopp* fuerant *m. rec. in* φ *cf. 128,6*
uiro *Elmenh* 12 animiſ audacia (φ) *em. v* 14 sic (φ) *sed v*
16 mileſſii (φ) *em. v* 17 ⟨a⟩ *Pric (omiss. propter similitud.
litt. cf. 110,11 138,22)* ⟨li⟩tato *n. Jahn* ⟨ten⟩tato *n. Hertz*
⟨salu⟩tato *n. de Rooy* adito *n. Bursian cf. 51,2 97,19 142,8*
uictimis ⟨propitiato⟩ *vd Vl coll. 50,25 98,1 al.* ingratae]
in⟨uocato desol⟩atae *Leo; sed ingrata dicitur Ps., quia nemo èam
petit (v. 6) cf. Tac. Ann. VI 30,10* 19 p̃t φ: pp 21 excelſi∗
(*eras.* ſ) *vid. fuisse* ſcopulor exſiſte; *m. rec. eraso* rex *eff.* ſub-
ſiſte (*restituerat Luetj*) φ: ſcopulo exiſte 22 funerei∗(*eras.* t)
23 ſper& (φ, *sed al. m. em.*) marcali (φ, *sed postea em.*)

Oud.   *E*

quo*d* pinnis uolitans super aethera cuncta fatigat
flammaque et ferro singula debilitat,
quod tremit ipse Iouis, quo numina terrificantur
fluminaque horrescunt et Stygiae tenebrae."

312 rex olim beatus affatu sanctae uaticinationis accepto pi- *5*
gens tristisque retro domum pergit suaeque coniugi praecepta sortis enodat infaustae. maeretur, fletur, lamen-
tatur diebus plusculis. sed dirae sortis iam urget taeter
effectus. iam feralium nuptiarum miserrimae uirgini cho-
ragium struitur, iam taedae lumen atrae fuliginis cinere *10*
313 marcescit, et sonus tibiae *z*ygiae mutatur in querulum
Ludii modum cantusque laetus hymenaei lugubri finitur
ululatu et puella nuptura deterget lacrimas ipso suo flam-
314 meo. sic adfectae domus triste fatum cuncta etiam ciuitas congemebat luctuque publico confestim ‖ congruens *15*
edicitur iustitium.

Sed monitis caelestibus parendi necessitas misellam *34*
Psychen ad destinatam poenam efflagitabat. perfectis
igitur feralis thalami cum summo maerore sollemnibus
toto prosequente populo uiuum producitur funus et lacri- *20*
mosa Psy|che comitatur non nuptias, sed exequias suas.
ac dum maesti parentes et tanto malo perciti nefarium
facinus perficere cunctantur, ipsa illa filia talibus eos ad-
⟨*h*⟩ortatur uocibus:

"Quid infelicem senectam fletu diutino cruciatis? quid *25*
spiritum uestrum, qui magis meus est, crebris eiulatibus

F 143ᵃᵇ. φ 40ᵃ.   1 Q *inferior pars in ras.* φ: q quod
Petsch *2* *saecula.* *Heins* *3* quod (φ) quoi *Jahn* quo *Wey-*
man quem *v* nubila *Sittl* *4* lumina *Sittl* fulmina *L. Mueller*
culmina *Rohde cf. 122,19*   que] quem *Barth; enun-*
tiatum libere continuatur ut suppleas: id *cf. 98,10 134,24 Vahlen*
op. ac. I 166   ſtigiɇ *5* piger (er *in ras. al. m. scrips.*) φ:
pigenſ (*al. m. mut. in* piger) *cf. 107,16*   10/11 cinerĕ arceſcit (φ,
sed arceſſit) *recte distinx. Florid*   11 gygiɇ φ: gigie *em. v*
quēlū̇ *em. ead. m.*   12 ludumodum *ut vid., al. m. corr. in*
ludiū*odum *et indux.* odum φ: ludi|modū Ludii *He cf. flor. 4*
Paus. IX 12,5   himenei (φ) *23* adortat̊ (φ)

Oud.   *E*

fatigatis? quid lacrimis inefficacibus ora mihi ueneranda
foedatis? quid laceratis in uestris oculis mea lumina?
quid canitiem scinditis? quid pectora, quid ubera sancta *78*
tunditis? haec erunt uobis egregiae formonsitatis meae
5 praeclara praemia. Inuidiae nefariae letali plaga per-
cussi sero sentitis. cum gentes et populi celebrarent nos
diuinis honoribus, cum nouam me Venerem ore consono
315 nuncuparent, tunc dolere, tunc flere, tunc me iam quasi
peremptam lugere debuistis. iam sentio, iam uideo solo
10 me nomine Veneris perisse. ducite me et cui sors ad-
dixit scopulo sistite. festino felices istas nuptias obire,
festino generosum illum maritum meum uidere. quid dif-
fero, quid detrecto uenientem, qui totius orbis exitio natus est?"

35   Sic profata uirgo conticuit ingres⟨s⟩uque iam ualido
16 pompae populi prosequentis sese miscuit. itur ad constitutum scopulum montis ardui, cuius in summo cacumine statutam puellam cuncti deserunt, taedasque nuptiales, quibus praeluxerant, ibidem lacrimis suis extin⟨c⟩tas
20 relinquentes deiectis capitibus domuitionem parant. et mi-
316 seri quidem parentes eius tanta clade defessi, clausae domus
abstrusi tenebris, perpetuae nocti[s] sese dedidere. Psychen
autem pauentem ac trepidam et in ipso scopuli uertice

F 143ᵇ. φ 40ᵃ.   1/2 ora mihi u. et in u. o. m. lum. *inter
se transpos. Blueminer*   2 maceratis *Petsch cf. Quint. decl. mai.
VII 12 X 3 Goett. Gel. Ans. 1911 p. 340*   4 haec 'quae mihi
patienda sunt' *interpr. Kronenb*   erant *Haupt* enim *Rohde* sunt
Jahn haece sunt *Michaelis*   5 inuidiae *v em. Kronenb*

6 gentef (φ) *sed* tef *vid. ex* af *correx. ead. m.*   18 φ: detardo
(tardo *al. m. refinx.; quid eras. sit, non liquet*)   q✻totiuf orbiᵃ✻✻
(*prior.* t *supra litt.* d·eras. *al. m. scrips., sed fuerat* qd *mut. in*
qt *a pr. m.;* uf *m. rec. refinx., apparet vestigium litt.* f *et sub*
u *litt.* o; ᵃ *add. m. pr.; post* orbiᵃ *duae litt. eras., scil.* fe, *quod
falso litteris coniunctis librar. legerat; vid. igitur pr. m.* qt otiof
orbiᵃ *correx. ex* qd otiof orbi fe)   φ: qd otiofᵒ orbiᵃ (ᵃ *pr. m.*,
ᵒ *al. m. add.) em. v* qui deuotis et orbatis *Traube*   15 in-
grefuq; *em. al. m.*   19 extintaf *em.* φ   22 noctif (φ) *em. v*

28 trepidānte (nte *lineolis del. prim. m., supra* a *eras.* ; *vid. pr.*

Oud.   E

deflentem mitis aura molliter spirantis Zephyri, ui-
bra[n]tis hinc inde laciniis et reflato sin*u* sensim leuatam
suo tranquillo spiritu uehe[me]ns ‖ paulatim per deuexa
317 rupis excelsae, uallis subditae florentis cespitis gremio leniter delapsam reclinat.   5

LIBER V   79

318   Psyche teneris et herbosis locis in ipso toro roscidi 1
graminis suaue recubans, tanta mentis perturbatione se-
data, dulce conquieuit. iamque sufficienti recreata somno
placido resurgit animo. uidet lu|cum proceris et uastis 10
arboribus consitum, uidet fontem uitreo latice perlucidum;
319 medio luci meditullio prope fontis adlapsum domus regia
est, aedificata non humanis manibus, sed diuinis artibus.
iam scies ab introitu primo dei cuiuspiam luculentum et
amoenum uidere te diuersorium. nam summa laquearia 15
citro et ebore curiose cauata subeunt aureae columnae,
parietes omnes argenteo caelamine conteguntur bestiis et
id genus pecudibus occurrentibus ob os introeuntium.
mirus prorsum [magnae artis] homo, immo semideus uel

---

m. voluisse trepidā *ex* trepidantẽ, *al. m. refinx.* trepidantẽ)
φ: t|pidā *cf. 88,25 108,13 sq.*
    F 143ᵇ. φ 40ᵃ ᵇ. **1** *v. Th. l. Lat. V 359,37* ⟨sortem suam⟩ defl.
vdVl ⟨se⟩ defl. *Soping cf. 100,11 154,3 172,5* degentem *vel*
flentem *Colv* desidentem *Wachsmuth* deficientem *He cf. 17,9*
zephiri (φ)   uibrantiſ (φ) *em. v*   **2** ſino   φ: ſīū *em. v*
leuatā (˘ *evan.*)   **8** suo] solo *Jahn*   uehemenſ (φ, *sed em.*
al. m.)   **5** Ego falluſtiuſ legi & em̄daui rome felix. | ME-
THAMORPHOSEON LIB. IIII. ЄXPłIK. | INCIPIT. V. FELICI-
TER.   **11** *post* perluc. *distinx. Luetj, post* medit. *v*
14 ſcireſ *Gruter cf. 27,14*   **15** uidere (re *corr. ex* r&)
diuerſoriū (φ) ū *corr. ex* ā *ead. m.*   **16** curioſę∗ (*eras.* c)
18 id gen; (φ) *cf. 25,5 29,3 Woelfflin Arch. f. lat. Lex. V 390*
del. F. Norden 'quae saevitia similes sunt bestiis' *interpr. Vulic'*
setigeris *Jahn* quod genus *Rohde* indigenis *Morawski* ingentibus
Rossbach   **19** magne artiſ (φ) *del. Gruter cf. 7,12 81,15*

Oud.   F

certe deus, qui magnae artis suptilitate tantum efferauit
320 argentum. enimuero pauimenta ipsa lapide pretioso caesim deminuto in uaria picturae genera discriminantur:
uehementer, iterum ac saepius beatos illos, qui super gem-
5 mas et monilia calcant. iam ceterae partes longe lateque
321 dispositae domus sine pretio pretiosae totique parietes
solidati massis aureis splendore proprio coruscant, ut diem
suum sibi domus facia[n]t licet sole nolente: sic cubicula,
sic porticus, sic ipsae ualu[e]ae fulgurant. nec setius
10 opes ceterae maiestati domus respondent, ut equidem illud
recte uideatur ad conuersationem humanam magno Ioui
fabricatum caeleste palatium.

2   Inuitata Psyche talium locorum oblectatione propius
accessit et paulo fidentior intra limen sese facit, mox pro-
15 lectante studio pulcherrimae uisionis rimatur singula et
322 al‖trinsecus aedium horrea sublimi fabrica perfecta magnisque congesta gazis conspicit. nec est quicquam, quod
ibi non est. sed praeter ceteram tantarum diuitiarum admirationem hoc erat praecipue mirificum, quod nullo uin- 80
20 culo, nullo claustro, nullo custode totius orbis t⟨h⟩ensaurus
ille muniebatur. haec ei summa cum uoluptate uisenti
offert sese uox quaedam corporis sui nuda et: "quid", inquit, "domina, tantis obstupescis opibus? tua sunt haec
omnia. prohinc cubiculo te refer et lectulo lassitudinem
25 refoue et ex arbitrio lauacrum pete. nos, quarum uoces

F 143ᵇ 144ᵃ. φ 40ᵇ.   1 deus uel c. semid. *Pauw*
cf. 81,11 97,7 160,25 211,16 242,13   *ferarum formas ex-*
pressit (Beroald)   4 uehem̄t. Iterū cf. 216,1   super *def.*
Weyman (coll. ev. Luc. 10,19: oalcandi supra serpentes . . . .
et super omnem uirtutem inimici) semper *Oud* cf. 110,7 superbi
vel superbe *Rohde*   5 etiam *Bluemner* cf. apol. 22 (26,8)
8 faciant (φ) em. *v* [domus] faciant *Rohde*   9 ualneẹ (φ,
supra voc. add. ᶜ· ᵘᵃˡⁿᵉ) u mut. in b   10 mageſtati em. φ
14 facessit *Modius*   plectante (*dub.* le *an* li)   15 mirat
(*in mg. ead. m. add.* rimat) . φ: rimat cf. 46,10   20 totius ⟨opu-
lentissimus⟩ *vdVl* cf. 98,8   tenſauruſ φ: theſaur⁹

Oud. *E*

accipis, tuaę famulae sedulo tibi praeministrabimus nec
323 corporis curatae tibi regales epu|lae morabuntur."

Sensit Psyche diuinae prouidentiae beatitudinem mo- 8
nitusque, uoces informes audiens, et prius somno et mox
324 lauacro fatigationem sui diluit, uisoque statim proximo 5
semirotundo suggestu, propter instrumentum cenator⟨i⟩um
rata refectui suo commodum, libens accumbit. et ilico
uini nectarei eduliumque uariorum fercula copiosa nullo
seruiente, sed tantum spiritu quodam impulsa submini-
strantur. nec quemquam tamen illa uidere poterat, sed 10
325 uerba tantum audiebat excidentia et solas uoces famulas
habebat. post opimas dapes quidam introcessit et cantauit inuisus et alius citharam pulsauit, quae uidebatur
nec ipsa. tunc modulatae multitudinis conferta uox aures
eius affertur, ut, quamuis hominum nemo pareret, chorus 15
tamen esse pateret. finitis uoluptatibus uespera suadente 4
concedit Psyche cubitum. iamque prouecta nocte *clemens*
326 quidam sonus aures eius accedit. tunc uirginitati suae pro
tanta solitudine metuens et pauet et horrescit ‖ et quouis
malo plus timet quod ignorat. iamque aderat ignobilis 20

F 144ᵃ. φ 40ᵇ.   4 uocis informis *Groslot, quem secuti* audiens [et] *vdVl et* audiens et *Leo cf. 50,5* monitusque et uoces
inf. audiens, prius *Toussaint* mon. *post* inform. *transpos: Thom; in-
tellexit certe Ps. et beatitudinem et monitus sibi a deo quodam
parari; an supplend.* ⟨beneficio parari⟩ beat.*?*   5 proximo *cf.*
·169,12   6 semirotundo (*prior o in* u *mut. al. m.*)   suggesto *Lips*
cęnato⁊ (φ) *em. Beroald; conclave cenaticum significatur cf.*
ambulatorium, auditorium, lusorium, diribitorium *al. Corp. gloss.*
VI 197   7 rata (r *in ras. ex* R *corr. ead. m.*)   ∗refectui (*eras.*
e, *litt. refict.*) φ: refectui   8 nectarei *litt. ref.*   φ: nectare nectarei ⟨pocula⟩ *vdVl*   nulla (a *refinx. m. rec.*) φ: nullo
9 tamquam *Bluemner*   10 quęquā (ⁿ *ex* ⁓ *corr. al. m.*)   11 acci-
dentia *Heins* excientia *Traube*   12 cithara (*sed nescio an in
membran. aspera evanuerit* ⁓) φ: cithárā   14 modulatę (φ)
m. quae litt. refinx. induct. late *eff.* ¹ modū   aurib; (ib; *m. quae
refinx. litt. in ras. scrips.*) φ: aureſ   15 ut (φ) *al. m. eff. et,
sed dubium an antea voluerit* at   16 ⟨his⟩ finitis ₑ*vdVl
cf. 112,17*   17 demenſ (φ, *sed in mg. m. recentiss.* c clemens)   20 *malum ignotum magis timet quam quodlibet aliud
cf. Publil. Syr. 596 Ribb.*   ignorabilis *Petsch*

□

Oud.

maritus et torum inscenderat et uxorem sibi Psychen fecerat et ante lucis exortum propere discesserat. statim
uoces cubiculo praestolatae nouam nuptam interfectae uir-
327 ginitatis curant. haec diutino tempore sic agebantur. at-
5 que ut est natura redditum, nouitas per assiduam con- 81
suetudinem delectationem ei commendarat et sonus uocis
incertae solitudinis erat solacium.

    Interea parentes eius indefesso luctu atque maerore
consenescebant, latiusque porrecta fama sorores illae ma-
10 iores cuncta cognorant propereque maestae atque lugubres
deserto lare certatim ad parentum suorum conspectum
5 adfatumque perrexerant. ea nocte ad suam Psychen sic
infit maritus — namque praeter oculos et manibus et
328 auribus [ius nihil] sentiebatur:

15   "Psyche dulcissima et cara uxor, exitiabile tibi periculum minatur fortuna saeuior, quod obseruandum pres-
siore cautela censeo. soro|res iam tuae mortis opinione
turbatae tuumque uestigium requirentes scopulum istum
protinus aderunt, quarum si quas forte lamentationes ac-
20 ceperis, neque responde⟨a⟩s, immo nec prospicias omnino;
ceterum mihi quidem grauissimum dolorem, tibi uero summum creabis exitium."

    Annuit et ex arbitrio mariti se facturam spopondit,

F 144ᵃ. φ 40ᵇ41ᵃ.   **1** pſychen (p *ex* ſ *ead. m.*)   **4** *cf. 105, 2*
5 redditum] rerum *cod. Oxon*   nouitas] uiduitas *Jahn*   noua
uita *Bluemner* solitas *Traube* *cf. Sen. ep. 114,9 (536,7 H.)*:
commendatio ex nouitate captatur   ⟨in⟩delectationem ⟨se⟩
commutarat *Schroeter* (⟨se⟩ conuerterat *vdVl*) (ei ⟨se⟩ commendarat *Traube*) p. a. delectationem ei ⟨se⟩ commendarat
Novák p. a. cons. delectatione ei ⟨ſe⟩ comm. *Oud* delectationem *del. Ald*   **12** prexerᵃt *em. ead. m.*   **13** pr.
ocul. *del. Becker*   **14** Iuſ nichil (φ) *refingendo al. m. ex* Iuſ
eff. primo hiſ, *deinde* ille; *supra* ſ *cognoscitur*ᵃ is nihil ⟨non⟩
Traube is nibilo ⟨secius⟩ *Haupt* ille nibilo ⟨minus⟩ *Jahn*
istius nihil ⟨non⟩ *Beck* inuisus ille *Cast cf. 112, 1* [bď nihil]
i. e. 'hic deest' *He cf. Havet Manuel de crit. verb.* § 1487. *ceterum si manibus eum sensit, Psychen eum anguem credere non po-
tuisse oblitus est Apul. cf. 113,21 sqq.*   **20** reſpondeſ (φ, *in
mg. add.* a)   **23** φ: adnuit

Oud.   E

sed eo simul cum nocte dilapso diem totum lacrimis ac
plangoribus misella consumit, se nunc maxime prorsus
perisse iterans, quae beati carceris custodia septa et hu-
329 manae conuersationis colloquio uiduata nec sororibus quidem suis de se maerentibus opem salutarem ferre ac ne 5
uidere eas quidem omnino posse⟨t⟩. ‖ nec lauacro nec cibo
nec ulla denique refectione recreata flens ubertim decessit
ad somnum. nec mora, cum paulo maturius lectum ma- 6
ritus accubans eamque etiam nunc lacrimantem complexus
sic expostulat: 10

   "Haecine mihi pollicebare, Psyche mea? quid iam de
te tuus maritus expecto, quid spero? et perdia et pernox
nec inter amplexus coniugales desinis cruciatum. age iam
nunc, ut uoles, et animo tuo damnosa poscenti pareto!
tantum memineris meae seriae monitionis, cum coeperis 15
sero paenitere."

330   Tunc illa precibus et dum se morituram comminatur
extorquet a marito, cupitis adnuat, ut sorores uideat, luctus
mulceat, ora conferat. sic ille nouae nuptae precibus ue- 82
niam tribuit et insuper, quibuscumque uellet eas auri uel 20
monilium donare, concessit, sed identidem monuit ac saepe
terruit, ne quando sororum pernicioso consilio suasa de
forma mariti quaerat neue se sacrilega curiositate de tanto
fortunarum suggestu pessum deiciat nec suum postea con-
tingat amplexum. gratias egit marito iamque laetior 25
animo: "sed prius", inquit, "centies moriar quam tuo isto
dulcissimo conubio caream. amo enim et efflictim te,
quicumque es, diligo aeque ut meum spiritum, nec ipsi
Cupidini comparo. sed istud etiam meis precibus, oro,
largire et illi tuo famulo Zephyro praecipe, simili uectura 30

   F 144ᵃᵇ. φ 41ᵃ.   4 quidem del. Michaelis sed cf. 23,8
41,19 83,15 132,4 144,6 235,12   6 poſſe (φ) em. v   12 pſida
(φ) em. Beroald 206,16 sq. cft. Leo   pernox ⟨ploras⟩ vdVl
⟨sumis⟩ Leo   21 don⟨is orn⟩are Traube   24 penſũ
(φ) em. v   28 atque (φ) em. Gruter cf. 158,12 amo
e ⟨te⟩ aeque ut m. sp. et efflictim [te] quic. vdVl sed cf.
39,1sq. 63,4 253,3 Cic. or. 10,33

Oud.

sorores hic mihi sistat" et imprimens oscula suasoria et
ingerens uerba mulcentia et inserens membra cogentia
331 haec etiam blanditiis astruit: "mi mellite, mi ma|rite,
332 tuae Psychae dulcis anima." ui ac potestate Veneri
5 susu⟨r⟩rus inuitus succubuit maritus et cuncta se fac-
turum spopondit atque, etiam luce proxumante, ‖ de manibus uxoris euanuit.

7   At illae sorores percontatae scopulum locumque illum,
quo fuerat Psyche deserta, festinanter adueniunt ibique
10 difflebant oculos et plangebant ubera, quoad crebris earum
heiulatibus saxa cautesque parilem sonum resultarent.
iamque nomiue proprio sororem miseram ciebant, quoad
sono penetrabili uocis ululabilis per prona delapso amens
et trepida Psyche procurrit e domo et: "quid", inquit,
15 "uos miseri⟨s⟩ lamentationibus necquicquam effligitis?
quam lugetis, adsum. lugubres uoces desinite et diutinis
lacrimis madentes genas siccate tandem, quippe cum iam
333 possitis quam plangebatis amplecti."

    Tunc uocatum Zephyrum praecepti[s] maritalis ad-
20 monet. nec mora, cum ille parens imperio statim clemen-
tissimis flatibus innoxia uectura deportat illas. iam mu- 83
tuis amplexibus et festinantibus sauiis sese perfruuntur et
illae sedatae lacrimae postliminio redeunt prolectante gau-

F 144^b. φ 41^a.   1 hic (φ) *refict*   2 ingerenſ (φ) inferens
Oud inurguens *Traube coll. 185,7 cf. 95,7 121,8*   ingerenſ (φ)
inserens (*i. e. se applicans*) *cod. Oxon Oud falso coll. Ov. am. III7,9*
             _i
iungens *v*   coüentia *sed vid. antea, quod coni Luetj et Traube,*
fuisse coḡentia; ^{i} *al. m. add.; m. rec. eff.* cōbentia [*an* co-
bentia?]; *in mg. add. pr. m.* cōnhibentia   φ: cohibentia co-
niuentia *Haupt* auentia *Plasberg*   4 potestati *Rohde; sed preci-*
bus succumbit; de abl. cf. 54,20 73,9 96,22 al.   ueneriſ uſu|ruſ
(φ) Venerii (Veneri *Weyman, de forma cf. 47,3*) susurrus *Bur-*
sian Rohde   6 fa*|cturü *eras.* c   etiam] iam *vir doct. ap.*
Oud   10 deflebant (φ) *em. Weyman coll. 5,22*   11 cau-
teſq; *superscrips. ead. m.*   15 miſeriſ (φ) *alter.* ſ *add. m.*
rec.   cf. 24,10   φ: affligitiſ a *corr. in* e *ead. m.*   16 ⟨en⟩
quam *vd Vl sed cf. Verg. Aen. I 595*   19 zephirü (φ)   p̄cep-
tiſ (φ) *eras* ſ   20 mora (φ) *supra* a *eras.*   22 ſabiiſ

Oud.   *E*

dio. "sed et tectum", inquit, "et larem nostrum laetae
succedite et afflictas animas cum Psyche uestra recreate."
sic allocuta summas opes domus aureae *uo*cumque ser- 8
334 uientium populosam familiam demonstrat auribus earum
lauacroque pulcherrimo et inhumanae mensae lautitiis eas 5
opipare reficit, ut illarum prorsus caelestium diuitiarum
copiis affluentibus satiatae iam praecordiis penitus nutri-
rent inuidiam.   denique altera earum satis scrupulose
curioseque percontari non desinit, quis illarum caelestium
335 rerum dominus, quisue uel qualis ipsius sit maritus.   nec 10
tamen Psyche coniugale illud praeceptum ullo pacto te-
merat uel pectoris arc[h]anis exigit, sed e re nata confingit
esse iuuenem quendam et speciosum, commodum lano*so*
barbitio genas inumbran‖tem, plerumque rurestribus ac
montanis uenatibus occupatum, et ne qua sermonis proce- 15
dentis labe consilium tacitum proderetur, auro facto gem-
mosisque moni‖libus onustas eas statim uocato Zephyro
tradit reportandas.

336   Quo protenus perpetrato sorores egregiae domum re- 9
deuntes iamque gliscentis inuidiae felle fraglantes multa 20
secum sermonibus mutuis perstrepebant.   sic denique infit
altera:

    "En orba et saeua et iniqua Fortuna! hocine tibi com-
placuit, ut utroque parente prognatae diuersam sortem
sustineremus?   et nos quidem, quae natu maiores sumus, 25

F 144ᵇ 145ᵃ. φ 41ᵃᵇ   1 ſedᵈ (add. ead. m.)   8 locūq;
(φ) em. Wower   4 ⟨oculis et⟩ auribus *vdVl*   6 reficit
(φ) alter. i m. recentiss. ſcrips., supra t *ras.*   7 afluentibus
Weyman cf. 78,27   12 archaniſ   exigitur *vdVl cf 117,14*
Plat. reip. III412 E: ἐκβάλλουσι . . . δόξαν   13 ſpetioſū
em. φ   lanoſo (φ) poster. o al. m. corr. ex u *ut vid.*
15 ₚcedentiſ (φ) sed ex p corr. p̄ cf. 163,8   21 perstringebant   ▢
Bluemner   23 orba i. e. caeca cf. Corp. gloss. Lat. VII 30
scaeua v   *hocine (eras. o)   23 ⟨uno⟩ utroque Haupt ⟨pari⟩
utroque Novák utroque ⟨aeque⟩ Leo   ⟨pari⟩ parente l ursian
cf. Liv. XLIV 30,2: fratres duos, Platorem utroque parente,
Caruauantium matre eadem natum etiamsi subaudiatur 'eodem'
prognatae ⟨sorores⟩ Iahn progn. ⟨eodem⟩ Michaelis   ⟨tam⟩
Crusius   25 natu* (eras. vid. m antea linea delet.) φ: natu

E

337 maritis aduenis ancillae deditae, extorres et lare et ipsa
patria degamus longe parentum uelut exulantes, haec
autem nouissima, quam fetu satiante postremus partus
effudit, tantis opibus et deo marito potita sit, quae nec
5 uti recte tanta bonorum copia nouit? uidisti, soror, quanta
in domo iacent et qualia monilia, quae praenitent uestes,
quae splendicant gemmae, quantum praeterea passim cal- *84*
338 catur aurum. quodsi maritum etiam tam formonsum
tenet, ut affirmat, nulla nunc in orbe toto felicior uiuit.
10 fortassis tamen procedente consuetudine et adfectione ro-
bor⟨a⟩ta deam quoque illam deus maritus efficiet. sic
est hercules, sic se gerebat ferebatque. iam iam sursum
respicit et deam spirat mulier, quae uoces ancillas habet
et uentis ipsis imperat. at ego misera primum patre meo
15 seniorem maritum sortita sum, dein cucurbita caluiorem
339 et quouis puero pusilliorem, cunctam domum se[r]ris et
catenis obditam custodientem."

10   Suscipit alia: "ego uero maritum articulari etiam
morbo complicatum curuatumque ac per hoc rarissimo ue-
20 nerem meam reco∥lentem sustineo, plerumque detortos et
duratos in lapidem digitos eius perfricans, fomentis olidis
et pannis sordidis et faetidis cataplasmatibus manus tam
340 delicatas istas adurens nec uxoris officiosam faciem, sed
medicae laboriosam personam sustinens. et tu quidem
25 soror uideris, quam patienti uel potius seruili — dicam
enim libere quod sentio — haec perferas animo; enim-

F 145ᵃ. φ 41ᵇ.   7 ſplenditant (φ) *em. v cf. 160,6*
8 formonſŭ, *sed* n *lineol. delet.*   φ: formoſŭ   10 roborta
em. al. m. *et* φ   13 dẽã (e *fuit; quid eras. sit, nescio*)
φ: dã   14 imperitat (m. *ret. deleta* t *ex* ri *corr. conata est* r;
quod cum parum successisset, in mg. add. rat)   φ: impat
15 cauiorem *F. Norden* glabriorem *Fulgentius exp. serm. ant.*
17 (177,2 H.)   16 pumiliorem *Fulgentius*   ſerriſ φ: ferris
em. v   18 &iã *indux. al.* m.   19 rariſſima Venere eam
(voluitne me?) Haupt   Venere memet *Michaelis cf. 164,14*
22 panniſſordidiſ (φ) *alter.* ſ *ead.* m. *interpos. et in mg. add.*
ſor   paedidis *Heraeus*   24 medice∗ (*poster.* e *in ras. ex*
ae [Rob])   φ: medicã & (‾ *al.* m. *add.*)   *add.*)

Oud.

E

uero ego nequeo sustinere ulterius tam beatam fortunam
*al*lapsam indignae.   recordare enim, quam superbe,
quam adroganter nobiscum egerit et ipsa iactatione
inmodicae ostentationis tumentem suum prodiderit animum deque tantis diuitiis exigua nobis inuita proie-   5
341 cerit confestimque praesentia nostra grauata | propelli et
efflari exsibilarique nos iusserit.   nec sum mulier nec omnino spiro, nisi eam pessum de tantis opibus deiecero.   ac
si tibi etiam, ut par est, inacuit nostra contumelia, consilium ualidum requiramus ambae.   iamque ista, quae fe-   10
rimus, non parentibus nostris ac nec ulli monstremus alii,
immo nec omnino quicquam de eius salute norimus.   sat
est, quod ipsae uidimus quae uidisse paenituit, ne[c]dum ut   *35*
genitoribus et omnibus populis tam beatum eius differamus praeconium.   nec sunt enim beati, quorum diuitias   15
nemo nouit.   sciet se non ancillas, sed sorores habere
maiores.   et nunc quidem concedamus ad maritos et lares
342 pauperes nostros, sed plane sobrios reuisamus diuque
cogitationibus pressioribus instructae, ad superbiam poe-
niendam firmiores redeamus."   20

Placet pro bono duabus malis malum consilium totis-   11
que illis tam pretiosis muneribus absconditis comam tra-
hentes et proinde ut merebantur ora lacerantes simulatos
redintegrant fletus.   ac sic parentes quoque redulcerato
prorsum dolore raptim deterrentes uesania turgidae domus   25
suas conten‖dunt dolum scelestum, immo uero parricidium
struentes contra sororem insontem.

F 145^{ab}.   φ 41^b.   1 beatā (e *ex* a *corr.*)   **2** conlapſā (φ)
sed v. 267,20 collatam *Lips* inlapsam *Bluemner* allapsam *He* (a *et*
co *simillimae in hac script. cf. praef. 42*)   **8** peſſun *em.* φ
13 peniṭuit (*punct. eras., in mg. ead. m.* penuit)   φ: peniṭuit

necdū (φ) *em. v*   **18** diuq; (φ) denique *v* domique *vdVl*
deinque *Oud* dolique *Petsch* ibique *Novák*   **23** maerebant
Koziol maererent *Bluemner   cf. 124,21 259,21*   **25** rursum
vdVl   deṫrenteſ (φ) *i. e.* terrentes *cf. 94,16 120,8 179,15 218,28*
demergentes *Leo* deserentes. *Colv (cf. 91,3 119,5 sed inepte
propter* quoque) raptim *ante* ues. *transpos. Cast., ante* contend.
Damsté

Oud.   *E*

Interea Psychen maritus ille, quem nescit, rursum suis
illis nocturnis sermonibus sic commonet: "uidesne, quantum tibi periculum? uelitatur Fortuna eminus, ac
nisi longe firmiter praecaues, mox comminus congredietur.
5 perfidae lupulae magnis conatibus nefarias insidias tibi
comparant, quarum summa est, ut te suadeant meos ex-
plorare uultus, quos, ut tibi saepe praedixi, non uidebis,
si uideris. ergo igitur si posthac pessimae illae lamiae
343 noxiis animis armatae uenerint — uenient autem, scio —,
10 neque omnino sermonem conferas et si id tolerare pro
genuina simplicitate proque animi tui teneritudine non
potueris, certe de marito nil quicquam uel audias uel
respondeas. nam et familiam nostram iam propagabimus
et hic adhoc infantilis uterus gestat nobis infantem alium,
15 si texeris nostra secreta silentio, diuinum, si profanaueris,
mortalem."
· 12   Nuntio Psyche laeta florebat et diuinae subolis solacio
plaudebat et futuri pignoris gloria gestiebat et materni
nominis dignitate gaudebat. crescentes dies et menses
20 exeuntes anxia numerat et sarcinae nesciae rudimento mi- *86*
ratur de breui punctulo tantum incrementulum locu|pletis
344 uteri. sed iam pestes illae taeterrimaeque Furiae anhe-

F 145ᵇ. φ 41ᵇ 42ᵃ.   2 illiſ (*poster.* i *ex* e *corr. ead. m.*)
3 periculum ⟨minatur⟩? *vd Vl cf. 106,16* ⟨conflaueris⟩ *He cf.
203,17 post periculum* distinx. *Cornelissen, post* eminus *v cf. 119,18
166,18 197,2 202,27 214,13 225,3 231,15 apol. 2 (2,15)*   5 ma-
lignis *Kroll*   10 conseras *Pric*   11 genuina* (*eras. & aut ut
mihi vid.* a)   13 nā ͣ φ: Nā &   ppagabimuſ (φ) muſ *in ras.
al. m.; vid. fuisse bis fort. a pr. m. emend.*   14 adhuc (u
al. m. scrips.; fuit o add.* ͮ) (*cf. 229, 9*)   φ: adhoc (*m. recentiss.* c̊ adhuc)   15 pphanaueriſ (φ)   16 mortalē̆ mor-
talĕ (φ *altero delet.*) *prius verb. delet.*   17 ⟨tali⟩ nuntio *vir
doct. ap. Oud cf. 105,16 Suet. Tib. 11 (126,10 Ihm)*   nūtio.
(⁻tio. *m. rec. scrips., fuit ut vid.* nuntio, *quod ad antecedentia
rettulit al. m.*)   φ: nuntio   ſuboliſ (u *mut. in* o *al. m.*)
     φ: ſoboliſ   20 et ⟨in⟩ *Michaelis* nescia *v ante Oud
cf. 123,13 187,5*

Oud.

lantes uipereum uirus et festinantes impia celeritate nauigabant. tunc sic iterum momentarius maritus suam
Psychen admonet: "dies ultima et casus extremus, et
sexus infestus et sanguis inimicus iam sumpsit arma
et castra commouit et aciem direxit et classicum per- 5
sonauit; iam mucrone destricto iugulum tuum nefariae
tuae sorores petunt. heu quantis urguemur ‖ cladibus,
Psyche dulcissima. tui nostrique miserere religiosaque
continentia domum maritum teque et istum paruulum
nostrum imminentis ruinae infortunio libera. nec illas 10
scelestas feminas, quas tibi post interneciuum odium et
calcata sanguinis foedera sorores ap⟨p⟩ellare non licet,
345 uel uideas uel audias, cum in more⟨m⟩ Sirenum scopulo
prominentes funestis uocibus saxa personabunt."

Suscipit Psyche singultu lacrimoso sermonem incertans: 15
"iam dudum, quod sciam, fidei atque parciloquio meo per- 16
pendisti documenta, nec eo setius adprobabitur tibi nunc
etiam firmitas animi mei. tu modo Zephyro nostro rursum praecipe, fungatur obsequio, et in uicem denegatae
sacrosanctae imaginis tuae redde saltem conspectum soro- 20
rum. per istos cinnameos et undique pendulos crines tuos,
per teneras et teretis et mei similes genas, per pectus
nescio quo calore feruidum, sic in hoc saltem paruulo
cognoscam faciem tuam: supplicis anxiae piis precibus ero-
gatus germani complexus indulge fructum et tibi deuotae 25

F 145ᵇ. φ 42ᵃ.   8 ⟨imminet⟩ dies *Michaelis* ⟨adest⟩
Kronenb ⟨en⟩ *vd Vl* ⟨aduenit⟩ *Traube cf. Verg. Aen. II* 324
et *ante* sex.] est *Jahn* .en *Rohde del. vd Vl* ⟨immin⟩et *He sed
aequilibritat. laudat Petsch*   4 ſanguˡſ *em. ead. m.*   9 maritū
teq; (φ) a *prim. m. scrips. erasa* r, *al. refinx.;* t *in* teq; *ex* q *pr.
m. em.*   12 apellare *em.* φ   13 more (φ, *sed em. al. ut vid. m.*)
15 incidens *Bluemner* intersecans *Nolte*   16 parciloquii mei *v*
perp. doc. *i. e. testimonium dedisti laudis plenum*   19 obſequia
(φ) a *ras. mut. in* o   21 *post* sororum distinx. *Michaelis, post*
feruid. *v.* 23 v   cynnᴀmeoſ *em.* φ   22 mei (φ) meis *v*
24 erogat; (φ) e *eras. vid. aut evan.*   25 deuotę****** (*eras.
quinque vel septem litt. antea a pr. m. induct., quarum prima
fuit* d; *mihi ipsum* deuotę *eras. vid.* [*cf. 112,16 175,24*], *Rob*
dicareq; ; *m. recentiss. supra lin. pessime scrips.* careq;) φ: de-

Oud.   *E*

346 Psychae animam gaudio recrea. nec quicquam amplius
in tuo uultu requiro, iam nil officiunt mihi nec ipsae
nocturnae tenebrae: teneo te, meum lumen."

His uerbis et amplexibus mollibus decantatus maritus
5 lacrimasque eius suis crinibus detergens fa⟨c⟩turum *87*
spopondit et praeuertit statim lumen nascentis diei

14 Iugum sororium consponsae factionis ne parentibus
quidem uisis recta de nauibus scopulum petunt illum praecipiti cum uelocitate nec uenti ferentis oppertae praesen-
10 tiam licentiosa cum temeritate prosiliunt in altum. nec
immemor Zephyrus regalis edicti, quamuis inuitus, susceptas eas gremio spirantis aurae solo reddidit. at illae
incunctatae statim conferto uestigio domum ‖ pe|netrant
complexaeque praedam suam sorores nomine mentientes
347 thensaurumque penitus abditae fraudis uultu laeto tegen-
16 tes sic adulant:

"Psyche, non ita ut pridem paruula, et ipsa iam mater
es. quantum, putas, boni nobis in ista geris perula;
quantis gaudiis totam domum nostram hilarabis. o nos
20 beatas, quas infantis aurei nutrimenta laetabunt. qui si
348 parentum, ut oportet, pulchritudini responderit, prorsus
Cupido nascetur."

15 Sic adfectione simulata paulatim sororis inuadunt animum. statimque eas lassitudine uiae sedilibus

---

uote careq; deuotae dicataeque *v* deuotae deuinctaeque *Weyman* deuotae deditaeque *Brakman*
    F 145^b 146^a. φ 42^a. **2** nec (*non* uel) (φ)   **5** ⟨omnia se⟩
fact. *vd Vl cf. 106,23 ap. 2,13 53,16 55,5 cft. Heraeus* faturŭ *em. al.
m. et* φ   **12** gremio (φ) e *in ras. al. m.*   ⟨leniter⟩ spirantis *vd Vl cf. 103,1*   **13** φ: īcūctātē (e *ex* a *corr.*)   **14** sororis
nomen ementientes *Wolf cf. 77,25 Mart. III 43,1*   **16** then-
faurūq; (n *induct.*) φ: thefaurūq;   **17** ut *del. Luetj* tu *Jahn*
pridie (ie *m. recentiss., quae eadem in mg.* pridem; *fuit certe*
ĕ a *pr. m. script.*) φ: pdē̇   φ: ˡ& (ˡ *add. al. m.*) *videntur antea eam appellasse*: 'Psyche paruula' et] en *Plasberg*   **18** geri
Novák   **19** n̄ram (a *vid. corr. ex* u; *legitur etiam in mg.* a)
20 intantif (φ) *em. v*   **24** ⟨a⟩ lass. *Pric* ⟨ex⟩ *He* uė̇
em. ead. m.

Oud.   *E*

refotas et balnearum uaporo[ro]sis fontibus curatas pulcherrime triclinio mirisque illis et beatis edulibus atque tuccetis oblectat. iubet citharam loqui: psallitur; tibias
349 agere: sonatur; choros canere: cantatur. quae cuncta
nullo praesente dulcissimis modulis animos audientium re- 5
mulcebant. nec tamen scelestarum feminarum nequitia
uel illa mellita cantus dulcedine mollita conquieuit, sed
ad destinatam fraudium pedicam sermonem conferentes dissimulanter occipiunt sciscitari, qualis ei maritus et unde
350 natalium, secta cuia proueniret. tunc illa simplicitate 10
nimia pristini sermonis oblita nouum commentum instruit
aitque maritum suum de prouincia proxima magnis pecu-
niis negotiantem iam medium cursum aetatis agere, inter-
spersum rara canitie. nec in sermone isto tantillum mo- *88*
rata rursum opiparis muneribus eas onustas uentoso ue- 15
hiculo reddidit.

    Sed dum Zephyri tranquillo spiritu sublimatae domum 16
redeunt, ‖ sic secum altercantes: "quid, soror, dicimus de
351 tam monstruoso fatuae illius mendacio? tunc adolescens
modo florenti lanugine barbam instruens, nunc aetate 20
media candenti canitie lucidus. quis ille, quem temporis
modici spatium repentina senecta reformauit? nil aliud
repperies, mi soror, quam uel mendacia istam pessimam
feminam confingere uel formam mariti sui nescire; quorum

F 146ᵃ. φ 42ᵃ. 1 refota *Oud fort. recte cf. 10,13 39,12*
104,24 204,17, sed 6,19 266,7 baln— (b *ex* u *ead. m. corr.*)
uaporo|rofif (*med.* o *ab al. m. mut. in* e) *em.* φ pulcherrimo
Colv 2 atque tuccetis *del. vdVl* et potulentis *Cornelissen*
cf. Fulg. exp. serm. ant. 40.41 (122,1 sqq., H.) 3 cytharā
em. φ 7 illa (φ) ipsa *v* 9 fcifcitari (φ) *in mg. ead.*
m. fiftara|ri 10 fectacula (φ) *em. Wower; secta pertinetne*
ad quaestum? cf. 88,3 93,8 157,10 5,2 sq. 250,17 Hor. ep. I 7, 53
  13 agere (φ) g *ex* l *aut* f *corr., in mg. add. ead. m.* ge
  17 zephiri (φ) 18 altercantur *v* altercant *Oud*
20 nutriens *Bluemner* 23 m̄dacio (φ) *def. Sciopp ut* form.
marit. ἀπὸ κοινοῦ *intellegend. putaret* mendacium *v* mendacia
Oud coll. 117,20 199,10 mendacio ista *Salm*

Oud.   *E*

utrum uerum est, opibus istis quam primum exterminanda
est. quodsi uiri sui faciem ignorat, deo profecto denupsit
et deum nobis praegnatione ista gerit. certe si diuini
puelli — quod absit — haec mater audierit, statim me
5 laqueo nexili suspendam. | ergo interim ad parentes nostros
redeamus et exordio sermonis huius quam concolores fal-
lacias adtexamus.”

17   Sic inflammatae, parentibus fastidienter appellatis et
352 nocte turbatis, uigiliis percitae matutino scopulum per-
10 uolant et inde solito uenti praesidio uehementer deuolant
lacrimisque pre⟨s⟩sura palpebrarum coactis hoc astu puellam appellant: “tu quidem felix et ipsa tanti mali ignorantia beata sedes incuriosa periculi tui, nos autem, quae
peruigili cura rebus tuis excubamus, cladibus tuis misere
15 cruciamur. pro uero namque comperimus nec te, sociae
scilicet doloris casusque tui, celare possumus immanen
colubrum multinodis uoluminibus serpentem, ueneno noxio
353 colla sanguinantem hiantemque ingluuie profunda tecum
noctibus latenter adquiescere. nunc recordare sortis Py-
20 thicae, quae te trucis bestiae nuptiis destinatam esse cla-
mauit. et multi coloni quique circumsecus uenantur || et
accolae plurimi uiderunt eum uespera redeuntem e pastu
18 proximique fluminis uadis innatantem. nec diu blandis *89*

F 146ᵃˑᵇ. φ 42ᵃˑᵇ.   1 utrum *cf. d. deo Socr. 2 (7,8) Cic.
p. Sest. 42,92 parad. III 2,24 div. II 56,116 Vitru*n. *VII
praef. 9*   **2** *qđ φ: quod*   4 *udierit (eras. a) al. m. e*ſı.
adierit *φ: audierit cf. 32,20*   **6** *cf. 77,1 coloreſ (in mg. ead.
m. add. c̄coloreſ) φ: c̄coloreſ*   **6** fallaciã *ω:* fallaciſ
9 turbatiſ (φ) turbata *Bursian*   pditae (φ) percitae *Lips
cf. 7,14 121,9 124,1 181,4 290,15*   10 soliti *v cf. 119,7*   uehem̄t
(φ) uehentis *Salm* uehentes *E cf. 103,3.* clementer *vir doct. in
ed. Iunt* clementi *Oud sed cf. 114,8 sqq.*   **11** p̄ſura *em.* φ
17 colubrū (φ) *supra ru eras.ᵃ*   18 inglubiẹ (b *corr. in* ᵛ *al.
m.*) ꝓfundẹ *φ:* ingluuie ꝓfunde *em. v*   **20** trucis (tr *evan. et
male redintegrat.; scissura membranae efficit ut prima litt. nunc
similis uideatur litt. p et talis uisa est librario φ) φ:* pruciſ (*m.
rec. indux. litt. p et supra uoc. add.* ᵗʳᵘ; *in mg. m. recentiss.*
pۨtrux. cis) procacis *Weyman*

Oud.   *E*

alimoniarum obsequiis te sagina⟨*tu*⟩rum omnes adfirmant,
354 sed, cum primum praegnatione*m* tuam plenus maturauerit
uterus, opimiore fructu praeditam deuoraturum.   at haec
iam tua est existimatio, utrum sororibus pro tua cara
salute sollicitis adsentiri uelis et declinata morte nobiscum 5
secura periculi uiuere an saevissimae bestiae sepeliri uisceribus.   quodsi te ruris huius uocalis solitudo uel clan-
destinae ueneris faetidi periculosique concubitus et uene-
nati serpentis amplexus delectant, certe piae sorores nostrum
fecerimus."   10

Tunc Psyche misella, utpote simplex et animi tenella,
rapitur uerborum tam tristium formidine: extra terminum
mentis suae posita prorsus omnium mariti monitionum
suarumque promissionum memoriam effudit et in profundum calamitatis sese praecipitauit tremensque et exangui 15
colore lurida tertiata uerba semihianti uoce substrepens
sic ad illas ait:

"Vos quidem, carissimae sorores, ut par erat, in officio 19
355 uestrae pietatis permanetis, uerum et illi, qui ta|lia uobis
adfirmant, non uidentur mihi mendacium fingere.   nec 20
enim umquam uiri mei uidi faciem uel omnino cuiatis sit
noui, sed tantum nocturnis subaudiens uocibus maritum
incerti status et prorsus lu⟨*ci*⟩fugam tolero bestiamque
aliquam recte dicentibus uobis merito consentio.   meque
magnopore semper a suis terret aspectibus malumque 25

F 146ᵇ. φ 42ᵇ.   1 faginarũ (φ, *em. ead. m.*) *em. al. m.*
2 p̄gnatione ĭn tuã (*eras. vid.* ⁻)   φ: p̄gnationē ĭn tuã
3 fruc^{tu} *em. ead. m.*   ad (φ) at *Elmenh*   4 ē (φ) esto
E cf. Plaut. Cas. 292 Liv. XXXIV 2,5   9 ⟨nos⟩ nostrum
Bluemner   15 tremen°q; *em. ead. m.*   16 femi|anti (*eras.*
', *fuit igitur* mihi, i *post* m *vid. addid. aut refinx. al. m.*)   φ: fe-
manti (*supra* a *al. m. add.* ʰʸ) *cf. 259,15*   semihianti ⟨ore
tremula⟩ *vdVl*   22 obaudiens *Souter*   23 lu^{cl}fugã ^{cl} *add.*
al. m. (φ)   24 marito (φ) merito *Colv cf. 47,7*   meque] me
quippe Luetj cf. locos unicos 193,12 286,13 me quidem *Gru-*
ter namque (nempe *Haupt*) magn. me *Jahn Haupt* me quoque
Petsch me quae *vel* qui *Leo*

Oud.   *E*

grande de uultus curiositate praeminatur. nunc si quam
salutarem opem periclitanti sorori uestrae potestis adferre,
iam nunc subsistite; ceterum incuria sequens ‖ prioris pro-
uideutiae beneficia conrumpet."

5 *T*unc nanctae iam portis patentibus nudatum sororis
animum facinerosae mulieres, omissis tectae machinae latibulis, destrictis gladiis fraudium simplicis puellae pauentes
20 cogitationes inuadunt. sic denique altera: "quoniam nos
originis nexus pro tua incolumitate ⟨ne⟩ periculum qui- 90
10 dem ullum ante oculos habere compellit, uiam, quae sola
356 deducit iter ad salutem, diu diuque cogitatam monstrabimus tibi. nouaculam praeacutam, adpulsu etiam pal-
mulae lenientis exasperatam, tori qua parte cubare consuesti, latenter absconde lucernamque concinnem, completam
15 oleo, claro lumine praemicantem subde aliquo claudentis
357 aululae tegmine omnique isto apparatu tenacissime dissimulato, postquam sulcato⟨s⟩ intrahens gressus cubile solitum conscenderit iamque porrectus et exordio
somni prementis implicitus altum soporem flare coeperit,
20 toro delapsa nudoque uestigio pensilem gradum p⟨a⟩ul-
lulatim minuens, caecae tenebrae custodia liberata lucerna,
praeclari tui facinoris opportunitatem de luminis consilio
mutuare et ancipiti telo illo audaciter, prius dextera sursum elata, nisu quam ualido noxii serpentis nodum cer-
25 uicis et capitis abscinde. nec nostrum tibi deerit sub-
358 sidium; sed cum primum illius morte salutem tibi

F 146ᵇ. φ 42ᵇ.   4 ērŭpit (φ) *em. Rohde cf.* 106,21 *sq.*
5 hunc (φ) *em.* v   9 ⟨ne⟩ *Petsch*   10 nullum v   quę (φ)
qua *Jahn*   11 te ducit *Michaelis*   iter *del. Gruter sed*
v. 36,9 *sq.* Iuvenc. I 680 *sq.* Hor. c. III 2,22 Ov. am. III 13,6 *rite*
Petsch   14 concinne v *sed interpret.* 'aptam'   16 aululę (φ)
mut. al. m. in tabulę, *pr. m. in mg. add.* tabulę   17 fulcato
(φ, *sed add.* ⁕) sulcatos v *cf.* 268,13   intrahens] ille trahens *Rohde* trahens *Salm* ⟨in⟩cessu trahens (*servat.* sulcato)
□ *Plasberg* sulcato intrans gressu *He cf.* 268,13   18 porre⁕|ctuſ
(c *eras.*)   19 foporĕ (˘ *eras. vid.*)   efflare *Jahn cf. Verg.*
Aen. IX 326   20 pullulatī (φ) *em.* v *cf.* 38,1 *Funck Arch. f.*
□ lat. Lex. VII 495   24 *cf.* 77,1   25 abſcinde (φ) abscide
v *cf.* 122,7, *sed Thes. l. Lat. I* 151

Oud.   *E*

feceris, anxiae praestolabimus cunctisque istis *foras*
tecum relatis uotiuis nuptiis hominem te iungemus homini."

Tali uerborum incendio flammata uiscera sororis iam 21
prorsus ardentis deserentes ipsae protinus, tanti mali con- 5
finium sibi etiam eximie me tuentes, flatus alitis impulsu
solito porrectae super scopu lum ilico pernici[o] se fugu
proripiunt statimque conscensis nauibus abeunt.

At Psyche relicta sola, nisi quod infestis Furiis agitata
359 sola non est, aestu pelagi simile maerendo fluctuat et, 10
quamuis statuto consilio et obstinato animo, iam tamen
facino*ri* manus admouens adhuc incerta consilii titubat
multisque calamitatis suae distrahitur affectibus. festinat
differt, audet trepidat, diffidit irascitur et, quod est ultimum, in eodem corpore odit bestiam, diligit maritum. 15
uespera tamen iam noctem trahente praecipiti festinatione 91
nefarii sceleris instruit apparatum. nox aderat et maritus ad⟨uen⟩erat pri[m]usque Veneris proeliis uelitatus
360 altum soporem descenderat. tunc Psyche, et corporis et 22
animi alioquin infirma, fati tamen saeuitia subministrante, 20

F 146ᵇ 147ᵃ. φ 42ᵇ 43ᵃ.   1 p̄ſtolabim; (φ) praestola⟨tae
aduola⟩bimus *vdVl* praestolabimur *v cf. 54,23 81,24 106,3*
ſociiſ (φ) ocius *v* foras *He* lotitiis *Traube cf. 154,13*   **2** relictis *Petsch*   5 ardentis. ⟨dein⟩ *Rossbach* ardentis. ⟨istae⟩
Michaelis ardentem (*supra* .iam) *Wissowa   post* deserentes
distinct., em. φ ipſa (*null. ras.*) φ: ipſā ipsae *v cf. 82,14sq.*
212,20sq.   7 prouectae *Bursian cf. 33,12*   pniciofę
(φ) *eras.* o   10 haerendo *vdVl*   12 facinori (ri *ex*
ſu *corr. al. m., sed discerni nequit num antea ead. m. emenda-*
verit et posterior refinxerit) φ: facinoʳiſuaſ (ʳⁱ *et* aſ *add. al. m.*)
facinorosas *vel* facinori suas *v*   16 noctē (*eras.* ˜ *virgulam*
al. m. add.) trahente✱ (*eras.* m) φ: nocte trahentē   17 [ad]-
erat *vdVl*   18 aderat (φ) aduenerat *Pric*   pm;q; (φ)
primisque *v* protinusque *Jahn* priusque *Kronenb cf. 65,3;*
70,5 118,23 201,8 276,24 284,26   ueneriis *Rohde cf.*
129,4   19 ⟨in⟩ altum *Vulcan* altum ⟨in⟩ *vel coll. Fulg.*
mit. III 6 (68,9 H.) extenderat *Colv*   20 saeuitate saeuitiam *Nolte*

Oud.   E

uiribus roboratur et prolata lucerna et adrepta nouacula
sexum audacia mutatur. sed cum primum luminis oblatione tori secreta claruerunt, uidet omnium ferarum
mitissimam dulcissimamque bestiam, ipsum illum Cupidi-
5 nem formonsum deum formonse cubantem, cuius aspectu
lucernae quoque lumen hilaratum increbruit et acuminis
sacrilegi nouacula praenitebat. at uero Psyche tanto
aspectu deterrita et impos animi, marcido pallore defecta
361 tremensque desedit in imos poplites et ferrum quaerit abs-
10 condere, sed in suo pectore; quod profecto fecisset, nisi
ferrum timore tanti flagitii manibus temerarii⟨s⟩ delapsum
euolasset. iamque lassa, salute defecta, dum saepius diuini uultus intuetur pulchri‖tudinem, recreatur animi. uidet
capitis aurei geni⟨a⟩lem caesariem ambrosia[m] temulen-
15 tam, ceruices lacteas genasque purpureas pererrantes crinium globos decoriter impeditos, alios antependulos, alios
362 retropendulos, quorum splendore nimio fulgurante iam et
ipsum lumen lucernae uacillabat; per umeros uolatilis dei
pinnae roscidae micanti flore candicant et quamuis ali[i]s
20 quiescentibus extimae plumulae tenellae ac delicatae tre-
mule resultantes inquieta lasciuiunt; | ceterum corpus gla-
bellum atque luculentum et quale peperisse Venerem non
paeniteret. ante lectuli pedes iacebat arcus et faretra et
24 sagittae, magni dei propitia tela. quae dum insatiabili
23 animo Psyche, satis et curiosa, rimatur atque pertractat

F 147ᵃ. φ 43ᵃ.   2 mutauit (uit *in ras. m. recentior,*
fuisse potest — tŭ aut tŭ)   φ: mutatŭ (*ead. m. vel al.* ᵐᵘᵗᵃᵘⁱᵗ
supra lin. add.) mutatur *Jahn cf. 144,4 Tac. a. VI 43,10 h. I 85,12*
5 formonſŭ (n *indux. al. m.*)   7 nouaculam (nouacula *Wey-*
man) poenitebat *Lips*   8 delenita? *Leo cf. 111,25*   11 teme-
rarii *em. m. rec. et φ*   12 sal. defecta *cf. apol. 25 (29,20 sq.)*
    14 geni‖lē (φ, *sed em. m. rec.*)   ăbroſĭă (φ) *em. v*   17 ni-
mio∗| (*vid. eras. f*)   18 bacillabat (φ, *sed prior.* b *corr. in*
u) uacillabat *Weyman coll. 123,2 152,8 cf. Lachmann. ad*
Lucret. p. 37 Funck Arch. f. lat. Lex. IV 236 sqq.   19 micante
Schober   aliiſ (φ) *em. v*   21 inquietae *v* inquiete *Roald*
cf. crebra 30,21 39,6   laſciuiant *em. ead. m. et in mg. add.*
unt   23 paeniteat *Leo*   25 et om. *v*   satis ⟨cupida⟩ et
cur.? *Weyman; interpretand.: praesertim cum etiam curiosa esset.*

Oud.   *E*

et mariti sui miratur arma, depromit unam de pharetra
363 sagitta⟨*m*⟩ et punct*u* pollicis extremam aciem periclitabunda
trementis etiam nunc articuli nisu fortiore pupugit altius,
ut per summam cutem rorauerint paruulae sanguinis rosei 92
guttae. sic ignara Psyche sponte in Amoris incidit amo- 5
rem. tunc magis magisque cupidine fraglans Cupidinis,
prona in eum efflictim inhians, patulis ac petulantibus
sa*u*iis festinanter ingestis de somni mensura metuebat.
sed dum bono tanto percita saucia mente fluctuat, lucerna
illa siue perfidia pessima siue inuidia noxia siue quod 10
tale corpus contingere et quasi basiare et ipsa gestiebat,
euomuit de summa luminis sui stillam feruentis olei super
umerum dei dexterum. hem audax et temeraria lucerna
et amoris uile ministerium, ipsum ignis totius deum aduris,
cum te scilicet amator ‖ aliquis, ut diutius cupitis etiam 15
nocte potiretur, primus inuenerit. sic inustus exiluit deus
uisaque detectae fidei collu*u*ie prorsus ex o⟨*s*⟩culis et
364 manibus infelicissimae coniugis tacitus auolauit. at Psyche 24
statim resurgentis eius crure dextero manibus ambabus
adrepto sublimis euectionis adpendix miseranda et per nu- 20
bilas plagas penduli comitatus extrema consequia tandem
fessa delabitur solo.

   Nec deus amator humi iacentem deserens inuolauit
proximam cupressum deque eius alto cacumine sic eam
grauiter commotus adfatur: 25

   F 147ᵃᵇ. φ 48ᵃ.   **2** ſagittā (⁻ *al. m. add.*) puncto (φ) punctu
Florid cf. 168,13   **4** roraueriⁿt *em. ead. m.*   **6** φ: flagranſ
   8 ſabiiſ (φ, b *mut. in* ᵥ)   **9** dū (ū *in ras. al. m. aut scrips.*
aut refinx.)   **13** hem (φ) h *ex* N *fort. al. m. corr., sed in*
mg. pr. m. add. hē)   **14** d̄m̄＊ (*al. m. eff. ex* d̄m̄, *sed* n
indux. pr. m.) φ: d̄m̄   deum *v*   aduriſ (φ) *al. m. in ras.*
   17 uisuque detecta? *Leo*   defectae *Jahn* deiectae *Petsch* de-
trectatae *vd Vl* deceptae? *He sed* fides *videtur dici secretum*
quod se non detecturam spoponderat   collubię (b *mut. in* ᵛ
m. rec.)   protinus *Rohde*   oculiſ (φ) *em. Crusius coll. Gell.*
III 15,3 cf. v. 8; 99,12 Kronᵣnb. cft. Sen. dial. XI 15,5
(332,20 H.) XII 2,5 (342,21)   **20** abrepto (φ) *em. v cf. 21,4 al.*
   21 conſequa *Gruter sed cf. 251,3*   **28** amatam *Jahn*

Oud.   *E*

"Ego quidem, simplicissima Psyche, parentis meae Veneris praeceptorum immemor, quae te miseri extremique
hominis deuinctam cupidine infimo matrimonio addici ius-
serat, ipse potius amator aduolaui tibi. sed hoc feci
5 leuiter, scio, et praeclarus ille sagittarius ipse me telo
meo percussi teque coniugem meam feci, ut bestia | sci-
licet tibi uiderer et ferro caput excideres meum, quod
istos amatores tuos oculos gerit. haec tibi identidem
365 semper cauenda censebam, haec beniuole remonebam. sed
10 illae quidem consiliatrices egregiae tuae tam perniciosi
magisterii dabunt actutum mihi poenas, te uero tantum
fuga mea puniuero." et cum termino sermonis pinnis in
altum se proripuit.

25   Psyche uero humi prostrata et, quantum uisi poterat, *93*
15 uolatus mariti prospiciens extremis affligebat lamentationibus animum. sed ubi remigio plumae raptum maritum
366 proceritas spatii fecerat alienum, per proximi fluminis
marginem praecipitem sese dedit. sed mitis fluuius in
honorem dei scilicet, qui et ipsas aquas urere consueuit,
20 metuens sibi confestim eam ‖ innoxio uolumine super ripam
florentem herbis exposuit. tunc forte Pan deus rusticus
367 iuxta supercilium amnis sedebat complexus [h] Echo mo⟨n⟩-
tanam deam eamque uoculas omnimodas edocens reccinere;
proxime ripam uago pastu lasciuiuht comam fluuii ton-
25 dentes capellae. hircuosus deus sauciam Psychen atque
defectam, utcumque casus eius non inscius, clementer ad
se uocatam sic permulcet uerbis lenientibus:

"Puella scitula, sum quidem rusticanus et upilio, sed
senectutis prolixae beneficio multis experimentis instructus.

 F 147ᵇ. φ 48ᵃᵇ.   6 pcuffi (φ) *post* i *eras.* t   7 ex-
cidēſ (*virgul. add. pr. m.*) φ: excidereſ   8 tui *Cast* ident.
ante ben. transpos. *vdVl*   9 semper *del. Rohde* ident. prae-
cauenda *Michaelis cf. 29,11* ident. ad censeb. *pertinet* re-
censeb. — moneb. *Rohde cf. 107,21 143,9* praemonebam *Cast*
14 uiſi *scil. maritus* φ: uiſu *cf. 6,4 53,19*   15 prosequens
Michaelis   22 hẹc homo canā (φ) *em. Jahn*   23 omninedaſ
(φ) *em.* v   24 cŏmā (*eras.* ˜)   25 hyrcuoſuſ (φ)

Oud.   *E*

ucrum si recte coniecto, quod profecto prudentes uiri di-
uinationem autumant, ab isto titubante et saepius uaccil-
lante uestigio deque nimio pallore corporis et assiduo
suspiritu, immo et ipsis maerentibus oculis tuis, amore
nimio laboras. ergo mihi ausculta nec te rursus prae- 5
cipitio uel ullo mortis accersi[to]tae genere perimas. luc-
368 tum desine et pone maerorem precibusque potius Cupidinem deorum maximum percole et utpote adolescentem
delicatum luxuriosumque blandis obsequiis promerere."

    Sic locuto deo pastore nulloque sermone reddito, sed **26**
adorato tantum numine salutari Psyche pergit ire. sed 11
〈*cum*〉 aliquam multum uiae laboranti uestigio pererrasset,
inscio quodam tramite iam d〈*i*〉e labente accedit quandam
ciuitatem, in qua regnum maritus unius sororis eius opti-
nebat. qua re cognita Psyche nuntiari praesentiam suam 15
sorori desiderat; mox inducta mutuis amplexibus alternae *94*
salutationis | expletis percontanti causas aduentus sui sic
iucipit:

369   "Meministi consilium uestrum, scilicet quo mihi sua-
sistis, ut bestiam, quae mariti mentito nomine mecum **20**
quiesce‖bat, prius quam ingluuie uoraci me misellam hau-
riret, ancipiti nouacula peremerem. set cum primum, ut
aeque placuerat, conscio lumine uultus eius aspexi, uideo
mirum diuinumque prorsus spectaculum, ipsum illum deae
Veneris filium, ipsum inquam Cupidinem, leni quiete so- **25**

---

                                        pru

F 147^b 148^a. φ 43^h. 1 ṗdentef *em. ead. m.* 2 *cf. 120,18*
8 pallore 〈oris deque macie〉 *vd Vl*   corp.] oris *Rohde*
4 marcentibus *Pric*   6 ullo 〈omnino〉 *Crusius* ullo 〈alio〉 *Luetj*
cf. 107,7 224,29 235,13 244,34 281,5   accerſito te (φ) *em.*
Barth cf. 14,17 283,7 *Plin. ep. I* 12,2 *Quint. decl. mai. XII*
19 (236,4 *L.*) *lectionem* f·*ls. et emendat. coniunctas esse*
cognov. Oud cf. praef. 54   11 nomine (φ, *sed in mg.*
c̊ numine *m. rec. add.*)   12 an͛,qŭa (n̄ *in ras., ut vid. ab al.*
m. script.; fuit aliqŭa)   φ: aliqŭa *cf.* 22,12 287,19 〈cum〉
aliquam *Gronov* 〈ubi〉 aliq. *Wasse* illa quam — inscia *Vogel*
13 delabente (φ) *em. Barth*   22 ṗemerĕ (φ) *al. m. eff.*
-ime-

Oud.

E

pitum. ac dum tanti boni spectaculo percita et nimia
uolu*p*tatis copia turbata fruendi laborarem inopia, casu
scilicet pessumo lucerna feruens oleum re*b*ulliuit in eius
umerum. quo dolore statim somno recussus, ubi me ferro
5 et igni conspexit armatam, «tu quidem», inquit, «*ob*[i]
istud tam dirum facinus confestim toro meo diuorte tibi-
370 que res tuas habeto, ego uero sororem tuam» — et nomen
quo tu censeris aiebat — «iam mihi conf[estim]arreat[h]is
nuptis coniugabo» et statim Zephyro praecipit, ultra ter-
10 minos me domus eius efflaret."

27   Necdum sermonem Psyche finierat: illa uesanae libidinis et inuidiae noxiae stimulis agitata, *e* re con-
cinnato mendacio fallens maritum, quasi de morte parentum aliquid conperisset, statim nauem ascendit et ad
15 illum scopulum protinus pergit et quamuis alio flante
uento, caeca spe tamen inhians, "accipe me", dicens, "Cupido, dignam te coniugem et tu, Zephyre, suscipe dominam" saltu se maximo praecipitem dedit. nec tamen
ad illum locum uel saltem mortua peruenire potuit. nam
20 per saxa cautium membris iactatis atque dissipatis et
proinde, ut merebatur, laceratis uisceribus suis alitibus
bestiisque obuium ferens pa*b*ulum interiit.

Nec uindictae sequentis poena tardauit. nam Psyche

F 148ᵃ φ 43ᵇ.   **2** uoluntatiſ φ: uolūtatiſ (ρ *ex*
al. m. corr.)   **3** rebulliuit (b *ex* u *corr. al. m.*)   **5** ubi
(φ) ob *Colv*   **6** diuorte (*m. recentiss.* o *mut. in* e)   **8** censeris *cf. Arnob. 6,10 (213,4 Reiff.)*   iā m̄ c̄feſtī arreat hiſ
(*lineola rursus induct.*) φ: confeſtim arreăt hiſ (ᴾ *et lineol. al.*
m. add.)   mihi confarreatis *Mercer* (*aberravit librar. ad v. 6,*
errore cognito falso omnia indux.) *cf. 260,1*   **9** nuptis
(φ) (*Rob*) nuptiis v *cf. 199,15*   **10** eius] ocius *Kronenb*
11 finierat, ⟨at⟩ *Jahn* ⟨et⟩ *Kosiol cf. 18,5 267,29 sed*
71,25   **12** agitata (*lac.*) | freconcinnato (φ)   uafre *Herts*
(ua *post* tata *propter litt. simil. pot. intercid.*) e re *m. rec. in*
mg. φ *Jahn* praeconcinnato *aut* & reconc. v   **14** conperiſſet
(*supra* o *eras.⁻, n lineola del., quae tamen ipsa erasa est*)
22 pabulū (b *ex* u *corr.*)

Oud.   E

rursus errabundo gradu peruenit ‖ ad ciuitatem aliam, in 95
371 qua pari modo soror morabatur alia. nec setius et ipsa
fallacie germanitatis inducta et in sororis sceleratas nuptias aemula festinauit ad scopulum inque simile mortis
exitium cecidit.   5

Interimdum Psyche quaesitioni Cupidinis intenta po- 28
pulos circumibat, at ille uulnere lucernae dolens in ipso
thalamo matris iacens ingemebat. tunc auis peralba illa
gauia, quae super fluctus marinos pinnis natat, demergit
sese propere ad Oceani profundum gremium. ibi commo- 10
dum Venerem lauantem natantemque propter | assistens
indicat adustum filium eius, graui uulneris dolore maerentem, dubium salutis iacere iamque per cunctorum ora populorum rumoribus conuiciisque uariis omnem Veneris
familiam male audire, quod ille quidem montano scortatu, 15
372 tu uero marino natatu secesseritis ac per hoc non uoluptas ulla, non gratia, non lepos, sed incompta et agrestia
et horrida cuncta sint, non nuptiae coniugales, non amicitiae sociales, non liberum caritates, sed ..... enormis eluuies
et squalentium foederum insuaue fastidium. haec illa 20
uerbosa et satis curiosa auis in auribus Veneris fili[um]
lacerans existimationem ganniebat. at Venus irata solidum
exclamat repente: "ergo iam ille bonus filius meus habet
373 amicam aliquam? prome agedu⟨m⟩, quae sola mihi seruis
amanter, nomen eius, quae puerum ingen⟨u⟩um et inuestem 25

F 148ᵃ. φ 43ᵇ 44ᵃ.   6 Interīdũ (φ) interdum *Colv cf. 47,21*
52,20 85,26; 174,15 dum .*ind. imperfect. non regit ap. Ap.*   7 at
φ: aṭ *del. Sciopp*   8 auis *del. HI Mueller*   11 marcentem *vd Vl*
aegrentem *Cornelissen*   13 cunctarũ (a *mut. in* o) *em.* φ
14 omẽm (⁻ *eras.*)   15 malaudire *Kirchhoff*   19 *post* sed
genetiv. omiss. putat vd Vl   gluuieſ (φ) *al. m. praepos.* ī *add.*
c̄luuies *Jahn cf. 121,17*   eluuies *Beroald cf. 6,17*   illuuies *Wower*
cf. 182,4   21 filiᵛ *add. ead. m. et* φ *em. Colv* filii unici
Gruter fili inlacerans *Pontan cf. 244,16 Suet. Caes. 75,5 (38,27*
Ihm)   23 ergo (o *ex* a *corr.*)   bon; *ead. m. supra lin.*
add. et quia n; *non satis liquidum erat, in mg. add.* n;
24 p meo gedu (φ, *sed em. al. m.*)   24 5 que ſola — nom̄
ej̄ ab *al. m. linea infra ᵈuct. delet.*   25 ingenũ (φ, *sed em. al. m.*)

Oud. *E*

sollicitauit, siue illa de Nympharum populo seu de Hora-
rum numero seu de Musarum choro uel de mearum Gratiarum ministerio."

Nec loquax illa conticuit auis, sed: "nescio", inquit,
5 "domina: ‖ puto puellam — si probe memini, Psyches
nomine dicitur — ⟨eum⟩ efflicte cupere."

Tunc indignata Venus exclamauit uel maxime: "Psychen ille meae formae succubam, mei nominis aemulam 96
374 si uere diligit, nimirum illud incrementum lenam me pu-
10 tauit, cuius monstratu puellam illam cognosceret."

29 Haec quiritans properiter emergit e mari suumque
protinus aureum thalamum petit et reperto, sicut audierat,
aegroto puero iam inde a foribus quam maxime boans:
"honesta", inquit, "haec et natalibus nostris bonaeque tuae
15 frugi congruentia, ut primum quidem tuae parentis,
immo dominae praecepta calcares nec sordidis amoribus
inimicam meam cruciares, uerum etiam hoc aetatis puer
375 tuis licentiosis et immaturis iungeres amplexibus, ut ego
□ nurum scilicet tolerarem inimicam? sed utique praesumis
20 nugo et corruptor et inamabilis te solum generosum nec
me iam per aetatem posse concipere. uelim ergo scias
multo te meliore⟨m⟩ filium alium ⟨me⟩ genituram, immo
ut contumeliam magis sentias, aliquem de meis adopta-
turam uernulis eique donaturam istas pinnas et flammas
25 et arcum et ipsas sagittas et omnem meam supellectilem,

F 148^(a.b.). φ 44^(a.)   1 nīpharŭ (φ)   5 dūa (φ) a *al.*
m. refinx. puellae *Oud* puellam ⟨illum⟩ *Rossbach*   6 ⟨eum⟩
He   cupere] eum perire *Traube*   7 uł (φ) *m. rec. corr. in*
per ut *Beck* uel max. *post* tunc *transpos.* *Luetj*   8 illę (φ)

illam *cod. Dorv.*   fuccŭbā (eras.⁻)   9 fi *induct.,* om φ
def. Koch cf. 245,6   si uere *del. Novák oratione pro inter-*
rogatione habita si uere ⟨dicunt⟩ *vel* ⟨dicis⟩ *Luetj cf. 128,3*
                                       if
       14 tuę (φ)   18 tuę *em. ead. m* φ: tuif   20 corrup-
tor [et] *Rohde* generofū (φ) u *al. m. in ras.*   22 me-
liorĕ (φ)˜ *al. m. add.* alium ⟨me⟩ *He*   24 uernulif
(φ) if *ex ā ead. ut vid. m. corr.* ejq; (*nihil mutat.*)

Oud.

E

quam tibi non ad hos usus dederam; nec enim de patris
tui bonis ad instructionem istam quicquam concessum est.
sed male pri|ma pueritia inductus es et acutas manus 30
habes et maiores tuos irreuerenter pulsasti totiens et ipsam
matrem tuam, me inquam ipsam, parricida denudas cotidie 5
et percussisti saepius et quasi uiduam utique contemnis
376 nec uitricum tuum fortissimum illum maximumque bella-
torem metuis. quidni? cui ‖ saepius in angorem mei paelicatus puellas propinare consuesti. sed iam faxo te lusus
huius paeniteat et sentias acidas et amaras istas nuptias. — 10
sed nunc inrisui habita quid agam? quo me conferam?
quibus modis stelionem istum cohibeam? petamne auxilium ab inimica mea Sobrietate, quam propter huius ipsius luxuriam offendi saepius? a[u]t rusticae squalentis-
que feminae conloquium prorsus [adhibendum est] hor- 15
resco. nec tamen uindictae solacium undeunde spernendum 97
377 est. illa mihi prorsus adhibenda est nec ulla alia, quae
castiget asperrime nugonem istum, faretram explicet et
sagittas dearmet, arcum enodet, taedam deflammet, immo
et ipsum corpus eius acrioribus remediis coherceat. tunc 20
iniuriae meae lita[ta]tum crediderim, cum eius comas,
quas istis manibus meis subinde aureo nitore perstrinxi,
deraserit, pinnas, quas meo gremio nectarei fontis infeci,
praetotonderit."
378   Sic effata foras sese proripit infesta et stomachata 31
biles Venerias. sed eam protinus Ceres et Iuno conti- 26
nuantur uisamque uultu tumido quaesiere, cur truci supercilio tantam uenustatem micantium oculorum coerceret. at
illa: "oportune", inquit, "ardenti prorsus isto meo pectori

F 148ᵇ. φ 44ᵃ.   3 prima φ: prima tua ⟨a⟩ pr. *Novák* □
prima ⟨a⟩ *Michaelis cf. 62,1*   4 ʰabeſ ʰ *ead. m. add.*
7 illum ⟨uirum⟩ *vd Vl*   14 aut (φ) at *Jahn*   15 c̄loquiū
prſuſ adhibendū ē (φ) prors. adh. est *del. Luetj cf. v. 17* prorsus *def. Plusberg quod ipsum ansam errori praebuerit*   18 et
del. Luetj   21 lita tatū *em.* φ   23 in meo *Cornelissen*
cf. 10,3 53,11 57,22 58.21 al.   26 cereſeti uno *em. al. m.*
et in mg. add. cereᵉ 2 iuno   continantur *Kiessling cf. 22,11*
27 timido (φ) *em. v*

Oud.   *E*

379 u[i]olentiam scilicet perpetraturae uenitis. sed totis, oro, uestris uiribus Psychen illam fugitiuam uolaticam mihi requirite nec enim uos utique domus meae famosa fabula et non dicendi filii mei facta latuerunt."

5   Tunc illae ⟨*non*⟩ ignarae, quae gesta sunt, palpare Veneris iram saeuientem sic adortae: "quid tale, domina, 380 deliquit tuus filius, ut .animo peruicaci uoluptates illius impugnes et, quam ille ‖ diligit, tu quoque perdere gestias? quod autem, oramus, isti crimen, si puellae lepi-10 dae libenter adrisit? an ignoras eum masculum et iuuenem esse uel certe iam quot sit annorum, oblita es? an, quod aetatem portat *b*ellule, puer tibi semper uidetur? mater autem tu et praeterea cordata mulier filii tui lusus | semper explorabis curiose et in eo luxuriem culpabis 15 et amores rcuinces et tuas artes tuasque delicias in formonso filio reprehendes? quis autem te deum, quis hominum patietur passim cupidines populis disseminantem, cum tuae domus amores amare coherceas et uitiorum muliebrium publicam praecludas officinam?"

20   Sic illae metu sagittarum patrocinio gratioso Cupidini, 98 381 quamuis absenti, blandiebantur. sed Venus indignata ridicule tractari suas iniurias praeuersis illis alterorsus concito gradu pelago uiam capessit.

    F 148ᵇ 149ᵃ. φ 44ᵃᵇ.   1 uiolentiā (φ) *em. Markland* uolentia *Thom* ppetraṭ ̣euenitiſ (φ, *sed emend.*)   8 fabula⁕ eras. e φ: famulā̊ (*sic*)   5 ⟨non⟩ ignarae *Pric cf.* 122,26 gnarae *Beroald* iam gn. *Damsté*   6 adorte⁕ (*eras vid.* ſ̣, *untea induct.*)

    7 deliqd (*al. m. add.* ')   8 deperit *vel* ⟨perdite⟩ diligit *Weyman* dereliquit *Christ cf.* 126,9   qq; (φ) quoquo modo *Luctj cf.* 168,21 quaqua *Loefstedt sed cf.* 111,8 116,1 113,4 12 portas *vd Vl* uellule (φ, *sed em. al. m.*)   13 cordata (φ) *sed* d eras.   15 reuincies *Wissowa* formoṇſo φ: formoſo 18 coherceaſ ſ *ex* t *corr. ead. m.*   20 metu⁕ eras. ſ   22 p̄uerſiſ (r *ex* ſ *corr. ead. m.*) 'praetervectis et post tergum relictis' *interpr.* *Oud* spretis? *He* alte rurſuſ (φ) altrorsus *E* altrouorsus *Traube* ₒalterorsus *Vollmer in Thes. l. Lat. cf.* 224,7 28 capeſſit (ᶜ *add. al. m.*)

LIBER VI

382 Interea Psyche uariis iactabatur discursibus, dies noc- 1
tesque mariti uestigationibus inquieta animo, tanto cu-
383 pidior iratum licet, si non uxoris blanditiis lenire,
certe seruilibus precibus propitiare et prospecto templo 5
quodam in ardui montis uertice: "unde autem", inquit, "scio, an istic meus degat dominus?". et ilico dirigit
citatum gradum, quem defectum prorsus adsiduis laboribus
spes incitabat et uotum. iamque nauiter emensis celsiori-
bus iugis puluinaribus sese proximam intulit. uidet spicas 10
frumentarias in acer*u*o et alias flexiles in corona et spicas
hordei ‖ uidet. erant et falces et operae messoriae mun-
384 dus omnis, sed cuncta passim iacentia et incuria con͡fusa
et, ut solet aestu, laborantium manibus proiecta. haec
singula Psyche curiose diuidit et discretim remota rite 15
componit, rata scilicet nullius dei fana ⟨*et*⟩ caerimonias
neclege⟨*re*⟩ se debere, sed omnium beniuolam misericordiam corrogare.   2
Haec eam sollicite seduloque curantem Ceres alma
deprehendit et longum exclamat protinus: "ain, Psyche 20
miseranda? totum per orbem Venus anxia disquisitione
tuum uestigium furens animi requirit teque ad extremum

F 149ª. φ 44ᵇ   Є́go faluſtiuſ legi & emdaui rome felix.

| METHAMORPHOSEON LI̅B̅. V. Є́Xplicit. INCI̅P̅. LI̅B̅. VI.
FЄ́LICITER. 3 ⟨intenta et quanto magis⟩ inq. *vd Vl* 4 tanto-
⟨que⟩ *Michaelis*   licetsi *def. Weyman (ap. Apul. non legitur)*
licet [si] *Koziol* mulcere et si *Jahn* licet, si *edd vett cf.* 59,1
de mundo 21 (158,1 *Th.*)   uxoriſ (φ) -iis *Beroald*
7 ilico ⟨eo⟩ *Stoll cf. 216,1 218,19*   10 proximans *Elmenh*
11 acerbo *em.* φ plectiles *Pric* et] uidet *Giarr del. v.* 12 uidet
et ? *He* 12 uidet *del. F. Norden* 15 semota *Rohde* seiuncta
Michaelis 16 fano *Oud* ⟨et⟩ *v cf. de deo Socr.* 15 (24,14 *Th.*)
⟨ac⟩ *Hild cf.* ac ante c 22,13 278,7 282,18 Min. Fel. 6,3
cerimoniaſ (φ) *al. m. punctis dcl.* ſ 17 neclegeſe (φ) *al. m. eff.*
neglegēſe *em. v* 20 aɪn (φ) a, tu *Jahn cf.* 8,7 69,1 173,12

Oud.   *E*

supplicium expetit et totis numinis sui uiribus ultionem
flagitat: tu uero rerum mearum tutelam nunc geris et
aliud quicquam cogitas nisi de tua salute?"

Tunc Psyche pedes eius aduoluta et uberi fletu ri- 99
5 gans | deae uestigia humumque uerrens crinibus suis mul-
tiiugis precibus editis ueniam postulabat: "per ego te
385 frugiferam tuam dexteram istam deprecor, per laetificas
messium caerimonias, per tacita secreta cistarum et per
famulorum tuorum draconum pinnata curricula et glebae
10 Siculae sulcamina et currum rapacem et terram tenacem
et inluminarum Proserpinae nubtiarum demeacula et
luminosarum filiae inuentionum remeacula et cetera, quae
silentio tegit Eleusin[h]is Atticae sacrarium, miserandae
Psyches animae, supplicis tuae, subsiste. inter istam spi-
15 carum congeriem patere uel pauculos dies delitescam,
quoad deae tantae saeuiens ira spatio temporis mitigetur
386 uel certe meae ⟨ui⟩res diutino labore fessae quietis interuallo leniantur."

8   Suscipit Ceres: "tuis quidem lacrimosis precibus et
20 commoueor et opitulari cupio, sed || cognatae meae, cum
qua etiam foedus antiquum amicitiae colo, bonae praeterea feminae, malam gratia⟨m⟩ subire nequeo. decede
itaque istis aedibus protinus et quod a me retenta custo-
ditaque non fueris, optimi consule."

25   Contra spem suam repulsa Psyche et afflicta duplici
maestitia iter retrorsum porrigens inter subsitae conuallis
387 sublucidum lucum prospicit fanum sollerti fabrica structum
nec ullam uel dubiam spei melioris uiam uolens omittere,
sed adire cuiuscumque dei ueniam, sacratis foribus pro-

F 149^(ab). φ 44^b. 7 cf. 99,3 13 eleuſ In hiſ (φ) *em. v* ſacra-
riũ miſerandę *al. m. lineol. add.* 15 deli*teſcam *eras. vid.* ſ
17 meę**|reſ (meę *vid. corr. esse ex* metu *vel* meta) φ: mee^(u1)reſ
(*em. ead. m.*) 18 leuentur *Rohde refut. Novák coll.* 6,19
22 grā *em. m. rec. et* φ 24 de iſtiſ (*sed* de *del. ead. m.*)
φ: iſtiſ 23 optime (φ) *em. v* 26 ſubditae *Salm cf.* 103,4
28 cõomittere (*induct.* cõ) φ: omittere

Oud.   *E*

ximat. uidet dona pretiosa [h]*et* lacinias auro litteratas
388 ramis arborum postibusque suffixas, quae cum gratia facti
nomen deae, cui fuerant dicata, testabantur. tunc genu
nixa et manibus aram tepentem amplexa detersis ante
lacrimis sic adprecatur: 5

"Magni Iouis germana et coniuga, sive tu Sami, quae 4
sola partu uagituque et alimonia tua gloriatur, tenes
389 uetusta delubra, siue celsae Carthaginis, quae te uirginem
uectura leonis caelo commeantem percolit, beatas sedes *100*
frequentas, seu[es] prope ripas Inachi, qui te iam nuptam 10
Tonantis et reginam dearum memorat, inclitis Argiuorum
praesides moenibus, quam cunctus oriens Zygiam uenera-
tur et omnis occidens Lucinam appellat, sis meis extre-
390 mis casibus Iuno Sospita   meque in tantis exanclatis laboribus defessam imminentis periculi metu libera. quod 15
sciam, soles praegnatibus periclitantibus ultro subuenire."

Ad istum modum supplicanti statim sese Iuno cum
totius sui numinis augusta dignitate praesentat et protinus: "quam uellem", inquit, "per fidem nutum meum
precibus tuis accommodare. sed contra uoluntatem Ve- 20
neris, ‖ nurus meae, quam filiae semper dilexi loco, prae-
391 stare me pudor non sinit. tunc etiam legibus, quae ser-
uos alienos perfugas inuitis dominis uetant suscipi, prohibeor."

Isto quoque fortunae naufragio Psyche perterrita nec 5

F 149^b. φ 44^{b}45^a 1 *et (*eras.* h, t *ex* c *corr. al. m.*)

φ: h ac *Jahn*   2 fắti *em. ead. m. et* φ uoti *Bluemner*
3 de⟨orum regin⟩ae *Paetzolt*   4 amplexa (φ) *post* a *eras.*
nf   6/7 querula (u *ex* o *vid. eff. ead. m.*) φ: q̄rula   quae
sola *Salm* quae insula *Rohde*   10 feuef φ: feuef sive *v*
seu *Michaelis* seu es — praesidens *Rohde*   11 dearũ (*sed
legere licet* decorũ) φ: decorũ   memorat, ⟨et⟩ (*servato
seu* es) ? *He*   12 zigiặ (φ)   14 exantlatif *cf. 136,15*
16 φ: p̄gnantib; *cf. Roensch Ital. u. Vulg. 461*   19 *inter* meũ
et precibuf *luc. in qua litt. non fuerunt*   21 ⟨praesidium⟩
praestare *Michaelis cf. 152,2* ⟨opem⟩ *Cornelissen*   23 p fu-
gaf φ: profugof

Oud.   *E*

indipisci iam maritum uolatilem quiens, tota spe salutis
deposita, sic ipsa suas cogitationes consuluit: "iam quae
possunt alia meis aerumnis temptari uel ad⟨h⟩iberi subsidia, cui nec dearum quidem, quamquam uolentium,
5 potuerunt prodesse suffragia? quo rursum itaque tantis
laqueis inclusa uestigium porrigam quibusque tectis uel
etiam tenebris abscondita magnae Veneris ineuitabiles
oculos effugiam? quin igitur masculum tandem sumis
animum et cassae speculae renuntias fortiter et ultroneam
10 te dominae tuae reddis et uel sera modestia saeuientes
impetus eius mitigas? qui scias, an etiam, quem diu
quaeritas, illic in domo matris repperias?". sic ad dubium obsequium, immo ad certum exitium praeparata
392 principium futurae secum meditabatur obsecrationis.
6   At Venus terrenis remediis inquisitionis abnuens cae-
16 lum petit. iubet instrui currum, quem ei Vulcanus
aurifex subtili fabrica studiose poliuerat et ante thalami
393 rudimentum nuptiale munus obtulerat, limae tenuantis
detrimento conspicuum et ipsius auri damno pretiosum. *101*
20 de multis, quae circa cubiculum dominae stabulant, pro-
cedunt quattuor candidae columbae et hilaris incessibus
picta colla torquentes iugum gemmeum subeunt suscepta-
que domina laetae subuolant. currum deae prosequentes
gannitu constrepenti lasciuiunt passeres et ceterae, quae
25 dulce cantitant, aues melleis modulis suaue resonan‖tes
aduentum deae pronuntiant. cedunt nubes et Caelum
filiae panditur et summus aether cum gaudio suscipit
deam, nec obuias aquilas uel accipitres rapaces perti-
mescit magnae Veneris cano|ra familia.

F 149ᵇ 150ᵃ. φ45ᵃ.   3 adiberi (φ *superscript.*ʰ)   uel adhib.
del. Jahn   4 ne *Michaelis cf. 107,4*   quānquā (*eras.* ‾)
5 quo ʳᵘʳſū (*em. ead. m.*)   φ: quo rurſū   quorsum *Mercer* quo-
sum *Weyman*   7 absc. m. Ven. *supra lin. add. pr. m.*   8 *cf.*
148,19   12 illuc (φ) *em. v*   repperieſ (φ) reperias *v cf. 110,5 sq.*
sed 14,9 129,7   indubium *vd Vl*   16 cōſtrui   φ: cōſtrui
inſtrui *Oud*   26—28 cedunt — deam *post* familia *v. 29*
transpos. Bintz   28 accipitreſ *ead. m. corr. ex* —teſ

Oud.   E

Tunc se protinus ad Iouis regias arces dirigit et 7
394 petitu superbo Mercuri, dei uocalis, operae necessariam
usuram postulat. nec rennuit Iouis caerulum supercilium.
tunc ouans ilico, comitante etiam Mercurio, Venus caelo
demeat eique sollicite serit uerba: "frater Arcadi, scis 5
nempe sororem tuam Venerem sine Mercuri praesentia nil
unquam fecisse nec te praeterit utique, quanto iam tempore delitescentem ancillam nequiuerim repperire. nil
ergo superest quam tuo praeconio praemium inuestiga-
tionis publicitus edicere. fac ergo mandatum matures 10
meum et indicia, qui possit agnosci, manifeste designes,
ne, si quis occultationis illicitae crimen subierit, igno-
rantiae se possit excusatione defendere"; et simul dicens
libellum ei porrigit, ubi Psyches nomen continebatur et
cetera. quo facto protinus domum secessit.   15

Nec Mercurius omisit obsequium. nam per omnium 8
ora populorum passim discurrens sic mandatae praedica-
tionis munus exequebatur: "si quis a fuga retrahere uel
395 occultam demonstrare poterit fugitiuam regis filiam, Veneris ancillam, nomine Psychen, conueniat retro metas 20
Murtias Mercurium praedicatorem, accepturus indiciu[i]ae
nomine ab ipsa Venere septem sauia suauia et unum
blandientis adpulsu linguae longe mellitum."

Ad hunc modum pronuntiante Mercurio tanti praemii 102
cupido certatim omnium mortalium studium adrexerat. 25
quae res nunc uel maxime sustulit Psyches omnem cunctationem. ‖ iamque fores ei[us] dominae proximanti occurrit

---

F 150ᵃ. φ 42ᵃ.   1 Iouiſ (φ) i *ex* e *eff. al. m., sed antea*   ☐
*vid.*¹ *superscr. fuisse*   2 Mercuri (*m. rec. add.*¹)   3 *cf. 58,22*
4 ouanſ (o *corr. ex* f)   5 Arcadi *cf. Neue Lat. Formenl.*³
II 42   6 p̄ſentiā *eras.*˜   11 q φ: quiˢ quibus *v*   13 et⌋
haec *Pric*   15 facessit *Sciopp* se c⟨ap⟩essit *vd Vl* recessit *?*
Novák cf. 125,16 222,4   17 *cf. Liv. II 38,3 Sall. Iug. 31,10*
19 fugitiuā (φ)˜ *add. al. m., sed vid. antea fuisse*   21 indi-
ciuiẹ φ: indiciuie°ᑫ⸴ (° *et* ᑫ⸴ *fort. ead. m. add.*) indicinae *Roald*
indiciuae *Haupt cf. 173,17 Corp. gloss. VI 563*   22 ſabia (φ)
em. v   23 longe *cf. 19,18*   27 eɟ (φ) *del. Pric* ei *Rohde*
secund. Oud cf. 141,20 foribus d. *Cornelissen* aedis? *He cf. 284,13:*
foris aedis Vener. *et* eius *locum inter se mutare iubet Oud*

396 una de famulitione Veneris nomine Consuetudo statimque,
quantum maxime potuit, exclamat: "tandem, ancilla nequissima, dominam habere te scire coepisti? an pro cetera
morum tuorum temeritate istud quoque nescire te fingis,
5 quantos labores circa tuas inquisitiones sustinuerimus?
sed bene, quod meas potissimum manus incidisti et inter
Orci cancros iam ipsos ha[b]esisti datura scilicet actutum
9 tantae contumaciae poenas", et auda citer in capillos eius
inmissa manu trahebat eam nequaquam reni*t*entem. quam
10 ubi primum inductam oblatamque sibi conspexit Venus,
397 laetissimum cachinnum extollit et qualem sole⟨*n*⟩t furenter
irati, caputque quatiens et ascalpens aurem dexteram:
"tandem", inquit, "dignata es socrum tuam salutare? an
potius maritum, qui tuo uulnere periclitatur, interuisere
15 uenisti? sed esto secura, iam enim excipiam te, ut bonam
nurum condecet"; et: "ubi sunt", inquit, "Sollicitudo atque
Tristities, ancillae meae?". quibus intro uocatis torquen-
dam tradidit eam. at illae sequentes erile praeceptum
Psychen misellam flagellis afflictam et ceteris tormentis
20 excruciatam iterum dominae conspectui reddunt. tunc
rursus sublato risu Venus: "et ecce", inquit, "nobis turgidi
uentris sui lenocinio commouet miserationem, unde me
praeclara subole auiam beatam scilicet faciat. felix uero
ego, quae in ipso aetatis meae flore uocabor auia et uilis
25 ancillae filius nepos Veneris audiet. quanquam inepta

F 150ᵃ. φ 45ᵃᵇ.   1 famulitio *Jahn fort. recte sed cf.* 25,13
famulatione *v*   7 habeſiſti (φ) *em. Rohde* adhaesisti *v* ob-
haesisti *Oud*   9 retinentē *em. al. m.* (φ) *cf.* 23,27 59,19
    11 laetiſſimū (φ) latissimum *v cf.* 248,25 saeuissimum
Bluemner lentissimum *Nolte*   et] sed *vdVl* (servato
laet.)   ſol& (φ) *em. al. m.*   frequen�±ͪ (*in mg.* furent)
φ: furent *cf. Cic. ad Att. VI 1,12 sed* 40,22 87,4 98,2 *al.* fer-
uenter *v* frequentare *Jahn* furentes *F'Norden*   12 dexterā
(φ) *post a ras.*   21 et om. φ set *Jahn en Bluemner cf.* 1,12
et *def. Weyman cf.* 60,23 90,11 92,3 175,5   turgidi*
(*eras.* ſ)   23 ſubole (*ead. ut vid. m.* u *mut. in* o) φ: ſobole   auiam *del. vdVl*   faciet *E*   24 uocabor auia
(r a *in ras. al. m. scr; vid. fuisse* bo ra) (φ)   auia. ⟨Iamiam
Cupidinis⟩ et *Vollgraff*

Oud.
$\qquad$ **E**

ego frustra filium dicam; impares enim nuptiae et praeterea in uilla sine testibus et patre non consentiente
398 factae legitimae ‖ non possunt uideri ac per hoc spurius *103*
iste nascetur, si tamen partum omnino perferre te patiemur."
$\qquad$ **5**

His editis inuolat eam uestemque plurifariam diloricat **10**
capilloque discisso et capite conquassato grauiter affligit
et accepto frumento et hordeo et milio et papauere et
399 cicere et lente et faba commixtisque aceruatim confusis
in unum grumulum sic ad illam: "uideris enim mihi tam **10**
deformis ancilla nullo alio, sed tantum sedulo ministerio
amatores tuos promereri: iam ergo et ipsa[m] frugem
tuam periclitabor. discerne[re] seminum istorum passiuam
congeriem singulisque granis rite dispositis atque seiugatis
ante istam uesperam opus expeditum approbato mihi." **15**

Sic assignato tantorum seminum cumulo ipsa cenae
nubtiali[s] concessit. ne⟨c⟩ Psyche manus admolitur in-
conditae illi et inextricabili moli, sed immanitate prae-
400 cepti consternata silens obstupescit. tunc formicula illa
paruula atque ruricola, certa[ta] difficultatis tantae labo- **20**
risque, mi serta contubernalis magni dei socrusque saeuitiam execrata, discurrens nauiter conuocat corrogatque
cunctam formicarum accolarum classem: "miseremini terrae
omniparentis agiles alumnae, miseremini et Amoris uxori[s],
puellae lepidae, periclitanti prompta uelocitate succurrite." **25**

F 150^{ab}. φ 45^b.   1 ego ⟨quae⟩ *vdVl coll. 144,5 de con-
iunctivo cf. Becker Stud. Apul. diss. Berol. 1879 p. 27*   4 pro-
ferre *v*   6 ueſtē q; (*vid. fuisse* quę) φ: ueſtē q̄   8 accer-
sito *vdVl*   frumento *vel* frum.et *del. Wower Elmenh* frumenti
Stewech; 'tritico' interpret. Beroald cf. 129,11   9 ⟨et⟩ aceru.
Michaelis   confusisque *v*   12 ipſã (φ) ipsa *v*   13 discernere (φ) *em. v*   15 ipsam *Florid*   16 cęnae (φ) ae *ex* a
ead. m. corr.   17 nubtialiſ (b *ex* p *corr. ead. m.*)   ne *em.* φ
cf. 77,7   19 coni͠t nata (φ, *sed supra prior.* n *addit.* ^{m})
em. v   20 ruricula *em.* φ   certata *poster.* a *vid ex* ị *corr.*
(φ) *vid. librarius ipse cognovisse se ad verb. sequens aberrasse,
sed omisisse alteram syll.* ta *delere* certa *E* certatim *v* certa
tum Oud certa iam *Stewech* certa tamen *Luetj* spectata *Bluemner*
cordata *Hild* exercitata *Leo cf. 146,6 sq.*   24 uxoriſ (φ) eras. ſ

E

ruunt aliae superque aliae sepedum populorum undae
summoque studio singulae granatim totum digerunt acer-
uum separatimque distributis dissitisque generibus e con-
401 spectu perniciter abeunt.

11   Sed initio noctis e conuiuio nuptiali uino madens et
6 *fraglans* balsama Venus remeat totumque reuincta corpus||
rosis micantibus uisaque diligentia miri laboris: "non
tuum", inquit, "nequissima, nec tuarum manuum istud 104
opus, sed illius, cui tuo, immo et ipsius malo placuisti"
10 et f⟨r⟩usto cibarii panis ei proiecto cubitum facessit.
interim Cupido solus interioris domus unici cubiculi custodia clausus cohercebatur acriter, partim ne petulanti
luxurie uulnus grauaret, partim ne cum sua cupita con-
ueniret. sic ergo distentis et sub uno tecto separatis
15 amatoribus tetra nox exanclata.

Sed Aurora commodum inequitante uocatae Psychae
Venus infit talia: "uidesne illud nemus, quod fluuio prae-
402 terluenti ripisque longis attenditur, cuius ⟨*frutices*⟩ imi gur-
gitis uicinum fontem despiciunt? oues ibi nitentes auriue
20 col⟨*or*⟩e florentes incustodito pastu uagantur. inde de coma

---

F 150ᵇ. φ 45ᵇ.   1 ſepe dŭ (φ)   6 flaganſ ͬ *add.*
ead. m. φ: flagranſ fraglans *vdVl cf. 32,5 67,1 76,1*
Venus remeat *post* micant. (v. 7) *transpos. vdVl*   10 furto (φ)
al. m. em.   11 unici *def. Novák coll. 148,23 156,8 al.* (*explicat
adverb.* acriter) inuii *Heins* intimi *Rohde* uicini *Purser* aurei *vdVl*
gunaecei [cubiculi] *Traube cf. 144,15*   13 luxuria (a *in ras.*
al. m. fort. ex ę *corr.*) φ: luxurie *cf. 128,14*   15 ᵉⁿexanclata
(ᵉⁿ*add. m. recentiss.*, c *al. m. ex* e *corr.*) φ: exanelata *cf. 14,20*
131,14 159,5 176,18 267,20 275,20 277,5   16 commodum
⟨caelum⟩ *Wernicke coll. 52,7 cf. praef. 50*   17/18 praeter-
fluenti *Colv* praeterruenti *cod. Dorv* praeterlabenti *Klotz*
18 ⟨frutices⟩ *He cf. 192,19sq.* imi gurgiteſ (φ) imi frutices
vdVl inuii frutices ⟨ubi⟩ *Luetj* imi gurgitis *Thom*
19 fontem frondes *Thom cf. 17,19/18,1*   ⟨adipe⟩ nitentes aurique colore *Novák* nitentis ⟨solis⟩ auriue colore *vdVl*
auri∗∗| cole (*eras.* ue) φ: auriue cole aurique colore *v* nitentis
auri decore (uellere *Michaelis*) *Luetj* nitentes auri colore florente

Oud.   *E*

pretiosi uelleris floccum mihi confestim quoquo modo quae-
situm afferas censeo."

Perrexit Psyche uolenter non obsequium quidem illa 12
functura, sed requiem malorum praecipitio fluuialis rupis
habitura. sed inde de fluuio musicae suauis nutricula 5
leni crepitu dulcis aurae diuinitus inspirata sic uatici-
⟨na⟩tur arundo uiridis: "Psyche, tantis aerumnis exercita,
neque tua miserrima morte meas sanctas aquas polluas
103 nec uero istud ⟨h⟩orae contra formidabiles oues feras
aditum, quoa⟨d⟩ de solis fraglantia mutuatae calorem truci 10
rabie solent efferri cornuque acuto et fronte saxea et non
nunquam uenenatis morsibus in exitium saeuire mortalium;
sed dum meridies solis sedauerit uaporem et pecua spiri-
tus fluuialis serenitate | conquieuerint, poteris sub illa
procerissima platano, quae mecum simul unum fluentum 15
104 bibit, ‖ latenter abscondere. et cum primum mitigata furia
laxauerint oues animum, percussis frondibus atti[n]gui *105*
nemori⟨s⟩ lanosum aurum repperies, quod passim stirpibus
conuexis obhaerescit."

Sic arundo simplex et humana Psychen aegerrimam 18
salutem suam docebat. nec auscultatu ⟨in⟩paenitendo 21
diligenter instructa illa cessauit, sed obseruatis omnibus

Rossbach [nitentes] aureo (auri *Woelfflin*) colore florentes
Weyman

F 150ᵇ 151ᵃ. φ 46ᵃ.   6 uaticit̕ (φ) *em. al. m.*   9 iſtiuſ
orae (φ) *post* oues *transpos.* v   istud horae *Salm cf. 14,2.12*   □
10 q̊ad✻ ſoliſ *(eras.* e) ℔: quo ad e (ad e *m. rec.)* quoad de *v*
quo de *Petsch* quom de *Novák*   *cf. 87,10*   mutuata (φ)
em. v   11 efferari *Colv cf. 204,2; Weyman cft. Lact. inst.*
VI 24,24 (p. 576,7), Beck Cic. pro Cael. 9,21   12 ſe̢✻uire
(eras. r)   13 pecula *(sed ras. infra* l) φ: pecula   pecua *v*
pecuda *Hild* pecuini—fluuiali *vd Vl*   14 poteris ⟨te⟩ *Novák*
16 ⟨te⟩ abscondere v *cf. 179,17*   17 attingui (φ, *sed. em.)*
18 nemoriſ ſ *add. m. rec.* (φ)   19 conuexiſ (φ) conexis *aut*
conexum *v*   21 pe̢nitendo (φ) *em. Petsch cf. 289,23* non
paenitendo *Koziol* penitus intento *Jahn*   22 digent̄ *em.*
ead. m.   ✻illa *eras.* c *antea linea delet. (voluerat scribere verb.*
sequens)· φ: illa ancilla? *Traube*

Oud.   *E*

furatrina facili flauentis auri mollitie congestum gremium
Veneri reportat. nec tamen apud dominam saltem se-
cundi laboris periculum secundum testimonium meruit,
sed contortis superciliis subridens amarum sic inquit: "nec
5 me praeterit huius quoque facti auctor adulterinus. sed
iam nunc ego sedulo periclitabor, an oppido forti animo
singularique prudentia sis praedita. uidesne insistentem
celsissimae illi rupi montis ardui uerticem, de quo fontis
atri fuscae defluunt undae proxumaeque conceptaculo uallis
10 inclusae Stygias inrigant paludes et rauca Cocyti fluenta
405 nutriunt? indidem mihi de summi fontis penita scaturrigine rorem rigentem hauritum ista confestim defer[s]
urnula." sic aiens crustallo dedolatum uasculum, insuper
ei grauiora comminata, tradidit.

14   At illa studiose gradum celerans montis extremum
16 petit *t*umulum certe uel illic in⟨uentura⟩ uitae pessimae
finem. sed cum primum praedicti iugi conterminos locos
appulit, uidet rei uastae letalem difficultatem. namque
saxum immani magnitudine procerum et inaccessa sale-
20 britate lubricum medi⟨i⟩s e *f*aucibus lapidis fontes horridos euomebat, qui statim proni foraminis lacunis editi
406 perque procliue delapsi et angusti canalis exar⟨a⟩to con-
tecti tramite proxumam conuallem ‖ latenter incidebant.

F 151ᵃ. φ 46ᵃ.   5 q̊q; *ead. m. supra lin. add.* sed] et
Petsch   9 proxumeque *em v cf. v. 23*   10 inclusa stygiaſ
(ſt *in ras. al. m., vid fuisse* ē) φ: inclusa ē ᶠᵗygiaſ (ᶠᵗ *m.
recent.*)   pauca (φ) *em. Lips*   cociti (φ)   fluenta (φ) a
ex e *corr. ead. m.*   12 hauritū (φ *omissa* h) *induct.*
defer ſurnula (φ) *al. m. corr. in* deſereſ ∗urnula   deferas *Jahn
cf.137,2* defers *def. Weyman cf.21,21*   15 cele∗ranſ (*eras.*r) *cf. Th.
l. Lat. III 758*   16 cumulū (φ) *em. v cf. Verg. A. XII 135 sq.*   inuitę
φ: īuite īuite in⟨uentura⟩ uitae *Beroald*   18 rei] terrae
Beck   20 mediſ e raucib; (φ, *sed al. m. em.*) *corr. al. m.
in* mediis faucib; radicibus *Draheim*   22 exarto φ: ex-
arcto *def. Beck coll.* expallidus, expromptus, exspretus ex-
serto *v* extrito *vd Vl* exarato *Petsch*   conuecti *Beck* con-
lecti *Michaelis*

Oud. E

dextra laeuaque cautibus cauatis proserpunt . . . . et
longa colla porrecti saeui dracones inconiuae uigiliae *106*
luminibus addictis et in perpetuam lucem pupulis excu-
bantibus. iamque et ipsae semet muniebant uocales aquae.
407 nam et "discede" et "quid facis? uide" et "quid agis? **5**
caue" et "fuge" et "peribis" subinde clamant. sic impossi-
bilitate ipsa mutata in lapide⟨m⟩ Psyche, | quamuis prae-
senti corpore, sensibus tamen aberat et *in*extricabilis periculi mole prorsus obruta lacrumarum etiam extremo solacio
carebat. nec Prouidentiae bonae graues oculos innocentis **15**
animae latuit aerumna. nam ⟨su⟩premi Iouis regalis ales **11**
illa repente propansis utrimque pinnis affuit rapax aquila
memorque ueteris obsequii, quo ductu Cupidinis Ioui po-
*ci*llatorem Frygium substulerat, oportunam ferens opem
deique numen in uxoris laboribus percolens alti culminis **15**
408 diales uias deserit et ob os puellae praeuolans incipit:
"at tu, simplex alioquin et expers rerum talium, speras*ne*
te sanctissimi nec minus truculenti fontis uel unam stillam
posse furari uel omnino contingere? diis etiam ipsique
Ioui formidabiles aquas istas Stygias uel fando comperisti, **20**

F 151ᵃ. φ 46ᵃ.   1 c͞atib; *em. ead.(?) m. et* φ   *et del.*
Luetj ecce Walter ⟨serpentes⟩ *et Rossbach* ⟨stridentes⟩ *et He*
⟨sibila⟩ *et Brakman   verbum quale* strepunt *post* et *intercid.*

putat Weyman   **2** ⟨saeuiunt⟩ saeui *Purser*   **3** ᴾpetu͞a *em.*
ead. m. cupuliſ (φ, *sed em. al. m.*)   **4** ſem& muniebant (φ)
i. e. defendebant cf. 81,12 89,9 metum incutiebant (iniciebant
Haupt) Jahn   **7** mutata⁎ (*fort. eras.*⁻) φ: mutata lapide
(a *ex* u *corr. al. m.*)   φ: lapid͞e (a *corr. ex* u *et* ⁻ *add. m. recent.*)
cf. 59,16   **8** hiſ extricabiliſ (φ) inextricabilis *v*   **10** *in mg.*
✝ puidentia boni   *cf. Plin. n. hist. XI 145* gnauos *Bursian*
                                        ⁱ
grandes *Mosbach*   **11** p̄mi *def. Weyman, sed addend. erat* dei
    supremi *Modius cf. 69,7 apol. 39 (45,5)* optimi *Vulcan* pernix
Bursian   **13** pocillator͞e (po *et* ll *al. m., vid. fuisse* paulat)
    φ: pollicitator͞e *cf. 146,17*   **14** frigiŭ ſubſtulerat   **16** prae-
teruolans *He*   **17** ſperaſq; (φ) *supra* q *nescio consulto casune*
sit additum quod simile uidet. litt͡erae ⱽ que *dcl. Haupt* quippe
Jahn cf. 117,24 ne Stev̆ech quae speras *vd VI*   **18** truculenti⁎
(*eras.* ſ)   **20** ſtigiaſ *del. vd VI* ⟨nunquam⟩ uel *vd VI*
cf. apol. 42 (48,22) 81 (89,23)

Oud.   *E*

quodque uos deieratis per numina deorum, deos per
Stygis maiestatem solere?   sed cedo istam urnulam"
409 [s]*et* protinus adreptam complexamque festinat libratisque
pinnarum nutantium molibus inter genas saeuientium
410 dentium et trisulca uibramina draconum remigium dextra
6 laeuaque porrigens nolentes aquas et, ut abiret innoxius,
praeminantes excipit, commentus ob iussum Veneris petere
16 eique ‖ se praeministrare, quare paulo facilior adeundi fuit *107*
copia.   sic acceptam cum gaudio plenam urnulam Psyche
10 Veneri citata rettulit.

411   Nec tamen nutum deae saeuientis uel tunc expiare
potuit.   nam sic eam maiora atque peiora flagitia com-
minans appellat renidens exitiabile: "iam tu quidem magna
uideris quaedam mihi et alta prorsus malefica, quae tali-
15 bus praeceptis meis obtemperasti nauiter.   sed adhuc
istud, mea pupula, ministrare debebis.   sume istam pyxidem", et dedit; "protinus usque ad inferos et ipsius Orci
ferales penates te derige[t].   tunc confere⟨*n*⟩s pyxidem
412 Proserpinae: «petit de te Venus», dicito, «modicum de tua
20 mittas ei formonsitate uel ad unam saltem dieculam suffi-

F 151ᵃ ᵇ φ 46ᵃ.   1 deie⁕⁕ratiſ *eras. ce antea induct.*)
φ: deieceratiſ   *2* ſtigiſ   *3* ſed (φ) et *v*   cōple-
táq; (φ) complexamque *He* completum *vd VI* adreptum com-
pletumque *Weyman* complexa ungue *Jahn* adrepta (compren-
saque *Rossbach*) complexaque *Leo* completum aquae (aqua
Oud) *Hild cf. 205,2; de deo Socr. prol. 4 (3,16 Th.)* ⁕ *4* motibus *Heins cf. flor. 2 (2,13)*   *6* nolenteſ (no *refict.; utrum
fuerit* uo an no, *iam discerni nequit*) φ: uolenteſ *cf. v. 8; 66,9
158,5*   innoxiuſ *scil.* ὁ ἀετός *inde ocius Oud* enixius *Luetj*
     7 minanteſ (min *refict.; pr. litt. vid.* p̄ ?)   φ *cum
legere non posset, primo duar. litt. spatio relicto* .   uanteſ
aut . . nanteſ, *deinde al. m. corr.* potanteſ   mirantes *v*
praeminantes *v 118,1 193,17 cft. Rob* praemonentes *Beroald* postulantes *Luetj* uolentes — innoxia, permittentes
Bluemner   cōm̄t; (φ) commenta se *Jahn*   *13* magna
(φ) *def. Kronenb coll. act. apost. 8,9; sed potius ad* malef.
pertinet maga *v cf. apol. 51 (58,21)*   *14* alte *Elmenh* cata
Vulcan   *17* protinus [us]que *Beyte*   orci⁕ (*eras.* f?)
18 derig& (φ) derige *v* derige et *Petsch*   c̄fereſ (φ) conferens
v cf. 143,5   ⁕ festinat *cf. Th. l. Lat. VI 1,618,47*

Oud.   *E*

ciens. nam quod habuit, dum filium curat aegrotum,
consumpsit atque contriuit omne». sed haud immaturius
redito, quia me necesse est indidem delitam theatrum
deorum frequentare."

Tunc Psyche uel maxime sensit ultimas fortunas suas 17
et uelamento reiecto ad promptum exitium sese | compelli 6
manifeste comperit. quidni? quae suis pedibus ultro ad
Tartarum manesque commeare cogeretur. nec cunctata
diutius pergit ad quampiam turrim praealtam, indidem
sese datura[m] praecipitem; sic enim rebatur ad inferos recte 10
413 atque pulcherrime se posse descendere. sed turris prorumpit in uocem subitam et: "quid te", inquit, "praecipitio, misella, quaeris extinguere? quidque iam nouissimo periculo laborique isto temere succumbis? nam si
spiritus corpore tuo semel fuerit seiugatus, ibis quidem 15
profecto ad imum Tartarum, sed inde nullo pacto redire‖
poteris. mihi ausculta. Lacedaemo Achaiae nobilis ciui- 18
tas non longe sita est: huius conterminam deuiis abditam
locis quaere Taenarum. inibi spiraculum Ditis, et per
414 portas hiantes monstratur iter inuium, cui[us] te limine 108
transmeato simul commiseris, iam canale directo perges 21
ad ipsam [h]Orci regiam. sed non ⟨h⟩actenus uacua
415 debebis per illas tenebras incedere, sed offas pol[l]entae
mulso concretas ambabus gestare manibus, at in ipso ore
duas ferre stipes. iamque confecta bona parte mortiferae 25

F 151ᵇ. φ 46ᵃᵇ.   8 reddito (*prior.* d *induct.*) *em.* φ
ē indidē (*m. rec. eff.* eſt ꝺidē)   8 cunctata (*vid. eras.* `*` *i. e.*
ur) 10 ſeſe (*prior.* ſ *ex* r *corr. ead. m.*) (φ) *posterior. syll. al.*
m. indux.   daturā (φ) *em.* v   recte (φ) recta *Pric*
11 pulcherrime *cf. 236,12*   p⁎oſſe (*eras.* r)   trıſ (φ) *in mg.*
pr. m. et in textu al. m. eff. ex -ruſ   12 p̄cipitē o (φ) *corr. ex*
tio (*Rob*) *cf. 123,5 137,4*   13 q̇dque (que *induct.*) φ: qd q̄
iā (φ) *evan.*   18 conterminā—abditā (φ) *utroque loco* ⁻ *eras.*
19 quę retenaſū (*vid.* ſ *ex* r *corr. a pr. m.*) φ: q̄ re/tena꜀
20 inuisum *Toup*   cui; (φ) cui *Florid in interpretat.*
limine (φ) limite v   21 simulac demiseris *Nolte*   direpto (φ)
em. v   22 horci (φ)   acteu; (φ, *sed em.*) *cf. 67,13*   uacuo
vid. fuisse uacua φ: uacua   23 pollente (φ, *sed altera* l *delet.*)

uiae continaberis claudum asinum lignorum gerulum cum
agasone simili, qui te rogabit, decidenti⟨s⟩ sarcinae fusti-
416 culos aliquos porrigas ei, sed tu nulla uoce deprompta
tacita praeterito. nec mora, cum ad flumen mortuum
5 uenies, cui praefectus Charon, protenus expetens portorium,
sic ad ripam ulteriorem sutili cumba deducit commeantes.
ergo et inter mortuos auaritia uiuit nec Charon ille Ditis,
⟨s⟩et ⟨nec Dis⟩ pater, tantus deus, quicquam gratuito facit;
417 set moriens pauper uiaticum debet quaerere et aes si forte
10 prae manu non fuerit, nemo eum expirare patietur. huic
squalido seni dabis nauli nomine de stipibus, quas feres,
alteram, sic tamen, ut ipse sua manu de tuo sumat ore.
nec setius tibi pigrum fluentum transmeanti quidam super-
natans senex mortuus putris adtollens manus orabit, ut
15 eum intra nauigium trahas, nec tu tamen inlicita adflec-
19 tare pietate. transito fluuio modicum te progressa⟨m⟩
textrices orabunt anus telam struentes, manus paulisper
418 accommodes, nec id tamen tibi contingere fas est. nam
haec ‖ omnia tibi et multa alia de Veneris insidiis orien-
20 tur, ut uel unam de manibus omittas offulam. nec putes
futile istud polentacium damnum leue; altera enim perdita lux haec tibi prorsus denegabitur. canis namque
praegrandis, teriugo et satis amplo capite praeditus, immanis et formidabilis, tonantibus oblatrans faucibus mor-
25 tuos, quibus iam nil mali potest facere, frustra territando
ante ipsum limen et atra atria Proserpinae semper excu-
bans seruat uacuam Ditis domum. hunc offrenatum unius
offulae praeda facile praeteribis ad ipsamque protinus

F 151ᵇ 152ᵃ. φ 46ᵇ.   1 c̄tinaueriſ φ: contingueriſ (g al.
m. ex a corr.) em. v cf. 22,11   2 decidenti (φ) em. Gruter
☐   8 ditiſ & pat̄ (φ) nec Ditis pater Beroald uel Ditis p. Seyffert
et Ditis p. E Ditis portitor Gronov ⟨nauita⟩ Ditis et portitor vd VI
, set nec Dis He cf. 241,10   14 putria (an -ix?) em. in putriſ (φ)
15 tradaſ (φ) em. v   16 pietate (φ) posterior. e ex i corr. al.
m., in mg. pr. m. add. ˙˙o fluui em. ead. m.   p̄greſſa (φ, sed
postea emend.)   21 futilē (˜eras.)   24 conantib; (φ) em.
Lips fãcib; em. ead. m.

Oud.

E

Proserpinam introibis, quae te comiter excipiet ac benigne, *109*
419 ut et molliter assidere et prandium opipare suadeat sumere. sed tu et humi reside et panem sordidum petitum
esto, deinde nuntiato, quid adueneris, susceptoque quod
offeretur rursus remea⟨*n*⟩s canis saeuitiam offula reliqua 5
redime ac deinde auaro nauitae data, quam reseruaueras,
stipe transitoque eius fluuio recolens priora uestigia ad
istum caelestium siderum redies chorum. sed inter omnia
420 hoc obseruandum praecipue tibi censeo, ne uelis aperire
uel inspicere illam, quam feres, pyxidem uel omnino 10
diuinae formonsitatis abditum ⟨*arbitrari*⟩ curiosius thensaurum."

Sic turris illa prospicua uaticinationis munus explicuit. 20
nec morata Psyche pergit Taenarum sumptisque rite stipibus illis et offulis infernum decurrit meatum transitoque 15
per silentium asinario debili et amnica stipe uectori data,
neglecto supernatantis mortui desiderio et spretis textri-
cum subdolis precibus et offulae cibo sopita canis ‖ horrenda rabie domum Proserpinae penetrat. nec offerentis
421 hospitae sedile delicatum uel cibum beatum amplexa, sed 20
ante pedes eius residens humilis cibario pane contenta
Veneriam pertulit legationem. statimque secreto repletam
conclusamque pyxidem suscipit et offulae sequentis fraude

F 152ª, φ 46ᵇ.   2 oppare *em. ead. m.*   3/4 petitu
mełta *em. al. m.* (*sed emendaverat antea ut vid. pr. m.*) in petitū* esto φ: petitū* esto   5 efferet *em.* φ   remeał
φ: remeāł   łeuitiā ā *ex* e *corr. pr. m.*   7 recolenł (φ)
alqd. in mg. add, *quod iam non dispicitur* (calc ? *Rob*) recalcans *v cf. 211,8*   9/10 ap. ill. q. f. pyx. uel inspicere
omnino *Leo*   10 pixidē (φ)   uel immo *Beyte* uelantem
Michaelis   11 diuine (*fort. script. erat* na *aut* nae) formon-
łitatił (*evan.* ł) φ: diuine formołitati* *postea in lac. ab al. m.*
addit. ut vid. abditū (abdi *al. m. refinx., quid fuerit non liquet*)
φ: addictū *cf. 114,15*   curiosius ⟨scrutari⟩ *vd Vl* ⟨curare⟩
cur. *Kosiol* ⟨arbitrari⟩ *Giarr cf. 16,8 48,25 211,29sqq.*
13 płpicua (φ) *in mg. ead. m.* uł ppitia *cf. 20,1 280,19*
14 tenałū (łu *evan.*) φ: tena⁊ (*sed* ⁊ *in ras.*)   20 dedicatū
(φ) *em.* v *cf. v. 2*   21 łumi *Novák*

Oud.   *E*

caninis latratibus obseratis residuaque nauitae reddita
stipe longe uegetior ab inferis recurrit. | et repetita atque
adorata candida ista luce, quanquam festinans obsequium
terminare, mentem capitur temeraria curiositate et: "ecce",
5 inquit, "inept⟨a⟩ ego diuinae formonsitatis gerula, quae
nec tantillum quidem indidem mihi delibo uel sic illi
amatori meo formonso placitura", et cum dicto reserat
21 pyxidem. nec quicquam ibi rerum nec formonsitas ulla,
sed infernus somnus ac uere Stygius, qui statim coperculo
422 reuelatus inuadit eam crassaque soporis nebula cunctis
11 eius membris perfunditur et in ipso uestigio ipsaque se-
mita conlapsa⟨m⟩ possidet. et iacebat immobilis et nihil *110*
aliud quam dormiens cadauer. sed Cupido iam cicatrice
solida reualescens nec diutinam suae Psyches absentiam
15 tolerans per altissimam cubiculi, quo cohibebatur, elapsus
fenestram refectisque pennis aliquanta quiete longe uelocius prouolans Psychen accurrit suam detersoque somno
curiose et rursum in pristinam pyxidis sedem recondito
Psychen innoxio punctulo sagittae suae suscitat et: "ecce",
20 inquit, "rursum perieras, misella, simili curiositate. sed
423 interim quidem tu prouinciam, quae tibi matris meae
praecepto mandata est, ‖ exsequere nauiter, cetera egomet
uidero." his dictis amator leuis in pinnas se dedit, Psyche
uero confestim Veneri munus reportat Proserpinae.

F 152ᵃᵇ. φ 46ᵇ47ᵃ. 1 obſeruatiſ u *lineola del.* (φ)   4 men-
tem] repente *Mosbach*   5 inepte** (*eras.* go) φ: īepta ego
6 nec *cf. 132,4*   uel sic *i. e.* '*hoc saltem modo*' ut sim *Bur-*
sian melius Michaelis   8 pixidē   10 releuatus *Rohde ante* inuadit *alqd. eras. antea induct.*   craſoq; φ: craſſoq; *em. v*
12 c̄lapsa φ: collapſa *em. v*   14 solidata *Rohde*   15 *ante*
cubic. *spat. quattuor litt., in quo alqd. eras.*   quo *refict.*

φ: altiſſīmā parṭẹm cubicłi quo cohibebat *in lac. postea add.*
pr. m.   artissimam *v*   16 penniſ (φ)   19 pſychem
21 ρuinciā *identidem legi quamquam evan.,* ρ *et⁻ certissima;*
falsa profert vd Vl φ: tu ρuinciā *al. aut ead. m. postea add.*
in lac. cf. 216,6   munus quod — mandatum *vd Vl*   qu̬e
(φ) *ab al. m. inducta e mutat. in* qd̄ᵖ   22 mandata (φ) *al. m.*
mut. in tū

Interea Cupido amore nimio peresus et aegra facie, **22**
matris suae repentinam sobrietatem pertimescens, ad armillum redit alisque pernicibus caeli penetrato uertice magno
Ioui supplicat suamque causam probat. tunc Iuppiter
prehensa Cupidinis buccula manuque ad os suum relata **5**
consauiat atque sic ad illum: "licet tu", inquit, "domine
fili, numquam mihi concessu deum decretum seruaris
424 honorem, sed istud pectus meum, quo leges elementorum
et uices siderum disponuntur, conuulneraris assiduis ictibus crebrisque terrenae libidinis foedaueris casibus contra- **10**
que leges et ipsam Iuliam disciplinamque publicam turpibus adulteriis existimationem famamque meam laeseris
in serpentes, in ignes, in feras, in aues et gregalia pecua
serenos uultus meos sordide reformando, | at tamen mode-
stiae meae memor quodque inter istas meas manus cre- **15**
ueris, cuncta perficiam, dum tamen scias aemulos tuos
cauere ac, si qua nunc in terris puella praepollet pulcri-
tudine, praesentis beneficii uicem per eam mihi repensare
te debere."

Sic fatus iubet Mercurium deos omnes ad contionem **23**
425 protinus conuocare ac, si qui coetu caelestium defuisset, in **21**
poenam decem milium nummum conuentum iri pronun-
tiare. quo metu statim completo caelesti theatro pro *111*
sede sublimi sedens procerus Iuppiter sic enuntiat:

"Dei conscripti Musarum albo, adolescentem istum quod **25**
manibus meis alumnatus sim, profecto scitis omnes. cuius
primae iuuen‖tutis caloratos impetus freno quodam coher-
cendos existimaui; sat est cotidianis eum fabulis ob adul-

F 152ᵇ. φ 47ᵃ.   **2** armillū (*al. m.* llu *mut. in* le; *in
mg. pr. m.* armilē) φ: armilē *cf. 224,23 Lucil. rec. Marx 767
II p. 272* · **6** c̄sauiat u *mut. in* b *al. m.*   **13** in imbres *Jahn*
in cycnos in feras immanes *Rohde cf. Ov. met. VI 113; Weyman
cft. Ps.-Clement. recogn. X 22 (p. 232 Gersdorf)*: Semelem Cad-
miam mutatus in ignem (stuprauit), *Dietze Achill. Tat. II 37,4*
   14/15 molestiae — immemor *Nolte*   **25** aluo (φ)   **26** ſit
ex ſĩ *corr. al. m. eras.* ˉ *et addit.* t; *nescio an fuerit* ſic *aut* ſū
emendat. in ſĩ φ: ſim *cf. 190,14*   **28** fabuliſ (b *ex* u *corr. al. m.*)

Oud.   *E*

teria cunctasque corruptelas infamatum. tollenda est
omnis occasio et luxuria puerilis nuptialibus pedicis alli-
ganda. puellam elegit et uirginitate priuauit: teneat,
possideat, amplexus Psychen semper suis amoribus per-
426 fruatur." et ad Venerem conlata facie: "nec tu", inquit,
6 "filia, quicquam contristere nec prosapiae tantae tuae
statuque de matrimonio mortali metuas. iam faxo nuptias
non impares, sed legitimas et iure ciuili congruas", et
ilico per Mercurium arripi Psychen et in caelum perduci
10 iubet. porrecto ambrosiae poculo: "sume", inquit, "Psyche,
et immortalis esto nec umquam digredietur a tuo nexu
Cupido, sed istae uobis erunt perpetuae nuptiae."

24   Nec mora, cum cena nuptialis affluens ex⟨h⟩ibetur.
accumbebat summum torum maritus, Psychen gremio suo
15 complexus. sic et cum sua Iunone Iuppiter ac deinde
427 per ordinem toti dei. tunc poculum nectaris, quod uinum
deorum est, Ioui quidem suus pocillator ille rusticus puer,
ceteris uero Liber ministrabat, Vulcanus cenam coquebat;
Horae rosis et ceteris floribus purpurabant omnia, Gratiae
20 spargebant balsama, Musae quoque canora personabant;
. . . . . Apollo cantauit ad c[h]itharam, Venus suaui
428 musicae superingressa formonsa saltauit, scaena sibi
si⟨c⟩ concinnata, ut Musae quidem | chorum canerent
429 ⟨aut⟩ tibias inflarent, Saturus et Paniscus ad fistulam
25 dicerent. sic rite Psyche conuenit in manum Cupidinis

F 152ᵇ. φ 47ᵃᵇ.   3 ⟨habeat⟩ teneat *Brant*   6 piofa
pię (φ) *em. al. m.*   8 iuri *Jahn*   10 φ: iubet ᵉᵗ (*add. al. vel
ead. m.*)   13 afluens *Weymau cf. 78,27*   exibet (φ, *supra*
add. ʰ)   16 tunc ⟨dum⟩ *vdVl*   quod — est *del. Wower*

20 q̊q; (φ) *def. Oud* (*qui revocat ad v. 22:* formonsa salt.) *et Thom
cf. 120,21* uoce *Guilelm* q; (i. e. que)uoce *He*   21 Apollo can-
tabat (*sic*) ad citharam *ante* Musae (v. 20) *transpos. vdVl*
lac. statuit He; *supplend. talia qualia post dapes vel inter dapes
cf. 105,12 et Luc. Icarom. 27 praef. 51*   chiterā φ: citherā
22 fup ingreffa (φ) suppari greffu *Scal*   formofe *Passerat*
23 fi (φ) sic v   c̄cinnata (φ) *al. m. add.* f   23/24 canerent ⟨et⟩
Petsch ⟨aut⟩ vel tibias⟨ue⟩ *Oud*   inflaret v   25 diceret v

Oud.   *E*

et nascitur illis maturo partu filia, qua⟨*m*⟩ Voluptatem
nominamus.'   *112*

Sic captiuae puellae delira et temu‖lenta illa narrabat 25
anicula; sed astans ego non procul dolebam mehercules,
quod pugillares et stilum non habebam, qui tam *bel*⟨*l*⟩am 5
fabellam praenotarem. ecce confecto nescio quo graui
430 proelio latrones aduentunt onusti, non nulli tamen, immo
promptiores uulnerati; ⟨*his*⟩ domi relictis et plagas re- □
curantibus ipsi ad reliquas occultatas in quadam spelunca
sarcinas, ut aiebant, proficisci gestiunt. prandioque raptim 10
tuburcinato me et equum uectores rerum illarum futuros □
fustibus exinde tundentes producunt in uiam multisque
cliuis et anfractibus fatigatos prope ipsam uesperam per-
ducunt ad quampiam speluncam, unde multis onustos
rebus rursum ne breuiculo quidem tempore refectos ociter 15
reducunt tantaque trepidatione festinabant, ut me plagis
multis obtundentes propellentesque super lapidem propter
uiam positum deicerent. unde crebris aeque ingestis ícti-
bus crure dextero et ungula sinistra me debilitatum aegre
ad exurgendum compellunt. et unus: 'quo usque', inquit, 26
'ruptum istum asellum, nunc etiam claudum, frustra pasce- 21
mus?' et alius: 'quid quod et pessumo pede domum
nostram accessit nec quicquam idonei lucri exinde cepi-
mus, sed uulnera et fortissimorum occisiones.' alius iterum:
'certe ego, cum primum sarcinas istas quanquam inuitus 25

F 152ᵇ 153ᵃ. φ 47ᵇ.   1 qua *em. al. m. et* φ   2 no✱✱✱✱|
minam; (o *ex* u *al. m.. ut vid. refingendo eff.; voluerat scribere*
nuncup.) φ: nominam;   numen nominamus Petsch   *in mg.*
inferior. fabula explicit   4 sed ⟨dum⟩ *vdVl*   5 q (φ) quis
                                                           bel
E cf. 133,11 apol. 17 (21,11)   uelā *em. m. recentiss.* φ: uellam
6 Ecce (φ) Ec *in ras.*   8 uulnerati (φ). *al. m. add.* f   uulnerati. ⟨iis⟩ *Gruter* ⟨his⟩ *Bursian*   10 agebant (φ, *sed al. m.*
em.)   ut aiebant post quadam *v. 9 transpos. vdVl*   11 *post*
equum *legitur* m̄e̅ū̅ *om.* φ   12 eximie *Bluemner*   15 obiter
(φ) ociter *v cf. 21,21 Landgraf Arch. f. lat. Lex. IX 400;*
falso conferunt Quint. decl. X 16; obiter significat 'simul' vel
'lente, neglegenter', non 'statim, cito'   16 trepidatione festinabant (φ) *in ras. al. m.; quid fuerit, non liquet*

Oud. E

pertulerit, protinus eum uulturiis gratissimum pa*b*ulum
futurum praecipitabo.'

431   Dum secum mitissimi homines altercant de mea nece,
iam et domum perueneramus. nam timor ungulas mihi
5 alas fecerat. *t*um qu*ae* ferebamus amoliti properiter nulla
salutis nostrae cura ac ne meae quidem necis habita
comitibus adscitis, qui uulnerati remanserant, dudum re-
currunt, re⟨*liqua ipsi*⟩ lat*u*ri, taedio, ut aiebant, nostrae
432 tarditatis. ‖ nec me tamen mediocris carpebat scrupulus
10 contemplatione comminatae mihi mortis; et ipse mecum:
'quid stas, Luci, uel quid iam nouissimum expectas? 113
mors, et haec acer*b*issima, decreto | latronum tibi compa-
rata est. nec magno conatu res indiget; uides istas
rupinas proximas et praeacutas in his prominentes s[o]i-
15 lices, quae te penetrante⟨*s, antc*⟩quam decideris, mem-
433 bratim dissipabunt. nam et illa ipsa praeclara magia
tua uultum laboresque tibi tantum asini, uerum corium
non asini crassum, sed hiru[n]dinis tenue membranu[l]lum
circumdedit. quin igitur masculum tandem sumis ani-
20 mum tuaeque saluti, dum licet, consulis? habes summam
oportunitatem fugae, dum latrones absunt. an custodiam
anus semimortuae formidabis, quam licet claudi pedis tui
calce unica finire poteris? — sed quo gentium capessetur
434 fuga uel hospitium quis dabit? haec quidem inepta et

F 153ª. φ 47ᵇ.   1 pabulũ b *ex* u *corr. al. m.*   8 sic
immitissimi *Cornelissen cf. 152,11*   5 cumq; (φ, *sed al. m. in
lac.*) *em. v*   6 ac ne meę (φ) *m. reficiens eff.* ſet meę
7 actutum *Leo*   8 relatori φ: relaturi relatùri taedia *v*
⟨cete⟩ra laturi *Hild* ⟨reliquam praedam ipsi⟩ relat. *Luetj*
⟨relicta⟩ rel. *Koziol* ⟨reliqua ipsi⟩ rel. *vdVl quem secut.* laturi
He res laturi *Petsch* Λούκ. 23 ἀπῇεσαν ὡς τὰ λοιπὰ τῶν σκευῶν
ἀνασῶσαι   12 aceruiſſima *em.* φ   18 nec — indiget *haud
aptum ratus post* consulis (*v. 20*) *transpon. Leo, sed res consilium
latron. significat*   14 ſcilicef (φ, *sed eras. priore* c)   15 pene-
trante quã (φ) *em. Pric* pene antequam *in mg.* φ *Elmenh*
16 *cf. 17,17* maga *He*   17 *uictũ *in ras., in mg. ead. m.* uultũ
φ: uultũ   asini ⟨dedit⟩ *vdVl*   18 hirundiniſ (*v*) hominis
vdVl hirudinis *v* harundinis *Kronenb coll. Plin. n. hist. XVI*
126 mẽbra nullũ (φ) *em. v*   19 *cf. 132,8*   24 ⟨at⟩ haec *Kronenb*

Oud.   E

prorsus asinina cogitatio; quis enim uiantium uectorem
suum non libenter auferat secum.'

Et alacri statim nisu lorum, quo fueram destinatus, 27
abrumpo meque quadripedi cursu proripio. nec tamen
astutulae anus miluinos oculos effugere potui. nam ubi 5
me conspexit absolutum, capta super sexum et aetatem
audacia lorum prehendit ac me deducere ac reuocare
contendit. nec tamen ego, memor exitiabili⟨s⟩ propositi
latronum, pietate ulla commoueor, sed incussis in eam
posteriorum pedum calcibus protinus adplodo terrae. at 10
illa, quamuis humi prostrata, loro tamen tenaciter inhaere-
435 bat, ut me procurrentem aliquantisper tractu sui sequere-
tur. et occipit statim clamos⟨is⟩ ululatibus auxilium
ualidioris manus implorare. sed frustra fletibus cassum
tumultum commouebat, quippe cum nullus adforet, ‖ qui 15
suppetias ei ferre posset nisi sola illa uirgo captiua, quae
uocis excitu procurrens uidet hercules memorandi spectaculi scaenam, non tauro, sed asino dependentem Dircen
436 aniculam, sumptaque constantia uirili facinus audet pul-
cherrimum. extorto etenim loro manibus eius me pla- 20
cidis gannitibus ab impetu reuocatum nauiter inscendit 114
et sic ad cursum rursum incitat. ego simul uoluntariae 28
fugae uoto et liberandae uirginis studio, sed et plagarum
suasu, quae me saepicule commonebant, equestri celeritate
quadripedi cursu solum replaudens uirgini[s] delicatas uocu- 25
las ad⟨h⟩innire temptabam. sed et scabendi dorsi mei
simulatione non numquam obliquat|a ceruice pedes de-

F 153ᵃᵇ. φ 47ʰ 48ᵃ.   2 suum ⟨asinum⟩ *Bluemner*
5 acutulę (*in mg. ead. m. add.* aſtutulę) φ: aſtutule *cf. 203,9
225,11*   7 diducere (φ) *em. v*   8 exitiabili (φ) *al. m.*
add. ſ   12 tractus ui *Guilelm*   13 clamoſ *al. m. mut.*
in clamāſ φ: clamoſiſ   22 ⟨at⟩ ego *Kronenb*   24 cō-
mouebant (φ) *em. v*   25 quadr. cursu *ut ex v. 4 repetit.*
del. vdVl   uirginiſ (φ) *em. vdVl*   26 adinnire
ſcauendi (φ) *al. m. mut. in* ſcalpendi *em.* φ   27 obli-
quat a ceruice (φ, *sed em. al. m.*) *post* t *al. m. add. compend.* ;

Oud.   *E*

437 coros puellae *basiabam*. tunc illa ⟨*su*⟩spirans altius
caelumque sollicito *uu*⟨*l*⟩tu petens:

'Vos', inquit, 'Superi, tandem meis supremis periculis
opem facite, et tu, Fortuna durior, iam saeuire desiste.
5 sat tibi miseris istis cruciatibus meis litatum est. tuque,
praesidium meae libertatis meaeque salutis, si me domum
peruexeris incolumem parentibusque et formonso proco
reddideris, quas tibi gratias perhibebo, quos honores
habebo, quos cibos exhibebo! iam primum iubam istam
10 tuam probe pectinatam meis uirginalibus monilibus ador-
438 nabo, frontem uero crispatam prius decoriter discriminabo
caudaeque setas incuria lauacri congestas et horridas
ampla diligentia perpolibo bullisque te multis aureis in-
439 oculatum uelut stellis sidereis relucentem et gaudiis
15 popularium pomparum ouantem, sinu serico progestans
nucleos ⟨*et*⟩ edulia mitiora, te meum sospitatorem cotidie
29 saginabo. sed nec inter cibos delicatos et ‖ otium profundum uitaeque totius beatitudinem deerit tibi dignitas

---

F 153ᵇ. φ 48ᵃ.   1 baſiabã *ex* uaſiabã *al. m. corr.* (φ)
ſpirans (φ) *em. v cf. 220,20*   2 nutu (φ) uultu *Colv* obtutu
Roald cf. 267,3 277,2   5 cũq; (cu *fere evan., sed vid. eff.*
ex tu, *lineolam al. m. add.*) φ: tuq;   8 quoſ (φ) q *ex* u *corr.*
ead. m.   10 monilib; (φ) manibus *v*   11 criſpatã (φ) *sed*
potest etiam legi criſtatã   12 lauacri *refict, sed fuit id. ut vid.;*
om. φ *lacuna relicta, in qua m. recentiss. add.* nich deficit
⟨diutina⟩ [lauacri] *vdVl cf. apol. 4 (6,12 sq.)*   13 cõpta (φ)
□ cuncta *v* apta *Giarr* comptus *Leo* cum pia *Beyte* ampla *He*
compta ⟨comam⟩ *Haupt* comam diligenter *E post* dilig. *est*
monilib; *refict.; fuitne* ppolibo? (*Rob*) φ: pectinabo (*in lac. postea*
add. ead. [?] *m.*) perpolibo *v* extricabo *vel* enodabo *vdVl* inoculatũ
(*simillimum vid. atque* inaulatũ) φ: inaulatũ (*postea in lac.*
add.)   14 uelut *refict. sed spat. plurium litt. non capax*
φ: ueluti   15 ouantem ⟨ductabo et⟩ *vdVl*   16 nucleos ⟨et
siqua sunt⟩ *vdVl* ⟨et⟩ *Salm*   edul. mit. *del. Scriver* edulio
mitiore *Haupt*   ⟨ipsa⟩ te? *He cf. 59,22*   17 ſaₓₓtuᵗabo
(*omnia reficta; quid eras. sit, non liquet, sed vid. prior loco* g
fuisse) φ: ſaginabo (*ead. m. in lac. postea add.*) *cf. 96,12 165,4*
verb. saturandi ap. Apul. non exstat, saginandi ei in deliciis est
eſt (φ *sed in mg. al. m.* et) *refict., fuit* &

Oud.   E

gloriosa. nam memoriam praesentis fortunae meae diuinae-
que prouidentiae perpetua testatione signabo et depictam
in tabula fugae praesentis imaginem meae domus atrio
dedicabo. uisetur et in fabulis audietur doctorumque 115
stilis rudis perpetuabitur historia "asino uectore uirgo 5
regia fugiens captivitatem". accedes antiquis et ipse mira-
440 culis, et iam credemus exemplo tuae ueritatis et Frixum
arieti supernatasse et Arionem delphinum gubernasse et
Europam tauro supercubasse. quodsi uere Iupiter mu-
giuit in boue[m], potest in asino meo latere aliqui uel 10
uultus hominis uel facies deorum.'

441   Dum haec identidem puella replicat uotisque crebros
intermiscet suspiritus, ad quoddam peruenimus triuium,
unde me adrepto capistro dirigere dextrorsum magnopere
gestiebat, quod ad parentes eius ea scilicet iretur uia. 15
sed ego gnarus latrones illac ad reliquas commeasse praedas, reni⁺ebar firmiter atque sic in animo meo *tacitus*
expostulabam: 'quid facis, infelix puella? quid agis? cur
festinas ad Orcum? quid meis pedibus facere con-
tendis? non enim te tantum, uerum etiam me perditum 20
ibis.' sic nos diuersa tendentes et in causa finali de
proprietate soli, immo uiae herciscundae contendentes
rapi|nis suis onusti coram deprehendunt ipsi latrones et
ad lunae splendorem iam inde longius cognitos risu maligno salutant; et unus e numero sic appellat: 'quorsum 30
istam festinanti uestigio lucubratis uiam nec noctis intem- 26
pestae Manes Laruasque formidatis? an tu, probissima

F 153ᵇ. φ 48ᵃ.   4 fauulif (u *corr. in* b *al. m.*)
5 rudis *i. e. nova* iugis *de Rooy* eruditis *Hertz*   7 etiã (φ) et
iam *Petsch*   8 delphinū (*in mg. ead. m. add.* no)   φ: delphino
10 in bouĕ (φ) in boue *vel* in bouem ⟨reformatus⟩ *Luetj cf.*   □
Octaviae v. 207.772   potest.⟨et⟩ *Petsch*   13 *cf. 52,19*
13 fufpirit; (φ) *in mg.* r̃at; (*Rob, qui cft. Ov. met. XIV 129*)
17 cacit; *em.* φ   19 pedibus ⟨uim⟩ *Rohde, sed supplend.* id
22 hercifcunde (*al. m. refinx, sed fuit idem; in mg. al. m. idem
add.*) φ: hirciscunde (*in mg.* hercifcunde)   27 larbǎfq; (*al.
m. corr.*)   at *refict.* φ: an ain *Plasberg*

Oud.   *E*

442 puella, parentes tuos interuisere properas? sed nos et soli-
tudini tuae praesidium perhibebimus et compendiosum ad
tuos iter monstrabimus'. et uerbum manu secutus prehenso
loro retrorsum me ‖ circumtorquet nec baculi nodosi, quod
5 gerebat, suetis ictibus temperat. tunc ingratis ad prom-
443 ptum recurrens exitium reminiscor doloris ungulae et occipio
nutanti capite claudicare. sed: 'ecce', inquit ille, qui me
retraxerat, 'rursum titubas et uaccillas, et putres isti tui
pedes fugere possunt, ambulare nesciunt? at paulo ante
10 pinnatam Pegasi uincebas celeritatem.'

    Dum sic mecum fustem quatiens benignus iocatur
comes, iam domus eorum extremam loricam perueneramus. *116*
et ecce de quodam ramo procerae cupressus induta laqueum anus illa pendebat. quam quidem detractam
15 protinus cum suo sibi funiculo deuinctam dedere praecipitem puellaque statim distenta uinculis cenam, quam
postuma diligentia praeparauerat infelix anicula, ferinis
inuadunt animis.

31   Ac dum auida uoracitate cuncta contruncant, iam in-
20 cipiunt de nostra poena suaque uindicta secum considerare.
et utpote in coetu turbulento uariae fuere sententiae, ut
primus uiuam cremari censeret puellam, secundus bestiis
obici suaderet, tertius patibulo suffigi iuberet, quartus
444 tormentis excarnificari praeciperet; certe calculo cunctorum

---

F 153ᵇ 154ᵃ. φ 48ᵃ· 1 intuifere *refict.*, *sed fuit id.* φ: furtī
uifere furtim interuisere *Oud* pperabaſ *al. m. in ras.* (*Rob*)
φ: pperaſ 2 p̄ſtabim; *al. m., in mg.* phi *a pr. m. script.* φ: pre-
bemuſ phibebimus *v* 2/3 et ad parentes tuos (*rescript.*) φ: et
cōpendioſū ad domoſ et compendiosum ad tuos *v Λούκ. 24:* ἡμεῖς
δε τοῖς οἰκείοις ἀποδώσομεν 3 un; manu fecut; *ref.* φ: manu
iiecta fecut; uerbum manu secutus *v cf. 24,1 34,17 64,11*
4 baculi (b *ex* u *corr. ead. m.*) 6 occipio✶ *vid. fuisse* occi-
pitio (φ) 8 baccillaſ (φ, *sed* b *al. m. mut. in* u) *cf. 123,2*
15/16 p̄cepit | en puella quae (*in mg* ·d· *cf. praef.* 34) φ: p̄ci-
pitem puellaq; (m *et* q; *in ras.*) 16 destinata *Colv*
17 poſtuma✶ (*eras.* ˉ) φ: poſtuma✶ (*eras. vid.* e) 21 fententie
(*extr.* e *in ras. al. m.*)

Oud.   E

utcumque mors ei fuerat destinata. tunc unus omnium,
sedato tumultu, placido sermone sic orsus est:

'Nec sectae collegii nec mansuetudini singulorum ac
ne meae quidem modestiae congruit pati uos ultra modum
delictique saeuire terminum nec feras nec cruces nec ignes 5
nec tormenta ac ne mortis quidem maturatae festinas
tenebras accersere. meis itaque consiliis auscultantes
uitam puellae, sed quam meretur, largimini. nec uos memoria deseruit utique, quid iam dudum decreueritis de
isto asino semper pigro quidem, | sed manducone summo, 10
nunc etiam mendaci fictae debilitatis et uirginalis ‖ fugae
sequestro ministroque. hunc igitur iugulare crastino pla-
ceat totisque uacuefacto praecordiis per mediam aluum
nudam uirginem, quam praetulit nobis, insuere, ut sola
445 facie praeminente ceterum corpus puellae nexu ferino 15
coherceat, tunc super aliquod saxum scruposum *insiciatum*
et fartilem asinum exponere et solis ardentis uaporibus
tradere. sic enim cuncta, quae recte statuistis, ambo 82
sustinebunt, et mortem asinus, quam pridem meruit, et
illa morsus ferarum, cum uermes membra laniabunt, et 20
ignis flagrantiam, cum sol nim⟨i⟩is caloribus inflammarit 117
uterum, et patibuli cruciatum, cum canes et uultures
intima protrahent uiscera. sed et ceteras eius aerumnas
et tormenta numerate: mortuae bestiae ipsa uiuens uentrem habitabit, tum faetore nimio nares aestu ⟨cruciante 25
vexabitur⟩ et inediae diutinae letali fame tabescet nec
suis saltem liberis manibus mortem sibi fabricare poterit.'

F 154ᵃ. φ 48ᵃᵇ.   2 ſedato (o *ut vid. ex* a *corr.*)   □
4 pati *ex* patri *corr. ead. m.*   7 acceſſere (φ) accersere *vel*
arcessere v cf. 169,18 *Buecheler Mus. Rhen. XXXIX 414 sed*
cf. 235,2 244,14   14 mundam *Rohde coll.* Λούκ. 2 ἀγαϑήν
16 inſiticiû (φ) *em. Heins*   20 illaᵐorſuſ ᵐ *al. m., sed. vid.*
fuisse illâ (φ)   ûmiſ (φ, sed i *mut. in* e)   21 nimiſ φ: nimiiſ
25 Tû (φ) cum E ⟨et⟩ cum *Petsch*   ⟨cruciante⟩ aestu et *Luetj*
aeſtuet(φ)*em. Luetj* aestuabunt*vel* bit *v*   ⟨cruciante vexabitur⟩*He*
cf. 87,21 129,14 Λούκ. 25: πρῶτον μὲν τὸ νεκρῷ ὄντι συνοικεῖν,
εἶτα ϑέρους ὥρᾳ ϑερμοτάτῳ ἡλίῳ ἐν κτήνει καϑεψεῖσϑαι καὶ
λιμῷ ἀεὶ κτείνοντι ἀποϑνήσκειν καὶ μηδὲ ἑαυτὴν ἀποπνῖξαι ἔχειν

Oud.   *E*

Talibus dictis non pedibus, sed totis animis latrones in
eius uadunt sententiam. quam meis tam magnis auribus
accipiens quid aliud quam meum crastinum deflebam cadauer.

LIBER VII

1 *446* Vt primum tenebris abiectis dies inalbebat et candi-
6 dum solis curriculum cuncta conlustrabat, quidam de
numero latronum peruenit; sic enim mutuae salutationis
officium indicabat. is in primo speluncae aditu residens
et ex an⟨h⟩elitu recepto spiritu tale collegio suo nun-
10 tium fecit:

447 'Quod ad domum Milonis Hypatini, quam proxime
diripuimus, pertinet, discussa sollicitudine iam possumus
esse securi. postquam uos enim fortissimis uiribus cunctis
ablatis c[r]astra nostra remeastis, immixtus ego turbelis
15 popularium ‖ dolentique atque indignanti similis arbitrabar, super inuestigatione facti cuius modi consilium cape-
ret⟨ur⟩ et an et quatenus latrones placeret inquiri, renuntiaturus uobis, uti mandaueratis, omnia. nec argu-
mentis dubiis, sed rationibus probabilibus | congruo cunctae
20 multitudinis consensu nescio qui Lucius auctor manifestus
facinoris postulabatur, qui proximis diebus fictis commen-
daticiis litteris Miloni sese uirum commentitus bonum
artius conciliauerat, ut etiam hospitio susceptus inter
448 familiaris intimos haberetur plusculisque ibidem diebus

'F 154ᵃᵇ φ 48ᵇ.   8 Ego falluftiuf | legi & emdaui rome

felix. METAMORPHOSEON · L͞I͞B · VI · EXPłIC · INC͞I͞P L͞I͞B · VII·

felicit̂   5 inabebat *em. ead. m'. cf. Enn. ann. 212 (Vahlen²)*

    9 anelitu (φ)   tale (φ) *cf. 181,3*   10 facit *(vid. ead. m. add.)*
φ: fecit   13 fortiffimif uirib; (φ) *cf. 55,24 56,10* fortissimi uiri *Scal fort. recte cf. 79,24 158,3* fortissimi uiri, rebus
Oud (sed cf. 119,1) fortissimi diuitiis *Bluemner*   14 craftra
em. φ   16 caper& (φ) caperent *vel* caperetur *v* ⟨ciuitas⟩
caperet *Plasberg*   19 indubiis? *Leo*

Oua.   *E*

demoratus falsis amoribus ancillae Milonis animum inre-
pens ianuae claustra sedulo explorauerat et ipsa membra, *118*
in quis omne patrimonium condi solebat, curiose per-
spexerat. nec exiguum scelerati monstrabatur indicium, **2**
quippe cum eadem nocte sub ipso flagitii momento idem **5**
profugisset nec exinde usquam compareret; nam et praesidium fugae, quo uelocius frustratis insecutoribus procul
ac procul abderet sese, eidem facile suppeditasse; equum
namque illum suum candidum uectorem futurum duxisse
secum. plane seruum eius ibidem in hospitio repertum **10**
scelerum consiliorumque erilium futurum indicem, per
magistratus in publicam custodiam receptum et altera die
tormentis uexatum pluribus ac paene ad ultimam mortem
449 excarnificatum, nil quicquam rerum talium esse confessum,
missos tamen in patriam Luci illius multos numero, qui **15**
reum poenas daturum sceleris inquirerent.'

Haec eo enarrante, ueteris fortunae et illius beati
Lucii praesentisque aerumnae et infelicis asini facta com-
paratione, medullitus ingemebam subibatque me non de
nihilo ueteris ‖ priscaeque doctrinae uiros finxisse ac pro- **20**
nuntiasse caecam et prorsus exoculatam esse Fortunam,
quae semper suas opes ad malos et indignos conferat nec
unquam iudicio quemquam mortalium eligat, immo uero
cum is potissimum deuersetur, quos procul, si uideret,
fugere deberet, quodque cunctis est extremius, uarias **25**
opiniones, immo contrarias nobis attribuat, ut et malus
boni uiri fama glorietur et innocentissimus contra noxio

F 154ᵇ. φ 48ᵇ.   **2** *cf. 72,22 Lucr. VI 804*   **6** iam *E*
8 ac ‚pcul *del. al. m.*   ſuppeditaſſe (φ) *vid. fuisse* taſſ&
9 nanq;   futurū *refict.*   **13** necatū (*litt. refict., fuit* uexatū,
x certo cognoṁ) φ: uexatū   **15** luci illiuſ (φ) *mut. in* lucii
                                                        v
iroſ *m. vetust.; in mg. add. m. vet.* (*an prima?*) ṅiroſ   **17** hęc
°° ena∗rrante (**°°** *add. ead. m., eras.* a)   **19** ingemiscebam v *cf.*
125,8 ſubiit∗q; (ii *in ras.*, t *vid. ex* a *corr., omnia refict.*) φ: ſub-
                                                                        a
iliatque   subibatque v   **22** quenquā   eligit *ead. m. em.*   **24** φ: hiſ
                                              v
cf. 234,24   **27** innocentiſſimoſ (*em. ead. m.* [?])   noxio⁊ ore (φ)

Oud.

E

8 rumore plectatur. ego denique, quem saeuissimus eius
450 impetus in bestiam et extremae sortis quadripedem de-
duxerat cuiusque casus etiam quouis iniquissimo dolendus
atque miserandus merito uideretur, crimine latrocinii in
5 hospitem mihi *carissimum* postulabar. quod crimen non
modo latrocinium, uerum etiam parricidium quisque rectius 119
nominarit. nec mihi tamen licebat causam meam defen-
dere uel unico uerbo saltem denegare. | denique ne mala
conscientia tam scelesto crimini praesens uiderer silentio
10 consentire, hoc tantum inpatientia productus uolui dicere:
451 'non feci.' et uerbum quidem praecedens semel ac saepius
inmodice clamitaui, sequens uero nullo pacto disserere
potui, sed in prima remansi uoce et identidem boaui
'non non', quanquam nimia rutunditate pendulas uibras-
15 sem labias. sed quid ego pluribus de Fortunae scae-
452 uitate conqueror, [quan]quam nec istud puduit me cum
meo famulo meoque uectore illo equo factum conseruum
atque coniugem.

4   Talibus cogitationibus fluctuantem subit me illa cura
20 potior, qua statuto consilio latronum manibus uirginis
decretam me uictimam recordabar uentremque crebro
suspiciens meum iam misellam puellam parturibam. sed
ille, qui commodum falsam de me notoriam ‖ pertulerat,
expromptis mille aureum, quos insutu laciniae contexerat
25 quosque uariis ui⟨a⟩toribus detractos, ut aiebat, pro sua

---

em. *Casaub* noxiorum more *Colv* cf. *Tert. de fug. 2:* sectatores
ueritatis nocentissimorum more tractari
     F 154ᵇ 155ᵃ. φ 48ᵇ 49ᵃ   8 quouiſ (φ) quoiuis *Rohde* cuiuis *v*
cf. *53,24 87,13 183,14 Birt Arch. f. lat. Lex. XV 81sqq.*   5 kariſ-
ſimū   9 c̄ſcientia (φ) a *in ras. al. m.*   10 perductus *Florid*
12 clamitaui (φ) *ref. al. m. et supra voc. add.* ᵃᶜ ᵗʳᵃᶜᵗᵃᵘⁱ   edis-
serere *Colv*   14 n̄ n̄ *cum refingeret al. m. eff.* n̄ ſi   rutunditate *corr. in* rot *al. m.*   15 ſc̨uitate *refict. sed fuit id.*
φ: ſeuitate cf. *35,18 62,15*   16 quanquā (φ) quam *Beroald*
quam quidem *Pric* cf. *apol. 62 (70,24) 37 (43,8)*   nec (φ)
uel *Colv (servato* quamquam)   17 equo *del. Koziol* cf. *71,15*
19 agitationib; *litt. ref., fuit* cogitationib; φ: cogitationibuſ
24 cf. *43,30*   25 ůitorib; (*em. al. m.*) φ: iutorib;   *p
(*quod eras., antea delet. erat*)

Oud.   E

453 frugalitate communi conferebat arcae, infit etiam de salute
commilitonum sollicite sciscitari. cognitoque quosdam,
immo uero fortissimum quem*que* uariis quidem, sed in-
pigris casibus oppetisse, suadet, tantisper pacatis itineribus
omniumque proeliorum seruatis indutiis inquisitioni com- 5
militonum potius insisteretur et tirocinio nouae iuuentutis
ad pristinae manus numerum Martiae cohortis facies inte-
graretur: nam et inuitos terrore compelli et uolentes
praemio prouocari posse nec paucos humili seruilique
uitae renuntiantes ad instar tyrannicae potestatis sectam 10
454 suam conferre malle. se quoque iam dudum pro sua
parte quendam conuenisse hominem et statu procerum et
aetate iuuenem et corpore uastum et manu strenuum,
eique suasisse ac denique persuasisse, ut manus ⟨*h*⟩ebe-
tatas diutina pigritia tandem referret ad frugem meliorem 15
bonoque secundae, dum posset, frueretur ualetudinis nec *120*
manum ualidam erogandae stipi porrigeret, sed hauriendo
potius exerceret auro. talibus dictis uniuersi omnes ad-
sens[i]ere et illum, qui iam comprobatus uideretur, ad-
scisci et alios ad supplendum numerum uestigari statuunt. 20
tunc profectus et paululum commoratus ille perducit
immanem quendam iuuenem, uti fuerat pollicitus, nescio
455 an ulli praesentium comparan|dum — nam praeter
ceteram corporis molem toto uertice cunctos antepollebat
et ei commodum lanugo malis inserpebat — sed plane 25
centunculis disparibus et male consarcinatis semiamictum,

---

op
F 155ᵃ. φ 49ᵃ.   8 quenq;   4 adpetiſſe (*vid. ead. m.*
add.) φ: oppetiſſe   10 renuntiantes ⟨se⟩ *Oud* sectam s. *per*
apposition. adiect. ratus, sed interpret.: operam conferre in rem
quae par est tyr. pot. cf. 204,23; ad instar *def. Kronenb coll.* 23,10
Gell. *n. A. XX* 1,39   12 quedā *em. ead. m.*   statura *Oud*
14 ębetataſ (φ)   17 *ſed (*vid.* fuisse ſ, *lineola antea delet.*)
φ: Sed   18 adfenſiere φ: adfenſere   adsensi *vdVl*
cf. 87,18 117,5   21 producit *vdVl*   23 ulli (φ) nulli
Kronenb sed cf. Quint. IX 4,1 *X* 1,65 *XII* 10,2   25 et eiǀ
etsi *Bluemner*

Oud. *E*

inter quos pectus et uenter crustata crassitie reluctabant.

Sic introgressus: 'hauete', inquit, 'fortissimo deo
Marti clientes mihique iam fidi commilitones, et uirum
5 magnanimae uiuacitatis uolentem uolentes accipite, liben-
tius uulnera corpore excipientem quam aurum manu sus-
cipientem ipsaque morte, quam formidant alii, meliorem.
nec me putetis egenum uel abiectum neue de pannulis
istis uirtutes meas aestimetis. nam praefui ualidissimae
10 manui totamque prorsus deuastaui Macedoniam. ego sum
praedo famosus Haemus ille Thracius, cuius totae prouinciae nomen horrescunt, patre Therone acque latrone
inclito prognatus, humano sanguine nutritus interque ipsos
manipulos factionis educatus heres et aemulus uirtutis
6 paternae. sed omnem pristinam sociorum fortium multi-
16 tudinem magnasque illas opes exiguo temporis amisi spatio.
nam procuratorem principis ducenaria perfunctum, dehinc
fortuna tristiore decussum, praetereuntem eo fato fueram
456 adgressus — sed rei noscendae carpo ordinem. fuit
20 quidam multis officiis in aula Caesaris clarus atque conspicuus, ipsi etiam probe spectatus. hunc insimulatum
quorundam astu proiecit extorrem saeuiens inuidia. sed
uxor eius Plotina, quaedam rarae fidei atque singularis
457 pudicitiae femina, quae decimo partus stipendio uiri fami-
25 liam fundauerat, spretis atque contemptis urbicae luxuriae
deliciis fugientis comes et infortunii socia, tonso capillo, 121
in masculinam faciem reformato habitu, pretiosissimis
monilium et auro monetali zonis refertis incincta inter

F 155ᵃ. φ 49ᵃ. 1 craſſitie reluctabant (φ) *i. e.*
specie discrepabant. relucebant *Bluemner* 3 habete (φ)
fortissimi *Petsch cf. 127,7* 12 atq; (φ) aeque *Lips* 17 *cf.*
Hirschfeld² Kaiserl. Verwaltungsbeamte (1905) p. 435sqq.
18 p̄tereunte me orato (φ) *ante me supra e eras.* ˉ praetereuntem *v* meo fato *Bursian* coram *Beroald* incoram *Stewech*
deo meo irato *Haupt* deo irato (*i. e. Marte*) *Crusius* Marte
deo irato *vdVl* eo ſato *He cf. Th. l. L. VI 365,52.* 61
19 adgreſſoſ (φ) *em. m. quae refec. litt.* 22 aſto (*vid. fuisse*
aſtu) φ: aſtu

Oud.   E

ipsas custodientium militum manus et gladios nudos in-
trepida cunctorum periculorum particeps et pro mariti
salute peruigilem curam sustine⟨n⟩s aerumnas adsiduas
ingenio masculo sustinebat. ‖ iamque | plurimis itineris
difficultatibus marisque terrori*bus* exanclatis Zac[h]ynthum 5
petebat, quam sors ei fatalis decreuerat temporariam sedem.   sed cum primum litus Actiacum, quo tunc Mace- 7
458 donia delapsi grassabamu*r*, appulisset, nocte promota
tabernulam quandam litori nauique proximam uitatis
maris fluctibus incubabant, ⟨*cum*⟩ inuadimus et diripimus 10
omnia. nec tamen periculo leui temptati discessimus. simul
namque primum sonum ianuae matrona percepit, procurrens in cubiculum clamoribus inquietis cuncta miscuit milites suosque famulos nominatim, sed et omnem uiciniam
suppetiatum conuocans, nisi quod pauore cunctorum, qui 15
sibi quisque metuentes delitiscebant, effectum est, ut impune discederemus.   sed protinus sanctissima — uera
enim dicenda sunt — et unicae fidei femina, bonis artibus gratiosa, precibus ad Caesaris numen porrectis et
marito reditum celerem et adgressurae plenam uindictam 20
impetrauit.   denique noluit esse Caesar Haemi latronis
459 col⟨*l*⟩egium, et confestim interiuit: tantum potest nutus
etiam magni principis.   tota denique factione militarium
uexillationum indagatu cónfecta atque concisa ipse me
furatus aegre solus mediis Orci faucibus ad hunc euasi 25
modum: sumpta ueste muliebri florida, in sinus flaccidos 8
[h]abundante, mitellaque textili contecto capite, calceis

F 155ᵃᵇ. φ 49ᵃᵇ.   **3** fuftinef⁻ (⁻ *al. m. add.*) φ: fuftinenf
suscipiens *He cf. apol. 15 (17,29)*   **5** troribuf (buf *al. m.*
in ras. scr.; vid. fuisse troriſq;) φ: terroriq;   exantlatis (φ)
cf. 136,15   zachinthū   **7** lit; actia cū (*post.* c *inter scribend.*
ead. m. ex t *corr. et in mg. add.* c)   **8** graffabam; (φ) grassa-
bamur v *cf. 39,3*   **9** proximam ⟨quam⟩ *vd Vl* ⟨ubi⟩ *Giarr*
10 ⟨cum⟩ *He*   **12** nanq;   **13** cubic. *sc. virorum* publicum
Kronenb   **14** oīē *ut vid. deleta* i *ex* oīa *em. pr. m.*
φ: omē   **22** coligiū (φ) *em. v*   interibit (φ) *em. al. m.*
26 flaccidof (l *ex* i *corr. ead. m.*)   **27** habundante (φ)

Oud.   *E*

460 femininis albis illis et tenuibus indutus et in sequiorem
sexum incertus atque absconditus, asello spicas ordeacias
gerenti residens per medias acies infesti militis transabiui.

461 nam mulierem putantes asinariam concedebant liberos ab-
5 itus, quippe cum mihi etiam tunc depiles genae leui *122*
pueritia splendicarent. nec ab illa tamen paterna gloria
uel mea uirtute desciui, quanquam semitrepidus ‖ iuxta
mucrones Martios constitutus, sed habitus alieni fallacia
tectus, uilla⟨s⟩ seu castella solus adgrediens, uiaticulum mihi
10 conrasi' et diloricatis statim pannulis in medium duo
milia profudit aureorum et: 'en', inquit, 'istam sportulam,
immo uero dotem collegio uestro libens meque uobis ducem fidissimum, si tamen non recusatis, offero breui temporis spatio lapideam istam domum uestram facturus au-
15 ream.'

9   Nec mora nec cunctatio, sed calculis omnibus ducatum
latrones unianimes | ei deferunt ueste⟨m⟩que lautiusculam
proferunt, sumeret abiecto centunculo diuite⟨m⟩. sic reforma-
462 tus, singulos exosculatus et in summo puluinari locatus
20 cena poculisque magnis inauguratur. tunc sermonibus
mutuis de uirginis fuga deque mea uectura et utrique
destinata monstruosa morte cognoscit et, ubi locorum esset
illa, percontatus deductusque, uisa ea, ut erat uinculis
onusta, contorta et uituperanti nare discessit et: 'non sum
25 quidem tam brutus uel certe temerarius', inquit, 'ut sci-

F 155ᵇ. φ 49ᵇ.   1 illis *cf. 33,5 205,27*   tenuib;
(b *ex alia litt. al. m. corr., sed in mg. pr. m. add.* uib;)
φ: tenun *mut. in* tenuiſ *em. in* tenuibᵇ *ead. m.*   inductus
v Oud *cf. 48,9 flor. 9 (12,7), sed 198,16*   2 incert;
(φ) insertus *Beroald* incertatus *Hey* intectus *He cf. 216,20*
ordeaciaſ (φ)   8 tranſabiui (b *ex* u *corr. ead. m.*) φ: tran-
ſiui   4 adit; (φ) *em.* v   9 uilla ſeu (φ) uillas seu *v* uillas
et *He* uillas, sed et *CFWMueller coll. 189,28 241,10*   17 uni-
amēſ φ: unanimeſ   ueſtēq; ⁻ *al. m. vid. add.* (φ)   18 ⟨quam
rogant⟩ sumeret *vd Vl*   abiecto] ac tectus *Colv*   diuite (φ)
ad insuta duo milia aureorum refert *Beroald* diuitem *Scriver*
in diuitem *Nolte an per ironiam dicit cf. 148,3 151,27 152,11*
al.; an sutili? *He cf. 6,7* iubentes *Leo*   20 cenę poculiſq;
(φ) o *ex* u *al. m. corr.* cenn *v*

Oud.   E

tum uestrum inhibeam, sed malae conscientiae reatum
intra me sustinebo, si quod bonum mihi uidetur dissimu-
lauero. sed prius fiduciam uestri causa sollicito mihi
tribuite, cum praesertim uobis, si sententia haec mea dis-
plicuerit, liceat rursus ad asinum redire. nam ego arbi-   5
463 tror latrones, quique eorum recte sapiunt, nihil ante-
ferre lucro suo debere ac ne ipsam quidem saepe et
aliis damnosam ultionem. ergo igitur si perdideritis in
asino uirginem, nihil amplius quam sine ullo compendio
indignationem uestram exercueritis. quin ego censeo de-   10
ducendam eam ad quampiam ciuitatem ibique uenundan-
dam. nec enim leui pretio distrahi poterit talis aetatula.
nam et ipse quosdam lenones pridem cognitos habeo,
quorum poterit unus ma‖gnis equidem talentis, ut arbitror,
puellam istam praestinare condigne natalibus suis fornicem   15
processuram nec in similem fugam discur⟨su⟩ram, non nihil
464 etiam, cum lupanari seruierit, uindictae uobis depensuram. *123*
hanc ex animo quidem meo sententiam conducibilem protuli; sed uos uestrorum estis consiliorum rerumque domini.'
    Sic ille latronum fisci aduocatus nostram causam per-   10
tulerat, uirginis et asini sospitator egregius. sed in diu-   21
tina deliberatione ceteri cruciantes mora consilii mea praecordia, immo miserum spiritum, libentes tandem nouicii
latronis accedunt sententiae et protinus uinculis exsoluunt
465 uirginem. quae quidem simul uiderat illum iuuenem for-   26
nicisque et le⟨n⟩onis audierat mentionem, coepit risu lae-
tissimo gestire, ut mihi merito subiret uituperatio totius
sexus, cum uiderem puellam, proci iuuenis amore nuptia-
rumque castarum desiderio simulato, lupanaris spurci sor-

VI 268 Woelfflin VII 476; sed est loc. singular. ap. Ap. quiqui
Colv qui quidem *Bluemner* quicunque *He lac. ante* quique *stat.*
Rohde   15 ⟨in⟩ fornicem *v cf. 4,21 37,9 51,13 119,19 187,9*
al. fornice *Purser*   16 professuram *Rohde* possess— *Haupt*
prosess— *Purser; per ironiam dicit, quasi illa procedat dignitate*
    discurrā (φ) *em. v.*   26 leonif (φ, *sed supra*ⁿ *add.) al. m.*
corr. in lenōīf   latissimo *Beroald*   29 castaʳⁿ *em. ead. m.*
dissimulato *Rohde; sed antea simulare uidebatur uirgo*

Oud.   *E*

didique subito delectari nomine. et tunc quidem totarum
mulierum secta moresque de asini pendebant iudicio. sed
ille iuuenis sermone repetito: | 'quin igitur', inquit, 'sup-
plicatum Marti Comiti perginius et puellam simul uendi-
5 turi et socios indagaturi? sed, ut uideo, nullum uspiam
pecus sacrificatui ac ne uinum quidem potatui adfatim
uel sufficiens habemus. decem mihi itaque legate comites,
quis contentus proximum castellum petam, inde uobis
epulas ⟨*s*⟩aliares comparaturus.'
10   Sic eo profecto ceteri copiosum instruunt ignem aram-
que cespite uirenti Marti deo faciunt.

11   Nec multo post adueniunt illi uinarios utres ferentes
466 et gregatim pecua comminantes. unde praelectum grandem hircum annosum et horricomem Marti Secutori Co-
15 mitique uictimant. et ilico ‖ prandium fabricatur opipare.
tunc hospes ille: 'non modo', inquit, '*exp*editionum prae-
darumque, uerum etiam uoluptatum uestrarum ducem me
strenu⟨*u*⟩m sentire debetis' et adgressus insigni facilitate
nauiter cuncta praeministrat. uerrit, sternit, coquit, tuc-
20 ⟨*c*⟩eta concinnat, adponit scitule, sed praecipue poculis
467 crebris grandibusque singulos ingurgitat. interdum tamen
[in]simulatione promendi, quae poscebat usus, ad puellam
commeabat adsidue, partisque subreptas clanculo et prae- 124
gustatas a se potiones offerebat hilaris. at illa sumebat
25 adpetenter et non nunquam *b*asiare uolenti promptis sa-
*u*iolis adlubescebat. quae res oppido mihi displicebat.
'hem oblita es nuptiarum tuique mutui cupitoris, puella
uirgo, et illi nescio cui recenti marito, quem tibi parentes iunxerunt, hunc aduenam cruentumque percussorem
30 praeponis? nec te conscientia stimulat, sed adfectione
calcata inter lanceas et gladios istos scortari tibi libet?

    F 156ᵃ φ 49ᵇ 50ᵃ.   2 recta (φ) *em. v*   7 [uel suf-
ficiens] *He*   9 alia reſ (φ *em m rec. cf. 91,14*   16 expoſitio-
nū (φ) *em. v*   17 meſtrenū (φ) *em. al m.*   19 tuceta (φ) *em. v*
22 inſimulatione (φ) *seiunx. Oud in del. He cf. 149,27 209,17*
25 baſiare b *ex* u *corr. al. m.*   ſabioliſ (φ, *sed em.*)
28 decenti *Cornelissen*

Oud.   E

468 quid, si quo modo latrones ceteri persenserint? non rursum recurres ad asinum et rursum exitium mihi parabis?
re uera ludis de alieno corio.'

Dum ista sycophanta ego mecum maxima cum in- 12
dignatione disputo, de uerbis eorum quibusdam dubiis, 5
sed non obscuris prudenti asino cognosco non Haemum
illum praedonem famosum, sed Tlepolemum sponsum
puellae ipsius. nam procedente sermone paulo iam c⟨l⟩a-
rius contempta mea praesentia quasi uere mortui: 'bono
animo es', inquit, 'Charite dulcissima; nam totos istos 10
hostes tuos statim captiuos habebis' et instanti⟨a⟩ uali-
469 diore uinum iam inmixtum, sed modico tepefactum uapore
sauciis illis et cra pula uinolentiaque madidis ipse abste-
mius non cessat inpingere. et hercules suspicionem mihi
fecit, quasi soporiferum quoddam uenenum cantharis im- 15
misceret illis. cuncti denique, sed prorsus omnes uino
sepulti ‖ iacebant, omnes pariter mortui. tunc nullo negotio artissimis uinculis impeditis ac pro arbitrio suo constrictis illis, imposita dorso meo puella, dirigit gressum
ad suam patriam.   20

Quam simul accessimus, tota ciuitas ad uotiuum con- 13
spectum effunditur. procurrunt parentes, affines, clientes,
alumni, famuli laeti faciem, gaudio delibuti. pompam
470 cerneres omnis sexus et omnis aetatis nouumque et hercules memorandum spectamen, uirginem asino triumphan- 25
tem. denique ipse etiam hilarior pro uirili parte, ne
praesenti negotio ut alienus discreparem, porrectis auribus 125

F 156ᵃ·ᵇ. φ 50ᵃ.   1 quid] quod *Petsch* quod si quoquo
Stewech   non] num *vd Vl*   6 ⟨esse⟩ Haem. *vd Vl*
8 cariuſ (φ) *em. Beroald* hilarius *Stewech*   9 c̄tēptā ea (φ,
sed eā)   quęſiuere φ: q̄ſiere *em. Mercer*   mortui] bruti
Bursian surdi *Bluemner* mori *Plasberg coll. 246,23*
11 inſtanti (φ) *em. v*   13 uinulentiaq;   16 prorsus somno
uinoque *Soping*   17 ōs partī mortui φ: ōm̄ſ parati morti
adscript. ad uino sep. ex mg. irrepsisse putat Novák cf. 254,3 sq.
ad somnos, partim mortui *Rohde cf. 186,4* passim *Wower*
parit̄ *He cf. 46,4 50,1*   25 ſpectam̄ (φ) tam *in ras. al. m.
scr. cf. 89,24* spectam? *He cf. 67,24*

proflatisque naribus rudiui fortiter, immo tonanti clamore
personui. et illam thalamo receptam commode parentes
sui fouebant, me uero cum ingenti iumentorum ciuiumque
multitudine confestim retro *T*lepolemus agebat non in-
5 uitum. nam et alias curiosus et tunc latronum captiui-
tatis spectator optabam fieri. quos quidem colligatos adhuc uino magis quam uinculis deprehendimus. totis ergo
prolatis erutisque rebus et nobis auro argentoque et ceteris onustis ipsos partim constrictos, uti fuerant, prouo-
10 lutosque in proximas ru̇pinas praecipites dedere, alios uero
471 suis sibi gladiis obtruncatos reli[n]quere.

Tali uindicta laeti et gaudentes ciuitatem reuenimus.
et illas quidem diuitias public*ae* custodel*ae* commisere,
14 Tlepolemo puellam repetitam lege tradidere. exin me
15 ⟨*su*⟩um sospitatorem nuncupatum matrona prolixe curi-
472 tabat ipsoque nuptiarum die praesepium meum ordeo
passim repleri iubet fae[mi]numque camelo Bactrinae sufficiens apponi. sed quas ego condignas Fotidi diras deuotiones inprecer, quae me formauit non canem, sed asi-
20 num, quippe cum uiderem largissimae cenae reliquiis
rapinisque canes omnes inescatos atque distentos.

Post noctem unicam et rudimenta Veneris recens nupta
gratias ‖ summas apud suos parentes ac maritum mihi me-
minisse non destitit, quoad summos illi promitterent ho-

F 156ᵇ. φ 50ᵃ. 8 ciuiūq; (φ) *litt. refict. mut. in* ouiūq;

4 retro✻ (*eras.* p *aut* t *antea induct.*) φ: retro retrorsum
Luetj plepolem; (φ) 5 ⟨eram⟩ et *Rohde* 14 ra-
pinaſ (φ) *em. v* 11 relinquere *em.* φ 12 gaudenteſ (φ)
litt. postrem. refict.; fuit tiſ *a pr. m. corr. in* teſ ciuitatēſ
(*ead. m. del.* ſ *et add.*⁻; *alia litt. refing. erasit* ſ) φ: ciuitatē
18 publica cuſtodela (φ) *verb. quale asseruandas supplet Florid*
⟨in⟩ publicam custodelam *Bursian* publicae custodelae *Oud*
14 T. ⟨uero⟩ *Plasberg* meŭ (φ) me suum *Beroald* memet
Hild inepte; nam memet *Ap. non adhibet nisi pro pronom.
reflex. cf. 29,20 67,24 77,14 169,12 172,6 apol. 24 (27,24)*
15 qrutatabat (*alter.* ta *induct., in mg. ead. m.* curuta) φ: curutabat 17 fartim *Bluemner* fẹminuq; (φ) *em. v*
18 deuotiones *del. Leo; sed cf. 220,12 279,7* 21 adq; (*litt.
ref.*) φ: atq;

Oud.   E

nores habituri mihi. conuocatis denique grauioribus amicis
consilium datur, quo potissimum *pacto* | digne remunerarer.
placuerat uni domi me conclusum et otiosum hordeo lecto
473 fabaque et uicia saginari; sed optinuit alius, qui meae
libertati prospexerat, suadens, ut rurestribus potius campis 5
in greges equinos lasciuiens discurrerem daturus dominis
equarum inscensu generoso multas mulas alumnas. ergo 15
igitur euocato statim armentario equisone magna cum *126*
praefatione deducendus adsignor. et sane gaudens laetusque praecurrebam sarcinis et ceteris oneribus iam nunc 10
renuntiaturus nanctaque libertate ueris initio *pratis* her-
474 bantibus rosas utique reperturus aliquas. subibat me
tamen illa etiam sequens cogitatio, quod tantis actis gra-
tiis honoribusque plurimis asino meo tributis humana facie
recepta multo tanta pluribus beneficiis honestarer. .sed 15
ubi me procul a ciuitate gregarius ille perduxerat, nullae
deliciae ac ne ulla quidem libertas excipit. nam protinus
uxor eius, auar*a equidem* nequissimaque illa mulier,
molae machinariae subiugum me dedit frondosoque baculo
subinde castigans panem sibi suisque de meo parabat corio. 20
nec tantum sui cibi gratia me fatigare contenta, uicinorum etiam frumenta mercen⟨*n*⟩ariis discursibus meis con-
terebat, nec mihi misero statuta saltem cibaria pro tantis
praestabantur laboribus. namque hordeum meum frictum
475 et sub eadem mola meis quassatum ambagibus ‖ colonis 25
proximis uenditabat, mihi uero per diem laboriosae ma-

F 156^b 157^a. φ 50^a,b.   1 habitum iri *Petsch* habitu iri
Plasberg coll. *Arch. f. lat. Lex. ind. I—X p. 596 cf. 13,10 sq. 102,6*
128,16 sq. apol. 3 (3,13 sq.) 48 (55,14) 51 (57,25)
2 facto (φ) pacto *Oud*   8 uti (ᵃ *supra* t *add. ead. m. et in*
mg. ni) φ: uni   6 inter *vd Vl*   8 equisoni *vd Vl*
11 pratif (rat *in ras. al. m.· ex* art)   φ: partif *sed em. ead.*
m.   18 consequens *Rohde*   15 *cf. apol.* 3 (4,20) *Leo*
Arch. f. lat. Lex. XII 99 sqq.   18 auarẹ qdẽ   φ: auarᵃ qdẽ
auara quidem *v cf. 167,7 188,11 a.* equidem *Seyffert cf. 161,14*
19 nodosoque *Bluemner* ponderosoque *Purser cf. 72,17*
22 mercenariif *em.* φ

Oud.   *E*

chinae adtento sub ipsa uespera furfures apponebat in-
cretos ac sordidos multoque lapide salebrosos.

16   Talibus aerumnis edomitum nouis Fortuna saeua tradidit cruciatibus, scilicet ut, quod aiunt, domi forisque
5 fortibus factis adoriae plenae gloriarer. equinis armentis
namque me congregem pastor egregius mandati dominici
476 serius auscultator aliquando permisit. at ego tandem
liber asinus laetus et tripudians graduque molli gestiens
equas opportunissimas iam mihi concubinas futuras deli-
10 gebam. sed haec etiam spes hilarior in capital⟨e⟩ processit exitium. mares enim ob admissuram ueterem
477 pasti satianter ac diu saginati, terribiles [alios] alioquin
et utique quouis asino fortiores, de me | metuentes sibi et
adulterio degeneri praecauentes nec hospitalis Iouis ser-
15 uato foedere riualem summo furentes persecuntur [h]odio. *127*
hic elatis in altum uastis pectoribus arduus capite et
sublimis uertice primoribus in me pugillatur ungulis, ille
terga pulposis *torulis* obesa conuertens postremis uelitatur
478 calcibus, alius hinnitu maligno comminatus remulsis auri-
20 bus dentiumque candentium renudatis asceis totum me
commorsicat. sic apud historiam de rege Thracio lege-
ram, qui miseros hospites ferinis equis suis lacerandos
deuorandosque porrigebat; adeo ille praepotens tyrannus

F 157ᵃ. φ 50ᵇ.   **2** lapidef alebrofof *eras.* f *em. al.*
m.   **5** plenus *Groslot; genet. ad* gloriar. *refert Oud, ad*
factis *Hild*   gloriarere qn if (φ: *sed al. m. recte distinx.*)

☐ **6** nanq;   **7** feriuf (φ, *sed in mg. al. m.* c̊ feruf)
10 capital *al. m. add.* e φ: capitał   **11** ueterĕ (φ) *in mg.*
·l· *ad v. sequ. addit. fort. huc pertinet cf. praef.* 34 uenerem
v, *ut interpretament. del. Pric, defend. deleto* admiss. *aut*
scripto admissariam *Oud* admissuram ueterem *def. Wiman*
⟨in⟩ uenerem *Petsch cf.* 95,19   **12** aliof aliqn̊ & (φ, *in mg.*
c. alias*) alios *del.* v *cf.* 7,12 81,15   **15** hodio *em.* φ

18 corulif (φ) *em.* v   uelitát (φ) *litt. ref. corr. in* uol
19 remissis *ed. Rom.*   **20** afteif (φ) *refict. litt. mut. in* coftif
em. Luetj haftis v faxis *Oud*   **22** feris? *He sed cf.* 28,9
23 proiciebat *vd Vl*   praepotens ille v

Oud.   E

sic parcus hordei fuit, ut edacium iumentorum famem
corporum humanorum largitione sedaret. ad eundem mo- 17
dum distractus et ipse uariis equorum incursibus rursus
molares illos circuitus requirebam. uerum Fortuna meis
cruciatibus insatiabilis aliam mihi denuo pestem instruxit. ‖ 5
479 delegor enim ligno monte deuehundo, puerque mihi praefectus imponitur ⟨ex⟩ omnibus ille quidem puer deterrimus. nec me montis excelsi tantum arduum fatigabat
iugum, nec saxeas tantum sudes incursando contribam un-
480 gulas, uerum fustium quoque crebris ictibus per*dite* de- 10
dolabar, ut usque plagarum mihi medullaris insideret
dolor; coxaeque dexterae semper ictus incutiens et unum
feriendo locum dissipato corio et ulceris latissimi facto
foramine, immo fouea uel etiam fenestra nullus tamen
desinebat identidem uulnus sanguine delibutum obtundere. 15
lignorum uero tanto me premebat pondere, ut fascium
481 molem elefanto, non asino paratam putares. ille uero
etiam quotiens in alterum latus praeponderans declinarat
sarcina, cum deberet potius grauantis ruinae fustes demere et leuata paulisper pressura sanare me uel certe in 20
alterum latus translatis peraequare, contra lapidibus ad-
ditis insuper sic iniquita*ti* ponderis medebatur. nec tamen 18
post tantas meas clades inmodico sarcinae pondere contentus, cum fluuium transcenderemus, qui forte praeter uiam

---

F 157ᵃ. φ 50ᵇ.   1 [sic]? *Leo*   parcuſ *litt. refict.; vid. fuisse*
                               ᵒ
partuſ φ: parṭuſ   **8** equa⁊ *litt. refict.; fuit* equo⁊ φ: equo⁊
7 omnibus *def. Hild Kroll Glott. V 361 cf. Loefstedt Komm. z. Per.
Aeth. 49* ⟨prae⟩ omn. *vd·Vl coll. 213,7.10* omn. ⟨modis⟩ *v* omni-
modis *Guilelm* omnium *ed Vic Iunt* ⟨ex⟩ *o. He*   puer
del. v cf. Phil. supp. IX 519 sqq.   **9** contriueram *vd Vl
sed cf. Thielmann Arch. f. lat. Lex. III 542*   **10** pcliue (φ)
perditᵉ *Hild* perdiem *Purser coll. 165,26* perdius *Plasberg*
prolixe *Luetj cf. 75,24 164,15 al.* prodige *Bursian persaepe v*

11 usque ⟨uapulando⟩ *vd Vl*   1**6** liño⁊ *em. ead. m.*
                                              ᵍ
faſciū (ſ *ex* r *al. m.*) φ: ſarcinū   2**0** iuuare *He*   me] ☐
eam *Bluemner* 2**2** iniquitate (φ) *al. m. corr. in* ineq-
iniquitatem *vel* iniquitati *v Ap. verb. medendi cum tertio casu
coniungit*   2**4** per uiam *Kronenberg*

Oud.   *E*

defluebat, per*o*nibus suis ab aquae madore consulens ipse
quoque insuper lumbos meos insiliens residebat, exi- *128*
guum scilicet et illud tantae molis super|pondium. ac
si quo casu limo caenoso ripae supercilio lubricante [h]o-
5 neris inpatientia prolapsus deruissem, cum deberet egregius agaso manum porrigere, capistro suspendere, cauda
subleuare, certe partem tanti oneris, quoad resurgerem
482 saltem, detrahere, nullum quidem defesso mihi ferebat auxilium, sed occipiens a capite, immo uero et ipsis auri-
10 bus totum me compilabat ‖ *ad incitas* fusti grandissimo,
donec fomenti uice ipsae me plagae suscitarent. iďem
mihi talem etiam excogitauit perniciem. spinas acerrumas
483 et punctu uenenato uiriosas in fascem tortili nodo con-
strictas caudae meae pensilem deligauit cruciatum, ut in-
15 cessu meo commotae incitataeque funestis aculeis infeste
19 me conuulnerarent. ergo igitur ancipiti malo laborabam.
nam cum me cursu proripueram fugiens acer*b*issimos in-
cursus, uehementiore nisu spinarum feriebar: si dolori
parcens paululum restitissem, plagis compellebar ad cur-
20 sum. nec quicquam uidebatur aliud excogitare puer ille
nequissimus quam ut me quoquo modo perditum iret,
idque iurans etiam non nunquam comminabatur.

Et plane fuit, quod eius detestabilem malitiam ad peiores
conatus stimularet; nam quadam die nimia eius insolentia
25 expugnata patientia mea calces in eum ualidas extuleram.
denique tale facinus in me comminiscitur. stuppae sar-

F 157ᵃᵇ. φ 50ᵇ 51ᵃ.   1 p͞o͞ib; *ut vid. m. vet. mut. in*
°pdib; φ: po͞mib; (*in mg. m. recentiss. add.* peronib;)
2 ⟨haud⟩ exiguum *Petsch*   4 honerif *em.* φ   7 certe
(φ) *supra* te *eras. vid.˜*   10 concipulabat *Lips cf. 204,8*
vd Vl Arch. f. lat. Lex. IX 461 | cidit (φ) caedit *E* cae-
dens *v ad* incitas *He cf. 73,3* ad exitium *Damsté* identidem
Brakman et id Koziol concidendo *Luetj del. Beyte* inter cidit
et fusti *lac. quatt. litt.* (φ), *sed nihil periit*   18 uiriofaf (φ)
def. Armini uirosas *v cf. 213,16*   15 infestis aculeis [infeste]
Leo   17 aceruiffimof (φ, b *supra* u *add. al. m.*)

Oud.   *E*

481 cina me satis onustum probeque funiculis constrictum producit in uiam deque proxima uillula spirantem carbun-
culum furatus oneris in ipso meditullio reponit. iamque
fomento tenui calescens et enutritus ignis surgebat in
flammas et totum me funestus ardor inuaserat, nec ullum **5**
pestis extremae suffugium nec salutis aliquod apparet
solacium et ustrina talis moras non sustinens et meliora
consilia praeuertitur. sed in rebus scaeuis adfulsit For- **20**
tunae nutus hilarior nescio an futuris periculis me reser-
uans, certe praesente statutaque morte liberans. nam forte **10**
485 pluuiae pridianae recens conceptaculum aquae lutulentae **129**
proximum conspicatus ibi memet inprouido saltu totum
abicio flammaque prorsus extincta tandem et | pondere
leuatus et exitio liberatus euado. sed ille deterrimus ac
temerarius puer hoc quoque suum nequissimum factum in **15**
me retorsit gregariisque omnibus adfirmauit me sponte
uicinorum foculos transeuntem titubanti gradu prolapsum
ignem ultroneum accersisse mihi, et arridens addidit: 'quo
usque ergo frustra pascemus ⟨as⟩in⟨um⟩ igninum istum?'.

Nec multis interiectis diebus longe peio⟨ri⟩bus me **20**
dolis petiuit. ligno enim, quod gerebam, in proximam
casulam uendito uacuum me ducens iam se nequitiae meae
486 proclamans imparem miserrimumque istud magisterium
rennuens querelas huius modi concinnat: 'uidetis istum **21**
pigrum tardissimumque et nimis asinum? me prae⟨ter⟩ **25**
cetera flagitia nunc nouis periculis etiam angit. ut

F 157ʰ. φ 51ᵃ.   1 ppeq; (φ) *em. Stewech*   2 car-
bunculū b *ex* u *al. m. corr.*   7 sustinet, sed *vel.* sustinens
[et] *v*   et meliora 'vel optima' *interpretat. Plasberg* diutiora
Bluemner maturiora *Oud* pleniora *Kronenb* timidiora *He*
8 *cf. 77,23*   11 lutulentae ⟨plenum⟩ *vdVl*   18 accef-
fiſſe . m & (φ) accersisse mihi . et *Petsch cf. 153,7 244,14* ar-
cessisse *Lips*   19 Inigninū (φ, *sed m. rec. in mg.* c̅ igninum)
ignigenum *v* ignigerum *vir. doct.* igniarium *Oud* asinum igninum *He*   20 peiob; *em. m. rec. et* φ   24 *cf. 133,3*
25 nimis ⟨asininum⟩ *Bluemner*   p̄ (φ) *em. ed. Iunt*
26 etiam periculis *vdVl*

Oud.

E

quemque enim uiatorem prospexerit, siue illa scitula mulier
seu uirgo nubilis seu tener puellus es*t*, ilico disturbato
gestamine, non nunquam etiam ipsis stramentis abiectis,
487 furens incurrit et homines amator talis appetit et humi
5 prostratis illis inhians illicitas atque incognitas temptat
libidines et ferinas ⟨*parans*⟩ uoluptates auersa Venere
488 inuitat ad nuptias. nam imaginem etiam sauii mentiendo
ore improbo compulsat ac morsicat. quae res nobis non
mediocris lites atque iurgia, immo forsitan et crimina
10 pariet. nunc etiam uisa quadam honesta iuuene, ligno
quod deuehebat abiecto dispersoque, in eam furiosos direxit impetus et festiuus hic amasio humo sordida pro-
stratam mulierem ibidem incoram omnium gestiebat inscendere. quod nisi ploratu questuque femineo concla-
15 matum uiatorum praesidium accurrisset ac de mediis
ungulis ipsius esset erepta liberataque, misera illa com-
pauita atque dirupta ipsa quidem cruciabilem cladem
sustinuisset, nobis uero poenale reliquisset exitium.'

22 Talibus mendaciis admiscendo sermones alios, qui 130
489 meum uerecundum silentium uehe‖mentius premerent, ani-
21 mos pastorum in meam perniciem atrociter suscitauit.
denique unus ex illis: 'quin igitur publicum istum. maritum', inquit, 'immo communem omnium adulterum illis
suis monstruosis nuptiis condignam uictimamus hostiam';
25 et 'heus tu, puer', ait, 'obtruncato protinus eo intestina

F 157ᵇ 158ᵃ. φ 51ᵃ.   1 quenq;   uiatorum *vd Vl*
prospexit *Haupt sed est coniunct. iterativ. cf. 29,5*   illa sit *v*
2 puellusese *al. m.* f *add. ante* sese φ: puella sese *em. vd Vl*
puellus, eos *E* puellus, ecce *Guilelm* puellus sit *aut servato*
puellus, sese *infra* inruit *Oud* puellus, e re *Luetj cf. 233,25*
6 — fer. uol. — *v. Geisau* fer. ⟨auens⟩ *Cast* ⟨instruens⟩
Kronenb ⟨parans⟩ *He* feminas uolutatas *Pric*   uoluptates
post illicitas (v. 5) *transpos. vd Vl* uoluptarius *Rohde; an* ferin.
uolupt. *ut interpretam. ad* illic. libid. *addit. delendum? cf. tamen*
39,12   auersaque *Kaibel*   7 fabii (b *ex* u *corr. ead. m.*)
9 mediocrif (φ) *mut al. m. in* —ef   25 *sqq. in maxima huius
pag. parte litt. fere evanuerunt aut ab al. m. satis neglegenter
refictae aut vocibus supra vetustas repetitis obscuratae sunt*

Oud.   *E*

quidem canibus nostris iacta, ceteram uero carnem om-
nem operariorum cenae reserua. nam corium adfirmatum |
cineris inspersu dominis referemus eiusque mortem de
lupo facile mentiemur.' sublata cunctatione accusator ille
490 meus noxius, ipse etiam pastoralis exsecutor sententiae, 5
laetus et meis insultans malis calcisque illius admonitus,
quam inefficacem fuisse mehercules doleo, protinus gladium cotis adtritu parabat.

Sed quidam de coetu illo rusticorum: 'nefas', ait, 'tam **23**
bellum asinum sic enecare et propter luxuriem lasciuiam- 10
que amatoriam criminatos opera seruitioque tam necessario carere, cum alioquin exsectis genitalibus possit neque
in uenerem nullo modo surgere uosque omni *metu* periculi liberare, insuper etiam longe crassior atque cor-
pulentior effici. multos ego scio non modo asinos in- 15
ertes, uerum etiam ferocissimos equos nimio libidinis
laborantes atque ob id truces uesanosque adhibita tali
491 detestatione mansuetos ac *mites* exinde factos et [h]o-
neri ferundo non inhabiles et cetero ministerio patientes.
denique nisi uobis suadeo nolentibus, possum spatio modico 20
interiecto, quo mercatum proximum obire statui, petitis
e domo ferramentis huic curae praeparatis ad uos actutum redire trucemque amatorem istum atque insuauem

---

F 158ª. φ 51ᵃᵇ.   **2** offirmatum *Steucch* adsiccatum *Rohde*

3 cruoris *Damsté*   **10** enecare (*al. m. supra add.* ᴺᵉᶜᵃʳᵉ) φ: enicare
(*em. m. rec.*)   sic enecare et *post* criminatum (*v. 11*) *transpos.*
Kronenb, et *solum Giarr*   **11** amatoriâ✱✱✱✱✱✱ opera (*media
legi nequeunt; al. m. superscr.* amatoriam criminatus *et vid.
fuisse* —tuſ *a pr. m. script.*) φ: amatoriam criminatum opera
amatoria crimina, tam ⟨utili⟩ opera *vdVl et* crimina [tum]
Novák criminatos *He* inanem reatum *Brakman*   **13** in uenerê *quae sequuntur lineola deleta sunt; lego dubitanter* nullo-
mo ✱✱ſurgere (*eras. vid.* do) φ: in uenerê ullo modo ſurgere
ullo *Beroald; cf. Hofmann Lat. Gramm. 832*   uoſq; ōi cetu (φ)
metu v   **18** mansuetos ac *del. G. Voss*   manſueſ (φ) *sed*   ☐
requiras mansues ac mansuetos *cf.* 81,19 99,6 *sq. apol.* 8,22 *sq.*
mites *Pric cf. Gell. V 14,21* pingues (*coll.* Λούκ. *33:* ἥμερός τε
καὶ πίων) *Oud*   honeri *em.* φ   **21** obire *refict., sed fuit idem*

Oud.   E

dissitis femoribus emasculare et quouis uer*u*ece mitiorem
efficere.'

24   Tali sententia mediis Orci manibus extr*act*us, set ex-
492 tremae poenae reseruatus maerebam et in nouissima parte
   5 corporis totum me periturum ‖ deflebam. inedia denique
continua uel praecipiti ruina memet ipse quaerebam ex- *131*
tinguere moriturus quidem nihilo minus, sed moriturus
integer. dumque in ista necis meae decunctor electione,
matutino me rursum puer ille peremptor meus contra
 10 montis suetum ducit uestigium. iamque me de cuiusdam
uastissimae ilicis ramo pendulo destinato paululum uiam
supergressus ipse securi lignum, quod deueheret, recidebat.
et ecce de proximo specu uastum attollens caput funesta
493 proserpit ursa. quam simul conspexi, pauidus et repen-
 15 tina facie conterritus totum corporis pondus in postremos
poplites recello arduaque ceruice sublimiter eleuata lorum,
quo tenebar, rumpo meque protinus pernici fugae com-
mitto perque prona non tantum pedibus, uerum etiam
toto proiecto corpore propere deuolutus immitto me cam-
 20 pis subpatentibus, e*x* summo studio fugiens | immanem
ursam ursaque peiorem illum puerum.

25   Tunc quidam uiator solitarium uagumque me respiciens inuadit et properiter inscensum baculo, quod gerebat,
494 obuerberans per obliquam ignaramque me ducebat uiam. nec

F 158ᵃ. φ 51ᵇ.   1 uebece (u *mut. in* b *et* ʳ *add. m. rec.*)
φ: uerbece   8 extracto (*refict., fuit fort.* extract;) *f*et ex-
treme pene re*f*eruat; mereb*ā* (*litt. refict., sed vid. eaed. fuisse*)

φ: retract; *f*& ext*ma* uite de*f*picien*f* mereb*ā* (*ead. m. scriptura
magis te*nu*i fort. in lac. postea add.*)   4 nobilissima *Barth*
nauissima *Purser*   10 fastigium *Brant*   12 deueherem

vdVl coll. 167,6   14 p*f*epit *em. ead. m. et* φ prorepit *Bluemner cf. 89,1*   16 recello *cf. 254,5*   17 21 *verba
pleraque adeo evanuerunt ut cognosci vix possint*   17 cõ|ci-
tato *al. m litt. refing. effecit; sed dubium an aliud script.
fuerit, praesertim cum* cõ *i. e.* com *certum sit* φ: co'mitto
cf. 40,11   19 piecto (φ) *litt. refict., sed fuit id.*   20 *lac.
ante* *f*ummo, *in qua nihil iam legitur* φ: & *f*ummo ex summo
Colv cf. 179,25 214,7   24 me *del. vdVl cf. 59,22*

Oud.   *E*

inuitus ego cursui me commodabam relinquens atrocissimam
uirilitatis lanienam. ceterum plagis non magnopere com-
mouebar quippe consuetus ex forma concidi fustibus.

  Sed illa Fortuna meis casibus peruicax tam opportunum
latibulum misera celeritate praeuersa nouas instruxit in- 5
sidias. pastores enim mei perditam sibi requirentes uac-
495 culam uariasque regiones peragrantes occurrunt nobis fortuito statimque me cognitum capistro prehensum attrahere
gestiunt. sed audacia ualida resistens ille fidem hominum
deumque testabatur: 'quid me raptatis uiolenter? quid 10
inuaditis?'

  'Ain, te nos tractamus inciuiliter, qui nostrum asinum
furatus abducis? ‖ quin potius effaris, ubi puerum eiusdem
agasonem, ne[c]catum scilicet, occultaris?'; et ilico de-
tractus ad terram pugnisque pulsatus et calcibus contusus 15
496 infit deierans nullum semet uidisse ductorem, sed plane 132
continatum solutum et solitarium ob indiciuae praemium
occupasse, domino tamen suo restituturum. 'atque utinam
ipse asinus', inquit, 'quem numquam profecto uidissem,
uocem quiret humanam dare meaeque testimonium inno- 20
centiae perhibere posset: profecto uos huius iniuriae
pigeret.'

  Sic adseuerans nihil quicquam promouebat. nam collo

F 158ᵃ·ᵇ. φ 51ᵇ.   2 laniĕ (˜ *al. m. vid. add.*) nᾱ
φ: lanie. Nᾱ (*em. al. m. deleto* Nᾱ *et supra addito* ᵃᵃ)
⟨nam⟩ ceterum *Bluemner*   3 ex forma (ma *refict.*) *om.* φ
del. Oud cf. vdVl Arch. f. lat. Lex. X 386 sqq.   5 misera
(φ) *218,2 cft. Armini* mira *vdVl cf. 29,24* 9 reſiſtenſ (ſt *al. m.*
ex d *corr., sed pr. m. in mg. add.* reſiſtenſ) φ: reſiſtenſ (ſt *inter*
scribend. ex al. litt. corr.) 10 raptatis? uiolenter *vdVl*   12 an *E*
                                                               ariſ
cf. 69,1 129,20   13 effẹṛạ̈tiſ *em. ead. m. et* φ   14 n∗eçatŭ
                                             •
corr. al. m. ex neccatŭ   15 pugniq; (*add. ead. m.*)   et *pror-*
sus evan.   16 plane ⟨me⟩ *vdVl*   17 *cf. 22,11 et 133,21*
18 suo — utinam *evan.*   utinam] si *vdVl*   19 quem
⟨utinam⟩ *vdVl*   profecto *del. vdVl cf.* nunq. prof. *apol.*
2 (3,2) 40 (47,17)   a fecto ad litt. u in uocem *litt. evan.*
uidisse uellem *Haupt; Tib. I 10,11 cft. Leo*   21 posset *del.*
vdVl, addit. propter clausul. monet Leo

Oud·   *E*

constrictum reducunt eum pastores molesti contra montis
illius siluosa nemora, unde lignum puer solebat egerere.
26 nec uspiam ruris ⟨r⟩eperitur ille, sed plane corpus eius
membratim laceratum multisque dispersum locis conspi-
5 citur. quam rem procul dubio sentiebam ego illius ursae
497 dentibus esse perfectam et hercules dicerem quod scie-
bam, si loquendi copia suppeditaret. sed quod solum
poteram, tacitus licet serae uindictae gratulabar. et cadauer quidem disiectis partibus tandem totum repertum
10 aegreque concinnatum ibidem terrae dedere, meum uero
Bellerofontem, abactorem indubitatum cruentumque percussorem criminantes, ad casas interim suas uinctum per-
ducunt, quoad renascenti die sequenti deductus ad magistratus, ut aiebant, poenae redderetur.
15   Interimdum puerum illum parentes sui plangoribus
498 fletibusque querebantur, et adueniens ecce rusticus ne-
quaquam | promissum suum frustratus destinatam sectio-
□ nem meam flagitat. ⟨at⟩ 'non est in his', inquit unus, 'indidem praesens iactura nostra, sed plane crastino libet
20 non tantum naturam, uerum etiam caput quoque ipsum
pessimo isto asino demere. nec tibi ministerium deerit
istorum.'
27   Sic effectum est, ut in alterum diem clades differretur
mea. at ego ‖ gratias agebam bono puero, quod saltem
25 mort⟨u⟩us unam carnificinae meae dieculam donasset.
nec tamen tantillum saltem gratulationi meae quietiue *133*

F 158ᵇ. φ 51ᵇ52ᵃ. 1 maesti *He* confestim *Leo*   2 siluosi
Kroncnb coll. 188,21 cliuosa *Cornelissen*   3 ruris] uiuus *Bluem-*
ner Osiris Damsté   operit (o *in ras., fuit* a)   φ: apt *em. v*
cf. 226,5   9 partibus ⟨collectis⟩ *vdVl*   13 [sequenti]?
Leo   15 interī dū (φ) interdum *He cf. 125,6*   16 querebantur (*in mg. ead. m. add.* q;rebant)   φ: q̄rebāt   et
om. φ v   rusticoſ (ᵛ *add. ead. m.?*)   18 ⟨at⟩ non est
□ *Luetj*   , in his v in his, *He cf. 80,16* sanabilis ? *Leo*
indidem *scil. a lascivia asini cf. 171,10*   un; (φ) *compend.;*
refict. simile litterae j   21 demetere *Heins cf. Suet. Cal. 33*
Cic. de petit. 2,9   22 iſto2‹ (φ) o2‹ *refict., sed fuit id.*
25 mort; (*linea induct.*) φ: mortuuſ

Oud.

E

spatium datum; nam mater pueri, mortem deplorans acer-
bam filii, fleta et lacrimosa fuscaque ueste contecta, ambabus manibus trahens cinerosam canitiem, heiulans et
499 exinde proclamans stabulum inrumpit meum tunsisque ac
diuerberatis uehementer uberibus incipit: 'et nunc iste 5
securus incumbens praesepio uoracitati suae deseruit et
insatiabilem profundumque uentrem semper esitando dis-
tendit nec aerumnae meae miseretur uel detestabilem
casum defuncti magistri recordatur; sed scilicet senectam
infirmitatemque meam contemnit ac despicit et impune se 10
laturum tantum scelus credit. at utcumque se praesumit
innocentem; est enim congruens pessimis conatibus contra
noxiam conscientiam sperare securitatem. nam pro deum
fidem, quadrupes nequissime, licet precariam uocis usuram
500 sumeres, cui tandem uel ineptissimo persuadere possis 15
atrocitate⟨m⟩ istam culpa carere, cum propugnare pedibus
et arcere morsibus misello puero potueris? an ipsum
quidem saepius incursare calcibus potuisti, moriturum
uero defendere alacritate simili nequisti? certe dorso receptum auferres protinus et infesti latronis cruentis ma- 20
nibus eriperes, postremum deserto deiectoque illo conseruo magistro comite pastore non solus aufugeres. an
ignoras eos etiam, qui morituris auxilium salutare dene-
garint, quod contra bonos mores id ipsum fecerint, solere
puniri? sed non diutius meis cladibus laetaberis, homi- 25
cida. senties, efficiam, misero dolori naturales uires ad-

F 158ᵇ. φ 52ᵃ. 1 *ad* datum *m. rec. add.* eſt
acerbã *al. m.* b *corr. ex* u (φ) 4 exinde *cf. 126,13; i. e.* 'saepe'
Wiman-coll. 139,6 147,12 256,20 8 miſeret (*al. m. ref.*) 11 credit at] creditat *Rohde* an (*em. ead. m.*) φ: at atque *v* et
Pric utique *Pric cf. 126,19* 12 innoc. *cf. Corp. gloss. Lat.*
VI 580: ἀβλαβής, ἀθῷος 13 parare *vdVl* 16 atrocitate (φ) *em. v* iſtã *ut vid., sed ‾ dub.* φ: iſta culpa
⟨tua⟩ *Bursian* supra carere aliquid eras.; cognoscuntur
pr. litt. u *et extrem.* re φ: uacare 18 moriturã *em.* φ
21 deiectoq; (φ) *in mg. ead. ut vid. m.* derelicto 22 non
ante deserto *transpos. vdVl* 24 fecerint fecerint (*alter.*
induct.) 26 sentias *Oud*

Oud.   *E*

501 esse'; et cum dicto subsertis manibus exsoluit suam sibi 28
fasciam pedesque meos singillatim inligans ‖ indidem con-
stringit artissime, scilicet ne quod uindictae meae super-
esset praesidium, et pertica, qua stabuli fores offirmari
502 solebant, adrepta | non prius me desiit obtundere, quam
6 uictis fessisque uiribus suopte pondere degrauatus manibus eius fustis esset elapsus. tunc de brachiorum suorum
cita fatigatione conquesta procurrit ad focum ardentemque
titionem gerens mediis inguinibus obtrudit usque, donec solo, *134*
10 quod restabat, nisus praesidio liquida *fimo* strictim eg[r]esta
faciem atque oculos eius confoedassem. qua caecitate atque faetore tandem fugata est a me pernicies: ceterum
titione delirantis Althaeae Meleager asinus interisset.

504   LIBER VIII

1   Noctis gallicinio uenit quidam iuuenis ⟨e⟩ proxima
16 ciuitate, ut quidem mihi uidebatur, unus ex famulis
Charites, puellae illius, quae mecum aput latrones pares
aerumnas exanclauerat. is de eius exitio et domus totius
505 infortunio mira ac nefanda, ignem propter adsidens, inter
20 conseruorum frequentiam sic annuntiabat:
        'Equisones opilionesque, etiam busequae, fuit Charite
nobisque misella et quidem casu grauissimo nec uero

F 158ᵇ 159ᵃ. φ 52ᵃ.   5 abrepta   φ: arrepta *cf. 21,4*
6 *cf. 120,11*   9 obtrudit; q; (q; *induct., om.* φ)   obtrudit usque *Salm*   10 mifuſ (φ, *sed em.* īniſus)   ſimo
(φ) *em. v* (*Rob*)   liquido — egesto *Oud cf. 77,4*
egreſta (φ, *sed puncto del.* r)   12 pnicieſ (φ) ſ *postea*
addit., fort. ab al. m.   13 interissem *Florid fort. recte*
                                                          h
Ꞓgo falluſtiuſ legi & em̄daui rome Felix . MꞒTaphora mor|-
foſeon Liƀ VII. Ꞓxpℓic. INCῑP liber. VIII. feliciter.   15 ⟨de⟩
proxima *vdVl coll. 210,14 227,19* ⟨ex⟩ pr. *Wower*   20 an-
                        bat
nuntiauit *em. ead. m.* φ: annuntiabat   21 etiā buſeſ (*posterior* ſ *induct.*) quę φ: etiā buſeꝗ   et busequae, iam *E*
        22 nobiſ q (φ) nobis quam *v* nobis quoniam *Gruter* nobis-
que *E* nobisque misella ⟨periuit⟩ *vdVl cf. 90,24*

Oud.   *E*

incomitata Manis adiuit. sed ut cuncta noritis, referam
uobis a capite, quae gesta sunt quaeque possint merito
doctiores, quibus stilos fortuna subministrat, in historiae
specimen chartis inuoluere.

506   Erat in proxima ciuitate iuuenis natalibus prae- 6
nobilis qu*idem*, clarus *et* pecuniae *fructu* satis locuples, sed
luxuriae popinalis scortisque et diurnis potationibus exer-
507 citatus atque ob id factionibus latronum male sociatus
nec non etiam manus infectus humano cruore, Thrasyllus‖
nomine. idque sic erat et fama dicebat. hic, cum pri- 2
mum Charite nubendo maturuisset, inter praecipuos pro- 11
cos summo studio pêtitionis eius munus obierat et quan- *135*
quam ceteris omnibus id genus uiris antistaret eximiisque
508 muneribus parentum inuitaret iudicium, morum tamen
inprobatus repulsae contumelia fuerat aspersus. ac dûm 19
erilis puella in bon⟨i⟩ Tlepolemi manum uenerat, firmiter
deorsus delapsum nutriens amorem et denegati thalami
permiscens indignationem, cruento facinori quaerebat ac-
cessum. nanctus denique praesentiae suae tempesti*u*am
occasionem, sceleri, quod diu cogitarat, accingitur. ac 20
die, quo praedonum infestis mucronibus puella fuerat astu
uirtutibusque sponsi sui liberata, turbae gratulantium
exultans | insigniter permiscuit sese salutique praesenti
509 a⟨c⟩ futurae suboli nouorum maritorum gaudibundus ad
ho⟨no⟩rem splendidae prosapiae inter praecipuos hospites 25

F 159ᵃ. φ 52ᵃᵇ   1 ueritif *litt. refict., potest fuisse* noritif
φ: noritif   **2** φ: possent   **s** ftiluf (φ), *sed em.* (*Rob.*)   **6** quo
(φ) equo *v* loco *v* qui eo *vdVl* ꝗdē *He*   eo (φ) et *v*   fuit (φ)
fuerat *vdVl* simul *Colv* auitae *Leo* affatim *Kronenb* fructu,
He cf. 158,19 sq.   **7** luxurie popinali *Hild* ⟨aere alieno⟩
exercitatus *vdVl*   **8** male *cf. 186,12* clam *vdVl, sed* clam *prae-
position. esse·ap. Apul. docet Novák*   **9** nęc‖jn̄ etiă (*al. m.* ne
punctis delev., ᵃ *add. et* n̄ *mut. in* jn̄ *i. e.* inde)   φ: nec nō etiă
thrafilluf   **10** isque *Pric*   **16** bon (*al. m. add.* ¹)
tlepolemi   φ: bonabepolemi   **18** premens *vdVl*   iudigna-
tione *Nolte*   **19** tempeftillă (φ) *em. v cf. 87,22 et sic semper*
ᵃ²/²⁴ p̄fentia (φ) *em. Lips*   **25** horĕ (φ, *sed em. al. m.*)

Oud.   *E*

domum nostram receptus, occultato consilio sceleris, amici
fidelissimi personam mentiebatur. iamque sermonibus
assiduis et conuersatione frequenti, nonnunquam etiam
cena poculoque communi carior cariorque factus in pro-
5 fundam ruinam Cupidinis sese paulatim nescius praecipi-
510 tauerat. quidni, cum flamma saeui amoris parua quidem
primo uapore delectet, sed fomenti⟨s⟩ consuetudinis ex-
aestuans inmodicis ardoribus totos amburat homines.

3   Diu denique deliberauerat secum Thrasyllus, quo⟨d⟩
10 nec clandestinis colloquiis opportunum repperiret locum
et adulterinae Veneris magis magisque praeclusos aditus copia custodientium cerneret nouaeque atque gli-
511 scentis affectionis firmissimum uinculum non posse disso-
ciari perspiceret et puellae, si uellet, quanquam uelle non
15 posset, furatrinae coniugalis incommodaret rudimentum;
et tamen ad hoc ipsum, quod non potest, conten‖tiosa
pernicie, quasi posset, impellitur. quod nunc arduum
factu putatur, amore per dies roborato facile uidetur
512 effectu. spectate denique, sed, oro, sollicitis animis in-
20 tendite, quorsum furiosae libidinis proruperint impetus.

4   Die quadam uenatum Tlepolemus assumpto Thrasyllo *136*
petebat indagaturus feras, quod tamen in capreis feritatis est; nec enim Charite maritum suum quaerere
patiebatur bestias armatas dente uel cornu. iamque apud
25 frondosum tumulum ramorumque densis tegminibus um-
513 brosu⟨m⟩ prospectu uestigatorum obseptis capreis canes

F 159ᵃᵇ. φ 52ᵇ.   1 occultato (φ) *litt. refictis corrupt. in* octul-
tato *aut* accultato   4 carior∗ *(fuitne* cariorif?)   5 roinā
φ: romā *em. Faber*   7 fomtj (φ) fomento *v* fomentis *E*
9 diu diuque *Bluemner; 71,8 cft. Novák*   thrafilluf   quo
nec (φ) quod nec *Salm cf. 5,1* quo uel *v* quo⟨modo⟩ uel *vdVl*
(*v. 10 Sciopp. secutus*) quo pacto cland. *vel* qui cland. *Novák*
10/11 locum ⟨cum⟩ *Sciopp*   12 glifcentif (t *vid. corr. ex* d)
15 coniugale *vir doct. ad mg. ed. Iunt alt.*   incommodare
He   rud. 'ignorantiam' *interpr. Florid*   16 et *del.*
Pric   19 ⟨et⟩ intendite *Rohde*   20 proruperit *v*   21 tbla-
fyllo   22 qd̄ φ: q (*Rob*) quid *v* ⟨si⟩ quid *Colv*   24 armtaf
(φ) *em. v*   25 *nunc quidem legitur* umbrofu   φ: umbrofo

Oud.   *E*

uenationis indagini[s] generosae, mandato cubili residentes
514 inuaderent bestias, immittuntur statimque sollertis disciplinae memores partitae totos praecingunt aditus tacitaque
prius seruata mus⟨s⟩itatione, signo sibi repentino reddito,
latra[n]tibus feruidis dissonisque miscent omnia. ˎnec ulla 5
caprea nec pauens dammula nec prae ceteris feris mitior
cerua, sed aper immanis atque inuisitatus exsurgit toris
515 callosae cutis obesus, pilis inhorrentibus corio squalidus,
setis insurgentibus spinae hispidus, dentibus attritu sonaci
spumeus, oculis aspectu minaci flammeus, impetu saeuo 10
fre mentis oris totus fulmineus. et primum quidem canum
516 procaciores, quae comminus contulerant uestigium, genis
hac illac iactatis consectas interficit, dein calcata retiola,
qua primos impetus reduxerat, transabiit. et nos quidem 5
cuncti pauore deterriti et alio[n]quin innoxiis uenationibus 15
consueti, tunc etiam inermes atque inmuniti tegumentis
frondis uel arboribus latenter abscondimus, Thrasyllus uero
nactus fraudium opportunum decipulum sic Tlepolemum
captiose compellat: ‖

"Qui⟨d⟩ stupore confusi uel etiam cassa formidine 20
517 similes humilitati seruorum istorum uel in modum pauoris
feminei deiecti tam opimam praedam mediis manibus
amittimus? quin equos inscendimus? quin ocius indipisci-
mur? en cape uenabulum et ego sumo lanceam" nec tantillum morati protinus insiliunt equos ex summo studio 25
bestiam insequentes. nec tamen illa genuini uigoris oblita

F 159ᵇ. φ 52ᵇ.   1 indaginiſ (φ) *sed ſ eras.*   2 inuaderent (φ) *sed eras.* nt *cf.* 76,19   4 muſitatione (φ)
em. v   5 latrantib; (φ, *sed in mg.* c̄ latratibus)   ferundiſ
(φ) *em. v*   6 pa⌞uenſ dam⌞mula *litt. quas notavi prorsus
evan.*   7 inuiſitatuſ (φ) *cf. Gell. V 14,7*   9/10 dentiſ —
oculi *Rohde*   11 *post* oris *lac statuit vdVl*   12 genuinis
Purser cf. 140,4   14 reduxerat (φ) *interpret. 'inhibuerat' Oud*
direxerat *Pric*   15 alionqn *em.* φ   17 abscondimur *Scal*
cf. 137,16   20 qui (φ) quid *v*   21 ceruorum *de Rhoer*
24 & cape (φ) i cape *Heins* eɳ cape *Haupt cf.* 18,1 tu cape
vdVl em cape? *He cf. apol.* 63 (71,20) en ego *Heins*
lanceā nec *prors. evan.*   25 ex ſummo *evan.*

Oud.   *E*

retorquet impetum et incendio feritatis ardescens dente
518 compulso, quem primum insiliat, cunctabunda rimatur. 137
sed prior Tlepolemus iaculum, quod gerebat, insuper dorsum bestiae contorsit. at Thrasyllus ferae quidem pe-
5 perci*t*, set equi, quo uehebatur Tlepolemus, postremos poplites lancea feriens amputat. quadrupes reccidens, qua
sanguis effluxerat, toto ⟨*t*⟩ergo supinatus inuitus dominum suum deuoluit ad terram. nec diu, sed eum furens
519 aper inuadit iacentem ac primo lacinias eius, mox ipsum
10 resurgentem multo dente lania*uit* nec coepti nefarii
bonum piguit amicum uel suae saeuitiae litatum saltem
tanto periculo cernens potuit expleri, sed percito atque
plagosa crura [uulnera] contegenti suumque auxilium
520 miseriter roganti per femus dexterum dimisit lanceam
15 tanto ille quidem fidentius, quanto crederet ferri uulnera
similia futura prosectu dentium. nec non tamen ipsam
6 quoque bestiam facili manu transadigit. ad hunc modum
definito iuuene exciti latibulo suo quisque familia maesta
concurrimus. at ille quanquam perfecto uoto, prostrato
20 inimico laetus ageret, uultu tamen gaudium tegit et fron-
tem adseuerat et dolorem simulat et cadauer, quod | ipse
521 fecerat, auide circumplexus omnia quidem lugentium officia
sollerter adfinxit, sed solae lacrimae procedere noluerunt.
sic ad nostri similitudinem, qui uere lamentabamur, con-
25 formatus manus ‖ suae culpam bestiae dabat.

F 159ᵇ160ᵃ. φ 52ᵇ53ᵃ.   1/2 dente cōpulſo (φ) *in mg. ead.*
m. add. dentē c̄pulſū (dentiū c̄pulſu *putat Rob, et sic v*)
4 pepciſſ& (φ, *sed em.*)   7 efflu⌞xerat⌟ *litt. evan.*   ergo (φ)
em. v   8 ſed φ: ∗et (ſ *vid. evan. aut eras. esse*) *cf. 160,16*
9 *sqq. permultae litt. evan.*   10 laniatū (φ) (*Rob*) *em. v*
13 plagoso, cruda u. *Cornelissen* plagosa et cruda u. *Luetj* plagosa crurum u. *vir doct.*   uulnera *del. v* ⟨contra⟩ uulnera
Bluemner con⌞tegenti⌟   14 femus] pectus *Bluemner*
immisit v demisit *Colv*   18 defuncto v *cf. 148,23 Min. Fel.*
37,3 Corp. gloss. Lat. II 40   22—25 *prorsus corrosa paucar.*
litt. colorem aut ductum tenet membrana   24 ⌞ſimilitu⌟dinē
potius legi quam ⌞amaritu⌟dine *cf. 202,15* φ: amaritudinē
c̄firmat; (φ) *em. v*

Oud.   E

Necdum satis scelere transacto fama dilabitur et cur-
522 sus primos ad domum Tlepolemi detorquet et aures infelicis nuptae percutit. quae quidem simul percepit tale
nuntium, quale non audiet aliud, amens et uecordia percita cursuque bacchata furibundo per plateas populosas et 5
arua rurest⟨r⟩ia fertur insana uoce casum mariti quiritans. confluunt ciuium maestae cateruae, secuntur obuii
dolore sociato, ciuitas cuncta uacuatur studio uisionis. et
ecce mariti cadauer accurrit labantique spiritu totam se
523 super corpus effudit ac paenissime ibidem, quam deuoue- 10
rat, ei red⟨d⟩idit animam. sed aegre manibus erepta suo- 138
524 rum inuita remansit in uita, funus uero toto feralem
pompam prosequente populo deducitur ad sepulturam.

Sed Thrasyllus nimium nimius clamare, plangere et, 7
quas in primo maerore lacrimas non habebat, iam scilicet 15
crescente gaudio reddere et multis caritatis nominibus
Veritatem ipsam fallere. illum amicum, coaetaneum, con-
525 tubernalem, fratrem denique addito nomine lugubri ciere,
nec non interdum manus Charites a pulsandis uberibus
amouere, luctum sedare, heiulatum cohercere, uerbis pal- 20
pantibus stimulum doloris obtundere, uariis exemplis
multiuagi casus solacia nectere, cunctis tamen mentitae
pietatis officiis studium contrectandae mulieris adhibere
odiosumque amorem suum perperam delectando nutrire.
sed officiis inferialibus statim exactis puella protinus festi- 25
526 nat ad maritum suum demeare cunctasque prorsus per-
temptat uias, certe illam lenem otiosamque nec telis ullis
indigentem, sed placidae quieti consimilem: inedia denique misera et incuria squalida, tenebris imis abscondita,

---

F 160ᴬ. φ 53ᴬ.   3 tale cf. 154,9   6 rureſtia (φ) em. v
cf. 76,2   9 accurſit em. φ occurrit Leo   11 redidit (in mg.
·l· cf. praef. 34) φ: reddit em. v   14 nimium nimiumque
Colv   18 luᵍᵘᵇʳⁱgere em. ead. m. φ: lugubri lugubriter Pric cf.
57,23 lugubre (cf. 119,10) aut lugubri uoce vel sono Oud, sed
nomen Tlep. ipsum lugubre interpr. Prescott   24 lactando Heins
    25 statim cf. 105,5 121,19 144,9   *factiſ (eras. e, f corr.
ex r)   φ: eractiſ exactis Elmenh peractis Wower cf. 226,9

Oud.   *E*

iam cum luce transegerat. sed Thrasyllus instantia peruicaci partim per semet ipsum, partim per ceteros familiares ac neces‖sarios, ipsos denique puellae parentes ex-
torquet tandem, | iam lurore et inluuie paene conlapsa
5 membra lauacro, cibo denique confoueret. at illa, parentum suorum alioquin reuerens, inuita quidem, uerum re-
527 ligiosae necessitati subcumbens, uultu non quidem hilaro,
uerum *paulo* sereniore ob[oed]iens, ut iubebatur, uiuen- *139*
tium *munia*, pro[ru]rsus in [s]pectore, immo uero penitus
10 *in medul*lis luctu ac maerore carpebat animum; *dies-*
que totos totasque noctes insumebat *luctuoso desiderio* et
imagines defuncti, qu*as ad habitum dci* Liberi for⟨*m*⟩a-
528 uerat, adfixo s*eruitio diuinis percolens* honoribus ipso se
8 sol*acio cruciabat. sed Thrasyllus*, praeceps alioqui*n et*
15 *de ipso nomine* temerarius, priusquam dolorem lacrimae
satiarent et percitae mentis resideret furor et in sese
529 nimietatis senio lassesceret luctus, adhuc flentem maritum,
adhuc uestes lacerantem, adhuc capillos distrahentem non
dubitauit de nuptiis conuenire et imp[r]udentiae labe ta-

F 160ᵃ. φ53ᵃ. 5 denique] potuque *Cornelissen* 7 *sqq.parte*
membranae laceratu verba nonnulla in finibus versuum abscissa
sunt; quae eadem om. φ, *al. m. in* φ *lacunas supplevit.*
Supplementa praebent dett. transscripta ex cod. F nondum
laeso (Rob) 8 uerŭ ...|lo φ: paulo obędienſ (φ) *em. v*
8/9 uiuentiŭ......|nia φ: ⌞munia⌟ ma (*sic*) (⌞ *in lac. postea add.*)
9 ˌprurſuſ (φ) *em. v*   inſpectore (φ, *sed em. ead. m.*)
pęnit; I.........|liſ φ: penit⁹ ˌ ī medulliſˌ   10/11 aᵐŭ.....
....|toſ φ: aᵐŭ & dieſ totoſ (*pr. m. scrips.*) 11 inſumebat].....
.......| derio φ: īſumebat ˌluctuoſo deſiˌderio 12 defuncti
qu..........|liberi φ: defuncti ˌquaſ ad habitum deiˌ li-
beri forauerat (φ) *em. v*   13 adfixo ſ................|
honorib; φ: adfixo ˌſeruitio diuiniſ percolenſˌ honorib;
colens? *He ut spatium sufficiat* ſe φ: ſeſe 13/14 ſolac
...............ra|ſylluſ φ: ſolaˌtio cruciabat—ˌtharſylluſ ŭ
(ŭ *add. al. m.*)   14 cruciabat. sed v cr. uerum ? *He propt.*
spat. vac.   14/15 alio (*et prior pars litt.* q).............
temerariuſ| φ: alio ˌquin — et de īpo nōie temari⁹ˌ et re
et ipso nomine *Hcins*   17 ninietatiſ *em.* φ   19 impru-
dentie (φ) *cf. 36,24* impudentiae r

Oud.   E

cita pectoris sui secreta fraudesque ineffabiles detegere.
sed Charite uocem nefanda⟨m⟩ et horruit et detestata est
530 et uelut graui ton⟨i⟩tru procellaque sideris uel etiam
ipso diali fulmine percussa corruit corpus et obnubilauit
animam.   sed interuallo reualescente paulatim spiritu, 5
ferinos mugitus iterans et iam scaenam pessimi Thrasylli
perspiciens, ad limam consilii desiderium petitoris distulit.
tunc inter moras umbra illa misere trucidati Tlepolemi
531 san⟨i⟩e cruentam et pallore deformem attollens faciem
quietem pudicam interpellat uxoris: 10

      "Mi coniux, quod tibi prorsus ab alio dici non lice- □
bit: etsi pectori tuo iam permar*cet* nostri memoria uel □
acerbae mortis meae casus foedus caritatis intercidit, —
532 quouis ‖ alio felicius maritare, modo ne in Thrasylli manum sacrilegam conuenias neue sermonem conferas ne⟨c⟩ 15
mensam accumbas nec toro adquiescas.   fuge mei per-
cussoris cruentam dexteram.   noli parricidio nuptias
auspicari.   uulnera illa, quorum sanguinem *tu*ae lacrimae
proluerunt, non sunt tota dentium uul*nera*: lancea mali
Thras*y*lli me tibi fecit alienum" *et addi*dit cetera omnem- 140
que scaenam sceleris inlumi*nauit*.   21

F 160ᵃᵇ. φ 53ᵃ.   2 nefandā (⎺ *al. m. ut uid. add.*)
& horruit (φ) *cf. 105,19* exhorruit *v cf. 216,26*   8 toñtru *em.*
al. m.   6 mugit; (*in mg. ead. m. add.* ru)   φ: reite-
ranſ *cf. 218,19*   etiā (φ) *distinx. Colv*   8 illas umbra
vdVl   9 ſane (φ) *em. Meurs*   12 si *v*   pmanat φ: pma-
neat   permanet *v quo probato:* si ⟨uel⟩ *Plasberg* ⟨et⟩ iam *Leo*
iam ⟨non⟩ *Giarr* permarcet *He*   uel ⟨si⟩ *Pric* nec *Colv*
13 acerbȩ (b *ex* u *al. m. corr.*)   14 quoiuis *Colv cf. 156,3 aut*
ablativ. putand. cf. Hor. epod. 2,9 Ov. Her. 4,134   15 ne (φ)
nec *v* néu *He*   16 torum *Kirchhoff*   18 *sqq. membrana*
lacerata in initio versuum nonnullae voces vel litterae abscissae
sunt; lacunas suppl. al. m. in φ *cf. 182,6*   ſanguinē,.. e lacrimȩ
φ: ₍⎺ heⱼ lacme tuae *v*   19 pluerunt (φ) ₚ *corr. ex* p   uul ....
lancea (*spatium non capax nisi litterar.* nera) φ: uulnera . ſed
lancea (*a pr. m. script.*)   20 thraſilli   alienū | .... dit
φ: alienū. ₍Et addi₍dit   21 Inlumi | .... t illa   φ: īlu-
mi₍nat·at₍ illa   inluminauit.   At i. *He*

Oud.   *E*

9   *At* illa, ut primum maesta quieuerat, toro *faciem im-*
533 *pressa*, *eti*amnunc dormiens, lacrimis | ema*nantibus genas*
*cohu*midat et uelut quo[d]dam tormen*to inquieta quiete excussa*
534 luctu redintegrato prolixum h[eu]eiu*lat discissaque interula*
5 decora b⟨*ra*⟩chia saeuientibus palmulis conuerberat. nec
tamen cum quoquam participatis nocturnis imaginibus,
sed indicio facinoris prorsus dissimulato et nequissimum
percussorem punire et aerumnabili uitae sese subtrahere
☐ tacita decernit. ecce rursus *nu*per ⟨*f*⟩eruide uoluptatis
10 detestabilis petitor aures obseratas de nuptiis obtundens
aderat. sed illa clementer aspernata sermonem Thrasylli
astuque miro personata instanter garrienti summisseque
deprecanti:
"Adhuc", inquit, "tui fratris meique carissimi mariti
15 facies pulchra illa in meis deuersatur oculis, adhuc odor
535 cinnameus ambrosei corporis per nares meas percurrit,
adhuc formonsus Tlepolemus in meo uiuit pectore. boni
ergo et optimi consules, si luctui legitimo miserrimae
feminae necessarium concesseris tempus, quoad residuis
20 mensibus spatium reliquum compleatur anni, quae res

F 160ᵇ. φ 53ᵃᵇ.   1 quieuerat] coniuerat *Bertin*
1/2 toro... .... iā nunc   φ: thoro ⌊faciem impreſſa⌋
nūc   2 ema |.............. (*ultima pars litt.* n *aut* m)idat
φ: ema⌊nātibᵇ genas cohumidat——⌋   3 qᵈdā torm̄ |.....
..... (*vid. suprema pars litt.* l *et posterior pars litt.* u)ctu
φ: qᵈdā torm̄⌊to inquieta quieti excuſſa luctu⌋ *em. v cf.* 15,17
96,4   4/5 pli⌊xū heueu (*vel* heula)⌋.............. (*superior
pars litt.* l *vel* d) a decora bchia (*in mg. add. m. vet.* īterula,
vid. in textu fuisse interida) φ: ⌊lixū heu ⌊heu eiulat . Diſciſſaq;
interula decora brachia⌋   8 pcuſſorē (φ) ⁻ *al. m. add., sed
vid.* ⁻ eras.   9 imperor uide (*induct.*) φ: impetor uide improuide *Rossbach*   improuidae *v cf. praef.* 54 ('*inconsultae*' interpret. *Oud coll.* 277,12) nuper feruide *He* impetu turbidae
Luetj impie toruidae *Koziol* impetu auido *Bluemner*   12 ſū-
miſſeque (*al. m. eff.* q;)   14 k̄m̄i   16 pcurrit *in mg. ead.
m. add.* ·re   20 anniq; (φ) *em. v*

Oud.   E

cum meum pudorem, tum etiam tuum salutare commodum respicit, ne forte inmaturitate nuptiarum indignatione
536 iusta manes acerbos mariti ad exit⟨i⟩um salutis tuae
suscitemus."   4

Nec isto ser‖mone Thrasyllus sobriefactus uel saltem 10
tempestiua pollicitatione recreatus identidem pergit lin- 141
gu⟨a⟩ aestua⟨n⟩ti susurros improbos inurguere, quoad ☐
simulanter reuicta Charite suscipit: "istud equidem certe
magnopere deprecanti concedas necesse est mihi, Thrasylle,
ut interdum taciti clandestinos coitus obeamus nec quis- 10
537 quam persentiscat familiarium, quo⟨a⟩d dies reliquos
metiatur annus."

Promissioni fallaciosae mulieris oppressus subcubuit
Thrasyllus et prolixe consentit de furtiuo concubitu noctem-
que et opertas exoptat ultro tenebras uno potiundi studio 15
postponens omnia. "sed heus tu", inquit Charit[at]e,
"quam probe ueste contectus omnique comite uiduatus
prima uigilia tacitus fores meas accedas unoque sibilo
contentus nutricem istam meam opperiare, quae claustris
538 adhaerens excubabit aduentui tuo. nec setius patefactis 20
aedibus acceptum te nullo lumine conscio ad meum per-
ducet cubiculum."

Placuit Thrasyllo scaena feralium nuptiarum. nec 11
sequius aliquid suspicatus, sed expectatione turbidus de
diei | tantum spatio et uesperae mora querebatur. sed ubi 25
sol tandem nocti decessit, ex imperio Charites ad[h]or-
natus et nutricis captiosa uigilia deceptus inrepit cubiculum pronus spei. tunc anus de iussu dominae blandiens

---

F 160ᵇ. φ 53ᵃ   8 aceruof (φ)   exitū (φ) *em. v*
7 linguę fatiati (φ) *sed del.* fatiati   l. satiantis *Colv; 110,3 cft.*
Kronenb l. sauciantis *Beroald* l. lactantis *vd Vl* l. fatuantis
Brakman lingua aestuanti *He*   9 nec ecce ē m̄ *em.* φ
mihi] mi *Gruter* mihi, mi *Oud*   11 qđ φ: q quoad *v*
reliquuf (φ) *al. m. corr. in* of, *in mg. pr. m.* Reliq̅ dief metiat̊ᵒˢ
annof   12 emetiatur *vd Vl*   annū (φ) *em. al. m. cf. ad*
v. 11   13 promissione *Kronenb*   16 charitate *em.* φ
17 *cf. 275,9*   26 adhortat; (*prior. t ex* n *al. m. corr.*) φ: ad-
ornat⁹

Oud.   *E*

539 ei furtim depromptis calicibus et oenoforo, quod inmixtum
uino soporiferum gerebat uenenum, crebris potionibus
auide ac secure haurientem mentita dominae tarditatem,
quasi parentem adsideret aegrotum, facile sepeliuit ad
5 somnum. iamque eo ad omnes iniurias exposito ac supi-
nato introuocata Charite masculis animis impetuque diro
fremens inuadit ac supersistit sicarium.

12   "En", inquit, "fidus coniugis mei comes, en uenator
egregius, en carus maritus. haec est illa dextera, quae
10 meum sanguinem fudit, hoc pectus, quod fraudulen‖tas
ambages in meum concinnauit exitium, oculi isti, quibus
male placui, qui quodam modo tamen iam futuras tenebras
540 auspicantes uenientes poenas antecedunt. quiesce securus, *142*
beate somniare. non ego ⟨*te*⟩ gladio, non ferro petam; absit,
15 ut simili mortis genere cum marito meo coaequeris: uiuo
tibi morientur oculi nec quicquam uidebis nisi dormiens.
faxo, feliciorem necem inimici tui quam uitam tuam sentias. lumen certe non uidebis, manu comitis indigebis,
Chariten non tenebis, nuptias non frueris, nec mortis
20 quiete recreaberis nec uitae uoluptate laetaberis, sed incertum simulacrum errabis inter Orcum et solem et diu
quaeres dexteram, quae tuas expugnauit pupulas, quodque
est in aerumna miserrimum, nescies de quo quereris. at
541 ego sepulchro mei Tlepolemi tuo luminum cruore libabo
25 et sanctis manibus eius istis oculis parentabo. sed quid
mora temporis dignum cruciatum lucraris et meos forsitan
tibi pestiferos imaginaris amplexus? relictis somnolentis
tenebris ad aliam poenalem euigila caliginem. attolle
uacuam faciem, uindictam recognosce, infortunium intel-
542 lege, aerumnas computa. sic pudicae mulieri tui placue-
31 runt oculi, sic faces nuptiales tuos illuminarunt thalamos.

  F 160ᵇ 161ᵃ. φ 53ᵇ.   12 tam̄ iā (φ) *supra* futur. *script. et*
eras. (*Rob*)   14 ego ⟨te⟩ *Kronenb*   20 recreaberif (b *ex* u
al. m. corr.)   letaberif (b *ex* u *al. m. corr.*)   22 quereris
Petsch   24 ⟨ad⟩ sepulcrum *Wower*   fepulchrū (φ) ū *in ras.*
al. m. sepulchro *He cf. 91,9 sq.*   28 ac tu in (c tu in *in*
ras. al. m. scr., fuit at . . le)   φ: attale *em.* v

Oud.　　　　　　　　　　　　　　　　　　　　　　　　　　　*E*

Vltrices habebis pronubas et orbitatem comitem et perpe-
543 tuae conscientiae stimulum."

Ad hunc modum uaticinata mulier acu crinali capite 18
depromta Thrasylli conuulnerat tota lumina eumque pror-
sus exoculatum relinquens, dum dolore[m] | nescio cra- 5
pulam cum somno discutit, arrepto nudo gladio, quo se
Tlepolemus solebat incingere, per mediam ciuitatem cursu
furioso proripit se ⟨et⟩ procul dubi⟨o⟩ nescio quod scelus gestiens *recta* monimentum mariti contendit. at nos
et omnis populus, nudatis totis aedibus, studiose conse- 10
544 quimur hortati mutuo ‖ ferrum uaesanis extorquere manibus. sed Charite capu*lum* Tlepolemi propter assistens
gladioque fulgenti singulos abigens, ubi fletus uberes et
lamentationes uarias cunctorum intuetur, "abicite", inquit,
"importunas lacrimas, abicite luctum meis uirtutibus alie- 15
num. uindicaui in me*i* mariti cruentum peremptórem, *143*
punita sum funestum mearum [mearum] nuptiarum praedonem. iam tempus est, ut isto gladio deorsus ad meum
Tlepolemum uiam quaeram." et enarratis ordine singulis, 14
545 quae sibi per somnium nuntiauerat maritus quoque astu 20
Thrasyllum inductum petisset, ferro sub papillam dexteram transadacto [c̄] corruit et in suo sibi peruolutata
sanguine postremo balbu*t*tiens incerto sermone ⟨e⟩*f*flauit
animam uirilem. tunc propere familiares miserae Chari-
546 tes accuratissime corpus ablutum [m]unita sepultura ibi- 25
dem marito perpetuam coniugem reddidere.

F 161ᵃ. φ 53ᵇ 54ᵃ.　　1 p̄nubaſ (φ) *em. v*　　orb. *cf.*
109,23　　4 dep̄ta⋆ *cf. 74,13 186;1* φ: dēpta　　5 dolorē

(φ) *em. v*　　8 ſe ⟨et⟩ *He*　dubi (*al. m. add.* °)　　9 ſecta
(φ) *sed induct. em. v* ⟨et⟩ recta *vd Vl*　　10 uiduatis *Brant*
12 caput *in mg. paene eras.* c̆apulū (*Rob*)　φ: capulū　　16 meū

em. in mei, *ut nunc vid., al. m.*　φ: mei (ᵘ *ead. m. add.*)
17 mearū mearū *em.* φ　　22 c̄corruit (φ) *cf. 7,16*　　23 bal-
bultienſ　φ: balbutienſ　balbuttiens *He cf. 24,11*　pflauit (φ)
rasur. supra p proflauit *Pric* pereffiauit *v* efflauit *He*　25 mu
nita (φ) inunita *Brant cf. 288,11* unita *Lips* unica *Stewech
cf. 55,10 109,25 praef. 47*

Thrasyllus uero cognitis omnibus, nequiens idoneum
exit[i]um praesenti cladi reddere certusque tanto facinori
nec gladium sufficere, sponte delatus ibidem ad sepulchrum "ultronea uobis, infesti Manes, en ades⟨t⟩ uictima"
5 saepe clamitans, ualuis super sese diligenter obseratis
inedia statuit elidere sua sententia damnatum spiritum.'

15 Haec ille longo⟨s⟩ trahens ⟨su⟩spiritus et nonnun-
547 quam inlacrimans grauiter adfectis rusticis adnuntiabat.
tunc illi mutati dominii nouitatem metuentes et infortu-
10 nium domus erilis altius miserantes fugere conparant.
sed equorum magister, qui me curandum magna ille quidem commendatione susceperat, quidquid in casula pre-
548 tiosum conditumque seruabat, meo atque aliorum iumentorum dorso repositum a[d]sportans sedes pristinas deserit.
15 gerebamus infantulos et mulieres, gerebamus pullos, passeres, aedos, catellos et quidquid infirmo gradu fugam‖
morabatur, nostris quoque pedibus ambulabat. nec me
pondus sarcinae. quanquam enormis, urguebat, quippe
549 gaudiali fuga | detestabilem illum exectorem uirilitatis
20 meae relinquentem.

Siluosi montis asperum permensi iugum rursusque
repo[s]sita camporum spatia peruecti, iam uespera semi-
tam tenebrante, peruenimus ad quoddam castellum frequens et opulens, unde nos incolae nocturna, immo uero 144
25 matutina etiam prohibebant egressione: lupos enim nume-
rosos grandes et uastis corporibus sarcinosos ac nimia
ferocitate saeuientes passim rapinis adsuetos infestare
cunctam illam regionem iamque ipsas uias obsidere et in

F 161ᵃᵇ. φ 54ᵃ. 2 exitiū (φ) *em. Stewech* clade (φ) *ab*
exitum *pendere conicit Leo* cladi reperire *Stewech* 5 adeſt (t *al.*
m. add.) uictima 5 ualb (φ, *sed. em. m. recentiss.*) 7 longo
(φ) *al. m. add.* ſ ſpſ (φ) suspiritus *Brant coll.* 6,22 123,4
237,23 9 dnii (ii *refict., sed fuit id.*) φ: dni 11 illa equidem
Oud coll. 165,8 *sq. cf.* 165,18 12 ⟨cum⟩ commendatione *vd V l*
coll. 165,8 14 adſportanſ *em. v* 15 ⁎an|ſereſ *corr. al. m.*
ex paſ|ſareſ *cf.* 192,18 254,1 *Heraeus Arch. f. lat. Lex.* XI 324
φ: paſſereſ anseres *v* 16 ędoſ (φ) *cf. Varr. l. L.* V 97
capellas *Piccart* 22 repoſſita *em.* φ suppos- *Leo* 27 ad-
suetis *Bluemner*

Oud.

E

modum latronum praetereuntes adgredi, immo etiam uae-
sana fame rabidos finitimas expugnare uillas, exitiumque
550 inertissimorum pecudum ipsis iam humanis capitibus imminere. denique ob iter illud, qua nobis erat commean-
dum, iacere semesa hominum corpora suisque uisceribus 5
nudatis ossibus cuncta candere ac per hoc nos quoque
summa cautione *ing*re[d]di debere idque uel in primis
obseruitare, ut luce clara et die iam prouecto et sole
florido uitantes undique latentes insidias, cum et ipso
lumine dirarum bestiarum repigratur impetus, non laci- 10
niatim disperso[s], sed cuneatim stipato commeatu diffi-
551 cultates illas transabiremus. sed nequissimi fugitiui du-16
ctores illi nostri caecae festinationis temeritate ac metu
incertae insecutionis spreta salubri monitione nec expectata
luce proxuma circa tertiam ferme uigiliam noctis onustos 15
nos ad uiam propellunt. tunc ego metu praedicti periculi, quantum pote, turbae medius et inter conferta
552 iumenta latenter absconditus clunibus meis ⟨*ab*⟩ ad-
g⟨*r*⟩essionibus ferinis consulebam; iamque me cursu celeri
ceteros equos antecellentem mirabantur omnes. sed illa 20
perni‖citas non erat alacritatis meae, sed formidinis indicium; denique mecum ipse reputabam Pegasum inclutum
illum metu magis uolaticum fuisse ac per hoc merito
pinnatum proditum, dum in altum et adusque caelum
sussilit ac resultat, formidans scilicet igniferae morsum 25
Chimaerae. nam et illi pastores, qui nos agebant, in
speciem proelii manus obarmauerant: hic lanceam, ille
uenabulum, alius gerebat spicula, fustem alius, sed et

F 161ᵇ. φ 54ᵃ.   8 inertissimarum *Pric*   pecŏdū (ˇ *add.*
ead. m.)   φ: pecudū   pecorum *He sed cf. Neue Wagener Lat.*
*Formenl. I*³ *845*   7 uia reddi (φ) uiae reddi *v* ingredi *He*
9 uit. und. lat. ins. *post impetus v. 10 transpos. vdVl*
11 diſperſoſ (φ) *em. v*   17 pote (φ, *sed m. rec. add.* ram) *litt.*
refict. al. m. mut. in potui   poteram *v Ap.* quam pote, *sed* quantum poteram *dixisse docet Novák; sed cf. Neue-Wagener l. l.*³
Il 174 sq.   mediuſ (diu *al. m. in ras., sed in mg. pr. m.* diuſ)
18 ⟨ab⟩ *v cf. 168,1*   adgeſſionib; (φ) *em. v*   20 ⟨asinos et⟩
equos *vdVl*   22 uolanticū (n *induct.*)   26 iam *Colv*

Oud.

E

saxa, quae sale|brosa semita largiter subministrabat; erant
553 qui sudes praeacutas attol⟨l⟩erent; plerique tamen ardentibus facibus proterrebant feras. ne⟨c⟩ quicquam praeter
unicam tubam deerat, quin acies esset proeliaris. sed
5 nequicquam frustra timorem illum satis inanem perfuncti 145
longe peiores in⟨h⟩aesimus laqueos. nam lupi, forsitan
confertae iuuentutis strepitu uel certe nimia luce flam-
marum deterriti uel etiam aliorsum grassantes, nulli contra
nos aditum tulerunt ac ne procul saltem ulli comparue-
17 rant. uillae uero, quam tunc forte praeteribamus, coloni
11 multitudinem nostram latrones rati, satis agentes rerum
suarum eximieque trepidi, canes rabidos et immanes et
quibusuis lupis et ursis saeuiores, quos ad tutelae prae-
554 sidia curiose fuerant alumnati, iubilationibus solitis et
15 cuiusce modi uocibus nobis inhortantur, qui praeter genuinam ferocitatem tumultu suorum exasper[n]ati contra nos
ruunt et undique laterum circumfusi passim insiliunt ac
sine ullo dilectu iumenta simul et homines lacerant diuque grassati plerosque prosternunt. cerneres non tam
20 hercules memorandum quam miserandum etiam spectaculum: canes copiosos ardentibus animis alios fugientes
arripere, alios stantibus inhaerere, quosdam iacentes in-
555 scendere, et per omnem nostrum commeatum morsibus
ambulare. ecce tanto periculo malum maius ‖ insequitur.
25 de summis enim tectis ac de proxumo colle rusticani illi
saxa super nos raptim deuoluunt, ut discernere prorsus
nequiremus, qua potissimum caueremus clade, comminus
canum an eminus lapidum. quorum quidem unus caput
556 mulieris, quae meum dorsum residebat, repente percussit.

F 161ᵇ162ᵃ. φ 54ᵃᵇ. 2 attolerent *em.* φ 8 ne *em.* φ
5 frustra *del. Brant dubito an recte ut in loco singulari*
immanem *Lips* 6 inẹ̄ſim; *em.* φ 14 sibilationibus *Heins*
sẽd *cf. Fest. 104,9 M. 74,14 Thewr.; ad Varr. l. L. VI 68 revo-*
cat Leo 15 cuiusque modi *E cf. vdVl Arch. f. lat. Lex.*
X 386 16 exaſperati (per *in ras. al. m. scr., fuit* p*)
φ: exaſpernati 19 non *del. vdVl cf. 55,3* 20 miſera-
randũ (*alter.* ra *induct.*) 22 inscindere (φ) *em. Colv*
23 comitatum *Brant* 24 *cf. 105,19 sq.*

Oud.   *E*

quo dolore commota statim fletu cum clamore sublato
maritum suum pa⟨*sto*⟩rem illum suppetiatum ciet. at ille 18
deum fidem clamitans et cruorem uxoris ab⟨*s*⟩tergens
altius quiritabat: 'quid miseros homines et laboriosos uiatores tam crudelibus animis inuaditis atque obteritis? 5
557 quas praedas [m]uu*l*tis? quae damna uindicatis? at non
speluncas ferarum uel cautes incolitis barbarorum, ut humano sanguine profuso gaudeatis.'

Vix haec dicta et statim lapidutn congestus cessa-
uit imber | et infestorum canum reuocata conquieuit pro- 10
cella. unus illinc denique. de summo cupressus cacumine:
'a*t* nos', inquit, 'non uestrorum spoliorum cupidine latro- 146
cinamur, sed hanc ipsam cladem de uestris protelamus
manibus. iam denique pace tranquilla securi potestis in-
cedere.'   15

Sic ille, sed nos plurifariam uulnerati reliquam uiam
capessimus alius lapidis, alius morsus uulnera referentes,
uniuersi tamen saucii. aliquanto denique uiae permenso
spatio peruenimus ad nemus quoddam proceris arboribus
consitum et pratentibus uirectis amoenum, ubi placuit illis 20
ductoribus nostris refectui paululum conquiescere corpora-
que sua diuerse laniata sedulo recurare. ergo passim
prostrati solo primum fatigatos animos recuperare ac de-
558 hinc uulneribus medelas uarias adhibere festinant, hic
cruorem praeterfluentis aquae rore deluere, ille spongeis 25
inacidatis tumores comprimere, alius fasciolis hian‖tes
uincire plagas.

Ad istum modum saluti suae quisque consulebat.
interea quidam senex de summo colle prospectat, quem 19
circum capellae pascentes opilionem esse profecto clama- 30

F 162ᵃ. φ 54ᵇ.   **2** paſto|rĕ (φ) ſto *in confinio vers. add. al.
m.* illum ⟨meum⟩ *Kronenb*   **3** abȋgenſ *em.* φ   **5** *in mg. var.
lect.* (ac pſternitiſ *?*) *vid. eras.* (*Rob*)   **6** munitiſ (φ) *cf. v. 12 sq.
def. Kronenb* inbiatis *E* cupitis *? Novak* uultis *He*   **12** ad (φ)
at v *cf. 196,23 219,3* ⟨en⟩ inquit (*seruato* ad nos) *H Mueller*
20 patentibus v   **26** inacidatiſ (φ) inaci *refict., sed id. fuit* madi-
datis v

Oud.   E

559 bant. eum rogauit unus e nostris, haberetne uenui lactem
uel adhuc liquidum uel in caseum recentem inchoatum.
at ille diu capite quassanti: 'uos autem', inquit, 'de cibo
560 uel poculo uel omnino ulla refectione nunc cogitatis? an
5 nulli scitis, quo loco consederitis?', et cum dicto conductis ouiculis conuersus longe recessit. quae uox eius
et fuga pastoribus nostris non mediocrem pauorem in-
cussit. ac dum perterriti de loci qualitate sciscitari gestiunt nec est qui doceat, senex alius, magnus ille quidem,
10 grauatus annis, totus in baculum pronus et lassum trahens
uestigium ubertim lacrimans per uiam proximat uisisque
nobis cum fletu maximo singulorum iuuenum genua contingens sic adorabat:

20   'Per Fortunas uestrosque Genios, sic ad meae senec-
561 tutis spatia ualidi laetique ueniatis, dec⟨r⟩ep⟨i⟩to seni
15 subsistite meumque paruulum ab inferis ereptum canis
meis reddite. nepos namque meus et itineris huius suauis
comes, dum forte passerem incantantem sepiculae consecta- 147
tur arripere, delapsus in proximam foueam, quae fruticibus
20 imis subpatet, in extremo iam uitae consistit periculo,
quippe cum de | fletu ac uoce ipsius auum sibi saepicule
clamitantis uiuere illum quidem sentiam, sed per corporis, ut uidetis, mei defectam ualetudinem opitulari
562 nequeam. at uobis aetatis et roboris beneficio facile est
25 subpetiari miserrimo seni puerumque illum nouissimum
successionis meae atque unicam stirpem sospitem mihi
facere.'

21   Sic deprecantis suamque canitiem distrahentis totos
quidem miseruit. sed unus prae ceteris et animo fortior

F 162ᵃ. φ 54ᵇ 55ᵃ.   1 lactē (˜ paul. evan.) cf. 199,23
2 incoactum v   recenter coagulatum Heins   3 quaſ-
ſantẻ em. ead. m. et φ   quassato vdVl cf. 45,5 71,13 98,6
9 magis Rover magnis Oud   14 Fortunas ⟨uestras⟩ Rossbach
15 decepto (φ) em. Beroald defecto Brant   18 paſſarẻ em.
ead. m. et φ cf. 188,15   21 auū litt. refict., fuit ouiū (Rob)
φ: al. m. in lac. postea add. auū   29 fortior (φ) posterior. r
ead. m., fort. ex re, corr.

Oud.

E

et aetate iuuenior et corpore ‖ ualidior quique solus praeter
alios incolumis proelium superius euaserat, exurgit alacer
et percontatus, quonam loci puer ille decidisset, monstran-
tém digito non longe frutices horridos senem illum inpigre comitatur. ac dum pabulo nostro suaque cura 5
563 refecti sarcinulis quisque sumptis suis uiam capessunt,
clamore primum nominatim cientes illum iuuenem frequenter inclamant, mox *mora* diutina commoti mittunt
e suis arcessitorem unum, qui requisitum comitem tem-
pestiuae uiae commonefactum reduceret. at ille modicum 10
commoratus refert sese buxanti pallore trepidus ⟨*et*⟩ mira
super conseruo suo renuntiat: conspicatum se quippe su-
pinato illi et iam ex maxima parte consumpto immanem
draconem mandentem insistere nec ullum usquam mise-
rinum senem comparere illum. qua re cognita et cum 15
pastoris sermone conlata, qui ⟨*s*⟩aeuum prorsus hunc illum
nec alium *locorum* inquilinum praeminabatur, pestilenti
deserta regione uelociori se fuga proripiunt nosque pellunt
crebris tundentes fustibus. cele⟨*r*⟩rime denique longo iti- 22
564 nere confecto pagum quendam accedimus ibique totam 20
perquiescimus noctem. *inibi* coeptum facinus oppido me-
morabile narrare cupio.

F 162^{ab}. φ 55^a. 5 pabulo (b *ex* u *corr.*) noﬆri
Petsch 8 hora (φ) *em. v* hora diurna *vd Vl* 11 buxan-
ti⟨que⟩ *v* pallore o *ex* u *ead.*(?) *m. corr.* ⟨et⟩ *He*
mira⟨que⟩ *vd Vl* 18 renuntians *Bluemner* 14 ullum *del.*
vd Vl cf. 167,14 190,8.9 192,5 226,1 miſerinū (φ) *def. Leo
Arch. f. lat. Lex. XII 96 Gött. Gel. Anz. 168 (1906) p. 841 miserrimum v fort. recte; .nam locus singularis, et spectat ad 192,25
cf. v. 19* 15 illum *del. Kirchhoff* 16/17 q euū prſ; hunc
illŭ nec aliŭ cocorŭ Inqlinŭ p̄minebat *rasur. supra* t, *omnia
induct.* (φ *non inducta, sed* p̄minebat) 16 eum *v* saeuum *E*
dudum? *Leo* eu⟨iden⟩t̃ *He* hunc [illum nec] anguem *E
cf. 35,13 52,16* 17 locorum *v* praeminabatur *v cf. 118,1*
18 propellunt *vd Vl* 19 celĕrime ⁻ *add. al. m.* 81 ŭ (*i. e.*
ubi) *in ras., vid. fuisse* in (*an* m?) φ: m (*i. e.* mihi) inibi *Beroald
cf. 194,28 201,19* ubi *v* ceptū (φ) *cf. 237,1* conpertum *Beroald
cf. 213,7* acceptum *Brant cf. 197,7* 88 cupio] en incipio *vd Vl*

Oud.   *E*
                                                148

Seruus quidam, cui cuncta⟨*m*⟩ familiae tutelam dominus permiserat suus quique possessionem maximam illam,
in quam deuerteramus, uillicabat, habens ex eodem famulitio conseruam coniugam, liberae cuiusdam extrariaeque
565 mulieris flag⟨*r*⟩abat cupidine. quo dolore paelicatus uxor
6 eius instricta cunctas mariti rationes et quicquid horreo
reconditum continebatur admoto combussit igne. nec tali
damno tori sui contumeliam uindicasse contenta, iam
con|tra sua saeuiens uiscera laqueum sibi nectit infantu-
10 lumque, quem de eodem marito iam dudum susceperat,
eodem funiculo nectit seque per altissimum puteum ad-
pendicem paruu|lum trahens praecipitat. quam mortem
566 dominus eorum aegerrime sustinens adreptum seruulum,
qui causam tanti sceleris uxori suae praestiterat, nudum
15 ac totum melle perlitum firmiter alligauit arbori ficul-
neae, cuius in ipso carioso stipite in⟨*h*⟩abitantium formi-
567 carum nidificia borriebant et ultro citro commeabant multi-
iuga scaturrigine. quae simul dulcem ac mellitum corporis nidorem persentiscunt, paruis quidem, sed numerosis
20 et continuis morsiunculis penitus inhaerentes, per longi
temporis cruciatu⟨*m*⟩ ita, carnibus atque ipsis uisceribus
adesis, homine consumpto membra nudarunt, ut ossa tantum uiduata pulpis nitore nimio candentia funestae co-
24 haererent arbori. —

23   Hac quoque detestabili deserta mansione, paganos in
568 summo luctu relinquentes, rursum pergimus dieque tota
campestres emensi uias ciuitatem quandam populosam et
nobilem iam fessi peruenimus. inibi larem sedesque perpetuas pastores illi statuere decernunt, quod et longe ⟨*a*⟩

F 162ᵇ. φ 55ᵃ   1 cunctā (φ) ̄ *al. m. add.*   3 familitio (φ,
sed prior. i *mut. in* u)   4 coniugam *cf. 131,6 213,11*   5 flaga-
bat *al. m. em.*   6 instincta *Ald cf. Gell. XVII 20,7*   13 ar-
reptū ad (*delet.* ad) (φ) *fuit scil.* ᵃᵈarreptū *cf. 12,4*   14 ux.
s.] *ras. in mg.*; luxurie ſua *fuisse putat Rob*   16 carioſa
em. φ   inabitantiū em. φ   17 nidifici aborribant (*ead. m. add.*ᵉ?)
φ: nidificia ‖buriebant   borribant *Seyffert cf. 79,1 156,22 al.*
20 p longi *coniunx. al. m.*   21 cruciatu (φ) *em.* v   29 ⟨*a*⟩ *He*

Oud.   *E*

quaesituris firmae latebrae uiderentur et annonáe copiosae
beata celebritas inuitabat.   triduo denique iumentorum
569 refectis corporibus, quo uendibiliores uideremur, ad mercatum producimur magnaque uoce praeconis pretia singulis nuntiantis equi atque alii asini opulentis emptoribus 5
praestinantur; *at* me relictum solum ac subsiciuum cum 149
fastidio plerique praeteribant. iamque taedio contrecta-
tionis eorum, qui de dentibus meis aetate*m* computabant,
manum cuiusdam faetore sordentem, qui gingi*uas* identidem meas putidis scalpebat digitis, mordicus adreptam 10
570 plenissime con*t*erui.   quae res circumstantium ab emptione
mea utpote ferocissimi deterruit animos. tunc praeco
dirruptis faucibus et rauca uoce saucius in meas fortunas
ridi‖culos construebat iocos: 'quem ad finem cantherium
istum uenui frustra subiciemus et uetulum ⟨*et*⟩ extritis 15
ungulis debilem et dolore deformem et in hebeti | pigritia
ferocem nec quicquam amplius quam ruderarium crib⟨*r*⟩um?
571 atque *ideo* uel donemus eum cuipiam, si qui tamen faenum
suum perdere non grauatur.'

Ad istum modum praeco ille cachinnos circumstanti- 24
bus commouebat. sed illa Fórtuna mea saeuissima, quam 21
per tot regiones iam fug⟨*i*⟩ens effugere uel praecedenti-
bus malis placare non potui, rursum in me caecos detor-
sit oculos et emptorem aptissimum duris meis casibus
mire repertum obiecit. scitote qualem: cinaedum et senem 25

F 162ᵇ163ᵃ. φ 55ᵃᵇ.   1 ⟨nullae magis⟩ firmae l. ⟨fore⟩
vdVl   longe — firmàe *recte coniung. Kronenb cf. 19,18*
133,23   2 lauta *Nolte*   3 uendiuilioref *em.* φ   4 pducim;
(; *del. ead. m.*)   6 ac (φ) at *v*   8 ętatef (φ) *em. v*
9 gingibaf (φ) *em. v*   11 paenissime *Lips*   c̄terui (terui
in ras. al. m.; certum est ui, *potest fuisse* c̄gerui) φ: cōgerui
Charis. 248,4 sq. Keil cft. Leo   15 et tritis *Scriver* ⟨et⟩ extritis *Beyte*   16 dolore] squalore *vdVl* colore *Beroald* ỉurore
Oud   17 ampli; (; *in ras. al. m.*)   cribŭ (φ, *ab al. m. add.* ᵒⁱ
supra cri) *em. v*   18 quare *al. m. in ras. maiore; vid. fuisse*
atq; *et in extrema parte fort.* uⁱ̃ φ: atque ideo uel   atque
adeo *Stewech*   22 fugenf *em. al. m.*   24 durisque *vdVl*

Oud.

cinaedum, caluum quidem, sed cincinnis semicanis et pen-
dulis capillatum, unum de triuiali popularium faece, qui
573 per plateas et oppida cymbalis et crotalis personantes
deamque Syria⟨m⟩ circumferentes mendicare compellunt.
5 is nimio praestinandi studio praeconem rogat, cuiatis
essem; at ille Cappadocum me et satis forticulum denuntiat. rursum requirit annos aetatis meae; sed praeco
lasciuiens: 'mathematicus quidem, qui stellas eius dispo-
suit, quintum ei numerauit annum, sed ipse scilicet melius
10 istud de suis nouit professionibus. quanquam enim pru-
573 dens crimen Corneliae legis incurram, si ciuem Romanum
pro seruo tibi uendidero, quin emis bonum et frugi
mancipium, quod te et foris et domi poterit iuuare?'
sed exinde odiosus emptor aliud de alio non desinit
15 quaerere, denique de mansuetudine etiam mea percontatur 150
25 anxie. at praeco: 'ueruecem', inquit, 'non asinum uides,
ad usus omnes quietum, non mordacem nec calcitronem
quidem, sed prorsus ut in asini corio modestum hominem
inhabitare credas. quae res cognitu non ardua. nam‖
20 si faciem tuam mediis eius feminibus i⟨m⟩miseris, facile
574 periclitaberis, quam grandem tibi demonstret patientiam.'
     Sic praeco lurchonem tractabat dicacule, sed ille
cognito cauillatu similis indignanti: 'at te', inquit, 'cadauer
surdum et mutum delirumque praeconem, omnipotens et
25 omniparens dea[s] Syria et sanctus Sabadius et Bellona
et mater ⟨I⟩daea ⟨et⟩ cum suo Adone Venus domina

F 168ᵃ. φ 55ᵇ. 1 cinncinnif (*secund.* n *delet.*) 2 tribiali
(*al. m.* v *ex* b *corr.*) em. φ 3 cībalif (φ) 4 fyria φ: firiam
Λούκ. 35: τῶν . . . τὴν ϑεὸν ἐπαιτεῖν ἀναγκαζόντων 16 ūbece̅
(φ, *al. m.* u *corr. ex* b) 17 calcetrone̅ (φ) *em.* v 19 ref
(*al. m. add.* ᵉˡᵗ) ardua (φ) *mut. al. m. in* tarda 20 emiferif
(φ) *em.* v 21 quā (uidenf *superscr. al. m.*) demonstret — patientiam *Bluemner ut* ἀπϱοσδόκητον *significaret* 22 lyrchone̅ (φ)
em. v 23 cognito (i *in ras.*, *sed fuit id.*) ad (φ, *in mg.* c̥ at)
25 deaffyria& (φ, *eras. priore* f) & *inter scribend. ex* f *eff.* Sabazius
Stewech 25 o̅īpatenf (*corr. ex* pot-, *em. in* par- *al. m.*) φ: o̅īparens
(rens *al. m. in* luc.) (*Rob*) 26 mate̅ idea *al. m. corr. ex* materdea *aut* materdea φ: mater idea ⟨et⟩ cum v ⟨ac⟩ cum *Petsch*

Oud.   E

575 caecum reddant, qui scurrilibus iam dudum contra me
uelitaris iocis. an me putas, inepte, iumento fero posse
deam committere, ut turbatum repente diuinum deiciat
simulacrum egoque misera | cogar crinibus solutis discur-
rere et deae meae humi iacenti aliquem medicum quae- 5
rere?'

Accepto tali sermone cogitabam subito uelut lympha-
ticus exilire, ut me ferocitate cernens exasperatum emp-
tionem desineret. sed praeuenit cogitatum meum emptor
anxius pretio depenso statim, quod quidem gaudens do- 10
minus scilicet taedio mei facile suscepit, septemdecim
denarium, et ilico me stomida spartea deligatum tradidit Philebo; hoc enim nomine censebatur iam meus do-
576 minus. at ille susceptum nouicium famulum trahebat ad 26
domum statimque illinc de primo limine proclamat: 15
'puellae, seruum uobis pulchellum en ecce mercata perduxi.' sed illae puellae chorus erat cinaedorum, quae
statim exultantes in gaudium fractae rauca et effeminata 151
577 uoce clamores absonos intollunt, rati scilicet uere quempiam hominem seruulum ministerio suo paratum. sed 20
postquam non ceruam pro uirgine, sed asinum pro homine succidaneum uidere, nare detorta magistrum suum
uarie cauillantur: non enim seruum, sed maritum illum
scilicet sibi perduxisse. et 'heus', aiunt, 'caue ne solus
exedas tam *bellum* scilicet pullulum, sed nobis quoque 25
tuis paluribulis nonnunquam inpertias.'

Haec et huius modi mutuo blate‖rantes praesepio me

F 163ᵃᵇ. φ 55ᵇ.   1 reddunt (φ) u *mut. in a al. m.*

4 mifera (φ) *eras.* a (*Rob*)   5 queᵒrre *em. ead. m.*   7 fer-
mone* (*vid. eras.⁻*) lȳphacit; *em.* φ   10 ftatim (φ) *evan.*
11 f̧uſcepi̧t *evan.*   12 denariŭ (φ) u *ref. ab al. m.*   tumi-
daſ partea (*prior. t in ras. al. m. refinx.*)   φ: ſtumidaſ partea *em. Sittl cf. Marx Lucil. II p. 190* (*cf.* crepida, lampa-
da)   16 mercata (φ) *corr. al. m. in* mercat;   18 fractȩ (φ)
⁕rauca (*eras.* a, rauc *in ras. al. m. scr., sed vid. id. fuisse*)
φ: ạrauca (ạ *add. al. m.*) *cf. Quintil. XII 10,12*   fracta [rauca] □
Cannegieter   25 uellŭ (φ, *sed em. al. m.*)

Oud.   *E*

proximum deligant. erat quidam iuuenis satis corpulen-
578 tus, choraula doctissimus, conlaticia stipe de mensa paratus, qui foris quidem circumgestantibus deam cornu
canens adambulabat, domi uero promiscuis operis partia-
5 rius agebat concubinus. hic me simul domi conspexit,
libenter adpositis largiter cibariis gaudens adloquitur:
'uenisti tandem miserrimi laboris uicarius. sed diu uiuas
et dominis placeas et meis defectis iam lateribus con-
sulas.' haec audiens iam mea⟨s⟩ futuras nouas cogita-
10 bam aerumnas.

27   Die sequenti uariis coloribus indusiati et deformiter
quisque formati facie caenoso pigmento delita et oculis
579 obunctis grafice prodeunt, mitellis et cro[cro]cotis et carba-
580 sinis et bombycinis iniecti, quidam tunicas albas, in mo-
15 dum lanciolarum quoquouersum fluente purpura depictas,
cingulo subligati, pedes luteis induti calceis; deamque
serico contectam amiculo mihi gerendam imponunt brac-
chiisque suis umero tenus renudatis, | adtollentes immanes
gladios ac secures, euantes exsiliunt incitante tibiae cantu
20 lymphaticum tripudium. nec paucis pererratis casulis ad
531 quandam uillam possessoris beati perueniunt et ab ingressu primo statim absonis ululatibus constrepentes fana-   *152*
tice peruolant diuque capite demisso ceruices lubricis in-

F 163ᵇ. φ 55ʰ56ᵃ.   1 proximo *v*   2 choraula (φ) *in*
mg. pr. m. add. ceraula *cf. Ovid. ex Ponto I 1,39*   4 pmiſ-
cuiſ *poster.* ſ *delet.* (φ) *restituit* Beroald promiscui *v*   par-
tiarioſ (φ *supra add.* ᵗᵘ) o *ex* u *al. m. corr.*   5 ōcubit⁹ (t *ex*
n *corr.*) φ: cōcubin; *def.* Petsch coll. 39,11 180,20   domi
ex v. 4 *insert. del.* Bluemner *fort. recte*   7 uenistine *vdVl*;
Verg. Aen. VI 687 *cft.* Brakman   9 meaſ (φ) ſ *al. m. add.*
⟨mente⟩ mea? He   13 crocroco|tiſ (t *refict. fort ex* g, iſ
redintegr., sed id. fuit) φ: crocrocogiſᵈ *em. v*   14 bonby-
ciniſ   16 φ: inducti *cf.* 48,9 218,14 272,8   deam ⟨deni⟩-
que *Bluemner*   19 *leuanteſ (*inferior pars litt.* l *a priore m.*
scr., superior a m. redintegrante, deinde tota induct.; fuitne heu?)
φ: euã|teſ (u *mut. in* b *al. m.; in mg. m. rec.* ēc ouanteſ)
20 tripudiᵒ̃ (φ) *em. ead. m.*   23 *puolant (*p *ex* po) φ: puᵒ-
lant prouolant *Scriver*   diuque] denique *v*

Oud.

torquentes motibus crinesque pendulos in circulum rotan-
tes et nonnunquam morsibus suos incursantes musculos
ad postremum ancipiti ferro, quod gerebant, sua quisque
582 brachia dissicant. inter haec unus ex illis ba⟨c⟩chatur
effusius ac de imis praecordiis anhelitus crebros referens &
uelut numini⟨s⟩ diuino spiritu repletus simulabat sauciam
uecordiam, prorsus quasi deum praesen‖tia soleant homi-
583 nes non sui f⟨i⟩eri meliores, sed debiles effici uel aegroti.
specta denique, quale caelesti prouidentia meritum repor- 28
tauerit. infit uaticinatione clamosa conf[l]icto mendacio 10
semet ipsum incessere atque criminari, quasi contra fas
sanctae religionis dissignasset aliquid, et insuper iustas
poenas noxii facinoris ipse de se suis manibus exposcere.
arrepto denique flagro, quod semiuiris illis proprium ge-
584 stamen est, contortis taenis lanosi uelleris prolixe fimbria- 15
tum et multiiugis talis ouium tesseratum, indidem sese
multinodis commulcat ictibus mire contra plagarum do-
lores praesumptione munitus. cerneres prosectu gladiorum
ictuque flagrorum solum spurcitia sanguinis effeminati
madescere. quae res incutiebat mihi non paruam solliciti- 20
tudinem uidenti tot uulneribus largiter profusum cruorem,
ne quo casu deae peregrinae stomachus, ut quorundam
585 hominum lactem, sic illa sanguinem concupi⟨s⟩ceret asi-

F 163ᵇ. φ 56ᵃ.   4 bachat (φ)   6 numini (φ) *em. v*
nimium *Oud*   7 prorsus quasi *cf. 209,18sq.*   8 feri (φ) *em.*
al. m. supra add. ¹   9 ⟨de⟩ caelesti *vdVl*   10 c̄flicto *em.* φ
12 diſſignaſſ& (φ) *cf. 237,1; Plaut. Most. 413 Ter. Ad. 87*
cft. Leo   13 noxi¹ *em. ead. m.*   15 taeniis *v cf. 124,9*
Lachmann ad Lucret. p. 279 Lindsay Lat. Spr. 463
16 taliſ (φ) *eras.* ſ   ouiua* *eras.* ‾; *superscript. erat ut vid.*
ouiū; *a vid. irrepsisse ex lect.* ouiū   φ: ouiū   17 multinodiſ
ſ *add. postea, fort. ab ead. m.* (φ)   mira *Colv*   19 ſpurcicie
(cie *in ras. al. m., in mg. pr.* ſpurcitia, *quod paene evan.*)
φ: ſpurcitie *corr. ut vid. ex* ſpurcita   ſanguiniſ (φ) iſ *al. m.*
in ras.; fuit e², *fort.* e *mut. in* j   19/20 effeminatī adeſcere
(φ) *em. al. m.*   23 lactem *cf. 192,1*   illa (φ) illae *Bursian*
cf. 285,11 illius *Novák* ille *Petsch* sic illa *del. Koziol*   c̄ſpi-
cer& (φ) *interpret.* 'circumspiceret' *Beyte em. Beroald*

Oud.   *E*

ninum. sed ubi tandem fatigati uel certe suo laniatu
satiati pausam carnificinae dedere, stipes aereas, immo
uero et argenteas multis certatim offerentibus sinu rece-
pere patulo nec non et uini cadum et lactem et caseos
5 et farris et siliginis aliquid et nonnullis hordeum deae
gerulo donantibus, auidis animis conradentes omnia et in
sacculos huic quaestui de industria praeparatos farcientes *153*
586 dorso meo congerunt, ut duplici scilicet sarcinae pondere
grauatus et horreum simul et templum incederem.

29   Ad istum modum palantes | omnem illam depraeda-
11 bantur regionem. sed in quodam castello copia laetati
largioris quaesticuli gaudiales instruunt dapes. a quodam
colono fictae uaticinationis mendacio pinguissimum de-
poscunt arietem, qui deam Syriam esurientem suo satiaret
16 sacrificio, ‖ probeque disposita cenula balneas obeunt ac
dehinc lauti quendam fortissimum rusticanum industria
laterum atque imis uentris bene praeparatum comitem
cenae secum adducunt paucisque admodum praegustatis
olusculis ante ipsam mensam spurcissima illa propudia ad
20 inlicitae libidinis extrema flagitia infandis uriginibus ef-
ferantur passimque circumfusi nudatum supinatumque
587 iuuenem execrandis oribus flagitabant. nec diu tale. facinus meis oculis tolerantibus ʻporro Quiritesʼ *proclamare*
gestiui, sed uiduatum ceteris *syllabis* ac litteris *processit*
☐ 25 ʻOʼ tantum sane clarum ac ualidum et asino proprium,
sed inoportuno plane tempore. namque de pago proximo
complures iuuenes abactum sibi noctu perquirentes asellum
nimioque studio cuncta deuorsoria scrutantes, intus aedium
audito ruditu meo, praedam absconditam latibulis aedium
30 rati, coram rem inuasuri suam inprouisi conferto gradu
se penetrant palamque illos execrandas foeditates obeuntes

F 163ᵇ164ᵃ. φ 56ᵃ.   5 [et] nonnullis ⟨et⟩ *vdVl*
10 modŭ (φ) o *cm. ex* u *ut vid. ead. m.*   20 ad uriginib;
— nudatŭ *in mg. add.* ·l· *cf. praef. 34*   22 flagitabant (φ)
fatigabant *Haupt*   diutius *vdVl* denique *Pric cf. 6,9*
28 pclamare (φ) *em. v*   *cf. Laberius 125 Ribb. Priap. 26,1*
24 ſillabiſ (φ)   p̄ceſſit (φ) *em. v*   29 aedium *del. Kaibel*
80 ĩuaſuri (ĩ *ex* in *eff. al. m.*)

Oud.   E

deprehendunt; iamiamque uicinos undique percientes tur-
558 pissimam scaenam patefaciunt, insuper ridicule sacerdotum
purissimam laudantes castimoniam. ⟨*h*⟩ac infamia con- 80
sternati, quae per ora populi facile dilapsa merito in-
uisos ac detestabiles eos cunctis effecera[n]t, noctem ferme 5
circa mediam collectis omnibus furtim castello facessunt
bonaque itineris parte ante iubaris exortum transacta[m]
iam die claro solitudines auias nacti, multa secum prius
conlocuti, accingunt se meo funeri deaque uehiculo meo
sublata et humi reposita cunctis stramentis me renuda- *154*
tum ac de quadam quercu destinatum flagro illo pecuinis 11
ossibus catenato uerberantes paene ad extremam ‖ con-
fecerant mortem; fuit unus, qui poplites meos eneruare
secure sua comminaretur, quod de pudore illo candido
589 scilicet suo tam deformiter triumphassem: sed ceteri non 15
meae salutis, sed simulacri *iacentis* contemplatione in uita
me retinendum censuere. rursum itaque me refertum sarcinis planis gladiis minantes peruenient ad quandam nobilem ‖ ciuitatem. inibi uir principalis, et alias religiosus
et eximie deum reuerens, tinnitu cymbalorum et sonu 20
tympanorum cantusque Frygi*i* mulcentibus modulis ex-
citus procurrit obuiam deamque uotiuo suscipiens hospitio
590 nos omnis intra conseptum domus amplissimae constituit
numenque summa ueneratione atque hostiis opimis placare
contendit.   25
　　Hic ego me potissimum capitis periclitatum memini. 81
nam quidam colonus partem uenationis inmanis cerui
pinguissimum femus domino illi suo muneri miserat, quod

F 164ᵃ. φ 56ᵃᵇ.   1 *cf. 62,22 202,5; 14,19 110,12*
8 ac (φ) *em. v*   5 effecerant *em.* φ   7 tranſactā *em.* φ
8 nancti (*poster* n *induct.*) φ: nacti   10 renundatū *em. ead.*
m.   16 tacentiſ (φ) *em. Beroald*   20 eximie *em.* φ
d̄m (φ) dominae *Beroald* deam *de Rooy* an deum ⟨matris⟩?
He   tinnitu (φ) *prior.* t *ex* T *corr. al. m., tu in ras. ex* ua
ut vid., sed. vid. antea superscript. fuisse   sonitu v *cf. Neue-
Wagener Lat. Formenl.*⁸ *I786*   21 frygii (*posterior* i *ex* ū
al. m.)

Oud. E

incuriose pone culinae fores non altiuscule suspensum
canis adaeque uenaticus latenter inuaserat, laetusque
praeda propere custodientes oculos euaserat. quo damno
cognito suaque reprehensa neglegentia cocus diu lamen-
5 tatus lacrimis inefficacibus iamiamque domino cenam
flagitante maerens et utcumque metuens altius, filio suo
partulo consalutato adreptoque funiculo, mortem sibi
nexu laquei comparabat. nec tamen latuit fidam uxorem
eius casus extremus mariti, sed funestum nodum uiolenter
10 inuadens manibus ambabus: 'adeone', inquit, 'praesenti
malo perterritus mente excidisti tua nec fortuitum istud
remedium, quod deum prouidentia subministrat, intueris?
nam si quid in ultimo fortunae turbine resipiscis, exper-
591 gite mi ausculta et aduenam istum asinum remoto quo-
15 dam loco deductum iugula femusque eius ad similitudinem
perditi detractum ‖ et accuratius in protrimentis sapidissime
percoctum adpone domino ceruini uicem.'

Nequissimo uerberoni sua placuit salus de mea morte *155*
et multum conseruae laudata sagacitate destinatae[t] iam
20 lanienae cultros acuebat.

592 ## LIBER VIIII

1 Sic ille nequissimus carnifex contra me manus impias
obarmabat, at ego praecipitante consilium periculi tanti
praesentia nec expectata diutina cogitatione lanienam im-
25 minentem fuga uitare statui, protinusque uinculo, quo
fueram deligatus, abrupto cursu me proripio totis pedibus,
ad tutelam salutis crebris calcibus uelitatus, ilicoque me

F 164^ab. φ 56^b.   1 fuſpenſũ *prim.* ſ *in ras. ab ead. m.*
5 *cf. 201,1*   16 detruncatum *Rohde*   sapidissimis *vdVl*
coll. 246,9   17 uicĕ φ: uice *cf. 213,12 268,21 flor. 2 (3,2)*
19 deſtinata (*ex posterior* a *al. m. eff.* e) etĩã laniene (φ) *em.*
Lips   20 Ego ſalluſtiuſ legi & emdaui rome felix. | Metha-
phoramorphoſeon. LIB. VIII. expͭic. Incip. VIIII.   23 c̄ſilio
(o *al. m. corr. ex* ũ)

Oud.   E

raptim transcursa proxima porticu triclinio, in quo domi-
nus aedium sacrificales epulas cum sacerdo|tibus deae
593 cenitabat, incunctanter immitto nec pauca rerum adpara-
tus cibarii, mensas etiam geni⟨al⟩is impetu meo collido
atque disturbo. qua rerum deformi strage paterfamilias 5
commotus ut importunum atque lasciuum me cuidam famulo curiose traditum ⟨iubet⟩ certo aliquo loco clausum
cohiberi, ne rursum conuiuium placidum simili petulantia
dissiparem. hoc astu⟨tu⟩lo commento scitule munitus et
mediis lanii manibus ereptus custodela salutaris mihi 10
gaudebam carceris.

Sed nimirum nihil Fortuna rennuente licet homini
nato dexterum prouenire nec consilio prudenti uel remedio
594 sagaci diuinae prouidentiae fatalis dispositio subuerti uel
reformari potest. mihi denique id ipsum commentum, 15
quod momentariam salutem repperisse uidebatur, periculum grande, immo praesens exitium conflauit aliud.
nam quidam subito puer mobili ac trepida facie percitus, 2
ut familiares inter se susurrabant, inrumpit triclinium
suoque ‖ annuntiat domino de proximo angiportu canem 20
rabidam paulo ante per posticam impetu miro sese di-
rexisse ardentique prorsus furore uenaticos canes inuasisse
ac dehinc proximum petisse stabulum atque ibi pleraque 156
iumenta incurrisse pari saeuitia nec postremum saltem
ipsis hominibus pepercisse; nam Myrtilum mulionem et 25
595 ⟨H⟩efaestionem cocum et Hypatofi⟨l⟩um cubicularium et
Apollonium medicum, immo uero et plures alios ex familia abigere temptantes uariis morsibus quemque lace-

F 164ᵇ. φ 56ᵇ.   3 [rerum]? *Leo*   4 gen; (φ) *indux. al. m.
om. v* geni⟨al⟩is *He*   7 iuſſit *ante vers. al. m. in mg. add.*   φ *in
mg.*: iubet   lŏco aliquo   9 aſtulo (φ) *em. Roald cf. v. 15*
60,10 *et* 206,10 225,11   12 nichil (*ut semper*) (φ) c *ex* l *al.
m. corr. fort. ex correct. vet.*   rennuente *cf. 133,3*   16 uide-
bar *vdVl coll. Λούκ. 40*   19 fuſurrabant *corr. ex* fururſ- *ead.
m., in mg. pr. add.* ſu   24 incurruſſe (φ) *em. al. m.*
26 efeſtionĕ   hypatafiŭ (φ) Hypatarium *v* Hypataeum *vel* Hy-
patofilum *He cf. Bechtel Hist. Personennamen p.* 434. 449. 536;
an Hypnofilum ? (*Cast*)   28 quenq; *em.* φ

Oud.   E

rasse, certe uenenatis morsibus cont[r]acta non nulla
iumenta effera[t]ri[a] simili rabie. quae res omnium
statim percussit animos, ratique me etiam eadem peste
infectum ferocire arreptis cuiusce modi telis mutuoque, ut
596 exitium commune protelarent, cohortati, ipsi potius eodem
6 uaesaniae morbo laborantes, persecuntur. nec dubio me
lanceis illis uel uenabulis, immo uero et bipennibus, quae
facile famuli subministrauerant, membratim compilassent,
ni respecto subiti periculi turbine cubiculum, in quo mei
10 domini deuertebant, protinus inrupissem. tunc clausis
obseratisque super me foribus obsidebant locum, quoad
sine ullo congressionis suae periculo pestilentiae | letalis
peruicaci rabie possessus ac peresus absumerer. quo
facto tandem libertatem nanctus, solitariae fortunae munus
15 amplexus, super constratum lectum abiectus, post multum
597 equidem temporis somnum humanum quieui.

8   Iamque clara die mollitie cubiculi refota lassitudine
uegetus exurgo atque illos, qui meae tutelae peruigiles
excubias agitauerant, ausculto de meis sic altercare for-
20 tunis: 'adhucine miserum istum asinum iugi furore iactari
credimus?' 'immo uero iam uirus increscente saeuitia prorsus extinctum.' sic opinionis uariae terminum ǁ ad ex-
plorationem conferunt ac de rima quadam prospiciunt
sanum me atque sobrium otiose consistere. iamque ultro
25 foribus patefactis plenius, an iam sim mansuetus, pericli-
598 tantur. sed unus ex his, de caelo scilicet missus mihi

F 164ᵇ165ᵃ. φ 56ᵇ57ᵃ.   1 c̄tracta (φ) contacta *v*   2 effe-
□   ratria (φ, *sed in mg. add.* c̊ efferȧta *m. recentiss.*) *confusae*
     ri
     duae lectiones efferata *cf. 12,4 praef. 54* efferata *v ante Colv*
efferari iam *Colv* efferari *Novák*   4 cuiusce *cf. 190,15*
6 bȩraniȩ (φ) *em. v*   dubie *Petsch*   7 illi *Beyte*   8 ue-
nabulif (φ) b *ex* c *corr.* (*Rob*) *cf. 168,10*   12 conceffionif
(φ) *em. Lips cf. 189,19*   13 adfumerer φ: aff- *em. v*
17 cubiculi* φ: cubiculif   22 extinctus *vd Vl* uirus *recte pro*
genetiv. interpretat. ʻexploratione̅ (*prior. o ex a corr.*)   24 man-
suefactus *ed. Basil*   periclitant² (φ) *al. m. corr. in* percōtant²

Oud.   E

sospitator, argumentum explorandae sanitatis meae tale
commonstrat ceteris, ut aquae recentis completam peluem *157*
offerrent potui meo, ac si intrepidus et more solito sumens
aquis adlibescerem, sanum me atque omni morbo scirent
expeditum: contra uero si uisum contactumque laticis 5
uitarem ac perhorrescerem, prò conperto noxiam rabiem
pertinaciter durare; hoc enim libris etiam pristinis proditum obseruari solere. isto placito uas immane confestim 4
aquae perlucidae de proximo petitae fonte, cunctantes
adhoc, offerunt mihi: at ego sine ulla mora progressus 10
etiam obuio gradu satis sitienter pronus et totum caput
inferens salutares uere equidem illas aquas hauriebam.
599 iamque et plausus manum et aurium flexus et ductum
capistri et quiduis aliud periclitantium placide patiebar,
quoad contra uesanam eorum praesumptionem modestiam 15
meam liquido cunctis adprobarem.

Ad istum modum uitato duplici periculo, die sequenti
rursum diuinis exuuiis onustus cum crotalis et cymbalis
circumforaneum mendicabulum producor ad uiam. nec
paucis casulis atque castellis oberratis deuertimus ad 20
quempiam pagum urbis opulentae quondam, ut me|mora-
bant incolae, inter semiruta uestigia conditum et hospitio
proximi stabuli recepti cognoscimus lepidam de adulterio
cuiusdam pauperis fabulam, quam uos etiam cognoscatis
uolo.   25

Is gracili pauperie laborans fabriles operas praebendo 5
paruis illis mercedibus uitam tenebat. erat ei tamen

F 165ᵃ. φ 57ᵃ.   9 petitẹ (φ) ẹ *al. m. mut. in* o
10 adhoc (φ) adhuc *v; sic omnib. praeter tres locis metam.,*
cf. 229,9   12 inferenſ *ead. m. supra add.* ǐ uergenſ φ: uergenſ inuergens *edd vett* inserens *Petsch* mergens *Colv* im-
mergens *Roald*   quidem? *Jordan cf.* 165,18   13 manus *vel* manuum *v* natium *Cornelissen cf. Neue - Wagener La..*
Formenlehre³ I 547   15 uefanã (φ) *poster. a in ras. al. m.*
scr.   18 exubiiſ (φ, *al. m.* b *mut. in* u)   23 adulterio
⟨uxoris⟩ *vdVl*   26 hic g̃cili (hic g̃ *in ras. al. m. scr., vid.*
fuisse Iſ gracili) φ: is gracili   p̄hendēſ (h *ex* b *corr. et* ēſ
in ras. scr. al. m.) φ: p̄hendo   27 illic *Nolte cf.* 33,5 160,1

Oud.   *E*

uxorcula etiam satis quidem ‖ tenuis et ipsa, uerum tamen
600 postrema lasciuia famigerabilis. sed die quadam, dum
matutino ille ad opus susceptum proficiscitur, statim latenter inrepit eius hospitium temerarius adulter. ac dum
5 Veneris conluctationibus securius operantur, maritus ignarus rerum ac nihil etiam tum tale suspicans inprouisus
⟨*h*⟩ospitium repetit. iamque clausis et obseratis foribus
uxoris laudata continentia ianuam pulsat, sibilo etiam
praesentiam suam denuntiante. tunc mulier callida et ad 153
10 huius modi flagitia perastutula tenacissimis amplexibus
expeditum hominem dolio, quod erat in angulo semi-
obrutum, sed alias uacuum, dissimulanter abscondit, et
patefactis aedibus adhuc introeuntem maritum aspero sermone accipit: ʽsicine uacuus et otiosus insinuatis manibus
15 ambulabis mihi nec obito consueto labore uitae nostrae
prospicies et aliquid cibatui parabis? at ego misera per-
601 nox et per diem lanificio neruos meos contorqueo, ut
intra cellulam nostram saltem lucerna luceat. quanto me
f⟨*e*⟩licior Daphne uicina, quae mero et prandio matutino
20 saucia cum suis adulteris uolutatur!ʼ
6   Sic confutatus maritus: ʽet quid istic est?ʼ ait; ʽnam
602 licet forensi negotio officinator noster attentus ferias nobis
fecerit, tamen hodiernae cenulae nostrae prospexi. uide
sis, ut dolium, quod semper uacuum, frustra locum de-
25 tinet tantum et re uera *praeter* impedimentum conuersationis nostrae nihil praestat amplius? istud ego *quinque*
denariis cuidam uenditaui, et adest, ut dato pretio secum

F 165ᵃ. φ 57ᵃ.   5 Venereis *Stewech*   7 oſpitiũ *em.* φ
9 denuntians *Cast*   13 introẽtẽ ̆ᵛ *ead. m. add.*   16 aliqd (d *ex* t
corr. ead. m.)   perdia *WSchulze coll. 107,12*   19 flicior *em.*
al. m.   dafhne (φ)   prandio et mero *vdVl*   21 & quid
(φ, *sed in mg. m. recentiss.* c̊ ecquid) *cf. 207,9*   istuc *v*
cf. 33,10   23/24 uideſiſ ut (φ) *corr. al. m. in* uideſ'iſtut *lect.*
pr. m. def. Leo post uacuum *distincto* uide sis id? *Oud*
superuacuum *Wower*   25 p̄t (φ) *ex* p̄t al *ut uid. m. corr.*
26 ego . . . . . . | *in lac. m. rec. add.* ſeptẽ, *fuit certe* ſ *prima*
litt. vocis a pr. m. scriptae   φ: qnq'

Oud.   *E*

rem suam ferat. quin itaque praecingeris mihique manum
tantisper accommodas, ut exobrutum protinus tradatur
emptori.'

E re nata fallaci⟨os⟩a mulier temerarium tollens ca-
603 chinnum: 'magnum', inquit, | 'istum uirum ac strenuum 5
negotiatorem nacta sum, qui rem, quam ego || mulier et
intra hospitium contenta iam dudum septem denariis uen-
didi, minoris distraxit.'

Additamento pretii laetus maritus: 'et quis est ille',
ait, 'qui tanto praestinauit?'   10

At illa: 'olim, inepte', inquit, 'descendit in dolium
sedulo soliditatem eius probaturus.'

Nec ille sermoni mulieris defuit, sed exurgens ala- 7
criter: 'uis', inquit, 'uerum scire, mater familias? hoc tibi
dolium nimis uetustum est et multifariam rimis hiantibus 15
quassum' ad maritumque eius dissimulanter conuersus:
'quin tu, quicumque es, homuncio, lucernam', ait, 'actutum
mihi expedis, ut erasis intrinsecus sordibus diligenter, *159*
604 aptum⟨ne⟩ usui, possim dinoscere, nisi nos putas aes de
malo habere?' nec quicquam moratus ac suspicatus acer 20
et egregius ille maritus accensa lucerna: 'discede', inquit,
'frater, et otiosus adsiste, donec probe percuratum istud
tibi repraesentem'; et cum dicto nudatus ipse delato lu-
605 mine scabiem uetustam cariosae testae occipit exculpere. at
uero adulter bellissimus ille pusio inclinatam dolio pronam 25
uxorem fabri superincuruatus secure dedolabat. ast illa
capite in dolium demisso maritum suum astu meretricio
tractabat ludicre; hoc et illud et aliud et rursus ali⟨u⟩d

F 165^ab φ 57^ab.   4 e re ⟨concin⟩nata *Kirchhoff* e re nata
⟨commenta⟩ *Novák* cf. 76,23 82,17 85,18 109,12   fallacia (φ)
em. Pric cf. 185,13 210,2   9 abditamto (φ) *em. v*   12 foli-
ditatē (l *ex* d *corr. ead. m.*)   15 uetuſtū* (*eras.* ſ)   19 ⟨an⟩
aptum *Pric.* ⟨ne⟩ *Brakman*   20 *scil. de arbore; proverb.
cognov. Barth*   22 otioſuſ (*alter.* o *ex* u *corr. ead. m.*)
24 exscalpere *edd vett*   25 uelliſſim; φ: uil- *em. v*   26 at
Novák quia hoc uno loco legitur ast; *sed cf. Schmalz Berl. ph.
Woch. 1905 p. 366 Sen. trag. rec. Leo I 215*   28 alid *em.* φ
*cf. Neue-Wagener Lat. Formenl.*³ II 531

Oud.
E

purgandum demonstrat digito suo, donec utroque opere perfecto acceptis septem denariis calamitosus faber collo suo
gerens dolium coactus est ad hospitium adulteri perferre. —

8   Pauculis ibi diebus commorati et munificentia publica
5 saginati uaticinationisque crebris mercedibus suffarcinati
606 purissimi illi sacerdotes nouum quaestus genus sibi com-
    miniscuntur. sorte unica ⟨sem⟩per cartulis pluribus enotata
607 consulentes de rebus uariis plurimos ad hunc modum cauill-
    lantur. sors haec erat:
10   'ideo coniuncti terram proscindunt boues, ‖
        ut in futurum laeta germinent sata.'
tum si qui matrimonium forte coaptantes interrogarent,
rem ipsam responderi aiebant: iungendos conubio et satis
liberum procreandis; si possessiones praestinaturus quae-
15 reret, merito boves [ut] et iugum et arua sementis florentia
pronuntiari; si qui de profectione sollicitus diuinum ca-
peret[ur] auspicium, | iunctos iam paratosque quadripedum
cunctorum mansuetissimos et lucrum promitti de glebae
608 germine; si proelium capessiturus uel latronum factionem
20 persecuturus, utiles necne processus, sciscitaretur, ad-
di⟨c⟩tam uictoriam forti praesagio contendebant, quippe
ceruices hostium iugo subacturi et praedam de rapinis
uberrimam fructuosamque capturi.

F 165ᵇ. φ 57ᵇ.   6 cibi φ: ᶜⁱᵇⁱ (*sed supra add. ead. m.*)
sibi *v*   7 pcafulif (φ) *litt.* c *et prior.* f *redint. al. m.*   semper
cartulis *He* oraculis *Bluemner* per casum tabulis *vdVl* pro
casibus *Colv* tabulis *E* plagulis *Plasberg* periculis *Wiman*

8 cabillant (φ) b *mut. in* ᵛ   12 forte *em.* φ *Rohde*   cap-
tantes *Colv*   13 iungendo *Bursian*   15 bouum ei iugum
Leo ut *del. dubitanter Oud* ut et *fort. corrupt. ex* ut *&*; *de
var. lect.* coniunctis *cf. praef. p. 53*   16 caper& (& *mut. ead.
m. inter scribend. in* etur)   20 additā (φ) addictam *Stewech*
editam *Oud*   21 forti '*sc. uiro*' *interpret. Oud, potius ironice
ad* praesagio *pertinet; sortis Stewech*   22 fubactu+ri (*vid.
cras.* r) φ: fubacturi *ironice ad ipsos refertur* subactum iri
Florid subactu iri *vdVl cf.* 165,1 211,15 *sq. Neue-Wagener Lat.
Formenl.*³ *III 177*   23 capturi (φ) captum iri *Florid* captu
iri *vdVl*

Oud.

E

609 Ad istum modum diuinationis astu captioso conrase- 160
rant non paruas pecunias. sed adsiduis interrogationibus 9
610 argumenti satietate iam defecti rursum ad uium prodeunt
uia[m] tota[m]. quam nocte confeceramus, longe peiorem,
quidni? lacunosis incilibus uoraginosam, partim stagna⟨*n*⟩ti 5
palude fluidam et alibi subluuie caenosa lubricam. crebris
denique offensaculis et assiduis lapsibus iam contusis
cruribus meis uix tandem ad campestres semitas fessus
euadere potui. et ecce nobis repente de tergo manipuli[s]: armati supercurrunt equites aegreque cohibita 10
equorum curr[ic]uli rabie Philebum ceterosque comites
eius inuolant auidi colloque constricto et sacrilegos
impurosque compellantes interdum pugnis obuerberant |
611 nec non manicis etiam cunctos coartant et identidem ur-
genti sermone comprimunt, promerent potius aureum can- 15
tharum, promerent auctoramentum illud sui sceleris, quod
simulatione sollemnium, quae in operto factitauerant, ab
ipsis puluinaribus matris deum clanculo furati, prorsus
quasi possent tanti facinoris ‖ euadere supplicium tacita
profectione, adhuc luce dubia pomerium peruaserint. nec 10
defuit qui manu super dorsum meum iniecta in ipso 21
deae, quam gerebam, gremio scrutatus repperiret atque
incoram omnium aureum depromeret cantharum. nec isto

F 165ᵇ166ᵃ. φ 57ᵇ. 4 uiā totā (φ) uiam tota *v* uia in-
tuta Petsch uia tota *v* nocte (φ) hactenus *Koch sed
etiam in aliis rebus neglegenter excerpsit Ap. auctorem suum,
cum nec referret sacerdotes simulacrum in templo deposuisse,
quo fieri potuit ut cantharum inde surriperent, nec ipsos apud
pauperem quendam deuertisse, ubi asinus fabulam de adulterio
lepidam cognoscere potuit* cf. Λούκ. 41   5 ſtagnati (φ) *em.
al. m.*   6 tenoſa (φ) *em. v*   9/10 manipuliſ φ: manipuli
manipuli — equitis *Florid* manipulus *v distinx. He an* manipulus: spiculis ? *cf.* 189,28   10 ſupcurrunt *in mg. ead.
m.* 're   φ: ſupcurrunt   eqtēſ φ: eqtiſ   10/11 cohibitẹ
quo⁊ (φ) *em. v*   11 curriculi (φ) *in mg. ead. m.* curuli
(*vid. ic falso hic addit. ex v. 10) em. v* cf. 75,18   14 uiuctos
Vulcan   15 ⟨lamentantes⟩ comprimunt *He* (*propter potius*)
ocius *Beroald* protinus *Prescott*   16 auctoramenetū (*poster. e induct.*)   18/19 *cf.* 199,7   21 manū (*puncto vid. del.*) φ: manū

Oud.

E

saltem tam nefario scelere impuratissima illa capita con-
futari terreriue potuere, sed mendoso risu cauillantes:
'en', inquiunt, 'indignae rei scaeuitatem, qua[m] plerum-
613 que insontes periclitantur homines! propter unicum cali-
culum, quem deum mater sorori suae deae Syriae hospi-
6 tale munus optulit, noxios religionis antistites ad discrimen
uocari capitis.'

Haec et alias similis afannas frustra [a]b|laterantis
613 eos retrorsus abducunt pagani statimque uinctos in Tul- 161
10 lianum conpingunt cantharoque et ipso simulacro, quod
gerebam, apud fani donarium redditis ac consecratis altera
die productum me rursum uoce praeconis uenui subiciunt
septemque nummis carius, quam prius me comparauerat
Philebus, quidam pistor de proximo castello praestinauit
15 protinusque frumento etiam coemto adfatim onustum per
iter arduum scrupis et cuiusce modi stirpibus infestum ad
p[r]ist⟨r⟩inum, quod exercebat, perducit.

11   Ibi complurium iumentorum multiuii circuitus intor-
quebant molas ambage uaria nec die tantum, uerum per-
20 peti etiam nocte prorsus instabili machinarum uertigine
614 lucubrabant peruigilem farinam. sed mihi, ⟨n⟩e rudimen-

F 166ᵃ. φ 57ᵇ 58ᵃ.   1 ſcere em. ead. m.   2 mendoſo (φ) cf.
Heraeus Sokrat. III (1915) 299 Loefstedt Arnobian. 59   3 φ: ſeui-
tatē   quaª (eras. ⁻)   φ: quā cf. 53,13 sq. quam *exclamativ.* pu-
tant v   4 cantharū (in mg. ead. m. caliculū)   φ: caliculū
6 ⟨ut⟩ noxios *vd Vl* innoxios *Stewech*   7 uocari (φ) ri *in*
ras. al. m., ultima litt. fuit ſ; fuitne tiſ?   8 hiſ (iſ ex ec al.
m. corr.)   φ: ℏ   aliaſ (φ) mut. in aliiſ al. m.   ſimilia mut.
in ſimilib; φ: ſimiliſ   afannaſ mut. in afannjſ al. m.
φ: affannaſ cf. 244,12 Arch. f. lat. Lex. II 597 Ribbeck Leipz.
                                                    ᵗ   ᵖᵉˢ
Stud. IX 338   ablaterantiſ (al. m. indux. n)   φ: ab|laterantiſ
(al. m. supra voc. litt. add.)   adblaterantes *Stewech* oblatran-
tes *Salm* blaterantis *Novák* cf. 93,4 obblatteratis (servata script.
                            *
correct.) *Brant*   13 cōparauerant (ut indux. pr. m., ᵗsupra
ab eadem add. eras.)   φ: cōparauerat   14 fileb; (φ)
15 etiam] iam *vd Vl*   16 huiuſce (φ) cuiusque *Wasse* cuiusce
Florid cf. 204,4   17 piſtrinū ᵢ (iſtr al. m. ex riſt)   φ: pltinū
21 peruigiles *Bluemner*   m erud- (φ) al. m. mut. in dū
erud-   mihi, ne rud- v cf. apol. 66 (75,2)

Oud.   *E*

tum seruitii perhorrescerem scilicet, nouus dominus loca
lautia prolixe praebuit. nam et diem primum illum feria-
tum dedit et cibariis abundanter instruxit praesepium.
nec tamen illa otii saginaeque beatitudo durauit ulterius,
sed die sequenti molae, quae maxima uidebatur, matutinus 5
adstituor et ilico uelata facie propellor ad incurua spatia
flexuosi ‖ canalis, ut in orbe termini circumfluentis reci-
proco gressu mea recalcans uestigia uagarer errore certo.
nec tamen sagacitatis ac prudentiae meae prorsus oblitus
facilem me tirocinio disciplinae praebui; sed quanquam 10
frequenter, cum inter homines agerem, machinas similiter
615 circumrotari uidissem, tamen ut expers et ignarus operis
stupore mentito defixus haerebam, quod enim rebar ut
minus aptum et huius modi ministerio satis inutilem me
ad alium quempiam utique leuiorem laborem legatu⟨m⟩ 15
iri uel otiosum certe cibatu⟨m⟩ iri. sed frustra sollertiam damnosam exercui. complures enim protinus baculis
armati me circumsteterunt atque, ut eram luminibus
obtectis securus etiamnunc, repente signo dato et clamore conferto, plagas ingerentes aceruatim, adeo me stre- 20
pitu turbulentant, ut cunctis consiliis abiectis ilico scitis-
sime taeniae sparteae totus innixus discursus alacres *162*
obirem. at subita sectae commutatione risum toto coetu 12
commoueram.

Iamque maxima diei parte transac|ta defectum alio- 25
quin me, helcio sparteo dimoto, nexu machinae liberatum
adplicant praesepio. at ego, quanquam eximie fatigatus
et refectione uirium uehementer indiguus et prorsus fame
perditus, tamen familiari curiositate attonitus et satis
anxius, postposito cibo, qui copiosus aderat, inoptabilis 30

F 166ᵃ. φ 58ᵃ.   1 fcilic& (φ) *indux. al. m.*   10 tyro-
cinio φ: toro—   13 enim *cf. 221,20*   15 legatū (φ) ⁻ *al.*
m. add. cf. 208,22 delegatum *vd Vl*   16 cibatu φ: cibatū
17 baculif (b *corr. ex* u)   20 conserto *Oud*   23 cętu (φ)
26 helcio∗ *eras.* f   dimoto∗ (*eras.* f) φ: dimotof   27 exū-
mię *em. ead. m.*   φ: eximie

Oud.

616 officinae disciplinam cum delectatione quadam arbitrabar.
dii boni, quale⟨s⟩ illic homunculi uibicibus liuid[in]is totam cutem depicti dorsumque plagosum scissili centunculo
magis inumbrati quam obtecti, nonnulli exiguo tegili
5 tantum modo pubem iniecti, cuncti tamen sic tunicati,
ut essent per pannulos manifesti, frontes litterati et capillum semirasi et pedes anulati, tum lurore deformes et
617 fumosis tenebris uaporosae caliginis ‖ palpebras adesi atque adeo male luminati et in modum pugilum, qui pul-
10 uisculo per⟨s⟩persi dimicant, farinulenta cinere sordide
13 candidati. iam de meo iumentario contubernio quid uel
ad quem modum memorem? quales illi muli senes uel
cantheri⟨i⟩ debiles. circa praesepium capita demersi con-
truncabant moles palearum, ceruice⟨s⟩ cariosa uulnerum
15 putredine follicantes, nare⟨s⟩ languidas adsiduo pulsu tus-
618 sedinis hiulci, pectora copulae sparteae tritura continua
exulcerati, costas perpetua castigatione ossium tenus renu-
dati, ungulas multiuia circumcursione in enorme uestigium
porrecti totumque corium ueterno atque scabiosa macie
20 exasperati. talis familiae funestum mihi etiam metuens
exemplum ueterisque Lucii fortunam recordatus et ad
ultimam salutis meta*m* de[m]tru⟨sus⟩ summisso capite
619 maerebam. nec ullum uspiam cruciabilis uitae solacium
aderat, nisi quod ingenita mihi curiositate recreabar, dum
25 praesentiam meam parui facientes libere, quae uolunt,
omnes et agunt et loquuntur. nec inmerito priscae poe- *163*

E

F 166^{ab} φ 58^a. 2 quale (φ) *em. al. m.* illi *v* in
uicib; (φ) in *ex* ui *eff. ead. m.; em. v* libidinif (φ) liui-
dinif *E* (*miserinus cft. Leo*) liuidineis *vdVl* liuidulis *Mark-*
land liuidis? *Oud cf. flor. 9 (10,10) praef. p. 48*
4 *cf. 38,19sq.* tegillo *Guilelm cf. 145,2* 7 tum] cutim
Wower uultum *Plasberg* 9 ideo *vdVl cf. 195,18;* atque
ideo *a metamorph. abesse docet Novák* eluminati *Leo*
10 ppfi {φ} *em. al. m.* 12 illic *Rohde* 13 cantheri (φ)
14 ceruice (φ) *em. Rohde* ceruices c. u. p. ⟨crudi⟩ *vdVl*
15 nare (φ) *al. m. add.* f *cf. apol. 50,28* 16 fpartea (φ) *em. v*
19 ueterna (a *fort. ead. m. corr. ex* o) φ: ueťno 22 me
tandē tru fūmiffo (φ) *eras.* ˜ *supra* a, *in mg. add. pr. m.* ·l·
cf. praef. 34 em. Stewech 24 ingenita (φ) *supra* a *eras.* ˜

Oud.   E

ticae diuinus auctor apud Graios summae prudentiae
uirum monstrare cupiens multarum ciuitatium obitu et
uariorum populorum cognitu summas adeptum | uirtutes
cecinit. nam et ipse gratas gratias asino meo memini,
quod me suo celatum tegmine uariisque fortunis exerci- 5
tatum, etsi minus prudentem, multiscium reddidit. fabu- 14
lam denique bonam prae ceteris, suaue⟨m⟩, comptam ad
620 auris uestras adferre decreui, et en occipio.

Pistor ille, qui me pretio suum fecerat, bonus alioquin
uir et adprime modestus, pessimam et ante cunctas mu- 10
lieres longe deterrimam sortitus coniugam poenas ex-
tre‖mas tori larisque sustinebat, ut hercules eius uicem
ego quoque tacitus frequenter ingemescerem. nec enim
uel unum uitium nequissimae illi feminae deerat, sed
omnia prorsus ut in qua⟨n⟩dam caenosam latrinam in 15
eius animum flagitia confluxerant: saeua scaeua uir[i]osa
ebriosa peruicax pertinax, in rapinis turpibus auara, in
sumptibus foedis profusa, inimica fidei, hostis pudicitiae.
tunc spretis atque calcatis diuinis numinibus in uicem
621 certae religionis mentita sacrilega praesumptione dei, quem 20
praedicaret unicum, confictis obseruationibus uacuis fallens
omnis homines et miserum maritum decipiens matutino
mero et continuo stupro corpus manciparat. talis illa 15
mulier miro me persequebatur odio. nam et antelucio,
recubans adhuc, subiungi machinae nouicium clamabat 25
asinum et statim, ut cubiculo primum processerat, in-

---

                                          i   i
F 166ᵇ. φ 58ᵃᵇ.   1 *cf. Hom. Od. I 3* prudentę *al. m. ex* t
corr. ti   4 *cf. 18,26*   6 ⟨at⟩ multiscium *vdVl*   7 *ante*
prae *disting. v, post* ceteris *Leo*   suaue cõptã (φ) s. compertam
Beroald cf. 4,20 193,21 bonam ⟨et⟩ p. c. suauem compertu
vdVl suauem compertam *vel* suaue conditam? *Colv* suauem (*del.*
comptam) *Novák*   8 auriſ (φ) *al. m. eff.* —eſ   11 coniugam
                                                                  1
cf. 194,4   15 quãdã (⁻ *al. m. add.*)   16 uiroſa (*nescio quae*
        1
man. addid.) φ: uiroſa *cf. 168,13*   18 fędiſ *ead. m.* o *add.*
                                                                  0

    25 ſub‖iungi (φ) *al. m. ex* iun *corr.* iu   cl∗∗abat (*litt.*
inter l *et* a *redintegr. et delet.*) φ: clamabat   26 ⟨propter⟩
insistens *Rohde*

Oud   *E*

sistens iubebat incoram sui plagas mihi quam plurimas
irrogari, et cum tempestiuo prandio laxarentur iumenta
622 cetera, longe tardius applicari praesepio iubebat. quae
saeuitia multo mihi magis genuinam curiositatem in suos
5 mores ampliauerat. nam et adsiduo plane commeantem
in eius cubiculum quendam sentiebam iuuenem, cuius et
faciem uidere cupiebam ex summo studio, si tamen uela-
mentum capitis libertatem tribuisset meis aliquando luminibus. nec enim mihi sollertia defuisset ad detegenda 164
10 quoquo modo pessimae feminae flagitia. sed anus
quae[n]dam stupr⟨or⟩um sequestra et adulterorum inter-
nuntia de die cotidie inseparabilis aderat. cum qua pro-
tinus ientaculo ac dehinc uino me|ro mutuis uicibus ueli-
tata scaenas fraudulentas in exitium miserrimi mariti
15 subdolis ambagibus construebat. at ego, quanquam gra-
623 uiter suscensens errori Fotidis, quae me, dum auem fabri-
cat, ‖ perfecit asinum, isto tamen uel unico solacio aerum-
nabilis deformitatis meae recreabar, quod auribus gran-
dissimis praeditus cnncta longule etiam dissita facillime
16 sentiebam. denique die quadam timidae illius aniculae
21 sermo talis meas adfertur auris:
    'De isto quidem, mi erilis, tecum ipsa uideris, quem
sine meo consilio pigrum et formidulosum familiarem
istum sortita es, qui insuauis et odiosi mariti tui caper-
25 ratum supercilium ignauiter perhorrescit ac per hoc amoris

---

F 166ᵇ167ᵃ. φ 58ᵇ.   2 irrogari (ro *et a al. m. scr.*, *fuit*
ir*urgeri*) φ: irourgeri   *fuit in archetypo:* inᵘrgeⁱri *cf. praef.* 54
irrogari *v*   3 applicari (*prior* p *ex* u *corr. al. m.*)   φ: anpli-
cari (n *mut. in* m)   iubebat *del. vdVl*   4 in ſuoſ (φ) *litt.*
in ſuo *refict.*   10 an; (φ) a *post ras. al. m. scr.*   11 quedã
(φ) dã *al. m. corr. ex* ndã   ſtuprũ (φ) stupri *v* stuprorum
Novák   ſequeſtr& φ: ſequeſtre *em. v.*   adulteriorum *Sciopp*
13/14 uelitataᶠ | cẹnas *ead. m.* ᶠ *add. recte distinx. Beroald*
19 cunctẹ (φ, *sed em. al. m.*)   20 timidẹ (φ) *ironiam
cognov. Giarr* tinnulae *Wasse* uuidae *Sciopp* tumidae *Hild*
22 quem] quae *Wower* quod *Rohde* (*propter* isto *et* istum)
cf. 35,13

Oud.   *F*

languidi desidia tuos uolentes amplexus discruciat. quanto
melior Philesit⟨h⟩erus adulescens et formonsus et liberalis
et strenuus et contra maritorum inefficaces diligentias
⁶²⁴ constantissimus! dignus hercules solus omnium matro-
narum deliciis perfrui, dignus solus coronam auream ca- 5
pite gestare uel ob unicum istud, quod nunc nuper in
quendam zelotypum maritum eximio studio commentus
est. audi denique et amatorum diuersum ingenium compara.

Nosti quendam Barbarum nostrae ciuitatis decurionem, 17
quem Scorpionem prae morum acritudine uulgus appellat. 11
hic uxorem generosam et eximia formositate praeditam
mira custodela munita⟨m⟩ domi suae quam cautissime
cohibebat.'

Ad haec ultima pistoris illa uxor subiciens: 'quidni?', 15
inquit, 'noui diligenter. Areten meam condiscipulam memoras.' 'ergo', inquit anus, 'nosti totam Phile⟨si⟩theri ¹⁶⁵
et ipsius fabulam?' 'minime gentium', inquit, 'sed nosse
ualde cupio et orö, mater, ordine mihi singula retexe.'

Nec commorata illa sermocinatrix inmodica sic [anus] 20
incipit: 'Barbarus iste cum necessariam profectionem pa-
raret pudicitiamque carae coniugis conseruare summa diligentia cuperet, seruulum suum Myrmecem fidelitate
⁶²⁵ praecipua cognitum secreto commonet ‖ suaeque dominae
custodelam omnem permittit, carcerem et perpetua uin- 25
cula, mortem denique uiolentam defamem com|minatus,
⁶²⁶ si quisquam hominum uel in transitu digito tenus eam
conti[n]gisset, idque ǒeierans etiam confirmat per omnia
diuina numina. ergo igitur summo pauore perculsum
Myrmecem acerrimum relinquens uxori secutorem securam 30

F 167ᵃ φ 58ᵇ 59ᵃ.   ſ philefiteruſ (φ)   7 eximio astulo
Kronenb eximia astutia *vdVl* eximio astu *Novák*   10 Noſti
(φ) N *al. m. scr.; fuit* n *aut* h   11 p̄ (φ) *cf. 10,19 17,10 45,20*
218,6 pro *Pric cf. 105,18*   13 munita *em.* φ   15 *cf. 64,8*
17 philetheri *cf. v. 2*   20 anus *del. vdVl*   23 mirmicen (φ)   □
   26 de fame *Colv*   28 c̄tingiſſ& (φ, *sed* n *del.*)   degeranſ
(φ)   30 myrmecen *em.* φ

Oud.   *E*

dirigit profectionem. tunc obstinato animo uehementer
anxius Myrmex nec usquam domina⟨m⟩ sua⟨m⟩ progredi
sinebat et lanificio domestico destrictam inseparabilis ad-
627 sidebat ac tantum necessario uespertini lauacri progressu
5 adfixus atque conglutinatus, extremas manu prendens lacinias, mira sagacitate commissae prouinciae fidem tue-
18 batur. sed ardentem Philesitheri uigilantiam matronae
nobilis pulchritudo latere non potuit. atque hac ipsa potissimum famosa castitate et insignis tutelae nimietate in-
10 stinctus atque inflammatus, quiduis facere, quiduis pati
paratus, ad expugnandam tenacem domus disciplinam
totis accingitur uiribus certusque fragilitatis humanae
fidei et quod pecuniae cunctae sint difficultates peruiae
auroque soleant adamantinae etiam perfringi fores, op-
15 portune nanctus Myrmecis solitatem, ei amorem suum
aperit et supplex eum medellam cruciatui deprecatur:
nam sibi statutam decretamque mortem proximare, ni
628 maturius cupito potiatur; nec eum tamen quicquam in re
facili formidare debere, quippe cum uespera solus fide
20 tenebrarum contectus atque absconditus introrepere et
intra momentum temporis remeare posset. his et huiusce
modi suadelis ualidum adde*bat* cuneum, qui rigentem *166*
prorsus serui tenacitatem uiolenter diffinderet; porrecta
enim manu sua demonstrat ei nouitate nimia can‖dentes
25 solidos aureos, quorum uiginti quidem puellae destinasset,
19 ipsi uero decem libenter offerret. exhorruit Myrmex in-
auditum facinus et occlusis auribus effugit protinus. nec
auri tamen splendor flammeus oculos ipsius exire potuit,

F 167ᵃᵇ. φ 59ᵃ.   2 đnā ſuā (φ) ⁻ *utrobique al. m. add.*
3 deſtrictā φ: diſt—   4 ac ⟨permisso⟩ *Leo*   6 puincie
(φ) *supra* n *et* c *al. m. alqd. add.; vid. voluisse* puidentie
15 myrmicif *litt. refict.*   16 *duplic. accusativ. def. Wiman cf.*
Hofmann Synt. 383   18 cupita *Pric*   21 possit *Leo*
22 addenſ ad (φ) ad *del.* v addens ⟨argumentum⟩ (⟨aes⟩ *Brak-*
man) ad⟨igit⟩ *vdVl* adplicat *Bursian* addensat (*quod reiecerat*
Hild) *Hertz* addebat *Luetj* (*scil. corrupt. in* addeb ad)   23 dif-
funder& (φ) *refict., vid. fuisse* u̇

Oud.   E

sed quam procul semotus et domum celeri gradu peruectus,
uidebat tamen decora illa monetae lumina et opulentam
629 praedam iam tenebat animo miroque mentis salo et cogi-
tationum | dissensione misellus in diuersas sententias car-
pebatur ac distrahebatur: illic fides, hic lucrum, illic cru- 5
ciatus, hic uoluptas. ad postremum tamen formidinem
mortis uicit aurum. nec saltem spatio cupido formonsae
pecuniae leniebatur, sed nocturnas etiam curas inuaserat
pestilens auaritia, ut, quamuis erilis eum comminatio domi
cohiberet, aurum tamen foras euocaret. tunc, deuorato 10
pudore et .dimota cunctatione, sic ad aures dominae mandatum perfert. nec a genuina leuitate desciuit mulier,
sed execrando metallo pudicitiam suam protinus auctorata
est. ita gaudio perfusus ⟨aduolat⟩ ad suae fidei praecipitium Myrmex, non modo capere, uerum saltem con- 15
tingere, quam exitio suo uiderat, pecuniam cupiens, et
magnis suis laboribus perfectum desiderium Philesithero
laetitia percitus nuntiat statimque destinatum praemium
reposcit, et tenet nummos aureos manus Myrmecis, quae
630 nec aereos norat. iamque nocte promota solum perducit 20
ad domum probeque capite contectum amatorem strenuum 21
infert adusque dominae cubiculum. commodum nouis amplexibus Amori rudi litabant, commodum prima stipendia
Veneri militabant nudi milites: et contra omnium opinionem
captata noctis opportunitate inprouisus maritus adsistit 25
suae domus ianuam. ‖ iam pulsat, iam clamat, iam saxo
fores uerberat et ipsa tarditate magis magisque suspectus

F 167ᵇ. φ 59ᵃ.   1 quanquam *v cf. 31,7 37,12 71,26*
2 miroq; (φ) i *corr. ead. m. ex* o   motoque *Petsch*   4 diffen-
sione (͂ *induct. et del.*)   6/7 ad postr. — aurum *post* euocaret *v. 10 transpos. vdVl*   7 spatio] sopito *Koch cf. 222,6*
                                                pudore
11 pudore (*in mg. ead. m.* timore)   φ: ṭịṃọṛẹ *cf. 37,5*
sic] hic *Stewech* ocius *Oud cf. 52,11 63,2*   13 execrando
pro c *primo vid. scrips.* r   14 ita] it *Kronenb*   ⟨aduolat⟩ *Cast*
   14/15 praecipitium ⟨praecipitat⟩ *vdVl*   16 et] φ: ex *iJ.*
coni. Brant ut Petsch del. Luetj   26 ante suae *disting. v, post*
ianuam *Beyte sed cf. 20,4 sq. 206,8 226,2*   27 suspecto *Novák*

Oud.   E

631 dira comminatur Myrmeci supplicia. at ille repentino malo
perturbatus et misera trepidatione ad inopiam consilii
deductus, quod solum poterat, nocturnas tenebras sibi *167*
causabatur obsistere, quin clauem curiose absconditam
5 repperiret. interdum Philesitherus cognito strepitu raptim
tunicas iniectus, sed plane prae turbatione pedibus intectis
procurrit cubiculo. tunc Myrmex tandem claue pessulis
subiecta repandit fores et recipit etiam tunc fidem deum
boantem dominum eoque propere cubiculum petente clan-
632 destino transcursu dimittit Philesitherum. quo iam pro
11 limine liberato securus sui clausa domo rursum se reddidit quieti.

21   Sed dum | prima luce Barbarus procedit cubiculo,
uidet sub lectulo soleas incognitas, quibus inductus Phi-
15 lesitherus inrepserat suspectisque e re nata quae gesta
sunt, non uxori, non ulli familiarium cordolio patefacto,
sublatis iis *et* in sinum *furtim* absconditis, iusso tantum
Myrmece per conseruos uincto forum uersus adtrahi, ta-
citos secum mugitus iterans rapidum dirigit gressum,
20 certus solearum indicio uestigium adulteri posse se per-
633 facile indipisci. sed ecce per plateam dum Barbarus
uultu turgido subductisque superciliis incedit iratus ac
pone eum Myrmex uinculis obrutus, non quidem coram
noxac prehensus, conscientia tamen pessima permixtus la-
25 crimis uberibus ac postremis lamentationibus inefficacem
commouet miserationem, opportune Philesitherus occurrens,
quanquam diuerso quodam negotio destinatus, repentina
tamen facie permotus, non enim deterritus, recolens festi-
nationis suae delictum || *ac* cetera consequenter suspicatus

---

F 167ᵇ 168ᵃ. φ 59ᵃᵇ·   1 mirmici   6 tunica *Giarr cf.*
274,1 25,15 Suet. Vitell. 2,5   10/11 pro lim.] postliminio
□ *vdVl* formidine *Leo cf. 279,11*   17 ii ſed (φ) *al. m. corr.*
in eiſ+ed   fortī (φ) *em. v*   18 mirmice   ūſo (φ) *em.* φ
24 p̄henſu7 (7 *al. m. add.; vid. mihi a pr. m. script.* uˢ)

φ: p̄henſū *in mg.* c̊ prehensus   peruictus *Stewech cf. 233,3*
271,11   29 ut (φ) *et Salm ac He cf. 22,13 39,6 210,11 al.*
praef 43 et cetera ⟨ut erant⟩ *vdVl*

Oud.   *E*

634 sagaciter extemplo sumpta familiari constantia, dimotis
seruulis inuadit cum summo clamore Myrmecem pugnisque malas eius clementer obtundens: "*at te*", inquit, "nequissimum et periurum caput, dominus iste tuus et cuncta
caeli numina, quae deierando temere deuorasti, pessimum 5
pessime perduint, qui de balneis soleas hesterna die
m⟨ih⟩i furatus es: dignus hercules, dignus, qui et ista
uincula conteras et insuper carceris etiam tenebras perferas."

    Hac opportuna fallacia uigorati iuuenis inductus, immo 10
sublatus et ad credulitatem delapsus Barbarus, postliminio 168
635 domum regressus, uocato Myrmece, soleas illas offerens et
ignouit ex animo et, uti domino redderet, cui surripuerat,
suasit.'

    ⟨H⟩actenus adhuc anicula garriente suscipit mulier: 22
'beatam illam, quae tam constantis sodalis libertate 16
fruitur! at ego misella molae etiam sonum et ecce
illius scabiosi asini faciem timentem familiarem incidi.'

    Ad haec anus: 'iam tibi ego probe suasum et con-
firmatum animi amatorem illum alacrem uadimonium 20
636 sistam' et insuper condicta uespertina regressione cubiculo facessit.

    At pudica uxor statim cenas | saliares comparat, uina
pretiosa defaecat, pulmenta recentia tuccetis temperat.
mensa largiter instructa denique, ut dei cuiusdam ad- 25
uentus, sic expectatur adulteri. nam et opportune maritus
foris apud naccam proximum cenitabat. ergo igitur me-
ti⟨s⟩ die propinquante helcio tandem absolutus refectuique

F 168ᵃ. φ 59ᵇ.   3 inclementer *Pric*   ad (φ, *em. al. m.*)   5 de-
uotasti *v* —casti *vd Vl cf. Min. Fel. 28,7*   7 m✶ (ⁱ *al. m.*,
eras. vid. i)   φ: mi   12 Myrmeci? *Plasberg*   15 Acten; (φ,
al. m. add. h)   16 libertate (φ) liberalitate *Nolte cf. 215,2*
libera facultate *He*   20 uadimonio (*extrem.* o *ex* ū *corr. al.* (?)
m.)   φ: uadimoniǔ uadimonium *Petsch cf. 88,7*   25 *post* instr.
dist. v, ante mensa *Gruter*   instructa ⟨pulchre semel exornat⟩
Novák   27 meridie (φ) sero diei *Bursian propter v. 21 220,4*
cf. 211,25; meta (metae *Leo* metis *He cf. 89,14*) die *Petsch*

Oud.

E

secure redditus non tam hercules laboris libertatem gratulabar quam quod reuelatis luminibus libere[t]iam cunctas
facinorosae mulieris artes prospectare poteram. sol ipsum
637 quidem delapsus Oceanum subterrenas orbis plagas in-
5 luminabat, et ‖ ecce nequissimae anus adhaerens lateri
temerarius adulter aduentat, puer admodum et adhuc
lubrico genarum splendore conspicuus, adhuc adulteros
ipse delectans. hunc multis admodum sauiis exceptum
23 mulier cenam iubet paratam adcumbere. sed ut primum
10 occursoriam potionem et inchoatum gustum extremis labiis contingebat adulescens, multo celerius opinione re-
diens maritus aduentat. tunc uxor egregia diras deuotiones in eum deprecata et crurum ei[us] fragium abominata,
638 exsangui formidine trepidantem adulterum alueo ligneo,
15 quo frumenta confusa purgari consuerant, temere propter
iacenti suppositum abscondit, ingenitaque astutia dissimulato tanto flagitio, intrepidum mentita uultum, percontatur de marito, cur utique contubernalis artissimi deserta
cenula praematurus adforet. at ille dolenti prorsus animo 169
20 suspirans adsidue:
'Nefarium', inquit, 'et extremum facinus perditae feminae tolerare nequiens fuga me proripui. hem qualis,
dii boni, matrona, quam fida quamque sobria turpissimo
se dedecore foedauit! iuro per istam ego sanctam Cere-
25 rem me nunc etiam meis oculis de tali muliere minus
credere.'
His instincta uerbis mariti audacissima uxor noscendae
rei cupiens non cessat optundere, totam prorsus a prin-
cipio fabulam promeret. nec destitit, donec eius uoluntati

F 168ᵃ. φ 59ᵇ.   2 reuelatiſ (φ) ti in ras. forma litt. t
non langobardica; fuitne reuelanſ?   liber etiã (φ) liber iam
Rohde libere iam Fulv cf. 59,12; 202,19   3 facino-
roſę (f in ras.)   arteſ (φ) r in ras. al. m.   8 ſabiiſ (b ex u
al. m. corr.)   10 inchoatiuum vdVl   12 dir. deu. cf. 164,18
    13 ei̡ (φ) ei v   crurifragium Heins crurum ei suffragium
Petsch   obominata Wower adom— Lips [ab]om— Leo
14 albeo em. φ   15 contusa Wassc.   24 Ioro em. ead. m.

E

⁶³⁹ succubuit maritus et sic', ignarus suorum, domus alienae
percenset infortunium:

'Contubernalis mei fullonis uxor, alioquin seruati pu- 24
doris ut uidebatur femina, | quae semper secundo rumore
gloriosa larem mariti pudice gubernabat, occulta libidine ₅
prorumpit in adulterum quempiam. cumque furtiuos
amplexus obiret adsidue, ipso illo denique momento, quo
nos lauti cenam petebamus, cum eodem illo iuuene misce-
batur in ‖ uenerem. ergo nostra repente *turbata* praesentia, subitario ducta consilio, eundem illum subiectum 10
contegit uiminea cauea, quae fustium flexu teret⟨i⟩ in
⁶⁴⁰ rectum aggerata cumulum lacinias circumdatas suff*u*sa
candido fumo sulpuris inalbabat, eoque iam ut sibi uidebatur tutissime celato mensam nobiscum secura participat. interdum acerrimo grauique odore sulpuris iuuenis 15
inescatus atque obnubilatus intercluso spiritu diffluebat,
utque est ingenium uiuacis metalli, crebras ei sternuta-
⁶⁴¹ tiones commouebat. atque ut primum e regione mulieris 25
pone tergum eius maritus acceperat sonum sternutationis —
quod enim putaret ab ea profectum — solito sermone 20
salutem ei fuerat imprecatus et iterato rursum et frequen-
tato saepius, donec rei nimietate commotus quod res erat 170
tandem suspicatur. et impulsa mensa protenus remotaque
cauea producit hominem crebros anhelitus aegre reflan-
tem inflammatusque indignatione contumeliae, gladium 25
flagitans, iugulare moriturum gestiebat, ni respecto communi periculo uix eum ab impetu furioso cohibuissem
adseuerans breui absque noxa nostri suapte inimicum

F 168ᵃᵇ. φ59ᵇ60ᵃ.   4 que ſe‸cd'o ̄rum‸ore (c—m *al. m. scr.*;
putavi aliquando cognosci posse ſe p r ſe, *fuisse igitur* ſemper
ſecd'o⁊ ore) φ: ſēp ſecundo⁊ ore   8 lauti∗∗|nā (*eras.* ce,
quod al. m. deinde in vers. seq. addidit)   9 curuata (φ) *em.* v
11 ter& (φ) *em. Oud*   12 aggregata v   ſuffiſa (φ) ſuffusa
v ſuffita *Colv*   16 ſp̄u (φ)   diffluebat *cf. 57,10*   20 enim
cf. 211,13 281,9   putarat *Koziol*   22 quod r. e. *cf. 248,23
256,10 259,8*   24 efflantem v   28 suapte ⟨sponte⟩ *vdVl
cf. Corp. gloss. IV 180,37 V 393,22 Löfstedt Synt. II 251 sq.*

Oud.   *E*

642 eius uiolentia sulpuris periturum. nec suadela mea, sed
ipsius rei necessitate lenitus, quippe iam semiuiuum, illum
in proximum deportat angiportum. tum uxorem eius ta-
cite suasi ac denique persuasi, secederet paululum atque
5 ultra limen tabernae ad quampiam tantisper ⟨deuerteret⟩
643 familiarem sibi mulierem, quoad spatio feruens mariti
sedaretur animus, qui tanto calore tantaque rabie perculsus non erat dubius aliquid etiam de se suaque coniuge
tristius profecto cogitare. talium contubernalis epularum
10 taedio fugatus larem reueni meum.'

26   Haec recensente pistore iam dudum procax et temeraria mulier ‖ uerbis execrantibus fullonis illius detesta-
batur uxorem: illam perfidam, illam impudicam, denique
uniuersi sexus grande dedecus, quae suo | pudore post-
644 posito torique genialis calcato foedere larem mariti lupa-
15 nari maculasset infamia iamque perdita nuptae dignitate
prostitutae sibi nomen adsciuerit; addebat et talis oportere
uiuas exuri feminas. et tamen taciti uulneris et suae
sordidae conscientiae commonita, quo maturius stupra-
20 torem suum tegminis cruciatu liberaret, identidem suade-
bat maritum temperius quieti decedere. at ille utpote
intercepta cena, ⟨cum⟩ profugeret, prorsus ieiunus, mensam
potius comiter postulabat. adponebat ei propere, quamuis

F 168ᵇ. φ 60ᵃ   1 Nec (N *al. m. ex* n)   3 uxori *vdVl*
cf. v. 21 107,22 112,6   tacite] tenaciter *Beyte*   5 ⟨deuerteret⟩
He cf. 234,11   6 mulierem ⟨iret⟩ *Petsch* ⟨migraret⟩ *vdVl*
⟨diuerteret⟩ (atque *post* tabernae *transpos.*) *Pric*   spatio
                                           ᵈ ᵈ
□   *cf. 217,7*   9 cogitare* (*fuit* r&) aliū (vid. *corr. ex* ˜ *ab al.*
m.) φ: cogitar& aliū   13 ⟨illud⟩ denique *vdVl*   14 suo]
sancto *Rohde*   15 genialis *cf. 30,3 265,11*   16 prodita *vdVl*
                                                          ⁿⁱ
17 et] etiam *vdVl*   talif (i *mut. in* e *al. m.*)   10 cōmota
em. ead. m. et φ   21 deced. *cf. 107,7*   utpote ⟨qui⟩ *Pric*
sed Apul. utpote *participio vel nomini addere solere doc. Oud*
⟨qui⟩ utpote *Luetj*   22 ⟨cum⟩ *He*   pfuger& (φ, *sed al. m.*
corr. in pfugerat) utpote — profugerat *parenthesin putat No-*
vák, profugerat — ieiunus *Oud* profugus et *Wiman*

Oud.   *E*

inuita, mulier quippini destinatam alii. sed mihi penita
carpebantur praecordia et praecedens facinus et praesen-
645 tem deterrimae feminae constantiam cogitanti mecumque
sedulo deliberabam, si quo modo possem detectis ac reuelatis fraudibus auxilium meo perhibere domino illumque, 5
qui ad instar testudinis alueum succubabat, depulso teg- *171*
mine cunctis palam facere. sic erili contumelia me cru- 27
ciatum tandem caelestis respexit prouidentia. nam senex
claudus, cui nostra tutela permissa fuerat, uniuersa nos
iumenta, id hora iam postulante, ad lacum proximum bi- 10
bendi causa gregatim prominabat. quae res optatissimam
mihi uindictae subministrauit occasionem. namque praeter-
grediens obseruatos extremos adulteri digitos, qui per an-
gustias caui tegminis prominebant, obliquata atque infesta ungula conpressos usque ad summam minutiem con- 15
tero, donec intolerabili dolore commotus, sublato flebili
clamore repulsoque et abiecto alueo, conspectui profano
redditus scaenam propudiosae mulieris patefecit. nec
tamen pistor damno pudicitiae magnopere commotus ex-
646 sangu⟨i⟩ pallore trepidantem puerum serena ‖ fronte et 20
propitiata facie commulcens incipit:
    'Nihil triste de me tibi, fili, metuas. non sum bar-
barus nec agresti morum squalore praeditus nec ad exemplum naccinae truculentiae sulpuris te letali fumo necabo
ac ne iuris quidem seueritate[m] lege de adulteriis ad 25
discrimen uocabo capitis tam uenustum tamque pulchellum puellum, sed plane cum uxore mea partiario tractabo.
nec herciscundae familiae, sed communi diuidundo for-
mula dimi|cabo, ut sine ulla controuersia uel dissensione
647 tribus nobis in uno conueniat lectulo. nam et ipse semper 30

    F 168ᵇ 169ᵃ. φ 60ᵃᵇ.   1 pent̊; (; *al. m. corr. ex* a, *in mg.*
m. pr. penita) φ: penita   6 albeū (b *mut. in* u)   7 c̄tu-
melia✶ (*eras.* ⁻)   15 c̄pressos (*fuit ante* c̄phensos, *in mg. ead.*
m. add. p̄ssos) .φ: cōp̄ssos   17 albeo (b *mut. in* u)   19 pudicitiae ⟨uxoris⟩ *vdVl*   exsangu̇ⁱ (¹ *m. rec. add.*)   25 seueri-
tatē (φ) *em. v*   28 hirciscundę (φ)

Oud.

E

cum mea coniuge tam concorditer uixi, ut ex secta pru-
dentium eadem nobis ambobus placerent. sed nee aequi-
tas ipsa patitur habere plus auctoritatis uxorem quam
maritum.'

28   Talis sermonis blanditie cauillatum deducebat ad to-
6 rum nolentem puerum, sequentem tamen; et pudicissima
illa uxore alterorsus disclusa solus ipse cum puero cubans
gratissima corruptarum nuptiarum uindicta perfruebatur.
sed cum primum rota solis lucida diem peperit, uocatis
10 duobus e familia ualidissimis, quam altissime sublato puero,
ferula nates eius obuerberans: 'tu autem', inquit, 'tam 17
648 mollis ac tener et admodum puer, defraudatis amatoribus
aetatis tuae flore, mulieres adpetis atque eas liberas et
conubia lege sociata conrumpis et intempestiuum tibi no-
15 men adulter⟨i⟩ uindicas?'

His et pluribus uerbis compellatum et insuper adfatim
plagis castigatum forinsecus abicit. at ille adulterorum
omnium fortissimus, insperata potitus salute, tamen nates
candidas illas noctu diuque dirruptus, maerens profugit.
20 nec setius pistor ille nuntium remisit uxori eamque pro-
29 tinus de sua proturbauit domo. at illa praeter genuinam
nequitiam contumelia etiam, ‖ quamuis iusta, tamen altius
649 commota atque exasperata ad armillum reuertitur et ad
familiares feminarum artes accenditur magnaque cura
25 requisitam ueteratricem quandam femina⟨m⟩, quae deuotionibus ac maleficiis quiduis efficere posse credebatur,
multis exorat precibus multisque suffarcinat muneribus,
alterum de duobus postulans, uel rursum mitigato con-
ciliari marito uel, si id nequiuerit, certe larua uel aliquo

F 169ᵃ. φ 60ᵇ.   1 cŭ (u *al. m. scr., fuit* v̆, *pr. m. in mg.*
add. p̆cŭ)   7 alterorſuſ (φ) *sed* e *delet., ut vix cognoscatur*
cf. 128,22   9 *cf. Enn. ann. 558 Vahl.*²   lucidam *Pric*
pepit (e *et* t *m. pr., reliq. litt. al. m. scr.;* peperit *supra add.*
pr. m.)   φ: peperit   10 ualidiſſimiſ (*postrem.* i *ex* e *corr.;*
vid. pr. m. delevisse e *et superscrips.* ¹)   15 adulter (φ) adulteri *v*
cf. 222,17   23 *cf. 145,2*   24 accingitur *Colv coll. 177,20 216,12*
25 feminā (φ) ⁻ *al. m. add.*   29 larba (b *in* v *mut. al. m.*)

Oud.   E

diro numine immisso uiolenter eius expugnari spiritum.
tunc saga illa et diuini potens primis adhuc armis facinerosae disciplinae suae uelitatur et uehementer offensum
mariti flectere atque in amorem impellere conatur animum.
quae res cum ei sequius ac rata fuerat | proueniret, in- 5
dignata numinibus et praeter praemii destinatum compendium contemtione etiam stimulata ipsi iam miserrimi
mariti incipit imminere capiti umbramque uiolenter per-
650 emptae mulieris ad exitium eius instigare.

Sed forsitan lector scrupulosus reprehendens narratum 30
meum sic argumentaberis: 'unde autem tu, astutule asine, 11
intra terminos pistrini contentus, quid secreto, ut ad-
firmas, mulieres gesserint, scire potuisti?'. accipe igitur,
quem ad modum homo curiosus iumenti faciem sustinens cuncta, quae in perniciem pistoris mei gesta sunt, 15
cognoui.

Diem ferme circa mediam repente intra pistrinum
mulier reatu miraque tristitie deformis apparuit, flebili
centunculo semiamicta, nudis et intectis pedibus, lurore 173
651 buxeo macieque foedata, et discerptae comae semicanae 20
sordentes inspersu cineris pleramque eius anteuentulae
contegebant faciem. haec talis manu pistori[s] clementer
iniecta, quasi quippiam secreto conlocutura, in suum sibi
⟨cubi⟩culum deducit eum et adducta fore quam ‖ diutissime
demoratur. sed cum esset iam confectum omne frumen- 25
tum, quod inter manus opifices tractauerant, necessarioque
peti deberet aliud, seruuli cubiculum propter adstantes
dominum uocabant operique supplementum postulabant.

F 169ᵃ. φ 60ᵇ.   7 c̄tentione (φ) *em. v*   10 scrupulosius
vdVl Amm. Marc. XVI 7,9 *cft. Leo*   11 argum̄tauerif (φ) b *ex
u corr. al.(?) m.*   acutule *vdVl* stultule *Colv cf. 203,9*   12 c̄tect;
φ: contentuf *cf. 207,7 sed 211,6 220,2* ⟨capite⟩ contectus? *He
cf. 217,21*   18 flebili *antc* reatu *pos. Bursian* scissili *Wower*
flabili? *Leo* uili *Wiman*   meatu mira atque tristitia *Petsch*
flebilis reatu m. t. d. a. ⟨scissili⟩ cent. *vdVl cf. 5,13*
21 anceuentulę (φ) *em. v cf. flor. 3 (4,19)*   22 piftorif (φ) *em.*
Beroald   23/24 ••biculū (*eras.* fi) φ: fibiculū *em. Petsch*

Oud.   *E*

atque ut illis saepicule et interuocaliter clamantibus nullus
respondit dominus, iam forem pulsare ualidius et, quod
diligentissime fuerat oppessulata, maius peiusque aliquid
opinantes, nis*u* ualido reducto uel diffracto cardine, tandem
5 patefaciunt aditum. nec uspiam reperta illa muliere ui-
652 dent e quodam tigillo constrictum iamque exanimem pendere dominum eumque nodo ceruicis absolutum detractum-
que summis plangoribus summisque lamentationibus atque
ultimo lauacro procurant peractisque feralibus officiis,
10 frequenti prosequente comitatu, tradunt sepulturae.

81   Die sequenti filia eius accurrit e proxumo castello, in
quod pridem denupserat, maesta atque crines pendulos
quatiens et interdum pugnis obtundens ubera, quae nullo
quidem domus infortunium nuntiante cuncta cognorat, sed
15 ei per | quietem obtulit sese flebilis patris sui facies ad-
huc nodo reuincta ceruice eique totum nouercae scelus
aperuit de adulterio, de maleficio et quem ad modum
laruatus ad inferos demeasset. ea cum se diutino plangore cruciasset, concursu familiarium cohibita tandem
20 pausam luctui fecit. iamque nono die rite completis apud
tumulum sollemnibus familiam sup[p]ellectilemque et
omnia iumenta ad hereditariam deducit auctionem. tunc
unum larem uarie dispergit uenditionis incertae licentiosa
24 fortuna. me denique ipsum pauperculus quidam hortu-
653 lanus comparat quinquaginta nummis, magno, ut aiebat,
82 sed ut ‖ communi labore uictum sibi quaereret. res ipsa *174*
mihi poscere uidetur, ut huius quoque seruiti mei disciplinam exponam.

    Matutino me multis holeribus [h]onustum proxumam
30 ciuitatem deducere consuerat dominus atque ibi uenditori-

F 169ᵃ·ᵇ φ 60ᵇ 61ᵃ.   1 ⟨uehem⟩enter uoc. *He cf. 216,1;*
20,5 iterum uoc. *Beyte* interdum uoc.? *vdVl cf. v. 13* insuper
uoc. *Brakman* inter *del. Novák* s. ex inter⟨uallis⟩ *Plasberg*
4 niſi (φ) *em. v*   8 ⟨deplorant⟩ atque *rdVl*   16 ceruicem
v. Geisau   21 ſuppellectileq; *cf. 85,3*   27 ſeruiti¹ ¹ *al. m.*
add. (φ)   29 honuſtū *em.* φ

Oud.   E

bus tradita merce[de], dorsum insidens meum, sic hortum
redire. ac dum fodiens, dum irrigans ceteroque incuruus labore deseruit, ego tantisper otiosus placida
654 quiete recreabar. sed ecce siderum ordinatis ambagibus
per numeros dierum ac mensuum remeans annus post 5
mustulentas autumni delicias ad hibernas Capricorni pruinas
deflexerat et adsiduis pluuiis nocturnisque rorationibus
sub dio et intecto conclusus stabulo continuo discruciabar
frigore, quippe cum meus dominus prae nimia paupertate
ne sibi quidem, nedum mihi posset stramen aliquod uel 10
exiguum tegimen parare, sed frondoso casulae contentus
umbraculo degeret. ad hoc matutino lutum nimis frigi-
dum gelusque praeacuta frusta nudis inuadens pedibus
enicabar ac ne suetis saltem cibariis uentrem meum re-
plere poteram. namque et mihi et ipsi domino cena par 15
ac similis, oppido tamen tenuis | aderat, lactucae ueteres
et insuaues illae, quae seminis enormi senecta ad instar
655 scoparum in amaram caenosi sucus cariem exolescunt.

Nocte quadam paterfamilias quidam e pago proximo 33
tenebris inluniae caliginis impeditus et imbre nimio ma- 20
defactus atque ob id ab itinere directo cohibitus ad hortulum nostrum iam fesso equo deuerterat receptusque
comiter pro tempore, licet non delicato, necessario tamen ‖
quietis subsidio, remunerari be[g]nignum hospitem cupiens,
656 promittit ei de prae[si]diis suis sese daturum et frumenti 25
et oliui aliquid et amplius duos uini cados. nec moratus
meus sacculo et utribus uacuis secum adportatis nudae

F 169ᵇ 170ᵃ. φ 61ᵃ.   1 mercede (φ) ⟨merce acceptaque⟩
mercede *Kosiol* merce *Stewech* cf. Λούκ. *43: ἐπιθεὶς μοι τὰ
λάχανα . . . . καὶ παραδοὺς τοῖς ταῦτα πιπράσκουσιν* cf. v. 25
praef. p. 48   2 dum — dum cf. *Woelfflin Arch. f. lat. Lex.
II 234, sed 23,26 sq. 50,13 sq.*   3 labori *Oud*   ⟨quaestui⟩
deseruit *vd Vl* ⟨quaesticulo⟩ *Brakman coll. 290,3*   placita *v*
8 dio (φ) *al. m. supra io add.* ᵃ   subdio *Kronenb*   10 ⟨aut⟩ uel
vd Vl coll. 239,13   14 enitabar φ: enitebar euitabar? *He*
cf. 58,6 enicabar *Wiman Kronenb*   19 qdā de (ād *al. m. scr.;
fuitne qd ne?*) φ: q me   quidam e *Luetj*   24 begnignū
em. φ   25 p̄ſidiiſ (φ, *sed* ſi *punctis. del.*)   27 cf. 233,2

Oud. E

spinae meae residens ad sexagesimum stadium profectionem comparat. eo iam confecto uiae spatio peruenimus
ad praedictos agros ibïque statim meum dominum comis
hospes opipari prandio participat. iamque iis poculis
5 mutuis altercantibus mirabile prorsus euenit ostentum. *175*
una de cetera cohorte gallina per mediam cursitans aream
clangore genuino uelu*t* ouum parere gestiens personabat.
eam suus dominus intuens: 'o bona', inquit, 'ancilla et
satis fecunda, quae multo iam tempore cotidianis nos
10 partubus saginasti. nunc etiam cogitas, ut uideo, gustu-
657 lum nobis praeparare.' et 'heus', inquit, 'puer, calat⟨*h*⟩um
fetui gallinaceo destinatum angulo solito collocato.' ita,
uti fuerat iussum, procurante puero gallina consuetae
lecticulae spreto cubili ante ipso⟨*s*⟩ pedes domini prae-
15 maturum, sed magno prorsus futurum scrupulo prodidit
partum. non enim ouum, quòd scimus, illud; sed pinnis
et unguibus et oculis et uoce etiam perfectum edidit
34 pullum, qui matrem suam coepit continuo comitari. nec
eo setius longe maius ostentum et quod omnes merito
20 perhorrescerent exoritur. sub ipsa enim mensa, quae
reliquias prandii gerebat, terra de⟨*h*⟩iscens imitus largis-
simum emicuit sanguinis fontem; hinc resultantes uber-
rimae guttae mensam cruore perspergunt. ipsoque illo
momento, quo stupore defixi mirantur ac trepidant diuina
25 praesagia, concurrit unus e cella uinaria nuntians omne
uinum, quod olim diffusum fuerat, in omnibus doliis
feruenti calore et prorsus ut igne copioso subdito ‖ rebul-

F 170ª. φ 61ª⋅ᵇ. 5 altᶜcantib; (φ) alternantibus *Stewech*
6 cristata *Cornelissen cf. 46,7, sed 59,17; de gallina dici monet
Leo* 7 uelud 8 ancilla (φ) gallina *superscr. al. m.*
10 partib; (φ) *ead. m. supra* i *add.* u *cf. 39,8* 11 calatū (c *corr.
eff., potest fuisse* g) φ: galatū 14 ipſo *em. al. m. et* φ
16 qđ ſcim; illud (φ) *induct.* 21 deiſcenſ (φ) largiſſimuſ
(φ) ſ *al. m. pro compendio* ⁻ *add., quod fuerat* 22 fonſ (φ)
ſ (*hac forma*) *in ras., vid. fuisse* tē fontem *def. Petsch coll.*
268,13 uberrῠme ⁱ *add. ead. m.* 27 rebullire b *ex* u *al.
m. corr.*

Oud.   E

lire. uisa e⟨st⟩ interea mustela e[ti]tiam mortu⟨u⟩m serpentem forinsecus mordicus adtrahens, et de ore pasto-
658 ricii canis uirens exiluit ranula ipsumque canem, qui
proximus consistebat, aries adpetitum unico morsu strangu-
lauit. haec tot ac talia ingenti pauore domini illius et 5
familiae totius ad extremum stuporem deiecerant animos,
quid prius quidue posterius, quid magis quid minus numinum caelestium leniendis minis quot et qualibus pro-
curaretur hostiis. adhoc omnibus expectatione taeterrimae 35
formidinis torpidis accurrit quidam seruulus magnas et 10
postremas domino illi fundorum clades adnuntians.

Namque is adultis iam tribus liberis doctrina instructis *176*
et uerecundia praeditis uiuebat gloriosus. his adulescentibus
erat cum quodam paupere modicae casulae domino uetus
familiaritas. at enim casulae paruulae conterminos ma- 15
gnos et beatos agros possidebat uicinus potens et diues
et iuuenis, ⟨s⟩et prosapiae maiorum gloria male utens
pollensque factionibus et cuncta facile faciens in ciuitate;
⟨hic⟩ hostili modo uicini tenuis incursabat pauperiem
pecua trucidando, boues abigendo, fruges adhuc imma- 20
659 turas obterendo. iamque tota frugalitate spoliatum ipsis
etiam glebulis exterminare gestiebat finiumque inani commota quaestione terram totam sibi uindicabat. tunc
agrestis, uerecundus alioquin, auaritia diuitis iam spolia-
tus, ut suo saltem sepulchro paternum retineret solum, 25
amicos plurimos ad demonstrationem | finium trepidans
eximie corrogarat. aderant inter alios tres illi fratres

F 170ᵃᵇ. φ 61ᵇ.   1 uifẹ (φ) uisa est *v*   mufte lẹtitiã
(φ) *mut. al. m. in* muftelẹ etiã   muftela etiam *v*   mortuũ
(φ) *alter.* u *add. al. m.*   2 adtraētef (ētef *al. m., fuit* ad-
trahenˢ) φ: adtrahenf (*in mg.* c̊ attrahētef)   3 exiluit (φ)
al. m. mut. in liit   4 ftrangulauit (f *ab al. m. redintegr.*)
7 magif φ: malj;   9 adhoc (φ) *cf. 112,14 205,10*   17 & (φ)
fet *Sauppe cf. 177,6* ⟨is⟩ et *Beyte* et ⟨splendidae⟩ prosapiae.
⟨hic⟩ *Rohde coll. 177,25* [maiorum] *Rohde fort. recte*
18 pollens qui *Bursian*   19 ⟨hic⟩ *He cf. 177,10 198,5*
24 iam ⟨fere omnibus⟩ *vdVl*   27 exumie φ: eximie

Oud.   *E*

cladibus amici quantulum quantulum ferentes auxilium.
36 nec tamen ille uaesanus tantillum praesentia multorum
ciuium territus uel etiam confusus, licet non rapinis,
saltem uerbis temperare uoluit, sed ‖ illis clementer ex-
5 postulantibus feruidosque eius mores blanditiis permul-
centibus repente suam suorumque carorum salutem quam
sanctissime adiurans adseuerat parui se pendere tot me-
660 diatorum praesentiam, denique uicinum illum auriculis per
suos seruulos sublatum de casula longissime statimque
10 proiectum iri. quo dicto insignis indignatio totos audientium pertemptauit animos. tunc unus e tribus fratribus
incunctanter et paulo liberius respondit frustra eum suis
opibus confisum tyrannica superbia comminari, cum alioquin pauperes etiam liberali legum praesidio de insolentia
15 locupletum consueuerint uindicari. quod oleum flammae,
quod sulpur incendio, quod flagellum Furiae, hoc et iste
sermo truculentiae hominis nutrimento fuit. iamque ad
extremam insaniam uecors, suspendium sese et totis illis
661 et ipsis legibus mandare proclamans, canes pastoricios *177*
20 uillaticos feros atque immanes, adsuetos abiecta per agros
essitare cadauera, praeterea etiam transeuntium uiatorum
passiuis morsibus alumnatos, laxari atque in eorum exi-
662 tium inhortatos immitti praecepit. qui simul signo solito
pastorum incensi atque inflammati sunt, furiosa rabie
25 conciti et latratibus etiam absonis horribiles eunt in homines eosque uariis adgressi uulneribus distrahunt ac
lacerant nec fugientibus saltem compercunt, sed eo magis
37 inritatiores secuntur. tunc inter confertam trepidae mul-

F 170ᵇ. φ 61ᵇ.   1 quantulŭ quantulŭ (φ) *alter. induct.*
4 uoluit (φ) *ex priore* u *al. m. corr.* n   15 locupletŭ (φ)
vid. ¹ *superscript. fuisse, sed evan.*   uīdicari *al. m. scr.; vid.*
fuisse uindicari; *in mg. eras.* ·l· . . . . . . ari φ: uindicari
17 nutrimento (φ) *del. Rohde*   19 pastoricios *ut interpretam.*
ex 229,2 addit. delend. putat He   21 efficare φ: exficcare
  esitare v cf. 17,8   22 paffib; (φ) passiuis *Colv cf. 272,5*
lasciuis *E passim Beroald cf. 43,8*   23 p̄cipit *ead. m. add.* °
  φ: p̄cepit   27 c̄opefcunt (φ) *em. Roald*

Oud.

titudinis stragem e tribus iunior offenso lapide atque ob-
663 tunsis digitis terrae prosternitur saeuisque illis et fero-
cissimis canibus instruit nefariam dapem; protenus enim
nancti praedam iacentem miserum | illum adolescentem
frustatim discerpunt. atque ut eius letalem ululatum 5
cognouere ceteri fratres, accurrunt maesti suppetias obuolu-
tisque lacinia laevis ma‖nibus lapidum crebris iactibus
propugnare fratri atque abigere canes adgrediuntur. nec
tamen eorum ferociam uel conter⟨r⟩ere uel expugnare
potuere, quippe cum miserrimus adulescens ultima uoce 10
prolata, uindicarent de pollutissimo diuite mortem fratris
iunioris, ilico laniatus interisset. tunc reliqui fratres non
tam hercules desperata quam ultro neglecta sua salute
contendunt ad diuitem atque ardentibus animis impetuque
uaesano lapidibus crebris in eum uelitantur. at ille 15
cruentus et multis ante flagitiis similibus exercitatus per-
cussor iniecta lancea duorum alterum per pectus medium
transadegit. nec tamen peremptus ac prorsum exanimatus
adulescens ille terrae concidit; nam telum transuectum
664 atque ex maxima parte pone tergum elapsum soloque 20
nisus uiolentia defixum rigore librato suspenderat corpus.
sed et quidam de seruulis procerus et ualidus sicario illi
ferens auxilium lapide contorto tertii illius iuuenis dexterum brachium longo iactu petierat, sed impetu casso
per extremos digitos transcurrens lapis contra omnium 25
opinionem deciderat innoxius. non nullam tamen sagacis- 88
simo iuueni prouentus humanior uindictae speculam sub- *178*
ministrauit. ficta namque manus suae debilitate sic crudelissimum iuuenem compellat: 'fruere exitio totius nostrae
familiae et sanguine trium fratrum insatiabilem tuam 30
crudelitatem pasce et de prostratis tuis ciuibus gloriose

F 170ᵇ. φ 61ᵇ 62ᵃ.   1 offenſo pide *(ead. m. vid. supra*
add. ˡᵃᵖⁱ, *eraso* ᵖˡ *al. m.* pi *in textu scr.)*   7 ictibus *Kro-*
nenb   9 c̄terere *(φ) em. Colv* continere *vdVl*   13 deſpe-
664 ratā *(φ) sed ⁻ eras.*   22 *in mg. d. cf. praef. p. 34*

E

Oud.

665 triumpha[n], dum scias, licet priuato suis possessionibus
paupere fines usque et usque proterminaueris, habiturum
te tamen uicinum aliquem. nam haec etiam dextera,
quae tuum prorsus amputasset caput, iniquitate fati con-
5 tusa decidit.'

Quo sermone, alioquin exasperatus, furiosus latro rapto
gladio sua miserrimum iuuenem manu perempturus inuadit
auidus. | nec tamen sui molliore⟨m⟩ prouocarat; quippe
insperato et lon‖ge contra eius opinionem resistens iuuenis
10 complexu fortissimo arripit eius dexteram magnoque nisu
ferro librato multis et crebris ictibus inpuram elidit
diuitis animam et, ut accurrentium etiam familiarium
manu se liberaret, confestim adhuc inimici sanguine deli-
buto mucrone gulam sibi prorsus exsecuit.

15 Haec erant quae prodigiosa praesagauerant ostenta,
666 haec quae miserrimo domino fuerant nuntiata. nec ullum
uerbum ac ne tacitum quidem fletum tot malis circumuentus senex quiuit emittere, sed adrepto ferro, quo commodum inter suos epulones caseum atque alias prandii
20 partes diuiserat, ipse quoque ad instar infelicissimi sui
filii iugulum sibi multis ictibus contrucidat, quoad super
mensam cernulus corruens portentuosi cruoris maculas
noui sanguinis fluuio proluit.

39 Ad istum modum puncto breuissimo dilapsae domus
25 fortunam hortulanus ille miseratus suosque casus grauiter
ingemescens, deprensis pro prandio lacrimis uacuasque
667 manus complodens saepicule, protinus inscenso me retro,
quam ueneramus, uiam capessit. nec innoxius ei saltem
regressus euenit. nam quidam procerus et, ut indicabat
30 habitus atque habitudo, miles e legione, factus nobis 179

t

F 170ᵇ 171ᵃ. φ 62ᵃ. 1 triūphandū (φ, sed corr. in -phaṇdū)
em. Pric 6 exasperatus alioquin vd Vl 8 nec tam̄ sui
molliore puocarat (φ, sed em. al. m.) induct. 11 liberato (e
induct.) em. φ ei erepto Bluemner 18 abrepto φ: arrepto
cf. 23,3 21 iugulā φ: iugulū (supra add. gulā) 26 de-
prenſiſ (φ) depensis v; neglegenter Ap., nam vid. prandisse hortulanus cf. v. 19 228,4.21

Oud.

E

obuius, superbo atque adroganti sermone percontatur,
quorsum uacuum duceret asinum? at meus, adhuc maerore permixtus et alias Latini sermonis ignarus, tacitus
praeteribat. nec miles ille familiarem cohibere quiuit
insolentiam, sed indignatus silentio eius ut conuicio, uiti, 5
668 quam tenebat, obtundens eum dorso meo proturbat. tunc
hortulanus subplicue respondit sermonis ignorantia se, quid
ille diceret, scire non posse. ergo igitur Graece subiciens
miles: 'ubi', inquit, 'ducis asinum istum?'. respondit hortulanus petere se ciuitatem proximam. 'sed mihi', inquit, 10
'opera[e] eius opus est; nam de proximo castello sarcinas
praesidis nostri cum ceteris iumentis debet aduehere'; et
iniecta statim manu loro me, quo ducebar, arreptum incipit ‖ trahere. sed hortulanus prioris plagae uulnere. pro-
lapsum capite sanguinem detergens | rursus deprecatur 15
669 ciuilius atque mansuetius uersari commilitonem idque per
spes prosperas eius orabat adiurans. 'nam et hic ipse',
aiebat, 'iners asellus et nihilo minus ⟨ferox⟩ morboque
detestabili caducus uix etiam paucos holerum maniculos
de proximo hortulo solet anhelitu languido fatigatus sub- 20
uehere, nedum ut rebus amplioribus idoneus uideatur ge-
rulus.' sed ubi nullis precibus mitigari militem magisque 40
in suam perniciem aduertit efferari iamque inuersa uite
de uastiore nodulo cerebrum suum diffindere, currit ad
extrema subsidia simulansque sese ad commouendam 25
670 miserationem genua. eius uelle contingere, summissus atque
incuruatus, arreptis eius utrisque pedibus sublimem elatum
terrae grauiter adplodit et statim qua pugnis qua cubitis
qua morsibus, etiam de uia lapide correpto, totam faciem
671 manusque eius et latera conuerberat. nec ille, ut primum 30

F 171ᵃ. φ 62ᵃ ᵇ.   11 operᵉ (φ) *def. Armini* opera *Oud.*
18 debet *ex* debef *al. m., sed superscripserat* ᵗ *pr. m.*   17 et
del. Luetj cf. 17,17   18 nichil+omin; (*eras.* h) nihili omnino
Petsch indomitus? *Leo*   ⟨ferox⟩ *Luetj cf. 195,16 sq.* ⟨mordax⟩
Plasberg ⟨minax⟩ *Purser*   morboq; (φ) *sed. eras.* q; morbo
quoque *Kronenb*   19 manipulof *v cf. Woelfflin Arch. f. lat.*
Lex. XII 20 sed 158,14   25 fimulanf querere (φ) *em. Ger*
Voss cf. 234,8 simulansque e re *Stewech*

Oud.   *E*

humi supinatus est, uel repugnare uel omnino munire se
potuit, sed plane identidem comminabatur, si surrexisset,
sese concisurum eum machaera sua frustatim. quo sermone eius commonefactus hortulanus eripit ei spatham
5 eaque longissime abiecta rursum saeuioribus eum plagis *180*
adgreditur. nec ille prostratus et praeuentus uulneribus
ullum repperire saluti quiens subsidium, quod solum
restabat, simulat sese mortuum. tunc spatham illam secum
asportans hortulanus inscenso me concito gradu recta
10 festinat ad ciuitatem nec hortulum suum saltem curans
inuisere ad quempiam sibi deuertit familiarem. cunctisque
narratis deprecatur, periclitanti sibi ferret auxilium seque
cum suo sibi asino tantisper occultaret, ‖ quoad celatus
spatio bidui triduiue capitalem causam euaderet. nec
15 oblitus ille ueteris amicitiae prompte suscipit, meque per
scalas complicitis pedibus in superius cenaculum adtracto
672 hortulanus deorsus in ipsa tabern[ac]ula derepit in quandam cistulam et supergesto delitiscit orificio.
41 673 At miles ille, ut postea didici, tandem uelut emersus
20 graui crapula, nutabundus tamen | et tot plagarum dolore
saucius baculoque se uix sustinens, ciuitatem aduentat
confususque de impotentia deque inertia sua quicquam
ad quenquam referre popularium, sed tacitus iniuriam
deuorans quosdam commilitones nanctus is tantum cla-
25 des enarrat suas. placuit, ut ipse quidem contubernio
se tantisper absconderet — nam praeter propriam contumeliam militaris etiam sacramenti genium ob amissam
spatham uerebatur —, ipsi autem signis nostris enotatis
inuestigationi uindictaeque sedulam darent operam. nec

F 171ᵃᵇ. φ 62ᵇ.   17 tabernacula (φ) *corrupt. ex v. antecedenti
em. v* taberna clam *Rohde cf. 177,8* in ipsa tab. *del. Novák* di-
repit (φ) *cf. 79,13*   18 & (φ) *eras.*   fupgefto (φ) superingesto *Leo*
delitifci torificio (ω) *al. m. corr. in* delitefce   superge sto ⟨cooper-
culo clauso⟩ *vdVl*   22 confusus *i. e.* αἰσχυνθείς *cf. Th. l. L. IV
266,57*   24 iftā tū (iftā *indux. al. m.*)   φ: iftas tū *em. Luetj.* iis
tantum *vdVl* sed is *pro* iis *script. cf. 155,24*   29 uindicteq; (;
ead. m. scr. eraso ue)   φ: uindicte q̄; (⁻ *induxit*, ; *add. al. m.*)

Oud.   E

defuit uicinus perfidus, qui nos ilico occultari nuntiaret.
tum commilitones accersitis magistratibus mentiuntur sese
multi pretii uasculum argenteum praesidis in uia per-
didisse idque hortulanum quendam repperisse nec uelle
restituere, sed aput familiarem quendam sibi delitescere. 5
tunc magistratus et damno ⟨et⟩ praesidis nomine cognito
ueniunt ad deuersori nostri fores claraque uoce denuntiant
674 hospiti nostro nos, quos occultaret apud se certo certius,
dedere potius quam discrimen proprii subiret capitis. nec
ille tantillum conterritus salutique studens eius, quem in 10
suam receperat fidem, quicquam de nobis fatetur ac die- 181
bus plusculis nec uidisse quidem illum hortulanum contendit. contra commilitones ibi nec uspiam illum deli-
tiscere adiurantes genium principis contendebant. postremum ‖ magistratibus placuit obstinate denegantem scrutinio 15
detegere. immissis itaque lictoribus ceterisque publicis
ministeriis angulatim cuncta sedulo perlustrari iubent,
nec quisquam mortalium ac ne ipse quidem asinus
intra limen comparere nuntiatur. tunc gliscit uiolentior
utrimquesecus contentio, militum pro comperto de nobis 42
adseuerantium fidemque Caesaris identidem implorantium, 21
675 at illius negantis adsidueque deum numen obtestantis.
qua con⟨ten⟩tione et clamoso strepitu cognito, curiosus
alioquin et inquieti procacitate praeditus asinus, dum
obliquata ceruice per quandam fenestrulam, quidnam sibi 25
uellet tumultus ille, prospicere gestio, unus e commili-
tonibus casu fortuito conlimatis oculis ad umbram meam
cunctos testatur incoram. magnus denique continuo
clamor exortus est et emensis protinus | scalis iniecta

F 171ᵇ. φ 62ᵇ63ᵃ.   5 ibi *Seyffert*   6 & dăno p̄l̄idif (φ)
et damno ⟨et⟩ pr. *Pric* cum damno pr. *v* pr. nomine et damno
vdVl   cognito (i *inter scribend. ex a ead. m. corr.*)   7 deū-
fori (ⁱ *al. m. add. vid.*)   9 dederet *Scriver cf. 241,14*   12 nec
cf. 107,4   13 uspiam ⟨alias⟩ *Luetj* ⟨alibi⟩ *vdVl coll. 35,15
47,17 127,17 254,18 fort. recte; sed cf. 107,7 123,6 224,29*
19 cōparare *em.* φ   22 ad (φ)   23 c̄tione φ: cōtentione
29 p̣ten; ⁱ *add. ead. m. antea e mutat. in i* φ: p̣tin;

Oud.   E

manu quidam me uelut captiuum detrahunt. iamque
omni sublata cunctatione scrupulosius contemplantes
singula, cista etiam illa reuelata, repertum productumque
et oblatum magistratibus miserum hortulanum poenas
5 scilicet capite pensurum in publicum deducunt carcerem
summoque risu meum prospectum cauillari non desinunt.
676 unde etiam de prospectu et umbra asini natum est frequens prouerbium.

677   LIBER X

1   Die sequenti meus quidem dominus hortulanus quid
11 egerit nescio, me tamen miles ille, qui propter eximiam
impotentiam pulcherrime uapularat, ab illo praesepio nullo
equidem contradicente diductum abducit atque a suo contubernio — hoc enim mihi uidebatur — sarcinis propriis 182
15 onustum et prorsum exornatum armatumque militariter
□ producit ‖ ad uiam. nam et galeam nitore praemican-
678 tem et scutum *gerebam* longi*us* re[m]lucens, sed etiam
lanceam longissimo hastili conspicuam, quae scilicet non
disciplinae tunc quidem causa, sed propter terrendos mi-
679 seros uiatores in summo atque edito sarcinarum cumulo
21 ad instar exercitus sedulo composuerat. confecta cam-
pestri nec adeo difficili uia ad quandam ciuitatulam peruenimus nec in stabulo, sed in domo cuiusdam decurionis
deuertimus. statimque me commendato cuidam serunlo
25 ipse ad praepositum suum, qui mille armatorum ducatum
sustinebat, sollicite proficiscitur.

___

F 171ᵇ 172ª. φ 63ª.   8 *cf. Otto Sprichwört. d. Römer Lps.*
1890 p. 41   Ego falluftiuſ legi & emdaui rome felix. Olibio
& pbino | uc conſ. In foro martiſ ctroūſia declamanſ oratori
endelechio. | Rurſuſ cſtantinupoli recognoui ceſario & 'attico
colſ. LĪB. VIIII · EXPLICIT. INCIPIT X ·   13 φ: deductum
□ 16 ⟨gerebam⟩ galeam? *He*   17 cetera (φ) cetra *Roald cf.*
Corp. gloss. VI 204 Verg. A. VIII 92 ceperam *vel* gerebam *Oud*
iniecerat *Leo*   longiorē lucenſ (φ) em. *Elmenh* longius lucens *vir*
doct. ap. Wower longe rel. *Brakman cf. 151,24*   21 ⟨et⟩ confecta *Leo*

Oud.

E

Post dies plusculos ibidem dissignatum scelestum ac 2
nefarium facinus memini, sed ut uos etiam legatis, ad
librum profero. dominus aedium habebat iuuenem filium
probe litteratum atque ob id consequenter pietate, modestia praecipuum, quem tibi quoque prouenisse cuperes 5
uel talem. huius matre multo ante defuncta rursum
matrimonium sibi reparauerat ductaque alia filium pro-
creauerat alium, qui adaeque iam duodecimum annum |
aetatis supercesserat. sed nouerca forma magis quam
moribus in domo mariti praepollens, seu naturaliter im- 10
pudica seu fato ad extremum impulsa flagitium, oculos
ad priuignum adiecit. iam ergo, lector optime, scito te
tragoediam, non fabulam legere et a socco ad coturnum
680 ascendere. sed mulier illa, quamdiu primis elementis
Cupido paruulus nutriebatur, inbecillis adhuc eius uiri- 15
bus facile ruborem tenuem deprimens silentio resistebat.
at ubi completis igne uaesano totis praecordiis inmodice
bacchatus Amor exaestuabat, saeuienti deo iam succubuit,
et languore simulato uulnus animi mentitur in corporis
681 ualetudine. iam cetera salutis uultusque detrimenta et 20
aegris et amantibus examussim conuenire nemo qui
nesciat: pallor[e] deformis, marcentes oculi, lassa genua,
682 quies turbida et suspiritus cruciatus tarditate ‖ uehemen-
tior. crederes et illam fluctuare tantum uaporibus febrium, *183*
nisi quod et flebat. heu medicorum ignarae mentes, quid 25
uenae pulsus, quid coloris intemperantia, quid fatigatus
anhelitus et utrimquesecus iactatae crebriter laterum mu-

F 172ᵃ. φ 63ᵃ.   1 diſſignatū (φ) *cf. 199,12* des— *v*
4 pietate ⟨et⟩ *Scriver* modestia⟨que⟩ *Oud*   9 ſupgeſſerat
(φ) supercesserat *Dousa* supergressus erat *v* supergresserat
Colv   13 cutnū *em.* φ cothurnum ⟨me⟩ *Bluemner*
14 quandiu   *cf. 241,16*   16 ruborĕ (φ) *def. Wiman* ardorem *Lennep* feruorem *Seyffert*   18 iam deo *Pric*   19/20 ualetudinem *Bernhardy* uertitur in c. ualetudinem *Bluemner* [in]
corp. ualetudinem *Leo*   22 pallore (φ) *em. v* ⟨facies⟩ pallore *vd Vl* ⟨uultus⟩ p. *Rohde cf. 123,3 183,9*   23 toruitate *Petsch*
26 coloriſ (φ, *al. m. corr. in* cal) *pertinet ad pallorem*
27 laterum (unι *corr. ex* on *ead. m.*)   φ: lateróṇ

Oud.   E

tuae uioissitudines? dii boni, quam facilis licet non ar-
tifici medico, cuiuis tamen docto Veneriae cupidinis
comprehensio, cum uideas aliquem sine corporis calore
3 flagrantem. ergo igitur inpatientia furoris altius agitata
5 diutinum rupit silentium et ad se uocari praecipit filium —
683 quod nomen in eo, si p[s]osse*t*, ne ruboris admoneretur,
libenter eraderet. nec adulescens aegrae parentis moratus
imperium, senili tristitie striatam gerens frontem, cubiculum petit, uxori[s] patris matri[s]que fratris utcumque
10 debitum sistens obsequium. sed illa cruciabili silentio diutissime fatigata et ut in quodam uado dubitationis haerens
omne uerbum, quod praesenti sermoni putabat aptissimum,
rursum improbans nutante etiam nunc pudore, unde potissimum caperet exordium, decunctatur. at iuuenis nihil
15 etiam tunc sequius suspicatus summisso uultu rogat | ultro
praesentis causas aegritudinis. tunc illa nancta solitudinis
damnosam occasionem prorumpit in audaciam et ubertim
684 adlacrimans laciniaque contegens faciem uoce trepida sic
eum breuiter adfatur:
20   'Causa omnis et origo praesentis doloris et etiam
medela ipsa et salus unica mihi tute ipse es. isti enim
tui oculi per meos oculos ad intima delapsi praecordia
meis medullis acerrimum commouent incendium. ergo
miserere tua causa pereuntis nec te religio patris omnino
25 deterreat, cui morituram prorsus seruabis uxorem. illius
enim recognoscens imaginem in tua facie merito te diligo.
habes solitudinis plenam fiduciam, habes capax necessarii
facinoris otium. nam quod nemo nouit, paene non fit.'

F 172ᵃ. φ 63ᵃᵇ.   2 docto (φ) *sc. experto* indocto *Rohde*
6 in eoſ ipſoſ ſed (φ) *em. Rohde*   8 seniliter *Bluemner*
9 uxoriſ — matriſque *em. Lipsius*   10 *cf. 246,4*   obſe-
qū ſed *al. m. corr. in* —ū Sed   12 putarat *vd Vl*
20 sed etiam *Oud. cf. 250,1*   28 penit; (it *refict.*; t; *vid.
induct. fuisse, nisi potius atramentum litterar. redintegrat. per
membranam dispersum est; infra i vestigia apparent e quibus con-
cludas antea e mutando ex i effect. fuisse aut i ex e; librar. ipse
vid. dubitarisse essetne scribendum penit; an pene)* φ: pene *cf.*

Oud.

E

Repentino malo perturbatus adolescens, quanquam tale 4
685 facinus protinus ‖ exhorruisset, non tamen negationis intempestiua seueritate putauit exasperandum, sed cautae *184*
promissionis dilatione leniendum. ergo prolixe pollice[re]-
tur et, bonum caperet animum refectionique se ac saluti 5
redderet, impendio suadet, donec patris aliqua profectione
liberum uoluptati concederetur spatium, statimque se refert
a noxio conspectu nouercae. et *tam* magnam domus
cladem ratus indigere consilio pleniore ad quendam com-
686 pertae grauitatis educatorem senem protinus refert. ne⟨c⟩ 10
quicquam diutina deliberatione tam salubre uisum quam
fuga celeri procellam *fortunae* saeuientis euadere. sed
impatiens uel exiguae dilationis mulier ficta qualibet
causa confestim marito miris persuadet artibus ad longissime dissitas festinare uillulas. quo facto meturatae spei 15
uaesania praeceps promissae libidinis flagitat uadimonium.
sed iuuenis, modo istud modo aliud causae faciens, execra-
bilem frustratur eius conspectum, quoad illa, nuntiorum
uarietate pollicitationem sibi denegatam manifesto perspiciens, mobilitate lubrica nefarium amorem ad longe 20
deterius transtulisset odium. et adsumpto statim nequissimo
et ad omne facinus emancipato quodam do|tali seruulo
perfidiae suae consilia communicat; nec quicquam melius
uidetur quam uita miserum priuare iuuenem. ergo missus
continuo furcifer uenenum praesentarium comparat idque 25
687 uino diligenter dilutum insontis priuigni praeparat exitio.
ac dum de oblationis opportunitate secum noxii deliberant 5
homines, forte fortuna puer ille iunior, proprius pessimae

Weyman Stud. 358 Zeno Veron. II 25 p. 222: paene pro infecto
habetur quod non diffamatur
   F 172ᵇ. φ 63ᵇ.   3 exafperandū (φ) *sc. malum* -dam *v ante*
Colv   4 leniendū (φ) -dam *v ante Colv*   polliceret *em.* φ
7 ftatīq; (q; *in ras.; voluerat scribere* quę)   8 Єt *al. m. in*
ras. maiore, in qua extrema eras. &   φ: etiä (*al. m. superscr.*
ᵉᵗ ¹ᵃ) et tam *Pric cf. 23,9 79,19 154,2 242,12*   10 ⟨suum⟩
senem *vd V l*   ne (φ, *m. rec. add.* ᶜ)

Oud. *E*

feminae filius, post matutinum laborem studiorum domum
se recipiens, prandio iam capto sitiens repertum uini poculum, in quo uenenum latebat inclusum, nescius ‖ fraudis
occultae continuo perduxit ⟨h⟩austu. atque ubi fratri suo
5 paratam mortem ebibit, exanimis terrae procumbit, illi-
coque repentina pueri pernicie paedagogus commotus
ululabili clamore matrem totamque ciet familiam. iamque cognito casu noxiae potionis uarie quisque praesentium auctores insimulabant extremi facinoris. sed dira
10 illa femina et malitiae nouercalis exemplar unicum non
688 acerba filii morte, non parricidii conscientia, non infortunio domus, non luctu mariti uel aerumna funeris commota *185*
cladem familiae ⟨in⟩ uindictae compendium traxit, missoque
protinus cursore, qui uianti marito domus expugnationem
15 nuntiaret, ac mox eodem ocius ab itinere regresso personata nimia temeritate insimulat priuigni ueneno filium
suum interceptum. et hoc quidem non adeo mentiebatur,
quod iam destinatam iuueni mortem praeuenisset puer,
sed fratrem iuniorem fingebat ideo priuigni scelere perem-
20 ptum, quod eius prob⟨r⟩osae libidini, qua se comprimere
689 temptauerat, noluisse⟨t⟩ succumbere. nec tam[en] in-
manibus contenta mendacis addebat sibi quoque ob de-
tectum flagitium eundem illum gladium comminari. tunc
infelix duplici filiorum morte percussus magnis aerumna-
25 rum procellis aestuat. nam et iuniorem incoram sui
funerari uidebat et alterum ob incestum parricidiumque
capitis scilicet damnatum iri certo sciebat. ad hoc uxoris
dilectae nimium mentitis lamentationibus ad extremum
subolis imp⟨cl⟩ebatur odium.

F 172ᵇ. φ 63ᵇ 64ª. 4 auftu. Qui (Qui *al m. in ras.*
scr.) φ: hauftu. atq' 11 acerba (b *ex* u *corr. al. m.*) 13 a
clade *Bluemner* ⟨in⟩ uindictae *Modius* 20 pbofę (φ)
em. v 21 noluiffe (φ, *sed. em. al. m.*) tam̄ (φ) tam v tamen
⟨tam⟩ *vdVl* 22 mendacif (*al. m. em. eff.* -iif) *cf. 199,15*
detrectatum *vdVl* 24 ⟨pater⟩ inf. *vdVl* ⟨senex⟩ *Brakman*
29 subolif (u *mut. in* o) φ: fobolif *corr. ead. m.* implebat
(φ) *em.* v *cf. 47,22 178,17 225,4*

Oud.   *E*

690   Vixdum pompae funebres et sepultura filii fuerant 6
explicat*ae*, et statim ab ipso eius rogo senex infelix, |
ora sua recentibus adhuc rigans lacrimis trahensque cinere
sordentem canitiem, foro se festinus immittit. atque ibi
tum fletu, tum precibus genua etiam decurionum con- 5
tingens nescius fraudium pessimae mulieris in exitium
reliqui filii plenis operabatur affectibus: illum incestum
paterno thalamo, illum parricidam fraterno exitio et in
comminata nouercae caede sicarium. tanta denique miseratione tantaque ‖ indignatione curiam, sed et plebem 10
maerens inflammauerat, ut remoto iudicandi taedio et
accusationis manifestis probationibus et responsionis me-
ditatis ambagibus cuncti conclamarint lapidibus obrutum
publicum malum publice uindicari.

691   Magistratus interim metu periculi proprii, ne de 15
paruis indignationis elementis ad exitium disciplinae ciui-
tatisqu*e* seditio procederet, partim decuriones deprecari,
partim populares compescere, ut rite et more maiorum
iudicio reddito et utrimquesecus allegationibus examinatis 186
ciuiliter sententia promeretur nec ad instar barbaricae 20
feritatis uel tyrannicae impotentiae damnaretur aliquis
inauditus et in pace placida tam dirum saeculo proderetur exemplum. placuit salubre consilium et illco iussus 7
praeco pronuntiat, patres in curiam conuenirent. quibus
protinus dignitatis iure consueta loca residentibus rursum 25
praeconis uocatu primus accusator incedit. tunc demum

692 clamatus inducitur etiam reus, et exemplo legis Atticae
Martiique iudicii causae patronis denuntiat praeco neque

F 173ᵃ φ 63ᵇ 64ᵃ.   1 fuerat (*ead. m. add.* ⁿ *perparv.*)
φ: fuerat *cf. v 24 246,11*   2 e*x*plicata (φ) *em. v*   8 ⟨polluto⟩
paterno *He sed vetat aequilibrium enuntiati*   14 uindicari
⟨oportere⟩ *vd Vl coll. 242,12; sed cf. 152,22 sq. 213,25 233,16*
235,7 sq. 238,5 239,14 241,28 243,2 al.   16 ciuitatifquẹ (φ: q̅)
em. v   22 placida✶ (a *corr. al. m. ex* ae, e *antea inducta*)
φ: placida   24 c̅uenir& *em. ead. m. et* φ *cf. v. 1*   25 p͟ten;
em. ead. m.   φ: ptin;   28 *cf. Iul. Poll. VIII 117*   p̅coneq;
(⁻ *supra e al. m. add.*)   φ: p̅coʹneq;

Oud.

E

principia dicere neque miserationem commouere. haec ad
istum modum gesta compluribus mutuo sermocinantibus
cognoui. quibus autem uerbis accusator urserit, quibus
rebus diluerit reus ac prorsus orationes altercationesque
5 neque ipse absens apud praesepium scire neque ad uos,
quae ignoraui, possum enuntiare, sed quae plane comperi,
ad istas litteras proferam. simul enim finita est dicen-
tium contentio, ueritatem criminum fidemque probationibus
693 certis instrui nec suspicionibus tantam coniecturam per-
10 mitti placuit atque illum potissimum seruum, qui solus
haec ita *gesta* esse scire diceretur, | sisti modis omnibus
oportere. nec tantillum cruciarius ille uel fortuna tam
magni iudicii uel confertae conspectu curiae uel certe
noxia conscientia sua deterritus, quae ipse finxe‖rat, quasi
15 uera adseuerare atque adserere incipit: quod se uocasset
indignatus fastidio nouercae iuuenis, quod, ulciscens iniuriam, filii eius mandauerit necem, quod promisisset grande
silentii praemium, quod recusanti mortem sit comminatus,
quod uenenum sua manu temperatum dandum fratri
20 reddiderit, quod ad criminis probationem reseruatum pocu-
☐ lum nec *secus ille* suspicatus sua postremum manu porre-
☐ xerit puero. haec eximi*e* ac nim⟨is⟩ ad ueritatis ima-
694 gine⟨m⟩ uerberone illo simula⟨ta⟩ cum trepidatione
8 proferente finitum est iudicium. nec quisquam decurionum

F 173*. φ 64*. 3 urſerit (φ) u *in* o *corr. al. vel ead. m.; ante*
urſerit *spatium paulo maius, sed nihil script. fuit; in mg.* ·d·
cf. praef. 34 ʳᵉⁿ *antepos. m. rec. in* φ, crimen *Cast* 5 ⟨potui⟩
post scire *add.* vdVl *cum m. rec. in* φ, *ante* scire *Brakman*
9 ſuſpicionib; (ⁿⁱ *ead. m. add.,* ni *in textu correct. effect.*)
10 p̅p̅tiſ‖ſimū (φ) *al. m. radendo eff.* potiſ‖; *sed in mg. pr. m. add.*
potiſſi 11 jeſta *em.* φ 12 oportere *del. Brakman* forma
Brant 13 uel** c̅fertę eras. le (φ) 21 neclexiɛse (φ)
nec ſec' ille *He* 22 eximia enī (φ) eximie (ac *He*) nimis *Leo* — eximie enim — *Luetj* examussim *Koch* eximie
[enim] *Novák* eximie mentita *Bluemner* eximie en. — imaginem
⟨simulata⟩ vdVl minime anxie *Haeberlin* imaginē (φ) ⁻ *al.*
m. add. 23 ſimulatū (φ) simulata v simulata cum *Oud* sine
ulla tum vdVl sine ulla *Novák* simulata.⟨dissimulata⟩ *Hae-*
berlin 24 pſerente (φ) prof- *He*

Oud.   *E*

tam aequus remanserat iuueni, quin eum euidenter noxae
compertum insui culleo pronuntiaret. cum iam sententiae
pares, cunctorum stilis ad unum sermonem congruentibus, *187*
ex more perpetuo in urnam aeream deberent coici, quo
semel conditis calculis, iam cum rei fortuna transacto, 5
nihil postea commutari licebat, sed mancipabatur putestas
capitis in manum carnificis, unus e curia senior prae
ceteris compertae fidi atque auctoritatis praecipuae medicus orificium urnae manu contegens, ne quis mitteret calculum temere, haec ad ordinem pertulit: 10

'Quod aetatis sum, uobis adprobatum me *u*ixisse
gaudeo, nec patiar falsis criminibus petito reo manifestum
695 homicidium perpetrari nec uos, qui iure iurando adstricti
iudicatis, inductos seruuli mendacio peierare. ipse non
possum calcata numinum religione conscientiam meam 15
fallens perperam pronuntiare. ergo, ut res est, de me
cognoscite.

Furcifer iste, uenenum praesentarium comparare solli- 9
citus centumque aureos solidos offerens pretium, me non
olim conuenerat, quod aegroto cuidam dicebat necessa- 20
rium, qui morbi inextricabilis ueterno uehementer implicitus uitae se cruciatui subtrahere gestiret. at ego,
perspiciens malum istum uerberonem blaterantem atque
inconcinne causificantem ‖ certusque aliquod moliri flagi-
696 tium, dedi quidem potionem, dedi; sed futurae quaestioni 25
praecauens non statim pretium, quod offerebatur, ac|cepi,
sed "ne forte aliquis", inquam, "istorum, quos offers,
aureorum nequam uel adulter repperiatur, in hoc ipso
sacculo conditos eos anulo tuo praenota, donec altera
die nummulario praesente comprobentur". sic inductus 30

F 173ᵃᵇ. φ 64ᵃᵇ.   4 qua? *He cf. 24,20*   8 fidej (φ)
ej *ex* i *al. m. corr. sed cf. Gell. IX 14 Neue-Wagener Lat.*
Formenl. Iˢ 574 sq.   10 ornē em. ead. m.   11 dixiſſe (φ)
em. Beroald   12 petitor eo *corr. al. m.*   18 Furcifer (F *ex*
f corr.)   21 implicàt; *em. ead. m.*   φ: implicit;   27 offerſ
(• *aut eras. aut evan.*)   φ: offerſ

Oud.

signauit pecuniam, quam exinde, ut iste repraesentatus
est iudicio, iussi de meis aliquem curriculo taberna promp-
tam adferre et en ecce perlatam coram ex⟨h⟩ibeo. uideat
et suum sigillum recognoscat. nam quem ad modum
5 eius ueneni frater insimulari potest, quod iste compara-
uerit?'

10   Ingens exinde uerberonem corripit trepidatio et in
uicem humani coloris succedit pallor infernus perque uniuersa membra frigidus sudor emanabat: tunc pedes in- *188*
10 certis alternationibus commouere, modo hanc, modo illam
697 capitis partem scalpere et ore semiclauso balbuttiens nescio
quas afannas effutire, ut eum nemo prorsus a culpa
uacuum merito crederet; sed reualescente rursus astutia
constantissime negare et accersere mendacii non desinit
15 medicum. qui praeter iudicii religionem cum fidem suam
coram lacerari uideret, multiplicato studio uerberonem
illum contendit redarguere, donec iussu magistratuum
ministeria publica contrectatis nequissimi serui manibus
anulum ferreum deprehensum cum signo sacculi conferunt,
20 quae comparatio praecedentem roborauit suspicionem. nec
rota uel eculeus more Graecorum tormentis eius apparata
iam deerant, sed offirmatus mira praesumptione nullis
uerberibus ac ne ipso quidem succumbit igni.

11   Tum medicus: 'non patiar', inquit, 'hercules, non
25 patiar uel contra fas de innocente isto iuuene supplicium
uos sumere uel hunc ludifi‖cato nostro iudicio poenam
noxii facinoris euadere. dabo enim rei praesentis euidens
argumentum. nam cum uenenum peremptorium comparare pessimus iste gestiret nec meae sectae crederem con-
30 uenire causas ulli praebere mortis nec exitio, sed saluti
698 hominum medicinam quaesitam esse didicissem, uerens, ne,
si daturum me negassem, intempestiua repulsa uiam sceleri
subministrarem et ab alio quo|piam exitiabilem mercatus
hic potionem uel postremum gladio uel quouis telo nefas

F 173ᵇ. φ 64ᵇ.   8 exibeo (φ, *sed al. m. add.* ʰ)   11 bal-
butt-*cf.24,11 187,23*   12 afannaſ (φ)*em.v cf.210,8*   34 telone—faſ

Oud.   *E*

inchoatum perficeret, dedi uenenum, sed somniferum, man-
dragoram illum grauedinis compertae famosum et morti
simillimi soporis efficacem. nec mirum desperatissimum
istum latronem certum extremae poenae, quae more maiorum in eum competit, cruciatus istos ut leuiores facile 5
tolerare. sed si uere puer meis temperatam manibus
sumpsit potionem, uiuit et quiescit et dormit et protinus
marcido sopore discusso remeabit ad diem lucidam. quod
sine peremptus est si⟨ne⟩ morte praeuentus est, quaeratis
699 licet causas mortis eius alias.'   10

Ad istum modum seniore adorante placuit, et itur 12
confestim magna cum festinatione ad illud sepulchrum, 189
quo corpus pueri depositum iacebat. nemo de curia, de
optimatibus nemo ac ne de ipso quidem populo quisquam, qui non illuc curiose confluxerit. ecce pater, suis 15
ipse manibus coperculo capuli remoto, commodum discusso
mortifero sopore surgentem postliminio mortis deprehendit filium eumque complexus artissime, uerbis impar praesenti gaudio, producit ad populum. atque ut erat adhuc
700 feralibus amiculis instrictus atque obditus deportatur ad 20
iudicium puer. iamque liquido serui nequissimi atque
mulieris nequioris patefactis sceleribus procedit in medium
nuda ueritas et nouercae quidem perpetuum indicitur exilium, seruus uero patibulo suffigitur et omnium consensu
bono medico sinuntur ‖ aurei, opportuni somni pretium. 25
et illius quidem senis famosa atque fab⟨ul⟩osa fortuna
prouidentiae diuinae condignum accepit exitum, qui momento modico, immo puncto exiguo post orbitatis periculum adulescentium duorum pater repente factus est.

F 173ᵇ174ᵃ. φ 64ʰ.   1/2 mandragora* (*eras.* ⁻) illuʳ (ᵗ *al. m.*
ex ⁻ *corr.*) φ: mandragorā illū   3 efficax (x *in ras. al. m. pro*
cē) φ: efficacē   9 si[ue] *He* si uere *v* fi (φ) fiue *v*
11 ⟨experiri⟩ placuit *vdVl* ⟨periclitari⟩ *Brakman*
14 *cf.* 97,14 *sq.*   16 *cf.* 144,9   20 obfitus *He cf.* 57,20
                        ni
25 *vid. fuisse* opportuif̄ oi (*del.* i *et supra add.* ⁿⁱ *ead. m.*), *al.*
              ni
m. cff. opportu** fōn] φ: oportunuf̄ o̅m̅i̅ *vel* o̅i̅n̅i̅   26 fa-
bofa (φ) *al. m. ex* b *corr.* b', *al. in mg. add.* fab'ofa

E

Oud.
18   At ego tunc temporis talibus fatorum fluctibus ·uolu-
tabar. miles ille, qui me nullo uendente comparauerat
et sine pretio suum fecerat, tribuni sui praecepto debitum sustinens obsequium, litteras ad magnum scriptas
5 principem Romam uersus perlaturus, uicinis me quibusdam duobus seruis fratribus undecim denariis uendidit.
701 his erat diues | admodum dominus. at illorum alter pistor
dulciarius, qui panes et mellita concinnabat edulia, alter
cocus, qui sapidissimis intrimentis sucuum pulmenta con-
10 dita uapore mollibat. unico illi contubernio communem
uitam sustinebant meque ad uasa illa compluria gestanda
prae[de]stinarant, quae domini regiones plusculas perer-
702 rantis uariis usibus erant necessaria. adsciscor itaque
inter duos illos fratres tertius contubernalis, haud ullo
15 tempore tam beniuolam fortunam expertus. nam uespera
post opiparas cenas earumque splendidissimos apparatus
multas numero partes in cellulam suam mei solebant re-
portare domini: ille porcorum, pullorum, piscium et cuiusce 190
modi pulmentorum largissimas reliquias, hic panes, cru-
20 stula, *l*ucunculos, hamos, lacertulos et plura scitamenta
703 mellita. qui cum se refecturi clausa cellula balneas pe-
tissent, oblatis ego diuinitus dapibus adfatim saginabar.
nec enim tam stultus eram tamque uere asinus, ut dulcissimis illis relictis cibis cenarem asperrimum faenum.
14 et diu quidem pulcherrime mihi furatrinae procedebat
26 artificium, quippe adhuc timide et satis parce subripienti
de tam multis pauciora nec illis fraudes ullas in asino

F 174ᵃ. φ 64ᵇ65ᵃ.   2 cōparauerat rat (p *ex* r *al. m.,* rat
induct.)   3 pretio (φ) o *ex* ū *ead.*(?) *m. corr.*   4 sistens
Pric coll. 238,10   8 ͞ccinnebat (e *mut. in* a *et supra add.* ᵃ
ut vid. pr. m.)   11 fuftinebā̆t (*eras. vid.* ⁿ, ⁻ *al. m. add.*)
cf. 241,1   12 praedeftinarant (φ) *em.* v *cf. 86,17*   d͞nif (ſ *vid.*
al. m. add.) — perrantib; (b; *al m. ex* ſ *ut vid. corr.*) φ: d͞ni
— perrantiſ   14 ᵗtiuſ ᵗtiuſ (*prius induct.*)   16 e⟨pul⟩arum-
que *vdVl fort recte* escarumque *Kroll*   18 cuiusce *cf. 190,15*
20 Iucunculoſ *em. Scal* lucunt- *Kronenb cf. praef.44, sed Heraeus*
Sprach. d. Petron Lpz.1899 p.49 laterculos *Colv coll.Plaut.Poen.325*

Oud.   *E*

suspicantibus. at ubi fiducia latendi pleniore capta partes‖
opimas quasque deuorabam et iucundiora eligens ab-
ligurribam dulcia, suspicio non exilis fratrum pupugit
animos et quanquam de me nihil etiam tum tale crede-
rent, tamen cotidiani damni studiose uestigabant reum.   5

Illi uero postremo etiam mutuo sese rapinae turpissimae
criminabantur, iamque curam diligentiorem et acriorem
custodelam et dinumerationem' adhibebant partium. tan-
704 dem denique rupta uerecundia sic alter alterum compellat: 10

'At istud iam neque aequum ac ne humanum qui-
dem cotidie *te* partes electiores surripere atque iis diuen-
ditis peculium latenter augere, de reliquis aequam uindi-
care di|uisionem. si tibi denique societas ista displicet,
possumus omnia quidem cetera fratres manere, ab isto 15
tamen nexu communionis discedere. nam uideo in immensum damni procedentem querelam nutrire nobis immanem discordiam.'

Subicit alius: 'laudo istam tuam mehercules et ipse
constantiam, quod cotidie furatis clanculo partibus prae- 20
uenisti querimoniam, quam diutissime sustinens tacitus
ingemescebam, ne uiderer rapinae sordidae meum fratrem
705 arguere. sed bene, quod utrimquesecus sermone prolato
iacturae ⟨re⟩medium quaeritur, ne silentio procedens si- 24
mul[a]tas Eteocleas nobis contentiones pariat.'   *191*

His et similibus altercati conuiciis deierantur utrique 25
nullam se prorsus fraudem, nullam denique subreptionem

F 174ᵃ. φ 65ᵃ.   2 opimaſ (φ) optimas *He*   abligurribā
(b *in ras. ex* u *al. m. corr.*)   3 dulciter *Oud*   6 immo uero
vdVl taciti uero *Leo*   11 ad (φ)   12 ac (φ) te *Elmenh cf.*
apol. 22 (26,11) praef. 41   14 ſi tibi (φ) *vid. al. m. correx.*
ex ſi/t ibi   *inter* denique *et* societaſ *spatium decem fere litt.*
propter membranae asperitatem vacuum relict.   15 ōiā *prorsus*
evan.   18 diſcordiā ſubicit (*al. m. recte distinx. effecto* — ā S —)
    24 mediŭ (φ) *em. Beroald*   ſimulataſ (φ) *em. v*   25 &
eocleaſ *em. al. m.*   c̄tentionib; (φ) *em. v*   26 deierant *Oud*
    27 ſubreptionĕ (o *ex* u *corr. ead. m.*)

Oud.   *E*

factitasse, sed plane debere cunctis artibus communis dis-
pendii latronem inquiri; nam neque asinum, qui solus
interesset, talibus cibis adfici posse et tamen cotidie par-
706 tis electiles conparere nusquam nec utique cellulam suam
5 tam immanes inuolare muscas, ut olim Harpyiae fuere,
quae diripiebant Fineias dapes.

Interea liberalibus cenis inescatus et humanis ‖ adfatim cibis saginatus corpus obesa pinguitie compleueram,
corium aruina suculenta molliueram, pilum liberali nitore
10 nutriueram. sed iste corporis mei decor pudori peperit
grande dedecus. insolita namque tergoris uastitate commoti, faenum prorsus intactum cotidie remanere cernentes,
iam totos ad me dirigunt animos. et hora consueta
uelut balneas petituri clausis ex more foribus per quan-
15 dam modicam cauernam rimantur me passim expositis
epulis inhaerentem nec ulla cura iam damni sui habita
mirati monstruosas asini delicias risu maximo dirumpuntur
uocatoque uno et altero ac dein pluribus conseruis de-
monstrant infandam memoratu hebetis iumenti gulam.
20 tantus denique ac tam liberalis cachinnus cunctos inua-
707 serat, ut ad aures quoque praetereun[c]tis | perueniret
16 domini. sciscitatus denique, quid bonum rideret familia,
cognito quod res erat, ipse quoque per idem prospiciens
foramen delectatur eximie; ac dehinc risu ipse quoque
25 latissimo ddusque intestinorum dolorem redactus, iam
patefacto cubiculo proxime consistens coram arbitratur.
nam et ego tandem ex aliqua parte mollius mihi reni-
dentis fortunae contemplatus facie⟨m⟩, gaudio praesentium
fiduciam mihi subministrante, nec tantillum commotus
30 securus esitabam, quoad nouitate spectaculi laetus dominus aedium duci me iussit, immo uero suis etiam ipse

F 174^{ab}. φ 65^{ab}. 3 adlici *Beyte Plin. ep. III 1,9 cft. Hild* pa-
teſ (t *ut vid. ex* ſti *corr. et* ̄ *add. al. m.*) φ: paſtiſ partes *v*
8 pinguitie̜ 11 commoti ⟨mei⟩ (*scil. domini*) *Rohde* 12 faenum
⟨fratres⟩ *Brakman* 14 uelud 21 p̃tcunctiſ (φ, *sed em. m.
pr.*) 22 bonum *cf. 94,10* nouum *Koch* 24 exumie̜ *em.* φ
28 facie (φ) *em. v* 31 ⟨intus⟩ aed. *Beyte* ⟨in⟩duci *He*

Oud.   *E*

manibus ad triclinium perduxit mensaque posita omne
genus edulium solidorum et inlibata fercula iussit adponi.
at ego quanquam iam *bellule* suffarcinatus, gratiosum
commendatioremque me tamen ei facere cupiens esurienter *192*
708 ex⟨*h*⟩ibitas escas adpetebam.   nam et, quid potissimum *5*
abhorreret asino, excogitantes scrupulose, ad explorandam
mansuetudinem id offerebant mihi, carnes lasere infectas,
altilia pipere ‖ inspersa, pisces exotico iure perfusos.   interim conuiuium summo risu personabat.   quidam denique praesens scurrula: 'date', inquit, 'sodali huic quip- *10*
piam meri.'

Quod dictum dominus secutus: 'non adeo', respondit,
'absurde iocatus es, furcifer; ualde enim fieri potest, ut
contubernalis noster poculum quoque mulsi libenter ad-
petat.'   et 'heus', ait, 'puer, lautum diligenter ecce illum *15*
aureum cantharum mulso contempera et offer pa⟨*ra*⟩sito
709 meo; simul, quod ei praebiberim, commoneto.'

Ingens exin oborta est epulonum expectatio.   nec ulla
tamen ego ratione conterritus, otiose ac satis genialiter
contorta in modum linguae postrema labia grandissimum *20*
illum calicem uno haustu perduxi.   clamor exurgit consona uoce cunctorum salute me prosequentium.   magno *17*
denique delibutus gaudio dominus, uocatis seruis suis,
emptoribus meis, iubet quadruplum restitui pretium meque
cuidam acceptissimo liberto suo et satis peculiato mag- *25*
na⟨*m*⟩ praefatus diligentia⟨*m*⟩ tradidit.   qui me satis hu-
mane satisque comiter nutrie|bat et, quo se patrono com-
mendatiorem faceret, studiosissime uoluptates eius per
meas argutias instruebat.   et primum me quidem mensam

F 174ᵇ. φ 65ᵇ.   **8** uellule *em.* φ   **5** exibitaſ (φ, *al. m.*
add. ʰ)   qd (φ) quidquid *v* quod *E* et quid (*i. e.* ecquid)
coniungit dubitanter Leo   **13** locutus *v*   **16** offer (φ) *post*
r *eras.* ſ *cf. 21,21*   paſito (φ, *em. al. m.*) *in mg.* d   **20** ligulae
Bluemner   **21** pauxi   φ: pauſi (ʰ *al. m. ut vid. add.*) perduxi *vir. doct. ap.* Oud *cf. 240,4*   ✱Clamor (C *al. m. ex* c [*eras.*
& ? *Rob*])   **22** ſalute me pſequentiū *induct.*   **25/26** magna — diligentia (φ)   magnam — diligentiam *Groslot*

accumbere suffixo cubito, dein adluctari et etiam saltare
710 sublatis primoribus pedibus perdocuit, quo⟨d⟩que esset
adprime mirabile, uerbis nutum commodare, ut quod
nollem relato, quod uellem deiecto capite monstrarem,
5 sitiensque pocillatore[m] respecto, ciliis alterna coniuens,
bibere flagitarem. atque haec omnia perfacile oboedie-
bam, quae nullo etiam monstrante scilicet facerem. sed˘
uerebar, ne, si forte sine magistro humano ritu ederem,
pleraque rati scaeuum praesagium portendere[m], uelut
711 monstrum ostentumque me obtruncatum uulturiis opimum *193*
11 pabulum redderent. iamque rumor publice crebruerat,
quo conspectum atque famigerabilem meis miris artibus
effeceram dominum: hic est, qui sodalem conuiuamque
possidet asinum luctantem, asinum saltantem, asinum
15 uoces humanas ∥ intellegentem, sensum nutibus exprimentem.
18   Sed prius est, ut uobis, quod initio facere debueram,
uel nunc saltem referam, quis iste uel unde fuerit: Thia-
sus — hoc enim nomine meus nuncupabatur dominus —
oriundus patria Corintho, quod caput est totius Achaiae
20 prouinciae, ut eius prosapia atque dignitas postulabat,
gradatim permensis honoribus quinquennali magistratui
fuerat destinatus et ut splendori capessendorum responde-
ret fascium, munus gladiatorium triduani spectaculi pol-
712 licitus latius munificentiam suam porrigebat. denique
25 gloriae publicae studio tunc Thessaliam etiam accesserat
nobilissimas feras et famosos inde gladiatores comparaturus, iamque ex arbitrio dispositis coemptisque omnibus
domuitionem parabat. spretis luculentis illis suis uehiculis

      F 174ᵇ175ᵃ. φ 65ᵇ.   1 *cf. 238,20*   ſal+tare *eras.* u (φ)
□ *cf. v. 14*   2 quoq; (φ) *al. m. corr. in* qɗoq; *et indux.* o   5 po-
cillatorē (φ, *sed eras.* ˜)   conibenſ (φ, *sed em.*)   8/9 ederem pleraque, *Rohde recte interpretat.* 'peragerem' ⟨haec⟩ ed.
Salm plerique *v*   9 portenderē (φ), *sed* ˘ *eras. del.*
Elmenh portendere rem *vdVl* portendi, e re *Rohde*   11 pabulū (b *ex* u *al. m. corr.*)   13 q hic (q *induct.*) φ: hic
14 *distinx. He* asinum, ⟨asinum⟩ l. *Leo* asinum, luct. a., salt.
a. *Hild* asinum, luct. as., salt. as., ⟨asinum⟩ *vdVl*   28 parabat ⟨at⟩ *Luetj* ⟨sed⟩ *He*

Oud.   E

ac posthabitis decoris [p]raedarum carpentis, quae partim
contecta, partim reuelata frustra nouissimis trahebantur
consequiis, equis etiam Thessalicis et aliis iumentis Galli-
canis, quibus generosa | suboles perhibet pretiosam digui-
713 tatem, me phaleris aureis et fucatis ephippiis et purpureis 5
tapetis et frenis argenteis et pictilibus balteis et tintin-
nabulis perargutis exornatum ipse residens amantissime
nonnunquam comissimis adfatur sermonibus atque inter
alia pleraque summe se delectari profitebatur, quod habe-
ret in me simul et conuiuam et uectorem.   10

At ubi partim terrestri, partim maritimo itinere con- 19
fecto Corinthum accessimus, magnae ciuium turbae confluebant, ut mihi uidebatur, non tantum Thiasi dantes
honori quam mei conspectus cupientes. nam tanta etiam
ibidem de me fama peruaserat, ut non mediocri quaestui 15
praeposito illi meo fuerim. qui cum multos uideret nimio
fauore lusus meos spectare gestientes, obserata fore atque 194
singulis eorum sorsus admi⟨s⟩sis, stipes acceptans non
714 paruas summulas diurnas corradere consuerat.

Fuit in illo conuenticulo matrona quaedam pollens et 20
opulens. quae more ceterorum uisum meum mercata ac
dehinc multiformibus ludicris delectata per admirationem
adsiduam paulatim in admirabilem mei cupidinem incidit;
nec ullam uaesanae libidini medelam capiens ad instar
asinariae P[h]asiphaae complexus meos ardenter expec- 25
tabat. grandi denique praemio cum altore meo depecta
715 est noctis unius concubitum; at ille nequaquam ⟨*sollicitus,*

F 175ª. φ 65ᵇ 66ª.   1 p̄darū (φ) *em. Modius*   18 thiaſi
(*ante et supra* t *ras.; vid. scribere voluisse* ſt)   14 ⟨hoc⟩ honori *Leo*   15 ibi[dem] *Kaibel, sed* ibidem *significat et de domino et de asino famam pervasisse, atque Apuleio in deliciis est*
18 forſuſ (φ, *sed al. m. add.* ᵉ)   admiſſiſ (φ) *al. m.* ſſiſ *scrips., vid.* ☐
fuisse ſiſ   25 aſinaria ephaſiphaẹ *al. m. corr. in* — riæ p
expectabat (φ) *def. Loefstedt coll. rhet. min.*(*Halm*) 5,19 *Ter. Eun. 194*
expetebat *Beroald*   27 nequâquâ (*eras.* ᷍)   φ: nequaquā
nequaquam ⟨ut⟩ *Spengel* nequaquam ⟨curans⟩ (*Oud*) ⟨quam⟩
vdVl nequaquam ⟨curans an⟩ *Novák* nequaquam ⟨sollicitus⟩
(*Luetj*) ⟨quid⟩ *He,* ⟨quidnam⟩ *Cast* Λοὐχ. *50:* κἀκεῖνος οὐδὲν
φροντίσας εἴτε ἀνύσει τι ἐκείνη ἐξ ἐμοῦ εἴτε καὶ μή

Oud.   *E*

quidnam⟩ posset de me suaue prouenire, lucro suo tantum
contentus, adnuit.

20   Iam denique cenati e triclinio domini decesseramus
et iam dudum praestolantem cubiculo meo matronam
5 offendimus.   dii boni, qualis ille quamque praeclarus apparatus!   quattuor eunuchi confestim puluillis compluribus uentose tumentibus pluma delicata terrestrem nobis
716 cubitum praestruunt, sed et stragula ueste auro ac murice
Tyrio depicta probe consternunt ac desuper breuibus ad-
10 modum, sed satis copiosis puluillis aliis nimis medic⟨at⟩is,
quis maxillas et cervices delicatae mulieres suffulcire
consuerunt, superstruunt. nec dominae uoluptates diutina
sua praesentia morati, clausis | cubiculi foribus facessunt.
at intus cerei praeclara micantes luce nocturnas nobis
☐ 21 tenebras inalbabant. tunc ipsa cuncto prorsus spoliata
16 tegmine, taenia quoque, qua decoras deuinxerat papillas,
lumen propter adsistens, de stagneo uasculo multo sese
717 perungit oleo balsam⟨in⟩o meque indidem largissime per-
fricat, sed multo tanta impensius cura etiam nares per-
20 fundit meas. tunc exosculata pressule, non qualia in

F 175ᵃ. φ 66ᵃ.   1 possetne *Oud*   2 c̄ſenſū (*prior. ſ al.
m. ex* t *corr., ſū al. m. ut uid. ex* tuſ)   φ: cōtent⁹   intentus
Pric intentus consensum *Oud*   4 p̄ſtolantē (φ) *al. m. mut. in*

p̄ſtolabat̊   5 quanq;   9 construunt *Leo*   10 aliis *cf. v. 6* ac iis
☐ *Colv* illis *Pric* ·nimis modicis (φ) *del. vdVl* n. medicatis *He*
11 maxillaſ (φ) x *in ras.*   18 balſamo (φ) balsamino *Cornelissen coll. Plin. n. h. XXIII 92* balsameo *Ihm Thes. l. L. II
1709*   19 tanto v *cf. Leo Arch. f. lat. Lex. XII 99*   impen-
siore cura *Acidal* cura *del. Leo* curans *Hild cf.* Λούκ. 51:
μάλιστα τὴν ῥῖνά μου μύρῳ ἐνέπλησε cura etiam ⟨maiore⟩
Novák crura etiam nates *Lips* crura ⟨et⟩ etiam nares *Koziol*   20 φ: ad meas *in mg. infer. adscript. est fragm.
quod legitur in Laur. 54,24 fol. 64 v aliisque:*   et ercle
(hercle *L*) orciū pigā per teretē hyaci fragrantis et chie rosacee
lotionibus expiauit (expurgauit *L*) ac (at *L*) dein digitis ypate
licanos mese paramese (parimese *L*) et nete haſtā mī inguinis
niuei ſpurciei pluscule excoriâſ (*eras.* ⌐) (excoriaſ *L*) emūdauit.
Et cū ad inguinis cephalū formosa mulier conatī ueiebat (con-
citim ueniebat *L*) ab orcib; gãnieſ ego et dentes ad jouē

Oud.   *E*

718 lupanari solent basiola iactari uel meretricum poscinum- 195
mia uel aduentorum nega⟨n⟩tinummia, sed pura atque
sincera instruit et blandissimos adfatus: 'amo' et 'cupio'
et 'te solum diligo' et 'sine te iam uiuere nequeo' et
cetera, quis mulieres et alios inducunt et suas testantur 5
adfectationes, capistroque me prehensum more, quo didi-
719 ceram, reclinat ‖ facile, quippe cum nil noui nihilque
difficile facturus mihi uiderer, praesertim post tantum
temporis tam formonsae mulieris cupientis amplexus obiturus; nam et uino pulcherrimo atque copioso memet 10
madefeceram et ung⟨u⟩ento *fragl*antissimo prolubium libidinis suscitaram. sed angebar plane non exili metu re- 22
putans, quem ad modum tantis tamque magnis cruribus
possem delicatam matronam insandere uel tam lucida
tamque tenera et lacte ac melle confecta membra duris 15
ungulis complecti labiasque modicas ambroseo rore pur-
purantes tam amplo ore tamque enormi et saxeis denti-
720 bus deformi[s] sa*u*iari, nouissime quo pacto, quanquam
ex unguiculis perpruriscens, mulier tam uastum genitale
susciperet: heu me, qui *d*irrupta nobili femina bestiis 20
obiectus munus instructurus sim mei domini. molles interdum uoculas et adsidua sauia et dulces gannitus com-
morsicantibus oculis iterabat illa, et in summa: 'teneo

---

eleuās papo freqnti frictura porrixabā ĩpõque pando et repando
uētrē sepiuscule tactabā (tractabam *L*). Ipãm (Ipsa *L*) quoque
inspiciēs qd' geni⁹ inter anth tenās (anthteneras *L*) exc'u'at
(excreuerat *L*) modicū ĩ morule qua lustrū (*aut* lustium) (lu-
strum *L*) st'ni mãdau'at ānī s reuolutõē autumabat; *iuxta add.*
i. freqt mĩgebā *et* tactabā l' tractabā

F 175ᵃᵇ. φ 66ᵃ.   1 poſcinū mia (mia *paene evan., nihil*
eras.)   2 negatinū mia (φ) *em. Lips*   5 alias *Bluemner*
6 Capiſtroq; (C *ex* c *al. m. corr.*)   7 declinat *Oud*   11 un-
gento (φ, *sed*ᵘ *add. m. recentiss.*)   flagrantiſſimo (φ) *em. vdVl*
cf. 136,6 265,5   ḍ›lubiū (ᵛ *ex* b *corr. al. m.*)   18 deformiſ
(φ) *em. Scriver*   ſabiari (φ, *sed em.*)   20 qd irrupta (d *ex*
c *aut* t *vid. corr. al. m.*)   φ: qd dirrupta   22 ſabia (b *ex* u
corr. al. m.)   23 osculis *Lips sed cf. 33,7*

Oud.   *F*

te', inquit, 'teneo, meum palumbulum, meum passerem' et
cum dicto uanas fuisse cogitationes meas ineptumque mon-
strat metum. artissime namque complexa totum me
prorsus, sed totum recepit. illa uero quotiens ei parcens
731 nates reuellebam, | accedens totiens nisu rabido et spinam
6 prehendens meam adplici⟨ti⟩ore nexu inhaerebat, ut hercules etiam deesse mihi aliquid ad suppiendam eius libidinem crederem nec Minotauri matrem frustra delectatam
putarem adultero mugiente. iamque operosa et peruigili
10 nocte transacta, uitata luci[u]s conscientia facessit mulier
condicto pari noctis futurae pretio.

28   Nec grauate magister meus uoluptates ex eius arbitrio largiebatur partim mercedes amplissimas acceptando, 196
partim nouum spectaculum domino praeparando. || in-
15 cunctanter ei denique libidinis nostrae totam detegit scaenam. at ille liberto magnifice munerato destinat me
spectaculo publico. et quoniam neque egregia illa uxor
mea propter dignitatem neque prorsus ulla alia inueniri
p⟨o⟩tuerat grandi praemio, uilis anquiritur aliqua sen-
20 tentia praesidis bestiis addicta, quae mecum incoram
731 publicam populi caueam frequentaret. eius poenae talem
cognoueram fabulam:

    Maritum habuit, cuius pater peregre proficiscens man-
dauit uxori suae, matri eiusdem iuuenis — quod enim
25 sarcina praegnationis oneratam eam relinquebat — ut, si
sexus sequioris edidisset fetum, protinus quod esset edi-

☐   F 175ᵇ. φ 66ᵃᵇ.   1 paſſarē (φ, *in mg. m. recentiss.* l' c̊
paſſerē) *cf. 188,15*   2 φ: uacuaſ   4 ꞅed *ante* prorsus
transpos. Scriver coll. 163,16 cf. 62,16 247,27   5 recell. *cf. 172,16*
rapido (p *ex* u *corr. al. m.*) φ: rabido   5 adpliciore (φ) adplica-
tiore *ed. Basil* adplicitiore *Oud*   10 luciuſ (φ, *in mg. add.*
c̊. luciſ)   12 meus ⟨meas⟩ *vdVl*   16 ille (φ) (*dub. utrum
sit* o *an* e; *sed vid. corr.* e *ex* o)   18 mea ⟨parata erat⟩
Brakman   19 ptuerat *em.* φ poterat *v*   biliſ (φ) ᵛ *ex* b *corr.
al. m.*   anꞅrit² *al. m. mut. in* aꞅꞅrit² φ: ꞇnꞅrit² *ex* ac—
21 publicā populi (φ) populi publicam *Roald cf. 214,1, sed 235,28*
[publicam]*He*   24 eidem *vdVl*   *cf. 211,13*   26 fetü∗ (*eras.* ſ)

Oud.   *E*

tum necaretur. at illa *per* abs[tin]entia⟨*m*⟩ mariti, ⟨*cum uideret*⟩ natam puellam, insita matribus pietate praeuenta desciuit
723 ab obsequio mariti eamque prodidit uicinis alumnandam,
regressoque iam marito natam necatamque nuntiauit.   sed
ubi flos aetatis nuptialem uirgini diem flagitabat nec 5
ignaro marito dotare filiam pro natalibus quibat, quod
solum potuit, filio suo tacitum secretum aperuit.   nam et
oppido uerebatur, ne quo casu, caloris iuuenalis impetu
lapsus, nescius nesciam sororem incurreret.   sed pietatis
spectatae iuuenis et matris obsequium et sororis officium 10
religiose dispensat et arc[h]anis domus uenerabilis silentii
custodiae traditis, plebeiam facie tenus praetendens huma-
nitatem, sic necessarium sanguinis | sui munus adgreditur,
ut desolatam uicinam puellam parentumque praesidio
724 uiduatam domus suae tutela receptaret ac mox artissimo 15
multumque sibi dilecto contubernali, largitus de proprio
dotem, liberalissime traderet.   sed haec bene atque optime 24
plenaque cum sanctimonia disposita feralem Fortunae nutum latere non potuerunt, cuius instinctu domum iuuenis
protinus se direxit saeua Riualitas.   et ilico haec eadem 20
uxor ‖ eius, quae nunc bestiis propter h*aec* ipsa fuerat
addicta, coepit puellam uelut aemulam tori succubamque
primo suspicari, dehinc detestari, dehinc crudelissimis 197
laqueis mortis insidiari.   tale denique comminiscitur facinus. 25

Anulo mariti surrepto rus profec*ta* mittit quendam
seruulum sibi quidem fidelem, sed de ipsa Fide[m] pessime
merentem, qui puellae nuntiaret, quod eam iuuenis profectus ad uillulam uocaret ad sese, addito, ut sola et

F 175ᵇ176ᵃ. φ 66ᵇ.   1 p̄ ab*ſ*tinentia (φ, *sed* —tiā) per
absentiam *Beroald*   1/2 ⟨cum uideret⟩ *He*   2 natā puellā (φ)
Kronenb cft. apol. 60 (68,23) nata puella *Pric* nacta *Oud* ⟨necare⟩
natam *Hild* puellam ⟨perimere⟩ *vd Vl*   8 iuuenali*ſ* (li*ſ in*
membran. lacera) φ: iuuenali   11 archani*ſ* (φ) arcana *Bertin*
    12 tradidit (φ) traditis *Oud*   21 propter hac (φ, *sed m.*
recentiss. corr. in haec)   26 profecto (φ) ⟨eo⟩ profecto *Brant*
em. Beroald cf. v. 29   27 fidē (φ) em. *v*

Oud.   *E*

sine ullo comite quam maturissime perueniret. et ne qua
forte nasceretur ueniendi cunctatio, tradit anulum marito
subtractum, qui monstratus fidem uerbis adstipularetur.
at illa mandatu fratris obsequens — hoc enim nomen
725 sola sciebat — respecto etiam signo eius, quod offereba-
6 tur, nauiter, ut praeceptum fuerat, incomitata festinat.
sed ubi fraudis extremae lapsa decipulo laqueos insidia-
rum accessit tunc illa uxor egregia sororem mariti libi-
dinosae furiae stimulis efferata primum quidem nudam
10 flagris ultime uerberat, dehinc, quod res erat, clamantem
quo⟨d⟩que frustra paelicatus indignatione bulliret fratris-
que nomen saepius iterantem uelut mentitam atque cuncta
fingentem titione candenti inter media femina detruso
726 crudelissime necauit.
25   Tunc acerbae mortis exciti nuntiis frater et maritus
16 accurrunt uariisque lamentationibus defletam puellam tradunt sepulturae. nec iuuenis sororis suae mortem tam
miseram et quae minime par erat inlatam aequo tolerare
quiuit animo, sed medullitus dolore commotus acerrimae-
20 que bili⟨s⟩ noxio furore perfusus exin flagrantissimis
febribus ardebat, ut ipsi quoque | iam medela uideretur
esse necessaria. sed uxor, quae iam pridem nomen uxoris
cum fide perdiderat, medicum conuenit quendam notae
perfidiae, ‖ qui iam multarum palmarum spectatus proe-
25 liis magna dexterae suae tropaea numerabat, eique protinus quinquaginta promittit sestertia, ut ille quidem
momentarium uenenum uenderet, ipsa autem emeret mortem mariti sui. quo confecto simulatur necessaria prae-

---

F 176ᵃ. φ 66ᵇ67ᵃ.   9 nudatam *vd Vl sed cf. 153,14*
11 quoq; (φ) *em. Oud*   15 acerbẹ b *ex* u *al. m. corr.* (φ)
17 sorori *Plasberg*   18 qua *Oud* a qua *Sciopp*   par erat
(erat *in fine versus eras. et in sequenti add. pr. m.*)   19 acer-
rimeq; (φ) aterrimaeꞇue *Oud*   20 bili (φ, *sed em. m. rec.*)
24 *cf. Cic. pro S. Roscio 6,17*   ⟨multisque⟩ spectatus *vd Vl*
     spect. proel. *ut interpretam. del. He*   27 illa (φ) ipsa *vd Vl*
coll. *289,9*   emereᵀ *em. ead. m.* (φ)

Oud.   *E*

727 cordiis leniendis bilique subtrahendae illa praenobilis
potio, quam sacram doctiores nominant, sed in eius uice⟨m⟩
subditur alia Proserpinae sacra [Saluti]. iamque praesente *198*
familia et nonnullis amicis et adfinibus aegroto medicus
poculum probe temperatum manu sua porrigebat. sed 26
728 audax illa mulier, ut simul et conscium sceleris amolire- 6
tur et quam desponderat pecuniam lucraretur, coram de-
tento calice: 'non prius', inquit, 'medicorum optime, non
prius carissimo mihi marito trades istam potionem quam
de ea bonam partem hauseris ipse. unde enim scio, an 10
noxium in ea lateat uenenum? quae res utique te tam
prudentem tamque doctum uirum nequaquam offendet, si
religiosa uxor circa salutem mariti sollicita necessariam
adfero pietatem.'

    Qua mira desperatione truculentae feminae repente 15
perturbatus medicus excussusque toto consilio et ob an-
gustiam temporis spatio cogitandi priuatus, antequam
trepidatione aliqua uel ⌐unctatione ipsa daret malae conscientiae suspicionem, indidem de po[r]tione gustauit ampliter. quam fidem secutus adulescens etiam, sumpto 20
calice, quod offerebatur hausit. ad istum modum praesenti transacto negotio medicus quam celerrime domum
remeabat, salutifera potione pestem praecedentis ueneni
festinans extinguere. nec eum obstinatione sacrilega, qua
semel coeperat, truculenta mulier ungue latius a se dis- 25
cedere passa est — 'priusquam', inquit, 'digesta potione
729 medicinae prouentus appareat' —, sed aegre precibus et
obtestationibus eius multum ac ‖diu fatigata tandem abire

    F 176ᵃᵇ. φ 67ᵃ.   2 uice (φ) uicem *Stewech*   8 Saluti
Leo (Κόρη Σώτειρα *interpret. Kaibel cf. Preller-Robert Griech.
Myth. I 320.2) del. Brakman post* sacram *transpos. Haupt*
⟨non⟩ Saluti *Plasberg* saluti ⟨infesta⟩ *vdVl*   12 offendit
(φ) *em. vdVl*   15 deſperatione (φ) *interpretantur* 'desperata
audacia' *cf. Corp. gloss. II 46,37 Arnob. adv. n. I 25 Vl 1
cft. Brakman*   18 male   19 portione (φ) r *induct.*

    27 ꝓbent; (ᵛ *ex* b *corr. al. m. et* ; *add., eras.* ꞌ)   φ: euent⁹
ꝓbent   ǫgra (φ) *em. Beroald*

Oud.   E

concessit. interdum perniciem caecam totis uisceribus
furentem medullae penitus adtraxerant, multum denique
saucius et grauedine somnulenta iam demersus domum
peruadit aegerrime. uixque enarratis cunctis ad uxorem
5 mandato, saltem promissam mercedem mortis geminatae
deposceret, sic elisus uiolenter spectatissimus medicus
effundit spiritum.

27   Nec ille tamen iuuenis diutius uitam tenuerat, sed
inter fictas mentitasque lacrimas uxoris pari casu mortis
10 fuerat extinctus. iamque eo sepulto, paucis interiectis
diebus, quis feralia mortuis litantur obsequia, uxor medici
pretium geminae mortis petens aderat. sed mulier usquequaque sui similis, fidei supprimens faciem, prae-   *199*
tendens imaginem, blandicule respondit et omnia prolixe
130 adcumulateque pollicetur et statutum praemium sine mora
16 se redditurum constituit, modo pauxillum de ea potione
largiri sibi uellet ad incepti negotii persecutione⟨m⟩. quid
pluribus? laqueis fraudium pessimarum uxor inducta medici facile consensit et, quo se gratiorem locupleti femi-
20 nae faceret, properiter domo petita⟨m⟩ totam prorsus
ueneni pyxidem mulieri tradidit. quae grandem scelerum
nancta materiam longe lateque cruentas suas manus porrigit.

28   Habebat filiam paruulam de marito, quem nuper necauerat. huic infantulae quod leges necessariam patris
25 successionem deferrent, sustinebat aegerrime inhiansque
toto filiae patrimonio inminebat et capiti. ergo certa

F 176ᵇ. φ 67ᵃ.   4 uixq; (φ) x *in ras. ex* ſ *ut vid.*
6 elisum. *vd Vl coll.* 188,6 232,11 elusus *Bluemner*   7 ſpm
(m *ex* ſ *corr. ead. m.*)   8 illa (φ) ille *v* illo *He*   9 fict. ⟨la-
mentationes⟩ *Kronenb*   13/14 *sub prima facie* vir doct. ⟨frau-
dis⟩ supprimens faciem, fidei praetendens i. *vd Vl* praetend.
imag. *del. Vulcan* facies *opponitur* imagini *Tac. dial.* 34,7 *Quint.*
X 2,11   14 ymaginē *em.* φ   17 ob (o *al. m. in ras. corr.*
ex a *ut vid.*) φ: ab   pſecutione (φ) *em. al. m.*   19 locupleti (o *ex* u *corr.*)   20 facēt (⁓ *et* t *al. m. ut vid. scr.; fuit*
fort. facere) φ: fac&̈   petita (φ) *em. Ovd cf.* 205,9 244,2
22 nancta* (eras. ⁔)   24 necauerat (c *ex* x *corr. ut vid.*)

Oud.   *E*

defunctorum liberorum matres sceleratas hereditates ex-
731 cipere, talem parentem praebuit, qualem exhibuerat
uxorem, prandioque commento pro tempore et ‖ uxorem
medici simul et suam filiam ueneno eodem percutit. sed
paruulae quidem tenuem spiritum et delicata ac tenera   5
praecordia conficit protinus uirus infestum, *at* uxor medici,
dum noxiis ambagibus pulmones eius pererrat tempestas
detestabilis potionis, primum suspicata, quod res erat,
732 mox urgente spiritu iam certo certior contendit ad ipsam
praesidis do|mum magnoque fidem eius protestata clamore   10
et populi concitato tumultu, utpote tam immania detec-
tura flagitia, efficit, statim sibi simul et domus et aures
praesidis patefierent. iamque ab ipso exordio crudelissi-
mae mulieris cunctis atrocitatibus diligenter expositis,
repente mentis nubilo turbine correp*ta* semihiantes ad-   15
huc compressit labias. et, attritu dentium longo stridore
reddito, ante ipsos praesidis pedes exanimis corruit. nec
ille uir, alioquin exercitus, tam multiforme facinus ex-
cetrae uenenatae dilatione languida passus marcescere
confestim cubiculariis mulieris adtractis ui tormentorum   20
733 ueritatem eruit atque illa⟨*m*⟩, minus quidem quam mere-   *200*
batur, sed quod dignus cruciatus alius excogitari non
poterat, certe bestiis obiciendam pronuntiauit.

F 176ᵇ. φ 67ᵃᵇ.   1 matreſ (φ) *al. m. eff.* mater ſcele-
rataſ (φ) *alter.* ſ *eras. del. E* relictas? *He cf. apol.* 99 *(110,9)*
celeratas *Stewech* superstites *Seyffert* matres mater scelerata
vdVl   hereditateſ *poster.* t *ex* ſ *corr. ead. m.*   6 at
(t *al. m. ex* d *corr.*)   7 tempestas] iam pestis *Cornelissen*
post Aldin. sed cf. Zen. Veron. I 9,1   14 diligenter r *ex*
ſ *corr. ead. m.* (φ)   15 turbine (tu *ead. m. ex aliis*
litt. corr., ut vid. ex mi)   φ: mirbine *corr al. m.*   *cf.*
apol. 50 *(57,17), sed met. 64,1*   correpto (φ) *em. v*   ſem̃anteſ
() *al. m. add., vid. fuisse* m̊ *i. e. mihi*) *cf. 260,3*   φ: ſemanteſ
(*m. recentiss. supra add.* ʰⁱᵃ) *cf. 117,16*   18 excreta *induct.,*
in mg. alqd. eras. φ: exceterũ *em. Elmenh*   20 adtracti ſui
recte distinx. al. m.   21 ueritatē meruit (⁻ *al. m. add.*) illa
(φ) *em. v cf. 124,21*

Oud.

E

29   Talis mulieris publicitus matrimonium confarr⟨c⟩aturus
ingentique angore oppido suspensus expectabam diem muneris, saepius quidem mortem mihimet[u] uolens con-
sciscere, priusquam scelerosae mulieris contagio macularer
5 uel infamia publici spectaculi depudescerem. sed priua-
734 tus humana manu, priuatus digitis, ungula rutunda atque
mutila gladium stringere nequaquam poteram. plane
tenui specula solabar clades ultimas, quod uer in ipso
ortu iam gemmulis floridis cuncta depingeret et iam pur-
10 pureo nitore prata uestiret et commodum dirrupto spineo
tegmine ‖ spirantes cinnameos odores promicarent rosae,
quae me priori meo Lucio redderent.

   Dies ecce muneri destinatus aderat: ad conseptum
caueae prosequente populo pompatico fauore deducor.
15 ac dum ludicris scaenicorum choreis primitiae spectaculi
dedicantur, tantisper ante portam constitutus pabulum
laetissimi graminis, quod in ipso germinabat aditu, libens
adfectabam, subinde curiosos oculos patente porta spectaculi prospectu gratissimo reficiens.

20   Nam puelli puellaeque uirenti florentes aetatula, forma
conspicui, ueste nitidi, incessu gestuosi, Graecanica⟨m⟩
735 saltaturi pyrricam dispositis ordinatio|nibus decoros am-
bitus inerrabant nunc in orbe⟨m⟩ rotatum flexuosi, nunc
in obliquam seriem conexi et in quadratum patorem
25 cuneati et in cateruae discidium separati. at ubi discursus reciproci multinodas ambages tubae terminalis cantus

---

   F 176ᵇ 177ᵃ. φ 67ᵇ.   1 confarraturſ (φ) *em. Iunt. post.*
3 in metu uolenſ (φ) u *in metu erasa aut mea aut* met *legi*
potest, deleta ſ *al. m. add.* 8 manu   mihi mehercules uolens
Oud mihimet uolens *Rohde quamquam Ap.* memet *saepissime,*
mihimet *alio loco non scripsit*   5 puata᷎ᵛ⁺ *pr. m. a corr.*
in ᵛ⁺   6 φ: rotūda   8 uł   φ: ł (*in mg. add. m. re⸱ ⸱tiss.* c.
uer)   16 pabulū (b *ex* u *al. m. corr.*)   21 grȩcanica (φ)
em. v   22 ſaltat ipyrricā (φ) *cf. Suet. Caes. 39,1 Cass. D. LX
23,5 Plin. n. h. VIII 5* Graecanicae saltaturae pyrrhicae *Bluemner*   23 orbe (φ) *em. Oud*   rotatim *Wower*   26 multi-
nodeſ φ: multinodaſ *cf. 116,17 199,17* multimodaſ *Scal*

Oud.   *E*

explicuit, aulaeo subducto et complicitis siparis scaena
disponitur.

Erat mons ligneus, ad instar incliti montis illius, **80**
736 quem uates Homerus Idaeum cecinit, sublimi[s] instruc- 201
tus fabrica, consitus uirectis et uiuis arboribus, summo 5
cacumine, de manibus fabri fonte manante, fluuialis aquas
eliquans. capellae pauculae tondebant herbulas et in modum [Paridis] Frygii pastoris, barbaricis amiculis umeris
def⟨l⟩uentibus, pulchre indusiatus adulescens, aurea tiara
737 contecto capite, pecuarium simulabat magisterium. adest 10
luculentus puer nudus, nisi quod ephebica chlamida sinistrum tegebat umerum, flauis crinibus usquequaque conspicuus, et inter comas eius aureae pinnulae con⟨gluti⟩-
natione simili sociatae prominebant; quem caduceum et
uirgula Mercurium indicabant. is saltatorie procurrens 15
malumque bracteis inauratum dextra ‖ gerens ⟨ei⟩, qui
738 Paris uidebatur, porrigit, quid mandaret Iuppiter, nutu
significans et protinus gradum scitule referens e conspectu
facessit. insequitur puella uultu honesta in deae Iunonis
speciem similis: nam et caput stringebat diadema candida, 20
ferebat et sceptrum. inrupit alia, quam putares Mineruam, caput contecta fulgenti galea, et oleaginea corona
tegebatur ipsa galea, clypeum attollens et hastam quatiens et qualis illa, cum pugnat. super has introcessit 31
alia, uisendo decore praepollens, gratia coloris ambrosei 25
designans Venerem, qualis fuit Venus, cum fuit uirgo,
nudo et intecto corpore perfectam formonsitatem professa,
nisi quod tenui pallio bombycino inumbrabat spectabilem

F 177ª. φ 67ᵇ.   1 albeo (φ) ⱽ *ex* b *al. m. corr. em. Beroald*
ſipariſ (φ) *cf. 265,10 199,15*   4 ſublimiſ *em.* φ *cf. 104,16*
130,27 132,17   5 ⟨et⟩ summo *vdVl*   8 Paridis *del. dubi-*
tanter Oud cf. v. 17   frigii (φ)   9 defuentib; (φ, *sed al.*
m. em.)   11 ephoebica (φ)   13/14 cognatione (φ) concatena-
tione *vel* copulatione *vdVl* coronatione *Wiman* conglutinatione
He   14 simil. *sc. aurea*   caducaeū *em.* φ   14/15 et uirgula
def. Wiman coll. 274,21   16 ⟨ei⟩ qui *v cf. praef. 56*
19/20 *cf. Tac. ann. II 39,10 Halm*   23 hastā   24 Sup (S
in ras. al. m. ex ſ *corr.*)   25 uis. dec., praep. gr., col. a., des.
Ven., *distinx. Leo*   28 bōbicino

739 pubem. quam quidem laciniam curiosulus uentus satis
amanter nunc lasciuiens reflabat, ut dimota pateret | flos
aetatulae, nunc luxurians aspirabat, ut adhaerens pressule
membrorum uoluptatem grafice liciniaret. ipse autem
5 color deae diuersus in speciem, corpus candidum, quod
caelo demeat, amictus caerulus, quod mari remeat. iam
singulas uirgines, quae deae putabantur, ⟨sui sequebantur⟩
740 comites, Iunonem quidem Castor et Pollux, quorum capita
cassides ouatae stellarum apicibus insignes contegebant, 202
10 sed et isti Castores erant scaenici pueri. haec puella
uarios modulos Iastia concinente tibia procedens quieta
et inadfectata gesticulatione nutibus honestis pastori polli-
741 cetur, si sibi praemium decoris addixisset, et sese regnum
totius Asiae tributuram. at illam, quam cultus armorum
15 Mineruam fecerat, duo pueri muniebant, proeliaris deae
comites armigeri, Terror et Metus, nudis insultantes gladiis. at pone tergum tibicen ⟨D⟩orium canebat bellico-
sum et permiscens bombis gravibus *tinnitus* ‖ acutos in
modum tubae saltationis agilis uigorem suscitabat. haec
20 inquieto capite et oculis in aspectu[m] minacibus citato et
742 intorto genere gesticulationis alacer demonstrabat Paridi,
si sibi formae uictoriam tradidisset, fortem tropaeisque
bellorum inclitum suis adminiculis futurum.

F 177ᵃᵇ. φ 67ᵃ68ᵃ. 1 pubē* (*eras.* ‾, *quia longius a voce*
aberat, et iuxta appositum)   4 cf. 198,13   liciniaret (φ)
laciniaret *Beroald* linearet *Salm* delinearet? *Vulcan cf. flor.* 7
(8,21)   7 ⟨complures comitabantur⟩ comites *Bursian* ⟨sui
adsistebant *vel* stipabant *vel* comitabantur⟩ com. *Oud* ⟨fidi
tutabantur⟩ *Koziol* ⟨sui tutabantur⟩ *Petsch* ⟨sui quamque stipa-
bant⟩ *vdVl* ⟨sui sequebantur⟩ *He* com. ⟨continabantur⟩ *Brakman*   8 quaᴑᴚ capite (φ) *em. v*   9 obatę *em. Salm*
11 lastia (φ) *al. m.* ᵘ *supra* ia *add.* lasciua *v em. Oud cf. flor.* 4
(5,15)   13 & (φ) *interpret.* 'vicissim' *Oud ei vir doct.*   14 at
in ras. al. m.   φ: ad   16 insultantes (u *litt.* a *similis*) φ: in-
saltantes   17 tibicenoriū (φ) *em. Elmenh cf. flor. l. l.* (*v.* 11)
Cael. Aurel. Chron. I 5,176: ut in bello (cantio) quam Dorion
appellant   18 inuut; (φ) *em. v*   19 saltitionis (φ) *em. v*
20 in aspectū (φ) inspectu *v* aspectu *Sciopp cf.* 26,8, *sed Cic.
in Verr.* II 4,52,117: praeclaro ad aspectum

Oud.

Venus ecce cum magno fauore caueae in ipso meditullio scaenae, circumfuso populo laetissimorum paruu-
743 lorum, dulce subridens constitit amoene: illos teretes et
lacteos puellos diceres tu Cupidines ueros de caelo uel
mari commodum inuolasse; nam et pinnulis et sagittulis 5
et habitu cetero formae praeclare congruebant et uelut
nuptialis epulas obiturae dominae coruscis praelucebant
facibus. et influunt innuptarum puellarum decorae suboles,
hinc Gratiae gratissimae, inde Horae pulcherrimae, quae
744 iaculis floris serti et soluti deam suam propitiantes 10
scitissimum construxerant chorum, dominae uoluptatum
745 ueris coma blandientes. iam tibiae multiforabiles cantus
Lydios dulciter consonant. quibus spectatorum pectora |
suaue mulcentibus, longe suauior Venus placide commo- *203*
ueri cunctantique lente uestigio et leniter fluctuante spi[n]- 15
nula[s] et sensim adnutante capite coepit incedere molli-
que tibiarum sono delicatis respondere gestibus et nunc
mite coniuentibus, nunc acre comminantibus gestire pupulis
et nonnunquam saltare solis oculis. haec ut primum
746 ante iudicis conspectum facta est, nisu brachiorum polli- *20*
ceri uidebatur, si fuisset deabus ceteris antelata, daturam
se nuptam Paridi forma praecipuam suique consimilem.
tunc animo uolenti Frygius iuuenis malum, quod tenebat,
aureum uelut uictoriae calculum puellae tradidit.

F 177ᵇ. φ 68ᵃ.   1 ipſa (φ) *em. v*   3 c̄ſtitutᵃ pone (*pro
tu librar. aut antea aut postea scr.* ti, p *al. m. ex* m *corr., supra* n
eras. vid. ⁰)   φ: cōſtitᵘta moene   constitit amoene *v*
idonee *Hild* . Dionae *E* . ał bene *Oud* et *vel* at *Luetj* amoena
Brakman   4 [tu] *Cast cf. 79,8*   7 nuptialeſ (φ) e *ex* i *corr.*

al. m.   epuliſ *em. ead. m. et* φ   8 ſuboleſ (u *mut. in* o
al. m.) φ: ſoboleſ   10 iaculiſ (φ) calathis *Heins* iactibus
Bursian piaculis *Koch*   11 ſciteſ (*induct.*) ſcitiſſimū
construxerunt *v*   12 ueriſ (φ) *corr. ead. m. ex* ueruſ
comaſ] dono *Wower*   15 fluctuanteſ pinnulaſ (φ, *sed* pennu-
laſ) *em. Schickerad cf. 30,22sq.*   18 conibentib; (φ) *em. v*

21 ante si *spat. vac. octo fere litt.*   *22* ᶜſimilē *em. ead. m. et* φ

Oud.

E

33 Quid ‖ ergo miramini, uilissima capita, immo forensia
pecora, immo uero togati uulturii, si toti nunc iudices
sententias suas pretio nundinantur, cum rerum exordio
inter deos et homines agitatum iudicium corruperit gratia
5 et originalem sententiam magni Iouis consiliis electus
iudex rusticanus et opilio lucro libidinis uendiderit cum
totius etiam suae stirpis exitio? sic hercules et aliud
sequens iudicium inter inclitos Achiuorum duces celebra-
tum, uel cum falsis insimulationibus eruditione doctrina-
10 que praepollens Palamedes proditionis damnatur, uirtute Martia praepotenti praefertur *Vlixes* modicus Aiaci
747 maximo. quale autem et illud iudicium apud legiferos
Athenienses catos illos et omni⟨s⟩ scientiae magistros?
nonne diuinae prudentiae senex, quem sapientia praetulit
15 cunctis mortalibus deus Delphicus, fraude et inuidia nequissimae factionis circumuentus uelut corruptor adules-
centiae, quam frenis cohercebat, herbae pestilentis suco
noxio peremptus est relinquens ciuibus ignominiae perpetuae maculam, cum nunc etiam egregii philosophi sectam
20 ei⟨u⟩s sanctissimam praeoptent et summo beatitudinis
studio iurent in ipsius nomen! sed nequis indignationis
meae reprehendat impetum secum sic reputans: ʻecce
nunc patiemur philosophan|tem nobis asinumʼ, rursus, 204
unde decessi, reuertar ad fabulam.

34 Postquam finitum est illud Paridis iudicium, Iuno
26 quidem cum Minerua tristes et iratis similes e scaena
redeunt, indignationem repulsae gestibus professae, Venus
uero gaudens et hilaris laetitiam suam saltando toto cum
choro professa est. tunc de summo montis cacumine per

F 177ᵇ. φ 68ᵃ ᵇ.   1 miramini (r *corr. cad. m. fort. ex* n)
⟨si⟩ uil. *Gaselee*   ferenſia (φ, *sed em.*)   9 uel *del.*
Leo def. Leky interpr. ʻexempli causaʼ   10/11 dānat
uirtute (*in mg.* d *cf. praef. 34*)   ⟨uel⟩ v ⟨uel heres Achilli⟩
vdVl ⟨uel cum⟩ *He*   11 auxieſ *em. ed. pr.*   13 omi *al. m.*
add. ſ (φ)   19 filoſophi *em. ead. m.*   20 e+* *corr. al. m.*
ex eiſ (φ, *sed em. ead. m.*)   27 cedunt *Wasse* recedunt v

Oud.

⁷⁴⁸ quandam latentem fistulam in excelsum prorumpit uino
crocus diluta sparsimque defluens pascentis circa capellas
odoro perpluit imbre, ‖ donec in meliorem maculatae speciem canitiem propriam luteo colore mutarent. iamque
tota suaue fraglante cauea montem illum ligneum terrae ⁵
uorago recepit.

Ecce quidam miles per mediam plateam dirigit cursum petiturus iam populo postulante illam de publico
carcere mulierem, quam dixi propter multiforme scelus
⁷⁴⁹ bestis esse damnatam meisque praeclaris nuptiis desti- ¹⁰
natam. et iam torus genialis scilicet noster futurus accuratissime disternebatur lectus Indica testudine perluci-
dus, plumea congerie tumidus, ueste serica floridus. at
ego praeter pudorem obeundi publice concubitus, praeter
contagium scelestae pollutaeque feminae, metu etiam mor- ¹⁵
tis maxime cruciabar sic ipse mecum reputans, quod in
amplexu Venerio scilicet nobis cohaerentibus, quaecumque
ad exitium mulieris bestia fuisset immissa, non adeo uel
prudentia sollers uel artificio docta uel abstinentia frugi
posset prouenire, ut adiacentem lateri meo laceraret mu- ²⁰
lierem, mihi uero quasi indemnato et innoxio parceret.
ergo igitur non de pudore iam, sed de salute ipsa solli- ³⁵
citus, dum magister meus lectulo probe coaptando de-
strictus inseruit et tota familia partim ministerio uenationis occupata, partim uoluptario spectaculo adtonita ²⁵
⁷⁵⁰ meis cogitationibus liberum tribuebatur arbitrium nec
magnopere quisquam custodiendum tam mansuetum puta-
bat asinum, paulatim furtiuum pedem proferens po⟨r⟩|tam,
quae proxima est, potitus iam cursu me celerrimo prori- ²⁰⁵
pio sexque totis passuum milibus perniciter confectis ³⁰

F 177ᵇ 178ᵃ. φ 68ᵇ.   1 Iuno (Iu *ex* bi *al. m. ut vid. corr.*)

φ: b̌ino (ᵛ *add. ead. m.*)   ⁵ *cf. 253,11*   ⁶ deċepit (φ)
em. v   10 beſtiſ φ: beſtiiſ *cf. 199,15*   11 etiå (φ) *dist. v*
cf. 30,3   ²² districtus *v cf. 216,3*   ²⁸ potå *em. al. m.*
et φ *cf. flor. 15 (21,6), sed met. 81,23 89,20 91,14 110,4 121,16*
224,18   ²⁹ ourſů e *al. m. mut. in* curſu me *cf. 75,16*

Oud.   *E*

Cenchreas peruado, quod oppidum audit quidem nobilis-
simae coloniae Corinthiensium, adluitur autem Aegaeo et
Saronico mari. inibi portus etiam tutissimum nauium
receptaculum magno frequentatur populo. uitatis ergo
5 turbulis et electo secreto litore prope ipsas fluctuum
aspergines in quodam || mollissimo harenae gremio lassum
corpus porrectus refoueo. nam et ultimam diei metam
751 curriculum solis deflexerat et uesper⟨ti⟩nae me quieti traditum dulcis somnus oppresserat.

10   LIBER XI

1 752 Circa primam ferme noctis uigiliam experrectus pauore subito, uideo praemicantis lunae candore nimio completum orbem commodum marinis emergentem fluctibus;
nanctusque opacae noctis silentiosa secreta, certus etiam
15 summatem deam praecipua maiestate pollere resque prorsus humanas ipsius regi prouidentia, nec tantum pecuina
et ferina, uerum inanima etiam diuino eius luminis nu-
minisque nutu uegetari, ipsa etiam corpora terra caelo
marique nunc incrementis consequenter augeri, nunc de-
20 trimentis obsequenter imminui, fato scilicet iam meis tot
tantisque cladibus satiato et spem salutis, licet tardam,
subministrante augustum specimen deae praesentis statui
753 deprecari; confestimque discussa pigra quiete
alacer exurgo meque protinus purificandi studio marino
25 lauacro trado septiesque summerso fluctibus capite, quod

F 178ᵃ. φ 68ᵇ.   1 audit (φ) *del. m. rec. et superscr.* ᵉⁿ
cf. 32,20   quidem ⟨emporium⟩ *He*   1/2 nobilissima colo-
nia *v*   5 *cf. 270,14 271,16; sed 73,15 90,4 154,14*   6 gru-
mulo *vdVl coll. 135,10*   8 uespernae (φ) *em. v cf. 52,8, sed
59,8 216,4 219,21 274,4*   9 oppressit *edd ante Colv*
METHAMORFOSEON LĪB X. EXPłIC | Ego falluftiuſ legi &
emdaui rome felix. INCĪP. | LĪB XI. Felicitea,   15 fūmatā
(φ) *em. v*   19 decrementis *v sed cf. de mundo 19 (155,10 Th.)
Fulg. mit. II 16 (57,18 H.) Sidon. Apoll. ep. IV 16,2*   22 ⟨laetus
et⟩ *He cf. 267,2*

Oud.   E

eum numerum praecipue religionibus aptissimum diuinus
ille Pythagoras prodidit, laetus et alacer deam praepo-
tentem lacrimoso uultu sic adprecabar:

'Regina caeli, — siue tu Ceres alma frugum parens 2
originalis, quae, repertu laetata filiae, uetustae glandis 5
754 ferino remoto pabulo, miti | commonstrato cibo nunc Eleu-
siniam glebam percolis, seu tu caelestis Venus, quae
primis rerum exordiis sexuum diuersitatem generato Amore
sociasti ‖ et aeterna subole humano genere propagato nunc 206
circumfluo Paphi sacrario coleris, seu Phoebi soror, quae 10
partu fetarum medelis lenientibus recreato populos tantos
educasti praeclarisque nunc ueneraris delubris Ephesi, seu
nocturnis ululatibus horrenda Proserpina triformi facie
laruales impetus comprimens terraeque claustra cohibens
lucos diuersos inerrans uario cultu propitiaris, — ista 15
luce feminea conlustrans cuncta moenia et u[n]dis ignibus
755 nutriens laeta semina et solis ambagibus dispensans incerta lumina, quoquo nomine, quoquo ritu, quaqua facie
te fas est inuocare: tu meis iam nunc extremis aerumnis
subsiste, tu fortunam conlapsam adfirma, tu saeuis ex- 20
anclatis casibus pausam pacemque tribue; sit satis laborum, sit satis periculorum. depelle quadripedis diram
faciem, redde me conspectui meorum, redde me meo Lucio.
ac si quod offensum numen inexorabili me saeuitia premit,
mori saltem liceat, si non licet uiuere.'   25

Ad istum modum fusis precibus et adstructis miseris 3
lamentationibus rursus mihi marcentem animum in eodem
illo cubili sopor circumfusus oppressit. necdum satis
coniueram, et ecce pelago medio uenerandos diis etiam

F 178^{a.b}. φ 68^b 69^a.   2 laetus et alacer *propter* lacrim. *del.* □
Leo coll. 266,24 cf. 15,18 73,25   8 generabili *Bursian*
9 subole* (*eras.* f *ante delet.*)   14 larbalef ꞌ *ex* b al. m. corr. (ω)
16 ēluſtranꞩ (ꞩ *ead. m. add.*)   undis (φ, *sed in mg. al. m.* ċ. nudiſ)
udis *v* umidis *Giarr* uuidis *Pontan* in udis *Oud cf. Fulg. mit. II 16*
(58,12 H.): uaporea lunae   sudis *Bluemner*   18 quaq; facie
(φ) em. *v*   20 cōnipſerā (φ) coniueram *Wower cf. 93,22* coni-
xeram *ed. Iunt. post.* consopiueram *Colv*   dī iſetiā (iſ *eras.*)
φ: ði— iſetiā *cf. 139,19*

Oud.

756 uultus attollens emergit diuina facies; ac dehinc paulatim toto corpore perlucidum simulacrum excusso pelago
ante me constitisse uisum est. eius mirandam speciem
ad uos etiam referre conitar, si tamen mihi disserendi
5 tribuerit facultatem paupertas oris humani uel ipsum
numen eius dapsilem copiam elocutilis facundiae submini-
strauerit.

Iam primum crines uberrimi prolixique et sensim in-
torti per diuina colla passiue di‖spersi molliter defluebant.
10 corona multiformis uariis floribus sublimem destrinxerat
757 uerticem, cuius media quidem | super frontem plana ru-
tunditas in modum speculi uel immo argumentum lunae
candidum lumen emicabat, dextra laeuaque sulcis insur- 207
758 gentium uiperarum cohibita, spicis etiam Cerialibus de-
15 super porrectis ⟨ornata . sed et uestis⟩ multicolor, bysso tenui
pertexta, nunc albo candore lucida, nunc croceo flore lutea,
nunc roseo rubore flammida et, quae longe longeque
etiam meum confutabat optutum, palla nigerrima splen-
descens atro nitore, quae circumcirca remeans et sub
20 dexterum latus ad umerum laeuum recurrens umbonis
759 uicem deiecta parte laciniae multiplici contabulatione de-
pendula ad ultimas oras nodulis fimbriarum decoriter
4 confluctuabat. per intextam extremitatem et in ipsa eius
planitie stellae dispersae coruscabant earumque media
25 semenstris luna flammeos spirabat ignes. quaqua tamen
insignis illius pallae perfluebat ambitus, indiuiduo nexu

F 178ᵇ. φ 69ᵃ   6 ∗locutilif *eras.* e φ: elocutilif
9 difperfi∗ (*eras. vid.*⁻)   10 distinxerat v cf. *261,20*   11 media
— fronte *Wower* sed cf. v. *24 Fulg. mit. praef. 14,9 sqq. H.*
quaedam vdVl   rotunditaf (o *ex* u *corr. al. m.*)   12 ut immo
(φ) uelut nimbo [argumentum] E   augmentum *Pric* arcua-
mentum *Stewech* ⟨in⟩ argumentum *Luetj* argenteae *Haupt*
cf. *228,22*   15 suppl. *Cast* ⟨uestis⟩ *Bursian* ⟨uestis
tunica⟩ vdVl ⟨multicia tunica⟩ *Purser* tenui ⟨tunica⟩ *Brakman*   16 fuluore *Baehrens*   23 inteotā (φ) intextam v
24 corufcabant (ᵛ *add. quia* u *pro* n *haberi poterat*)   25 fla-
mineof *ut vid.* (φ) *em.* v   fpirabat

Oud.   E

corona totis floribus totisque constructa pomis adhaerebat.
iam gestamina longe diuersa. nam dextra quidem ferebat aereum crepitaculum, cuius per angustam lamminam
in modum baltei recuruatam traiectae mediae paucae uir-
760 gulae, crispante brachio trigeminos iactus, reddebant ar- 5
gutum sonorem. laeuae uero cymbium dependebat aureum,
cuius ansulae, qua parte conspicua est, insurgebat aspis
caput extollens arduum ceruicibus late tumescentibus.
761 pedes ambroseos tegebant sol⟨e⟩ae palmae uictricis foliis
intextae. talis ac tanta, spirans Arabiae felicia ge⟨r⟩mina, 10
diuina me uoce dignata est:

'En adsum tui⟨s⟩ commota, Luci, precibus, rerum 5
naturae parens, elementorum omnium domina, saeculorum
progenies initialis, summa numinum, regina manium, prima
762 caelitum, deorum dearumque facies uniformis, quae caeli 15
luminosa culmina, maris ‖ salubria flamina, inferum de-
plorata silentia nutibus meis dispenso: cuius numen uni-.
cum multiformi specie, ritu uario, nomine multiiugo totus
ueneratur orbis. inde primigenii | Phryges Pessinun*tiam*
763 deum matrem, hinc autocthones Attici Cecropeiam Mi- 20
neruam, illi⟨n⟩c fluctuantes Cyprii P[hl]aphiam Venerem, Cretes sagittiferi Dictymnam Dianam, Siculi trilin- 20s
gues Stygiam Proserpinam, Eleusini⟨i⟩ uetustam deam
Cererem, Iunonem alii, Bellonam alii, Hecatam isti,
Rhamnusiam illi, *et* qui nascentis dei Solis inchoantibus 25
764 inlustrantur radiis Aethiopes Arique priscaque doctrina   ☐

F 178ᵇ 179ᵃ. φ 69ᵇᵃ.   4 *ad* uirgule *in mg. add.* ∗∗gule
(*fuit* uir *aut* un)   9 folę (φ) *em.* v   10 arabię felicia (φ)
induct.   gemina φ: gēma *em.* v   12 tui (i *prorsus evan.*)
φ: tuif   14 numinū (φ) *ead. m. corr. ex* nunciū *vel sim., sed
quia non satis liquebat, in mg. add.* numinū   reginā aniū
18 totū (φ) *em.* v   19 orb̄   peffinum tant (φ) *in mg.* d *cf.
praef. 34 em. Wower*   20 d̄m   autocthonef *cf. 8,18*   21 illic
(φ) illinc v   phlaphiā (φ, *sed del.* l)   22 ftigiā (φ) Ortygiam
Kaibel   eleufini *em.* v   uetust⟨i sanct⟩am *Cast*   24 ce-
rerē (φ) *in mg. al. m. add.* et   25 raannufiā (*pr. a deleta
ead. m.* ʰ *superscr.*) φ: rahmnufiā   illi∗∗ (*eras.* ec) φ: illi
eç (*al. m.* ᵉᵗ *add.*) illi sed *Bluemner*   26 arique (φ) Ariique v   ☐
utrique *Brant* Afrique *Cuper* Areique? *He cf. Liv. XXXIII 18,3*

Oud.   *E*

pollentes Aegyptii caerimoniis me propriis percolentes appellant uero nomine reginam Isidem. adsum tuos mise-
rata casus, adsum fauens et propitia. mitte iam fletus et
lamentationes [omitte], depelle maerorem; iam tibi pro-
5 uidentia mea inlucescit dies salutaris. ergo igitur imperiis istis meis animum intende sollicitum. diem, qui
dies ex ista nocte nascetur, aeterna mihi nuncupauit religio, quo sedatis hibernis tempestatibus et lenitis maris
765 procellosis fluctibus nauigabili iam pelago rudem dedican-
10 tes carinam primitias commeatus libant mei sacerdotes.
id sacrum nec sollicita nec profana mente debebis oppe-
6 riri. nam meo monitu sacerdos in ipso procinctu pompae
roseam manu dextera sistro cohaerentem gestabit coronam.
incunctanter ergo dimotis turbulis alacer continuare pom-
15 pam mea[m] uolentia fretus et de proximo clementer
uelut manum sacerdotis osculabundus rosis decerptis pessimae mihique detestabilis iam dudum beluae istius corio
te protinus exue. nec quicquam rerum mearum reformi-
des ut arduum. nam hoc eodem momento, quo tibi
766 uenio, simul et [t]ibi praesens, quae sunt sequentia, ‖ sacer-
21 doti meo per quietem facienda praecipio. meo iussu tibi
constricti comitatus decedent populi, nec inter hilares
caerimonias et festiua spectacula quisquam deformem
istam, quam geris, faciem perhorrescet uel figuram tuam
25 repente mutatam sequius interpretatus aliquis maligne
criminabitur. plane memineris et penita mente conditum
semper tenebis mihi reliqua uitae tuae curricula adusque
terminos ultimi spiritus uadata. nec iniurium, cuius
beneficio redieris ad homines, ei totum debere, quod
30 uiues. uiues autem | beatus, uiues in mea tutela glorio-

      F 179ᵃ. φ 69ᵇ.   2 regina miſidem (φ) *corr. al. m. in*
□ reginā ✴iſidem   4 omitte *ut var. lect. ad* mitte *addit. del.*
He cf. 60,8 187,14   7 nuncupabit (φ) *em* v   13 cohaerentĕ
em. φ   14 continare *Kiessling cf.* 22,11   15 meā (φ) mea
Colv meam ⟨mea⟩? *Oud*   uolentia (φ) *al. m. supra* u *add.* ¹
18 earum *Scriver*   20 & tibi (φ) *em. Vulc* et tibi . . . . ⟨et⟩
sacerdoti *Koziol, quem secut.* ⟨praenuntio et⟩ sac. *vdVl*
22 hylareſ (φ)

Oud.   *E*

sus, et cum spatium saeculi tui permensus ad inferos 209
demearis, ibi quoque in ipso subterraneo semirutundo me,
quam uides, Acherontis tenebris interlucentem Stygiisque
penetralibus regnantem, campos Elysios incolens ipse, tibi
propitiam frequens adorabis. quodsi sedulis obsequiis 5
et religiosis ministeriis et tenacibus castimoniis numen
nostrum promerueris, scies ultra statuta fato tuo spatia
767 uitam quoque tibi prorogare mihi tantum licere.'

Sic oraculi uenerabilis fine prolato numen inuictum 7
in se recessit. nec mora, cum somno protinus absolutus 10
pauore et gaudio ac dein sudore nimio permixtus exurgo
summeque miratus deae potentis tam claram praesentiam,
marino rore respersus magnisque imperiis eius intentus
monitionis ordinem recolebam. nec mora, cum noctis
atrae fugato nubilo sol exurgit aureus, et ecce discursu 15
religioso ac prorsus triumphali turbulae complent totas
plateas, tantaque hilaritudine praeter peculiarem meam
gestire mihi cuncta uidebantur, ut pecua etiam cuiusce
modi et totas domos ǁ et ipsum diem serena facie gaudere
sentirem. nam et pruinam pridianam dies apricus ac 20
placidus repente fuerat insecutus, ut canorae etiam aui-
768 culae prolectatae uerno uapore concentus suaues adsona-
rent, matrem siderum, parentem temporum orbisque totius
dominam blando mulcentes adfamine. quid quod arbores
etiam, quae pomifera subole fecundae quaeque earum 25
tantum umbra contentae steriles, austrinis laxatae flatibus, germine foliorum renidentes, clementi motu brachiorum dulces strepitus obsibilabant, magnoque procellarum
sedato fragore ac turbido fluctuum tumore posito mare

F 179ᵃᵇ. φ 69ᵇ.   2 femirotundo (φ) *prior o ex* u
                                                                      ħ
corr.   3 uidebis *vdVl*   4 elifiof *em.* φ   6 regiofif *em.*
ead. m.   9 plato (φ) *em.* v   10 summo *E*   11 pauore et
stupore (*Cornelissen*) ac dein gaudio *vdVl*   ac dein furore
diuino *Bluemner*   13 cuiusce *cf.* 190,15   22 uapore (φ) *ex*
fauore *aut* pauore *em., postquam antea pr. m. superscriptis* ⁿ *et* ᵖ
correxit   25 fubolę *ex* u *al. m. corr.* o   26 c̄tenta ē erilef
(φ) *em.* v   27 filiorū (φ) *em.* v

Oud.   *E*

quietas adluuies temperabat, caelum autem nubilosa caligine disiecta nudo sudoque luminis proprii splendore
candebat.

8   Ecce pompae magnae paulatim praecedunt anteludia
769 uotiuis cuiusque studiis exornata pulcherrume. hic in-
6 cinctus balteo militem gerebat, illum succinctum chlamide
crepides et ue|nabula uenatorem fecerant, alius ⟨*s*⟩occis *210*
obauratis inductus serica ueste mundoque pretioso et ad-
textis capite crinibus incessu perfluo feminam mentiebatur.
10 porro alium ocreis, scuto, galea ferroque insignem e ludo
putares gladiatorio procedere. nec ille deerat, qui magi-
stratum facibus purpuraque luderet, nec qui pallio bacu-
770 loque et baxeis et hircino barbitio philosophum fingeret,
nec qui diuersis harundinibus alter aucupem cum uisco,
15 alter piscatorem cum hamis induceret. uidi et ursam
mansuem cultu matronali, ⟨*quae*⟩ sella uehebatur, et si-
miam pilleo textili crocoti[i]esque ‖ Frygiis Catamiti pastoris
specie aureum gestantem poculum et asinum pinnis adglu-
tinatis adambulantem cuidam seni debili, ut illum quidem
20 Bellerophontem, hunc autem diceres Pegasum, tamen ri-
deres utrumque.

9   Inter has oblectationes ludicras popularium, quae passim uagabantur, iam sospitatricis deae peculiaris pompa
moliebatur. mulieres candido splendentes amicimine, ua-
25 rio laetantes gestamine, uerno florentes coronamine, quae
de gremio per uiam, qua sacer incedebat comitatus, solum
sternebant flosculis, aliae, quae nitentibus speculis pone

F 179ʰ. φ 69ʰ 70ᵃ.   1 adlubief (φ) *em. v*   2 nudum sudum-
que *vdVl*   4 p̄cedunt (φ) proc- *v cf. v. 23*   5 uotib; (φ) *em.*
Brant cf. 230,22   7 occif *al. m. antepos.* f   φ: foccif   8 ob-
auratif (φ) au *vid. ead. m. correx. ex* du   indutus *edd vett*
cf. 48,9 218,14   9 capiti (ᵉ *ead. m. add.*)   φ: capite
12 facib; (φ) fascibus *v sed cf. Hor. sat. I 5,36 Mommsen Röm.*
Staatsrecht I² 423   13 hyrcino (φ)   15 inducerent *vdVl*
indueret *Colv cf. 69,13*   16 ⟨quae⟩ *ante* cultu *v, ante*
sella *interpos. vdVl parenthesin def. Oud coll. 5,13 23,5 57,10*
17 crocotiᵉq; ᵉ *ead. m. add. em. Beroald*   27 alieq; (φ) *em. v*

Oud.   E

771 tergum reuersis uenienti deae obuium commonstrarent obsequium et quae pectines eburnos ferentes gestu brachiorum flexuque digitorum ornatam atque obpexum crinium
regalium fingerent, illae etiam, quae ceteris unguentis et
geniali balsamo guttatim excusso conspargebant plateas; 5
magnus praeterea sexus utriusque numerus lucernis, taedis,
cereis et alio genere *facticii* lumin*is* siderum caelestium
stirpem propitiantes. symphoniae dehinc suaues, fistulae
tibiaeque modulis dulcissimis personabant. eas amoenus
772 lectissimae iuuen⟨*tu*⟩tis ueste niuea et cat[h]aclista prae- 10
nitens sequebatur chorus, carmen uenustum iterantes, quod
Camenarum fauore sollers poeta modulatus edixerat, quod
argumentum referebat interim maiorum antecantamenta
uotorum. ibant et dicati magno Sa|rapi tibicines, qui
per oblicum calamum, ad aurem porrectum dexteram, fa- 15
miliarem templi deique modulum frequentabant, et pleri- 211
773 que, qui facilem sacris uiam dari praedicarent. tunc in- 10
fluunt turbae sacris diuinis initiatae, uiri feminaeque omnis
dignitatis et omnis aetatis, linteae uestis candore ‖ puro
luminosi, illae limpido tegmine crines madidos obuolutae, 20
hi[c] capillum derasi funditus uerticem praenitentes, magnae religionis terrena sidera, aereis et argenteis, immo
uero aureis etiam sistris argutum tinnitum constrepentes,
et antistites sacrorum proceres illi, qui candido linteamine

F 179ᵇ180ᵃ. φ 70ᵃ.   1 comminiftrarent *Petsch*   7 ·'facuū
lumine (φ) *in mg. ead. m.* ·'facti luminif   ficti luminis *v* facticii
luminis *Haupt* facium lumine *Colv, quem secut.* alienigeno facium l. *Purser* facium luminum *Rohde* facium luminoso *Pric*
luminosam *Luetj* [lumine] *Vulcan* [genere facium] lumine? *He*
cf. 89,6   fyderū *em.* φ   8fiphoniᵉ *em.* φ   9 tybiᵉq;
em. φ   pfonabat (*al. m.* t *corr. ex* nt)   φ: pfonabāt
10 iuuentif (φ) *em. v*   cathaclyfta   φ: cathaclifta   11 uetustum *Wasse*   16/17 &· pleriq; q (φ) praeciaeque qui *Dousa*
coll. Fest. 224,1 M. ut plebi cuique *E* [et] plebique qui *Rohde*
   21 hic (φ) *em. v*   ūticĕ (φ) uertice *v* cf. 274,6   22 magnae — sidera *ante* antistites (*v.* 24) *transpos. vdVl*   23 etiā
(φ) ti *ex* a *aut* t *corr. ead. m.*   fyftrif *em.* φ   23/24 ōftre-
pente,f ed (*vid. ead. m. distinx.*)   φ: ōftrepentef ed   sed *aut*
et v sed et Oud   qui] quidem *Rohde* (*servato* sed)

Oud.

774 cinctum pectoralem adusque uestigia strictim iniecti po-
tentissimorum deum proferebant insignis exuuias. quorum
primus lucernam claro praemicantem porrigebat lumine
non adeo nostris illis consimilem, quae uespertina⟨s⟩ illu-
5 minant epulas, sed aureum cy⟨m⟩bium medio sui patore
flammulam suscitans largiorem. secundus uestitum quidem similis, sed manibus ambabus gerebat altaria, id est
775 auxilia, quibus nomen dedit proprium deae summatis
auxiliaris prouidentia. ibat tertius attollens palmam auro
10 subtiliter foliatam nec non Mercuriale etiam caduceum.
quartus aequitatis ostendebat indicium deformatam manum
sinistram porrecta palmula, quae genuina pigritia, nulla
calliditate nulla sollertia praedita, uidebatur aequitati
magis aptior quam dextera; idem gerebat et aureum
15 uasculum in modum papillae rutundatum, de quo lacte
libabat. quintus auream uannum ⟨l⟩aureis congestam
ramulis, et alius ferebat amphoram.

11 Nec mora, cum dei dignati pedibus humanis incedere
776 prodeunt, hic horrendus ille superum commeator et infe-
20 rum, nunc atra, nunc aurea facie sublimis, attollens canis
ceruices arduas, Anubis, laeua caduceum gerens, dextera
palmam uirentem quatiens. huius uestigium continuum
777 sequebatur bos in erectum leuata statum, bos, omni[a]pa-
rentis deae fecundum simulacrum, quod residens umeris
25 suis proferebat unus e ministerio beato gressu gestuosu⟨s⟩. *212*

F 180ᵃ. φ 70ᵃ. 1 aftricti *vd Vl (ante ad. posit.)* 2 prae-
ferebant *v*   exubiaf (φ)   3 *postquam* lumin *scrips. librar.*
post claro, *vidit se errasse et em.* p̄micantē; *quia* ca *non satis*
manifestum erat, ead. m. in mg. add. 4 uefptina (φ) *al. m.*
add. f 5 cybiũ (φ) *em. v* 6 ueftitũ (φ) ⁻ *eras. cf.* 273,21 288,24
7/8 auxilia (φ) i. e. aux. *del. dubitanter Oud def. Armini* auxil-
las, id est altaria (*vel delet.* i. e. alt.) *Kaibel cf. Thes l. Lat. II*
1632,37. 78 15 rutundatũ (*in mg.* d *cf. praef.* 34) φ: rot—
16 aureif (φ) *def. Norden Geburt d. Kind.* 19 *em. Passerat cf.* 279,5
19 horrendũ (φ) horrendum! *v* horrendus *D'Orleans* 22 hui;
(H *eff. al. m., sed fuit* h; *in mg. m. prior* cui;) φ: h⁹
23 *poster.* bos *del. vd Vl cf.* 275,19 ⟨erat ea⟩ bos *Wower*
oĩa parentif (φ) *em. Beroald cf.* 196,25   25 geftuofu (φ)
poster. u *mut. in* o *al. m.* gestuosus *Petsch coll.* 260,21

Oud

E

ferebatur ab alio cista ‖ secretorum capax penitus celans
operta magnificae religionis. | gerebat alius felici suo
gremio summi numinis uenerandam effigiem, non pecoris,
non auis, non ferae ac ne hominis quidem ipsius consimilem, sed sollerti repertu etiam ipsa nouitate reuerendam, 5
altioris utcumque et magno silentio tegen*dae* religionis
argumentum ineffabile, sed ad istum plane modum ful-
778 gente auro figuratum: urnula faberrime cauata, fundo
quam rutundo, miris extrinsecus simulacris Aegyptiorum
effigiata; eius orificium non altiuscule leuatum in cana- 10
lem porrectum longo riuulo prominebat, ex alia uero
parte multum recedens spatiosa dilatione adhaerebat ansa,
quam contorto nodulo supersedebat aspis squameae ceruicis striato tumore sublimis.

Et ecce praesentissimi numinis promissa nobis acce- 12
dunt beneficia et fata salutemque ipsam meam gerens 16
sacerdos adpropinquat, ad ipsum praescriptum diuinae
promissionis ornatum dextera proferens sistrum deae, mihi
coronam — et hercules coronam consequenter, quod tot ac
tantis exanclatis laboribus, tot emensis periculis deae maxi- 20
mae prouidentia adluctantem mihi saeuissime Fortunam
superarem. nec tamen gaudio subitario commotus incle-
779 menti me cursu proripui, uerens scilicet, ne repentino
quadripedis impetu religionis quietus turbaretur ordo, sed
placido ac prorsus humano gradu cunctabundus paulatim 26
obliquato corpore, sane diuinitus decedente populo, sensim inrepo. at sacerdos, ut reabse cognoscere potui, 18
nocturni commonefactus oraculi miratusque congruentiam
mandati muneris, confestim restitit et ultro ‖ porrecta
dextera ob os ipsum meum coronam ex⟨h⟩ibuit. tunc 30

F 180ᵃᵇ. φ 70ᵃᵇ.   **2** gerebat (φ) g *mut. al. m. in* G
6 tegente (φ) *em. Berould*   **8** figuratū (φ) ū *corr. in* a
9 quam *cf. 77,1 116,6 118,24 185,17*   rutundo (*prior* u *mut.
in* o) φ: rot—   **12** parte (t *inter scribend. ex* e *corr. ead. m.*)

13 sist., ⟨sistrum⟩ *Kronenb*   **21** fortunā (*quia* u *ex* n *corr.
non satis liquida erat, ead.* .m. *add.* ᵛ)   **27** reabse *cf. 12,9*
29 porrecta (φ) a *ex* o *corr. ead.(?) m.*   **30** exibuit (φ)

Oud. E

ego trepidans, adsiduo pulsu micanti corde, coronam, quae
rosis amoenis intexta fulgurabat, auido ore susceptam
cupidus promissi deuoraui. nec me fefellit caeleste pro-
missum: protinus mihi delabitur deformis et ferina facies.
5 ac primo quidem squalens pilus defluit, ac dehinc cutis
780 crassa tenuatur, uenter obesus residet, pedum plantae per 313
ungulas in digitos exeunt, manus non iam pedes sunt,
sed in erecta porriguntur officia, ceruix procera cohibe-
tur, os et caput rutundatur, aures enormes repetunt pri-
10 stinam paruitatem, dentes saxei redeunt ad humanam
minutiem, et, quae me potissimum cruciabat ante, cauda
nusquam! populi mirantur, religiosi uenerantur tam eui-
dentem maximi numinis potentiam et consimilem nocturnis imaginibus magnificentiam et facilitatem reformationis
15 claraque et consona uoce, caelo manus adtendentes, te-
14 stantur tam inlustre deae beneficium. at ego stupore
nimio defixus tacitus haerebam, animo meo tam repenti-
num tamque magnum non capiente gaudium, quid potissimum praefarer primarium, unde nouae uocis exordium
20 caperem, quo sermone nunc renata lingua felicius auspi-
carer, quibus quantisque uerbis tantae deae gratias agerem. sed sacerdos utcumque diuino monitu cognitis ab
origine cunctis cladibus meis, quanquam et ipse insigni
781 permotus miraculo, nutu significato prius praecipit tegendo
25 mihi linteam dari laciniam; nam me cum primum ne-
fasto tegmine despoliauerat asinus, compressis in artum
feminibus ‖ et superstrictis accurate manibus, quantum
nudo licebat, uelamento me naturali probe muniueram.

F 180ᵇ. φ 70ᵇ.　　3 *ad* promissi *in mg. complur.*
vocab. eras. (*Giarr*)　φ: cupidissime (*om.* promissi) cupidus [promissi] *Novák*　6 residit *vdVl cf. 13,4*　6 per] post
Leo　9 rutundaṫ φ: rot—　12 nufquā (φ) cōparuit *add. m.*
recentiss.　comparet *vdVl coll. 193,15 248,4*　ueneranṫ
re | (re *induct.*)　14 ymaginib; *em.* φ　20 sermonem *v*
renatam linguam *vdVl*　24 nutus significatu *Rohde sed inter-*
pretand.: 'cum nutu significaret'; *cf. 261,17 sq.*　25 liciniā (φ)
em. v　me *del. vdVl*　26 altū (φ) *em. Beroald*

Oud.   E

tunc e cohorte religionis unus inpigre superiorem exutus
tunicam supertexit me celerrume. quo facto sacerdos uultu
geniali et hercules inhumano in aspectum meum attonitus sic effatur:

782   'Multis et uariis exanclatis laboribus magnisque For- 15
tunae tempestatibus et maximis actus procellis ad portum 6
Quietis et aram Misericordiae tande⟨m⟩, Luci, uenisti. nec
tibi natales ac ne dignitas quidem, uel ipsa, qua flores,
usquam doctrina profuit, sed lubrico uirentis aetatulae
ad seruiles delapsus uoluptates curiositatis inprosperae
sinistrum praemium reportasti. sed utcumque | Fortunae 10
caecitas, dum te pessimis periculis discruciat, ad religio-
sam istam beatitudinem inprouida produxit malitia. eat
nunc et summo furore saeuiat et crudelitati suae mate-
783 riem quaerat aliam; nam in eos, quorum sibi uitas ⟨in⟩ 314
seruitium deae nostrae maiestas uindicauit, non habet 15
locum casus infestus. quid latrones, quid ferae, quid seruitium, quid asperrimorum itinerum ambages reciprocae,
quid metus mortis cotidianae nefariae Fortunae profuit?
in tutelam iam receptus es Fortunae, sed uidentis, quae
suae lucis splendore ceteros etiam deos illuminat. sume 20
iam uultum laetiorem candido isto habitu tuo congruentem, comitare po⟨m⟩pam deae sospitatricis in[n]ouanti
gradu. uideant inreligiosi, uideant et errorem suum re-
cognoscant: en ecce pristinis aerumnis absolutus Isidis
magnae *prouidentia* gaudens Lucius de sua Fortuna trium- 25
784 phat. quo tamen tutior sis atque munitior, da nomen
sanctae huic militiae, cuius non olim sacramento etiam

F 180ᵇ. φ 70ᵇ71ᵃ.   8 *phumano (p *al. m.; fuit* In)
φ: inhumano *cf. 109,5*   7 m͡ię   tandē (φ) ⁻ *al. m. ut vid. add.*
    12 habitudinem *v*   14 quẹṛat (*eras.* ⁻ *ut* ā *emend. in* at)

φ: q̄rat (² *delet.*)   uitas *del. Florid*   14/15 seruitium *del.*
Oud ⟨in⟩ seru. *Luetj* ⟨ac⟩ seru.? *Koziol*   16 locū* (⁻ *al. m.*
add., eras.* ⟨⟩ φ: loc⁹ (*in mg. m. rec.* c̄. locū)   22 popā *em.*
al. m. et φ   innouandi (φ, *al. m. superscr.* ⁴⁾) *parv. ras. supra*
ua *et in mg.*   inouanti *Colv*   25 prudentia (φ) *em. Colv* ᵇₐ
sua F. *cf. 195,21*   27 cuI; n̄ olī ſacra|m͡to etiā rogaueriſ

E

Oud.

rogabaris, teque iam nunc obsequio religionis nostrae dedica
et ministerii iugum subi uoluntarium. nam cum coeperis
deae seruire, tunc magis senties || fructum tuae libertatis.'
16   Ad istum modum uaticinatus sacerdos egregius fati-
5 gatos anhelitus trahens conticuit. exin permixtus agmini
religioso procedens comitabar sacrarium totae ciuitati
notus ac conspicuus, digitis hominum nutibusque notabilis.
omnes in me populi fabulabantur: 'hunc omnipotentis
hodie deae numen augustum reformauit ad homines. felix
785 hercules et ter beatus, qui uitae scilicet praecedentis
11 innocentia fideque meruerit tam praeclarum de caelo
patrocinium, ut renatus quodam modo statim sacrorum
obsequio desponderetur.'
    Inter haec et festorum uotorum tumultum paulatim
15 progressi iam ripam maris proximamus atque ad ipsum
illum locum, quo pridie meus stabulauerat asinus, peruenimus. ibidem simulacris rite dispositis nauem faberrime
factam picturis miris | Aegyptiorum circumsec[t]us uarie-
*ga*tam summus sacerdos taeda lucida et ouo et sulpure,
20 sollemnissimas preces de casto praefatus ore, quam pu- 215
786 rissime purificatam deae nuncupauit dedicauitque. huius
felicis al*u*ei nitens carbasus ⟨*litteras*⟩ [litterae uotum]
in*tex*tas progerebat: eae litterae uotum instaurabant de
787 noui commeatus prospera 'nauigatione. iam malus insur-

(φ, *sed* rogabari*ſ scil. 270,26 sqq.*) ᵇᵃ *ead. m. add., totum induct.
cf. 243,19 sq.*
    F 180ᵇ 181ᵃ. φ 71ᵃ. 8 o̅m̅ſ 17 fauerrime (φ) b *ex* u *al. m.
corr.* 18 circūſectuſ (φ) *em. Stewech* uarie grecā (φ) *em. Beroald*
19 ouo *cf. Lobeck Aglaopham.* 477 20 de ⟨libro⟩ *Wiman cf.*
279,20 23 albei (φ) ᵛ *ex* b *corr. al. m.* 22/23 littere uotū Ingeſtaſ
(φ) ⁻ *supra* a *add. al. m., in mg.* ·d· *cf. praef. 34* lintea *vel* lutea
vel [littere] uotum ingest*a*ns *Stewech* litteris (litteratum *Scriver*)
uotum ingestans *Wower* litteras uocum intextas *Oud* litteras uoti
intextas *Hild* litteras [uoti] intextas *Haupt* litterarum notas intextas *vd Vl* litteras ingestas *Médan* litteras aureas intextas
Giarr littore v *cf. 103,19 127,15* [litt. uot.] ⟨formarum notas⟩
Brakman coll. Ammian. XVII 4,8 23 ecce (φ) *legit He et correct.*
esse putat Brakman, eae primitus fuisse dicunt Brakman Rostagno
ecce hae *Luetj* litore *Stewech* 24 nauigatione (ti *em. librar.,*
'quia formam litt. adhibuerat quae non adhibetur ante vocal.)

Oud.

E

git pinus rutunda, splendore sublimis, insigui[s] carchesio
conspicua, et puppis intorta chenisco, bracteis aureis ue-
stita fulgebat omnisque prorsus carina citro limpido per-
788 polita florebat.   tunc cuncti populi tam religiosi quam
profani uannos onustas aromatis et huiusce modi suppli- 5
ciis certatim congerunt et insuper fluctus libant intritum
lacte confectum, donec muneribus largis et deuotionibus
faustis completa nauis, absoluta strofiis ancoralibus, pecu-
liari serenoque ‖ flatu pelago redderetur.   quae postquam
cursus spatio prospectum sui nobis incertat, sacrorum 10
geruli sumtis rursum, quae quisque detulerant, alacres
ad fanum reditum capessunt simili structu pompae decori.

At cum ad ipsum iam templum peruenimus, sacerdos 17
maximus quique diuinas effigies progerebant et qui uene-
789 randis penetralibus pridem fuerant initiati, intra cubi- 15
culum deae recepti disponunt rite simulacra spirantia.
tunc ex his unus, quem cuncti grammatea dicebant, pro
foribus assistens coetu pastophorum — quod sacrosancti
collegii nomen est — uelut in contionem uocato indidem
de sublimi suggestu de libro de litteris fausta uota 20
praefatus principi magno senatuique et equiti totoque
Romano populo, nauticis nauibus quaeque sub imperio
mundi nostratis reguntur, renuntiat sermone rituque

F 181ª. φ 71ª.   1 rutunda φ: rot—   splendore insignis, sublimi carchesio *Oud*   sublimi *v ante Elmenh*   in-
fignif (φ) *em. Salm*   rotunda sublimia, splend. insignis, carch.
conspic. *Luetj*   **2** insignis (*del. in v. 1*) intorto chenisco *Ku-
ziol*   uestito *vd Vl coll.* Luc. nav. 5: χρυσοῦν χηνίσκον ἐπι-
κειμένη   **3** fulgebat (*prior litt. eras. vid. fuisse* u) φ: fulgurabat   **5** cuiuscemodi *Brant* cf. 190,15   fuppliciif (φ)
al. m. corr. in fupplicuif   **6** c̄geruut (u *ex* e *inter scribend.*
corr. pr. m.)   intrimentum *He* cf. 246,9   **8** piaculari
Markland   **12** ftrictu (φ) ritu *aut* structu v   **18** at (φ) al.
m. ex a eff. δ, ut paene script. videatur δc   **16** spir. cf. Verg.
Georg. III 34   **17** ʰif φ: hif   grā̃matea (φ, *sed omisso* ̄)
ex ea al. m. in ras. corr. a   **18** cf. 291,16 *Novák Quaest.*
Apul. 59   **20** de libro *del. He* cf. 278,20   **22** queque (φ) *interpret.*
'quaecumque' *Hild* -que quae *Oud* quique *Petsch*

Oud

E

790 Graeciensi πλοιαφεcια. quam uocem feliciter cunctis
euenire signauit populi clamor insecutus. exin gaudio
delibuti populares thallos uerbenas corollas ferentes exo- 316
sculatis uestigiis deae, quae gradibus haerebat argento
5 formata, | ad suos discedunt lares. nec tamen me sine-
bat animus ungue latius indidem digredi, sed intentus
791 ⟨*in*⟩ deae specimen pristinos casus meos recordabar.

18 Nec tamen Fama uolucriṣ pigra pinnarum tarditate
cessauerat, sed protinus in patria deae prouidentis ado-
10 rabile beneficium meamque ipsius fortunam memorabilem
narrauerat passim. confestim denique familiares ac uer-
nulae quique mihi proximo nexu sanguinis cohaerebant,
luctu ‖ deposito, quem de meae mortis falso nuntio susce-
perant, repentino laetati gaudio uarie quisque munera-
15 bundi ad meum festinant ilico diurnum reducemque ab
792 inferis conspectum. quorum desperata ipse etiam facie
recreatus oblationes honestas aequi bonique facio, quippe
cum mihi familiares, quo ad cultum sumptumque largiter succederet, deferre prospicue curassent.

19 Adfatis itaque ex officio singulis narratisque meis
21 pro⟨*pere*⟩ et pristinis aerumnis et praesentibus gaudiis
me rursum ad deae gratissimum mihi refero conspectum

F 181ᵃᵇ. φ 71ᵃᵇ. 1 Itaaoιaeφεcια (φ) ita (τὰ *vd VI*) πλοια-
φέcια *Mommsen C.I.L.* I 387 cf. *Deubner Ath. Mitt. XXXVII*
(1912) 180 τὰ αοια (vel ιαω) 'Εφέcια *Sudhaus* et ita (vel iea)
aoια 'Εφέcια *Dieterich Mithraslit. Lips.* 1903 p. 38   quā vocē (φ)
⁻ *al. m. add. utrobique⁻ eraso*   qua uoce *v sed significat plebs*
ut haec vox fausta sit cf. 241,13 243,2 273,17   6/7 intent;
deę ⟨φ⟩ intuitus *Scal* ⟨in⟩ deae *Wower*   7 specimen *del.*
Brakman coll. Tac. hist. IV 82,3 Halm specimini *Pric*   specimen
(*scil. quod ei in somnio apparuerat*) ⟨et⟩ *Oud*   15 diurnum
sc. in die luceque rediuiuum *Brant* cotidianum *Purser* ⟨in lu-
cem⟩ diurnam reducis *vd Vl*   18 quoad φ: coad   quod ad
Stewech quod *Leo*   quoad *interpr.* 'quantum ad' *Heraeus*
19 fucce⋆⋆der& (*eras.* r) φ: fucceder& *i. e. subveniret, sub-
ministraretur* suppeteret *Stewech* sufficeret *Novák* suggereret
Leo suggerere et *Heraeus cf. apol.* 28 (32,23)   20 Affatif (φ)
prior. f *ex* d *al. m. corr.*   21 p (φ) *del. Novák* pro re *Petsch*
probe (*ante* meis *collocat.*) *E* propere *Kronenb* prorsus *Giarr*
protenus *He* prolixe *Médan*   21 p̄fentib; (φ) b *ead. m. corr. ex* f

Oud.

E

aedibusque conductis intra conseptum templi Jarem tem-
porarium mihi constituo, deae ministeriis adhuc priuatis
adpositus contuberniisque sacerdotum indiuiduus et numi-
793 nis magni cultor inseparabilis.   nec fuit nox una uel
quies aliqua uisu deae monituque ⟨i⟩eiuna, sed crebris 5
imperiis sacris suis me, iam dudum destinatum, nunc
saltem censebat initiari.   at ego quanquam cupienti uoluntate praeditus tamen religiosa formidine reta⟨rda⟩bar,
quod enim sedulo percontaueram difficile religionis obsequium et castimoniorum abstinentiam satis arduam cauto- 10
que circumspectu uitam, quae multis c̄asibus subiacet,
esse muniendam.   haec identidem mecum reputans nescio
794 quo modo, quamquam festinans, differebam.

   Nocte quadam plenum gremium suum uisus est mihi 20
summus sacerdos offerre ac requirenti, quid utique istud, *217*
respondisse partes illas de Thessalia mihi missas, seruum 16
etiam meum indidem superuenisse nomine Candidum. hanc
experrectus imaginem diu diuque apud cogitationes meas
reuoluebam, quid rei por‖tenderet, praesertim cum nullum
unquam ha‖buisse me seruum isto nomine nuncupatum 20
certus essem.   ut⟨ut⟩ tamen sese praesagium somni
porrigeret, lucrum certum modis omnibus significari partium oblatione credebam.   sic anxius et in prouentum
795 prosperiorem attonitus templi matutinas apertiones oppe-
riebar.   ac dum, uelis candentibus reductis in diuersum, 25
deae uenerabilem conspectum adprecamur et, per disposi-
tas aras circumiens sacerdos, rem diuinam procurans
supplicamentis sollemnibus, de[ae] penetrali fonte⟨m⟩

181ᵇ. φ 71ʰ.   5 ejuna   φ: ei∗una *em. v* uaciua *Brant*
                                          rdᴀ
8 retabar (*al.m.em.*) φ: retabar   9 quod e. *cf 211,13*   16 feruũ∗
(*erasa* ſ *al. m. add.* ⁻) φ: feruuſ   17 meũ∗ (*erasa* ſ, ⁻ *add.*
al. m.) φ: m̄ſ   21 ut (φ) *em. Pric*   22 patriũ (φ) *em. v*
27 p͙curant (nt *al. m. scr., vid..fuisse* at, *supra addito a pr. m.*
ⁿ *et ni fallor* �") φ: p͙curat *cf. 283,26*   28 deę͘ (φ) deae c
Hild de (*corrupt. ex v.26*) aut deae de v deque (*supra scripto* pro-
curat) *Oud* deae ⟨litat, laticem de⟩ vd*Vl*   fonte (φ) *em. Liⁿᶜ*

Oud.

796 petitum spondeo libat: rebus iam rite consummatis in-
choatae lucis salutationibus religiosi primam nuntiantes
horam perstrepunt. et ec⟨c⟩e superueniunt *Hypat*[ri]a quos
ibi reliqueram famulos. cum me Foti[di]s malis incapi-
5 strasset erroribus, cognitis scilicet fabulis meis, nec non
797 et equum quoque illum meum reducentes, quem diuerse
distractum notae dorsualis agnitione recuperauerant. quare
sollertiam somni tum mirabar uel maxime, quod praeter
congruentiam lucrosae pollicitationis argumento serui Can-
10 didi equum mihi reddidisset colore candidum.

21   Quo facto idem sollicit⟨i⟩us sedulum colendi frequen-
tabam ministerium, spe futura beneficiis praesentibus
pignerata. nec minus in dies mihi magis magisque ac-
cipiendorum sacrorum cupido gliscebat summisque preci-
15 bus primarium sacerdotem saepissime conueneram petens,
ut me noctis sacratae tandem arc[h]anis initiaret. at ille,
uir alioquin grauis et sobriae religionis obseruatione
famosus, clementer ac comiter et ut solent parentes in-
798 maturis liberorum desideriis modificari, meam differens
20 instantiam, spei melioris solaciis alioquin anxium mihi
permulcebat animum: nam et diem, quo quisque possit 218
initiari, deae nutu demonstrari et sacerdotem, qui sacra
debeat ministrare, eiusdem ‖ prouidentia deligi, sumptus
etiam caerimoniis necessarios simili praecepto destinari.
25 quae cuncta nos quoque obseruabili patientia sustinere censebat, quippe cum auiditati contumaciaeque
summe cauere et utramque culpam uitare ac neque

F 181ᵇ 182ᵃ. φ 71ᵇ.   3 ece *em.* φ   de patria (φ)
Hypata *Bursian*   4 fotif⁎ (f *al. m. corr. ex* dif) φ: fotidif
⟨factum⟩ Fotidif *Walter* Fotidif⟨scelus⟩ *Leo*   5 incognitis *E*
famulif (φ) fabulis *vdVl coll. 215,18*   7 dofualif (*ead. m.*
add.)   10 candido (*ead. m.* *ex* o *corr.*)   φ: candidum
11 pridem *Kroll*   follicituf (φ) sollicitius *Pric cf. 281,4; apol. 3*
(*3,15*)   frequentabã (t *inter scribend. ex* ti *ead. m. corr.*)

14 gliffebat *em.* φ   24 cerimonif ¹ *ead. m. add.*   26 auiditati
ctumacieque (φ, *sed* -tate) *cf. 8,22 flor. 42,6*   auiditatem — am-
que *vel* ⟨ab⟩ auiditate — aque *Oud*

Oud.   E

uocatus morari nec non iussus festinare | deberem; nec
tamen esse quemquam de suo numero tam perditae mentis uel immo destinatae mortis, qui, non sibi quoque
seorsum iubente domina, temerarium atque sacrilegum
audeat ministerium subire noxamque letalem contrahere; 5
nam et inferum claustra et salutis tutelam in deae manu
posita ipsamque traditionem ad instar uoluntariae mortis
et precariae salutis celebrari, quippe cum transactis uitae
temporibus iam in ipso finitae lucis limine constitutos,
⁷⁹⁹ quis tamen tuto possint magna religionis committi silen- 10
tia, numen deae soleat eligere et sua prouidentia quodam
modo renatos ad nouae reponere rursus salutis curricula;
ergo igitur me quoque oportere caeleste sustinere praeceptum, quanquam perspicua euidentique magni numinis
dignatione iam dudum felici[s] ministerio nuncupatum 15
destinatumque; nec secus quam cultores ceteri cibis profanis ac nefariis iam nunc temperare⟨m⟩, quo rectius ad
arc[h]ana purissimae religionis secreta peruaderem.

Dixerat sacerdos, nec inpatientia corrumpebatur obse- 22
⁸⁰⁰ quium meum, sed intentus miti quiete et probabili taci- 20
turnitate sedulum quot dies obibam culturae sacrorum
ministerium. nec me fefellit uel longi temporis prolatione
cruciauit deae potentis benignitas salutaris, sed noctis
obscurae non obscuris imperiis euidenter monuit aduenisse
diem mihi semper optabilem, quo me maxumi uoti com- 25
potiret, quantoque sumptu deberem procuraro supplicamentis, ipsumque Mithram illum ‖ suum sacerdotem praecipuum diuino quodam stellarum consortio, ut aiebat,
mihi coniunctum sacrorum ministrum decernit.

F 182ᵃ. φ 71ᵇ72ᵃ.   11 elicere (φ) *em. Beroald*   14 p̄cipua
(*eras.* pſpicua *a. pr. m. script.*) φ: pſpicua   15 feliciſ (φ) *em. v*
16 ceteros *Bluemner*   17 temperare (φ) temperarem *He*
20 intentaſ (ᵛſ *ex* a *ead. m. corr., postquam antea* a *ex* i *corr.*
est) φ: ītent⁹   21 sedulum *cf.* 271,5 282,11   qd̄ (φ) quot *v*
cf. ὁσημέραι *aliquot* vd Vl quinque? *E coll.* 289,25   25 cōpe-
ter& (ω) *in mg. paene evan.* p̄riret   compotiret *Lips* comper-
tiret *Hild*   28 diuino ¹ *add. ead. m.*

Oud.

E
219

Quis et ceteris beniuolis praeceptis summatis deae recreatus animi necdum satis luce lucida, discussa quiete,
protinus ad receptaculum sacerdotis contendo atque eum
cubiculo suo commodum prodeuntem continatus saluto.
801 solito constantius destinaueram iam uelut debitum sacris
6 obsequium flagitare. at ille statim ut me conspexit,
prior: 'o', inqui*t*, 'Luci, te felicem, te beatum, quem propitia uoluntate numen augustum tantopere dignatur'; et
'quid', inquit, 'iam nunc stas otiosus teque ipsum demo-
10 raris? adest tibi dies uotis ad|siduis exoptatus, quo deae
multinominis diuinis imperiis per istas meas manus piissi-
mis sacrorum arc[h]anis insinueris' et iniecta dextera senex
comissimus ducit me protinus ad ipsas fores aedis amplissimae rituque sollemni apertionis celebrato ministerio
15 ac matutino peracto sacrificio de opertis ad*y*ti profert
quosdam libros litteris ignorabilibus praenotatos, partim
figuris cuiusce mo⟨di⟩ animalium concepti sermonis com-
pendiosa uerba suggerentes, partim nodosis et in modum
rotae tortuosis capreolatimque condensis apicibus a curio-
802 sitate profanorum lectione munita. indidem mihi prae-
21 dicat, quae forent ad usum teletae necessario prae-
23 paranda. ea protinus nauiter et aliquanto liberalius
partim ipse, partim per meos socios coemenda procuro.
iamque tempore, ut aiebat sacerdos, id postulante stipa-
25 tum me religiosa cohorte deducit ad proximas balneas et
prius sueto lauacro traditum, praefatus deum ueniam,
purissime circumrorans abluit rursumque ad templum ∥
reductum, iam duabus diei partibus transactis, ante ipsa
deae uestigia constituit secretoque mandatis quibusdam,
803 quae uoce meliora sunt, illud plane cunctis arbitris prae-
31 cipit, decem continuis illis diebus cibaria*m* uoluptatem co-
hercerem neque ullum animal essem et inuinius essem.

F 182^ab. φ 72^a. 4 c̄tinat; (^u *m. recentior add.*) φ: c̄tinat⁹
cf. 22,11 5 sacris ⟨imperiis⟩ *vd Vl* 7 inqd *em.* φ
9 etiam *Kroll* 15 aditi (φ) 17 cuiuſcemo *em.* φ *cf. 190,15*
19 capōlatīq; (φ) curiosa *Elmenh* 31 cibariä* (¯ *al. m.*
add., eras. vid. ſ) φ: cibariaſ 32 essem inuinius *Médan*

Oud.   *E*

quis uenerabili continentia rite seruatis, iam dies ad[h]e-
rat diuino destinatus uadimonio, et sol curuatus intrahebat
uesperam. tum ecce confluunt undique turbae sacrorum
ritu uetusto uariis quisque me muneribus honorantes.
tunc semotis procul profanis omnibus linteo rudique me 220
contectum amicimine arrepta manu sacerdos deducit ad 6
ipsius sacrarii penetralia.

   Quaeras forsitan satis anxie, studiose lector, quid deinde
dictum, quid factum; dicerem, si dicere liceret, cogno-
sceres, si liceret audire. sed parem noxam contrahe⟨re⟩nt 10
804 et aures et linguae illae temerariae curiositatis. nec te
tamen desiderio forsitan religioso suspensum angore diutino cruciabo. igitur audi, sed crede, quae uera sunt.
accessi confinium mortis et calcato Proserpinae limine
per omnia uectus elementa remeaui, | nocte media uidi 15
solem candido coruscantem lumine, deos inferos et deos
superos accessi coram et adoraui de proximo. ecce tibi
rettuli, quae, quamuis audita, ignores tamen necesse est.

   Ergo quod solum potest sine piaculo ad profanorum in-
tellegentias enuntiari, referam. mane factum est, et per- 24
fectis sollemnibus processi duodecim sacratus stolis, habitu 21
quidem religioso satis, sed effari de eo nullo uinculo
prohibeor, quippe ‖ quod tunc temporis uidere praesentes
plurimi. namque in ipso aedis sacrae meditullio ante
deae simulacrum constitutum tribunal ligneum iussus 25
superstiti byssina quidem, sed floride depicta ueste conspicuus. et umeris dependebat pone tergum talorum tenus
pretiosa chlamida   quaqua tamen uiseres, colore uario
circumnotatis insignibar animalibus; hinc dracones Indici,

F 182ᵇ. φ 72ᵃ⁻ᵇ.   1 continentia∗ (*eras.* antea induct.)   φ: cōti-
                                                          ᵃʰᵉ
nentia   adherat *em.* φ   2 diſtinatuſ *em.* φ   intrabat *em.*
ead. m.   φ: trahebat   3 sacratorum *Brant cf. 288,7* sacrorum
ritu *coniung. Oud*   7/8 penetralia. Quęraſ (φ) a. Q *al. m. ex*
a. q *aut.* ſ. q *corr.*   8 sed quaeras *Koch*   φ: curioſe
10/11 c̄trahent∗ *eras.* e *aut* eˢ *aut* ē   φ: cōtrahente   contraherent *v*
c. et *Luetj*   11 lingua, ⟨ista impiae loquacitatis⟩, *vdVl quem*
secutus linguae, istae i. l. *Leo cf. Neue-Wagener Lat. Formenl.*ᵃ
II 427   21 sacratis stolis ⟨iniectis stipatus⟩ *vdVl coll. 288,15*

Oud.   E

   inde grypes ⟨*H*⟩yperborei, quos in speciem pinnatae alitis generat mundus alter. hanc Olympiacam stolam sa-
805 crati nuncupant. *at* manu dextera gerebam flammis
   adultam facem et caput decore corona cinxerat palmae
5 candidae foliis in modum radiorum prosistentibus. sic
   ad instar Solis exornat*o* m⟨*e*⟩ et in uicem simulacri con-
   stituto, repente uelis reductis, in aspectum populus errabat.
806 exhinc festissimum c*e*lebraui natalem sacrorum, et suaues
   epulae et faceta conuiuia. dies etiam tertius pari caeri-
10 moniarum ritu celebratus et ientaculum religiosum et
   teletae legitima consummatio. paucis dehin*c* ibidem com- *221*
   moratus diebus inexplicabili uoluptate simulacri diuini
   perfruebar, inremunerabili quippe beneficio pigneratus. sed
   tandem deae monitu, licet non plene, tamen pro meo
15 modulo supplicue gratis persolutis, tardam satis domuitionem comparo, uix equidem abruptis ardentissimi desiderii
   retinaculis. prouolutus denique ante conspectum deae
   et facie mea diu detersis uestigiis eius, lacrimis obortis,
   singultu crebro sermonem interficiens et uerba deuorans aio:
25   'Tu quidem, sancta et humani generis sospitatrix per-
31 petua, semper fouendis mortalibus | munifica, dulcem ma-
   tris adfectionem miserorum casibus tribuis. nec dies nec
807 quies ulla ac ne momentum quidem tenue‖tuis transcur-
   rit beneficiis otiosum, quin mari terraque protegas homi-
35 nes et depulsis uitae procellis salutarem porrigas dexteram, qua fatorum etiam inextricabiliter contorta retractas
   licia et Fortunae tempestates mitigas et stellarum noxios
   meatus cohibes. te superi colunt, obseruant inferi tu
   rotas orbem, luminas solem, regis mundum, calcas Tar-
30 tarum. tibi respondent sidera, redeunt tempora, gaudent

   F 183^(a.b). φ 72^b.   1 gripeſ ypborei (φ)   pinnatos alitis
Rohde 2 olīpiacā (φ) Osiriacam *Kaibel, sed cf.288,10*   3 ad (φ)
φ: manū dexterā   6 exornato (o *in ras. ut vid. ex* ū)
φ: exornatū exornato me *Schickerad*   7 erabat (*em. ead.*
m.)   8 sacrum *Rohde*   12 ⟨aspectu⟩ simulacri *vdVl*
15 gratiſ (φ) *ex* t *al. m. corr.* ti *cf. 199,15*   19 intercipiens
Cornelissen   30 reſpondent (φ) resplendent *Rohde*

Oud.

E

numina, seruiunt elementa. tuo nutu spirant flamina, nutriunt nubila, germinant semina, crescunt germina. *808* tuam maiestatem perhorrescunt aues caelo meantes, ferae montibus errantes, serpentes solo latentes, beluae ponto natantes. at ego referendis laudibus tuis exilis ingenio 5 et adhibendis sacrificiis tenuis patrimonio; nec mihi uocis ubertas ad dicenda, quae de tua maiestate sentio, sufficit nec ora mille linguaeque totidem uel indefessi sermonis aeterna series. ergo quod solum potest religiosus quidem, sed pauper alioquin, efficere curabo: diuinos tuos uultus 10 numenque sanctissimum intra pectoris mei secreta conditum perpetuo custodiens imaginabor.'

Ad istum modum deprecato summo numine complexus Mithram sacerdotem et meum iam parentem colloque eius multis osculis inhaerens ueniam postulabam, 15 quod [d]eum condigne tantis beneficiis munerari nequirem. diu denique gratiarum gerendarum sermone prolixo com- **26** moratus, tandem digredior et recta patrium larem reui- *232* *809* surus meum post aliquam multum te⟨m⟩poris contendo paucisque post diebus deae potentis instinctu raptim con- **20** strictis sarcinulis, naue couscensa, Romam uersus profectionem dirigo ‖ tutusque prosperitate uentorum ferentium Augusti portum celerrime ⟨peruenio⟩ ac dehinc carpento   □ peruolaui uesperaque, quam dies insequebatur Iduum *810* Decembrium, sacrosanctam istam ciuitatem accedo. nec **25** ullum tam praecipuum mihi exinde studium fuit quam cotidie supplicare summo numini regina‖e Isidis, quae de templi situ sumpto nomine Campensis summa cum ueneratione propitiatur. eram cultor denique adsiduus, fani quidem aduena, religionis autem indigena.   **30**

F 183ᵃ. φ 72ᵇ 73ᵃ.   2 nutriunt (φ) mugiunt *Wower* nutriuntur *Oud* ingruunt *Cast*   4 beluę (φ) b *ex* u *al. m.* ut vid. corr.   8 *ora *eras.* h   φ: ora   14 coloq; *em.* ead. m.   16 qd̄ d̄m   φ: ꝗ d̄m *em. Ald*   quod deam *Rohde* 18 patriam, *vdVl*   19 teporiſ *em.* φ   23 ⟨peruenio⟩ ac   □ *Rohde* ⟨cepi⟩ *Brakman*   ac] nactus *Oud* nactus Latium *Leo*   ⟨campos⟩ carpento *Koziol*   27 regina ei ſidiſ (φ) 28 cōpenſiſ (φ) *em. v*

Oud.   *E*

Ecce transcurso signifero circulo Sol magnus annum
compleuerat, et quietem meam rursus interpellat numi-
ni⟨s⟩ benefici cura peruigilis et rursus teletae, rursus
sacrorum commonet. mirabar, quid rei temptaret, quid
5 pronuntiaret futurum; quidni, plenissime iam dudum uide-
27 bar initiatus. ac dum religiosum scrupulum partim apud
meum sensum disputo, partim sacrátorum consiliis exa-
mino, nouum mirumque plane comperior: deae quidem
me tantum sacris inbutum, *at* magni dei deumque summi
10 parentis inuicti Osiris necdum sacris inlustratum; quan-
811 quam enim conexa, immo uero [m]unita r⟨a⟩tio numinis
religionisque esset, tamen teletae discrimen interesse maximum; prohinc me quoque peti ma⟨g⟩no etiam deo famulum sentire deberem. nec diu res in ambiguo stetit.
15 nam proxuma nocte uidi quendam de sacratis linteis iniectum, qui thyrsos et hederas et tacenda quaedam gerens
ad ipsos meos lares collocaret et occupato sedili meo
religionis amplae denuntiaret epulas. is ut agnitionem
mihi scilicet certo aliquo sui signo subministraret, sinistri
20 pedis talo paululum reflexo cunctabundo clementer incedebat uestigio. sublata est ergo post tam manifestam deum
uoluntatem ambiguitatis tota caligo et ilico deae matu-
tinis perfectis ‖ salutationibus summo studio percontabar *223*
singulos, ecqui uestigium similis ut somnium. nec fide⟨s⟩
25 afuit. nam de pastophoris unum conspexi statim praeter
812 indicium pedis cetero[s] etiam statu atque habitu examussim nocturnae imagini congruentem, quem Asin⟨i⟩um

---

F 183ᵃ˙ᵇ. φ 73ᵃ. **3** numini (φ, *sed in mg. corr.*) *add. nescio qua*
manu ᶠ   **4** tēptaret (φ) ret *ex* rē *corr. ead. m.*   **7/8** examīo nouū
(io *in ras. al. m.*, n *refict.*)   φ: examīo nouū   **9** ad (φ) ac *v at*
Sciopp   **11** munita ratio (tā ra *al. m. scr., vid. fuisse* munit artio)
   φ: munit artio   unita *vel* unica *v* inunita *Hild cf.* 187,25
13 mano (φ) *em. al. m.*   **14** *lac. ante* sentire *stat. Leo* debere *ed.*
Bas. alt.   **15** *cf.* 48,8   **24** & q (*cf. Birt Arch. f lat. Lex. X V* 76)
ueſtigiū ſimiliſ ut ſōniū (φ) *cf.* 274,6   eccui uestigium simile
sit [ut somnium] *Stewech quem secut.* [ut] somnii *Luetj et lac.*
post somnium *stat. E* ecqui uestigio similis *Colv* ecqui uestigio
simili sit somnio *Haupt*   fide (φ) *em. Iunt.*   **24/25** nec is
defuit *v*   **26** ceteroſ (φ) *em. v*   **27** aſinū *em. Beroald*

Oud.   E

Marcellum uocitari cognoui postea, reformationis meae
⟨non⟩ ali⟨e⟩num nomen. nec moratus, conueni protinus
eum sane nec ipsum futuri sermonis ignarum, quippe iam
dudum consimili praecepto sacrorum ministrandorum commonefactum. nam sibi uisus est quiete proxima, dum 5
magno deo coronas exap|tat, ... et de eius ore,
quo singulorum fa[c]ta dictat, audisse mitti sibi Madau-
rensem, sed admodum pauperem, cui statim sua sacra
deberet ministrare; nam et illi studiorum gloriam et ipsi
813 grande compendium sua comparari prouidentia. ad istum 28
modum desponsus sacris sumptuum tenuitate contra uotum 11
meum retardabar. nam et uiriculas patrimonii peregrinationis adtriuerant impensae et erogationes urbicae pristinis illis prouincialibus antistabant plurimum. ergo
duritia paupertatis incercedente, quod ait uetus prouer- 15
bium, inter sacrum et [o] saxum positus cruciabar, nec
setius tamen identidem numinis premebar instantia. iamque saepicule non sine magna turbatione stimulatus,
postremo iussus, ueste ipsa mea quamuis paruula dis-
tracta, sufficientem conrasi summulam. et id ipsum prae- 20
ceptum fuerat specialiter: 'an tu', inquit, 'si quam rem
uoluptati struendae moliris, laciniis tuis nequaquam par-
ceres: nunc tantas caerimonias aditurus impaenitendae te
pauperiei cunctaris committere?'

Ergo igitur cunctis adfatim praeparatis, decem rursus 25
diebus inanimis contentus cibis, insuper etiam deras⟨o⟩
814 capi⟨te⟩, principalis dei nocturnis orgiis inlustratus, plena
iam fiducia germanae religionis obsequium diuinum fre-

F 183^b. φ 73^a.   2 ⟨non⟩ *add. Ald*   aljnŭ (° *vid. al. m.*
add.) φ: alinŭ   nom (φ) *post* m *eras. vid. &*   6 exaptat [et]
vel exaptaret *Luetj interciderunt nonnulla qualia conspexisse*
numen diuinum   7 facta (φ) *em. Beroald*   mane Doriensem
Goldbacher   12 peregrinationiſ (φ) *ultim.* i *in* e *mut. al. m.*
14 *post* plurimum *distinx.* vd Vl, *post* antistabant v   15 aĭt
φ: ait   16 *ante* ſaxŭ *vid. eras.* o   φ: oſaxŭ *cf. Plaut. Capt. 617*
Otto Sprichw. d. Römer p. 305; 259   25 pparatiſ ti *corr. ex*
n (φ)   26 inaṁiſ (φ)   26/27 deraſ capi (φ *de Serapis* v *em.*
Luetj. coll. 48,9 273,21 291,17

Oud.　　　　　　　　　　　　　　　　　　　　　　　　　　　　　　*E*

quentabam. quae res summum ‖ peregrinationi meae
tribuebat solacium nec minus etiam uictum uberiorem
subministrabat, quidni, spiritu fauentis Euentus quaesti-
culo forensi nutrito per patrocinia sermonis Romani.

29　　Et ecce post pauculum tempus inopinatis et usque-　*324*
6 quaque mirificis imperiis deum rursus interpellor et cogor
tertiam quoque teletam sustinere. nec leui cura solici-
tus, sed oppido suspensus animi mecum ipse cogitationes
exercitius agitabam, quorsus noua haec et inaudita se
10 caelestium porrigeret intentio, quid subsiciuum, quamuis
iteratae iam, traditioni remansisset: ʽnimirum perperam
uel minus plene consuluerunt in me sacerdos uterque'; et hercules iam de fide quoque eorum opinari coeptabam sequius.
quo me cogitationis aestu fluctuantem ad instar insaniae
815 percitum sic instruxit nocturna diuinatione clemens imago:
16　　ʽNihil est', inquit, ʽquod numerosa serie religionis,
quasi quicquam sit prius omissum, terreare. quin adsidua ista numinum dignatione laetus capesse gaudium et
potius exulta ter futurus, quod alii uel semel uix conce-
20 ditur, teque de isto numero merito praesume semper beatum. ceterum futura tibi sacrorum traditio pernecessaria
est, si tecum nunc saltem reputaueris exuuias deae, quas
in prouincia sumpsisti, in eodem fano depositas perse-
816 uerare nec te Romae diebus sollemnibus uel supplicare
25 iis uel, cum praeceptum fuerit, felici illo amictu illustrari
posse. quod felix itaque ac faustum salutareque tibi sit,
animo gaudiali rursum sacris initiare deis magnis auctoribus.'

80　　⟨*H*⟩actenus diuini somnii suada maiestas, quod usus
foret, pronuntiauit. nec deinceps postposito uel in supi-
30 nam procrastinationem reiecto negotio, statim sacerdoti
meo relatis quae uideram, inanimae protinus castimoniae

F 183ᵇ. φ 73ᵃᵇ.　7 fuſcitare (φ) susceptare *Wower* sustinere *He cf. 27,6 50,6; 283,13*　**v** cogitabā (φ) agitabam *v*
12 consuluerunt (φ) -rant *Bluemner*　**16** īqd　**17** qſq (φ)
em. v　t̃rẹre (φ) *em. v*　**18** lẹtū (φ) laetus *He*　**20** semper]
ter *Leo*　**22** exubiaſ (φ) *em. v*　**28** funo (φ) *em. v cf. schol.
ad Ar. Plut. 846*　**25** ⟨in⟩ iis *vdVl*　**27** diſ　**28** acten; (φ)

Oud.

E

iugum subeo et lege perpetua praescriptis illis decem
diebus spontali sobrietate multiplicatis instructum *te-*
letae comparo largitus ex studio pietatis magis quam
mensura ⟨*re*⟩rum collatis. nec hercules laborum me
sumptuumque quidquam tamen paenituit, quidni, libe- **225**
rali deum prouidentia iam stipendiis forensibus *bellule* **6**
fotum. denique post dies admodum pauculos deus deum
magnorum potior et maiorum summus et summorum maximus et maximorum regnator Osiris non ⟨*in*⟩ alienam
quampiam personam reformatus, sed coram suo illo uene- **10**
rando me dignatus adfamine per quietem recipere uisus
817 est: qu*ae* nunc, incunctanter gloriosa in foro redderem patrocinia nec extimescerem maleuolorum disseminationes, quas
studiorum meorum laboriosa doctrina ibide[serui]⟨*m sustin*⟩e-
bat. ac ne sacris suis gregi cetero permixtus deseruirem, in **15**
collegium me pastoforum suorum, immo inter ipsos decurionum quinquennales adlegit. rursus denique qua⟨*m*⟩ raso
818 capillo collegii uetustissimi et sub illis Syllae temporibus conditi munia, non obumbrato uel obtecto caluitio,
sed quoquouersus obuio, gaudens obibam. **20**

F 183ᵇ. φ 78ᵇ.   **2** ac letẹ̆   φ: ac lege (*ead. m..ᵗ add.*) *em.*
v cf. apol. 22 (26,11) praef. 41   **8** largɪt; (φ) *interpret.*
'*large*' *Beroald cf. Non. 514 M.* largius *Elmenh* largiter *vir
doct.*   **4** menſuraɥ (φ) mensura rebus *v* mensura rerum? *E* mensura ⟨rerum mea⟩rum   ⟨impendiis⟩ *vd Vl* men-

sura rerum stipibus *Brakman*   colatiſ *em. ead. m.*   φ: cilatiſ
(° *al. m. add., prima certe* ¹*in F pro* i *habuit*)   mensura rebus coll. ⟨necessariis⟩ *Koziol cf. 282,24 284,21* mensura rerum collatum *Koch* mensura commoditatis *Kaibel* mensura
facultatis *Kronenb*   **6** uellula (φ) *em. v*   **9** ⟨in⟩ *v*   alienū
(*ex* u *vid corr. a*) *em.* φ   **11** recipeɪe (φ) praecip- *Beroald*

12 quã̆ (φ) iam *Pric* quae *He*   faro   φ: foro (ᵃ *postea add.*)
14 deſeruiebat (φ) *irrepsit ex v. 15* deſeruefaciebat *Cocchia*
disserebat *Beroald* ibidem serebat *Oud* ibidem sustinebat *He*
ibidem subibat *Brakman*   **16** pastof. *cf. 279,18*   **17** qua
raro (φ) quam raro *v* quam raso *Beroald cf. 275,9* quaqua raso
Oud abraso *E* deraso *Novák*   **18** illius *Rohde*   **20** *Subscriptio
deest*   φ: APVLEI PLATONICI FLORIDO*v* LIʙ. I⁹.

Index nominum.

ADDENDA ET CORRIGENDA

p. 4, 19:   *lege* uidentem; *adde in app. post 166, 2 Th.): sed Sept. Seren. FPR 148 Morel:* Ianetuens

p. 6, 21:   *lege* timida; *in app.:* tinnula *Ald ft. recte*

p. 7, 16:   *lege* con⟨iunctionem⟩ contraho; *in app. post Vl adde:* coniunctionem *Chodaczek*

p. 12, 22 app.: *post* (φ) *em. adde: def. Wiman*

p. 16, 8 app.: *post 129, 19 adde: alterum ad modum, alterum ad tempus pertinet*

p. 17, 15 app.: com. alt. *inter se coniungend.; quae leguntur, delenda sunt*

p. 25, 10 app.: *post 261, 19 sq. lege: Wiman; Tac. ann. II 39* dissimilis in dominum *cft. de Jonge*

p. 27, 19 app.: *post He adde: an* hic ibi ? *cf. 41,2. 44,10*

p. 28, 8:   *lege* deam ⟨uer⟩sum

p. 36, 4 app.: et *def. Terzaghi* attonitus *post* stupore *transpos. Roberts*

p. 37, 22 app.: *post* (φ): *def. Armini cf. Hofmann Lat. Synt. 445 γ; post 7, 5 insere 20, 15*

p. 38, 1 app.: pullulatim *ft. recte,* more pullulorum, *i. e. haustibus minimis cf.* bouatim, suatim

p. 38, 4 sq.: ⟨*pronus*⟩ *deleatur; post* inquies *distingu.*

p. 45, 22 app.: *adde* mosculos *deprav. ex* inhort-; *cf. 75, 4* ortulis *73, 3* metas − incitas *95, 10* infertis − infest. *100, 23* marcali − mort- *v. praef. XLII. XLV*

p. 47, 23 :   *lege* paruulos *def. Roberts cf. Arnob. I 43 (28, 23 Reiff.)*

p. 48, 4 app. :   *adde ante* proph.: *cf. Souter Journ. of theol. Stud. XXXVII, 1936, 80* (Saclas)

p. 52, 8 app. :   *post 266, 8 adde: def. Armini*

p. 52, 23 app. :   *post Cast adde:* concursu *Terzaghi; genetivum def. Roberts coll. Kuehner-Stegmann I 467, 6 ft. recte*

p. 53, 5 :   *lege* circumsedentis, *scil. qui in portis, in fenestris, supra tecta exspectant praetereuntes (cf. descriptionem vulgi Vict. Hugo Notre Dame de Paris I 1); nam qui sequebantur, eorum vultus videre non poterat. — In app. em. He eqs. delenda*

p. 56, 11 app. :   *add.* ⟨caput⟩ *ante* capillo *Roberts*

p. 57, 10 app. :   *pro He lege Ecky*

p. 65, 23 :   longe ⟨tu⟩ fortius qui *Roberts*

p. 69, 17 app. :   ululatibus *He*

p. 70, 1 app. :   *pro He lege Hild*

p. 71, 9 app. :   ac (φ) *em. v*

p. 72, 3 app. :   medie (φ) m *corr. al. m. ex* — in

p. 76, 2 app. :   ruresti *ft. recte cf. 181, 6 (Sommer Handb.³ p. 211), sed 109, 14*

p. 77, 7 :   *lege* in metam diei; *in app. adde:* in meridiē (φ) *cf. 219, 27 266, 7 em. He*

p. 82, 22 app. :   *post Pric adde:* religionis (φ)

p. 84, 24 :   *lege* turres [s]tabularum

p. 86, 28 app. :   *dele potius-quam; adde: Herodot. I 24, 23 Stein; Apul. vertit verba Graeca cf. 140, 6*

p. 105, 20 app. :   *post Petsch adde: Plaut. Pseud. 592. 964 cft. Roberts*

p. 106, 14 app. :   *post 112, 1 insere:* ⟨ut praesent⟩ius nihil *Roberts*

p. 109, 20 app.: flagrantes *v*

p. 113, 16 app.: *post plenum: an gratiae inserend.?*

p. 118, 17 app.: *post 268, 13 adde:* sulcatum trahens gressu.n *Roberts*

p. 118, 20 app.: *post VII 495 adde: sed cf. 38, 1 (passibus brevibus gradiens velut pullulus)*

p. 126, 19: *Signum interrogationis delend.; loquitur cum irrisione*

p. 127, 3 app.: *pro Novák lege: Weyman*

p. 133 app.: *corr.* 3 Jouis *eqs. et post* 2 *transponend.*

p. 137, 9 app.: *lege* ore; *post* 12 *adde: an Graecismus est:* ταύτης τῆς ὥρας?

p. 140, 3 app.: *pro He pone: vir. doct. ap. Oud.*

p. 142, 8 app.: *adde:* ille Ditis exactor *Roberts, sed non est deus; praeferenda Beroaldi coniectura; an* Charon uel Ditis et ⟨iam⟩ pater? *an lacuna maior:* ille Ditis et ⟨nauita et ianitor neque Dis⟩pater

p. 143, 11 app.: *adde:* ⟨temptare⟩ thensaurum *Cast*

p. 147, 8: *lege cum Roberts:* promptiores, uulnerati⟨s⟩ relictis

p. 147, 11: *lege* equum meum

p. 150, 13 app.: *post He adde: cf. 111, 2 app.; 53, 22 288, 18*

p. 151, 10 app.: *post* (φ) *pone: em. v*

p. 153, 1 app.: unus, omnium sedato tumultu, *v, sed solet genetivum aut praepositiones* ex, inter, in *adiectivo* unus *addere*

p. 156, 14 app.: *adde: scil.* οὐκ, οὐκ *quod clamori asini simile docet Snell Herm. 70, 1935, 355*

p. 164, 15 app.: *post* φ curutabat *adde: em. Schickerad*

p. 165, 5 app.: rurestib' (φ) *ft. recte cf. 76, 2*

p. 166, 7 app.: *adde:* qui nimis sero paruit

p 167, 20 app.: *ante* iuuare *insere* presura (φ) *em. v*

p. 168, 10 app.:   *post Beyte adde: an ortum est ex varia lectione* concidet*? cf. 173, 3*

p. 171, 18 app.:   *post* mansues (φ) *adde: def. Lindholm Stilist. Stud., Lund 1931, p. 86 n. 1*

p. 174, 18:   *interpunge:* non est, in his inquit unus. — *In app. adde:*, in his *He cf. 80, 16 153, 1*

p. 180, 13 app.:   *adde:* ⟨*per*⟩ plagosa crura uuln. *Walter*

p. 183, 11:   *suppl.* ⟨*quaeso audias*⟩ *ante* quod

p. 183, 12:   *lege* et, si . . . iam ⟨non⟩ permanet

p. 184, 9:   *lege* improuide; *cf. 56, 15 84, 4*

p. 185, 6:   *lege* linguae satia⟨n⟩ti⟨s⟩

p. 189, 7 app.:   *adde post* reddi *v:* uiare die (de die *Beyte*) *Terzaghi (sed v. v. sq.); adde post He:* an [ddi delend.*?*

p. 197, 18 app.:   *adde post 10, 12:* fracta et *v*

p. 200, 25:   *cf. 156, 17*

p. 204, 2 app.:   *post recentiss.) adde: em. v*

p. 208, 7:   *lege* unica per⟨astute⟩ assulis. — *In app. adde post al. m.:* em. *He* (semp. cart. *He) delend. cf. RE XVII 854, 38*

p. 208, 16 app.:   *adde:* cuperet *Beyte ft. recte*

p. 209, 9 app.:   *adde:* an manus spiculis armati*? He*

p. 215, 20 app.:   *post vdVl. adde: ante* illa *posuit Cast*

p. 218, 10/11 app.:   *corr. cf.: 88, 19 279, 17*

p. 222, 9 app.:   *adde: recte distinx. Salm*

p. 236, 16/17:   *scribe* galeam ⟨gerebam⟩ . . . scutum cetera longe praelucens in app.: 16 ⟨gerebam⟩ *add. He* 17 longiorē lucens *em. He cf. Kuehner-St. I 333;* longius relucens *Elmenh*

p. 238, 28 app.:   *corr.:* pẹnit;

p. 242, 21:   *restitue* neclexisse

p. 242, 22:   *scribe* haec — eximia enim ad

p. 250, 3 app.:   *adde:* 3 commodarē (φ) *em. v*

p. 251, 18 app.:   *ad* sorsus *adde: cf. Lucret. III 631 sq.*
                   Lachmann comm. p. 135

p. 252, 10 app.:   *post* medicatis *He adde: cf. Martial. XIV*
                   207, 1

p. 252, 15 sqq.:   *De hoc loco nuperrime egit Scevola Mari-*
                   otti, qui etiam recentiores disputationes
                   attulit: Lo spurcum additamentum ad
                   Apul. met. 10, 21, Firenze 1955

p 253, 1 app.:   *adde* basiola (b *ex* u *al. m.*)

p. 254, 1 app.:   *ante cf. adde: ft. recte* passares *cf. Prob.*
                   app. 198, 33

p. 258, 17 app.:   *post* ab *adde: em. Cast*

p. 267, 2 app.:   *adde: def. Chodaczek*

p. 269, 26:   *lege* utrique *et in app. post* arique (φ):
                   trique *ut legit Giarr; cf. 8, 17 Hom. Od.*
                   1, 23

p. 270, 4 app.:   *post* omitte *addas*], omnem *Cast*

p. 274, 7/8 app.: *adde: Wissowa Rel. u. Kult. d. Röm.[2]*
                   p. 356 n. 4

p. 280, 1 app.:   *ante* Deubner *adde: RE IX 2129, 64*

p. 280, 6/7 app.: *adde: cf. 43, 13*

p. 287, 23:   *pro* ⟨peruenio⟩ *lege:* ⟨appello⟩. *– In app.*
                   adde: ⟨appello⟩ *He*

p. 291, 14 app.:   *adde:* ibidem exciebat *Thomas*

CPSIA information can be obtained at www.ICGtesting.com
Printed in the USA
LVOW10*1914120514

385447LV00016B/621/P